可靠承载重托

临工挖掘机系列产品是由沃尔沃研发和生产团队在充分借鉴国际先进设计理念的基础上历经三年磨砺，潜心研制的适合多种恶劣工况的系列产品，该系列产品采取高端配置，全球采购，精细制造，充分保障了产品的高可靠性。

地址：山东省临沂经济开发区临工工业园　电话：0539-8785523　客户服务：800-8607999 (固定电话拨打)
ADD：Lingong Industry Park，Economic Development Park,Linyi,Shandong,P,R,C.　Http: //www.sdlg.cn

HELI合力

打造精品
追求卓越

安徽叉车集团有限责任公司
Anhui Forklift Truck Group CO.,LTD.

地址：合肥市望江西路15号　电话：0551 3648005　http: www.helichina.com

住友建机，
为您追求更完美！

SUMITOMO

SH210

雷捷斯特，省油20%*，作为建筑工程机械，荣获日本经济产业部
「节能大奖」及「优秀设计奖」。带给您全新节能、操作体验。*注：在H模式下

LEGEST
雷捷斯特

SUMITOMO

住友建机(唐山)有限公司
http://www.sumitomokenki.com

中国销售服务总部

住重中骏(厦门)建机有限公司
http://www.sscm-cn.com

涌镇液压®

Hydraulik Power

经营产品

·液 压 泵 ·压力控制阀 ·叠 加 阀 ·冷却器系列

·液压马达 ·流量控制阀 ·插 装 阀 ·动力单元

·方向控制阀 ·比 例 阀 ·多 路 阀 ·液压系统

中国台湾 上海 广东 宁波 天津 重庆 沈阳 武汉.....

我们一直在努力

地址：中国台湾247台北县芦洲市永乐街38巷19弄23号

电话：886-2-82813629 传真：886-2-82815956

http://www.hydraulik.com.cn

E-mail: hydraulik@hydraulik.com.cn

全国联络处

涌镇液压机械(上海)有限公司

地址：上海市松江区车墩回业路21号B座

电话：021-57606290 传真：021-57606289

E-mail: hydraulik@hydraulik.com.cn

本公司在湖北、云南、山西、陕西、广西、福建设一级代理商，详情请洽本公司。

了解更多请浏览官方网站 www.hydraulik.com.cn

分支机构

华南办事处 电话：0750-6103744 6100299 传真：0750-6103733

宁波办事处 电话：0574-87770917 87786157 传真：0574-87776297

天津办事处 电话：022-25763306 25760093 传真：022-25760933

重庆办事处 电话：023-68426610 89181695 传真：023-68426612

沈阳办事处 电话：024-23286131 23286230 传真：024-23286513

武汉联络处 电话：027-87260802 传真：027-87260802

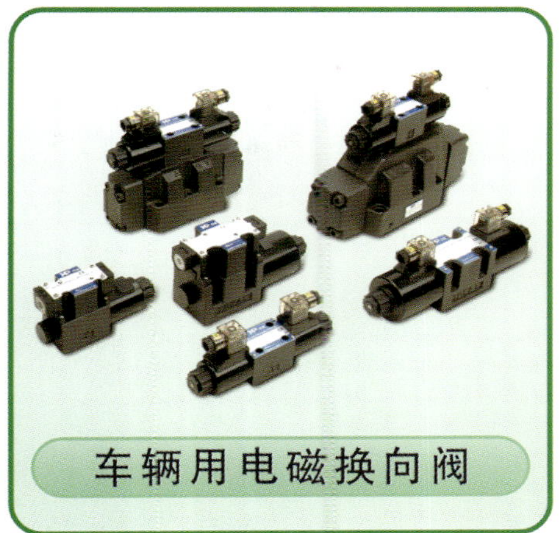
车辆用电磁换向阀

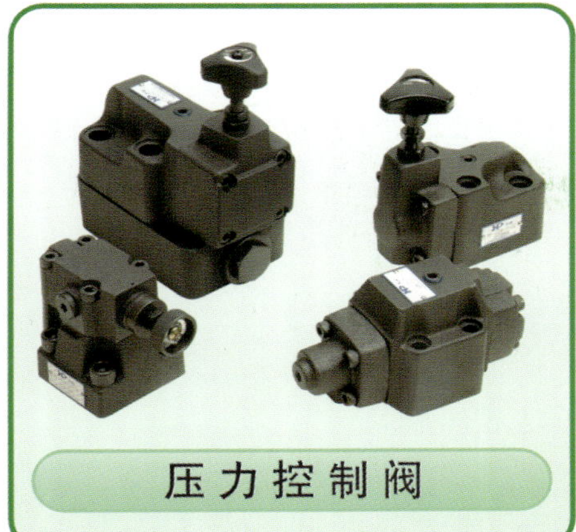
压力控制阀

插装阀

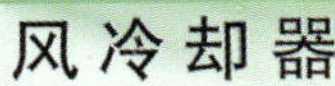
风冷却器

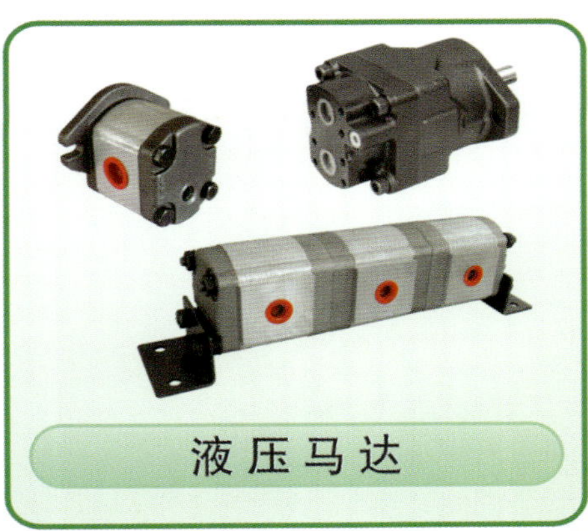
液压马达

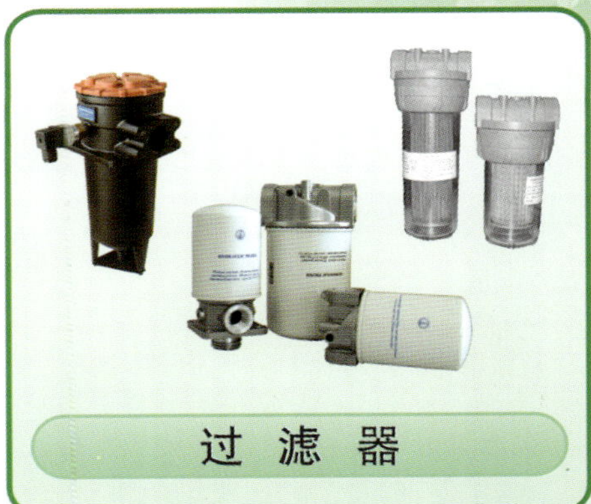
过滤器

液压泵

售前优化方案，先进设计理念，

严谨生产制度，完善售后服务。

HA10VSO系列变量柱塞泵

HA4VSO系列变量柱塞泵

HA10VO系列变量柱塞泵

HA11VLO系列变量柱塞泵

压力与流量闭环控制变量柱塞泵

HA4VTG系列变量柱塞泵

HA6V系列变量柱塞马达

HA2FM系列定量柱塞马达

地址/Add: 温州市鹿城区炬光园月乐西街156号 (No.156 Yuele west st., Juguangyuan Wenzhou,China)
电话/Tel: +86-577-88608338 88608907 88608908 传真/Fax: +85-577-88609338
http: //www.high-tceh.com.cn www.hytek.cn E-mail: sale@hytek.cn

贵州詹阳动力重工有限公司

新加坡科技动力属下公司

公司地址：贵州省贵阳市中曹路97号
网　　址：www.jonyang.com
邮　　编：550006

销售热线:+86 851 3898415 3834603
服务热线:+86 851 3898417 3898475
配件热线:+86 851 3898416 3898501

传　　真：+86 851 3843189
出 口 处：+86 851 3898344　3898986
传　　真：+86 851 3833248

JINT | 金泰机械

SG液压连续墙抓斗

SD多功能钻机

上海金泰工程机械有限公司历属于上海电气集团总公司工程机械板块，属国有控股公司。公司始建于1921年，是国内早期进入工程机械行业的国内知名企业，曾于1995年在上海市证交所上市，1996年至2003年于德国宝峨公司合资，主要至力于生产广泛应用于高速公路、铁路、桥梁、水库大坝加固、港口、城市轨道交通建设、工业基础设施、市政建设、地质勘探、地下水资源开发等工程所需的特殊地下施工机电液一体化设备。公司拥有代表国际先进水平的一流技术和一支强有力的研发队伍及装备先进的生产能力，并连续六年被认定为高新技术企业。公司每年有十几种特殊工法的产品推向市场，由于产品设计符合市场需求，能够解决很多国家重点工程的技术难题，因此，公司有多种产品和项目享受国家及上海市政府的扶持、补贴及税收优惠政策。

公司拥有广泛的市场前景，目前有9个系列的产品：SD、SH系列多功能钻孔、SG系列地下连续墙液压抓斗、GPS系列工程钻机、SPJ系列水文水井钻机、GD系列全液压大口径工程钻机、SMW工法的多轴钻机、BZ液压桩架、FC气动潜孔锤在市场上热销，满足了不同工程的施工需要。

公司坚持以人为本，视人才为公司最宝贵的财富，尊重人才、理解人才、培养人才、激励人才，努力创造良好的用人机制和环境，为员工提供广阔的施展才华的舞台，实现员工与企业的共同成长。

生产车间

24h客户服务专线：400-820-8326

上海金泰工程机械有限公司

SHANGHAI JINTAI ENGINEERING MACHINERY CO.,LTD.

地　址：中国上海市嘉定区安亭镇洛浦路45号
邮　编：201805
电　话：021-59577280
传　真：021-59577391
http://www.jintai-sh.com
E-mail:webmaster@jintai-sh.com

北京首钢重型汽车制造股份有限公司

发展壮大民族产业　打造中国矿车生产基地

北京首钢重型汽车制造股份有限公司是国内从事矿用汽车研发的主要生产企业之一，也是国内能够集独立自主开发、联合协作制造、依托矿山试验、新产品开发与结构改进紧密结合的国产矿用汽车制造企业。公司总资产1.8亿元，产品有32~170t的各种刚性、电动轮汽车和其他专用车辆等系列产品，产品主要适用于冶金、有色、化工、煤炭、建材、水电、交通等行业，遍布国内外40多个大中型矿山工地。公司正向系列化、规模化、大型化方向发展，树立“首冠”品牌形象，打造国产矿用汽车生产基地。

产业发展特点：完全自主开发、社会协作配套，沿用样车研发并自用稳妥后逐步推向社会市场的发展模式。

企业发展目标：产品向系列化、大型化方向发展。SGE170电动轮汽车的成功开发，为国产矿用汽车制造业探索出一条自主创新的路子，为发展壮大民族产业、增强国力奠定了坚实的基础。创品牌、树国威，打造国产矿用汽车生产基地，将是首钢重汽产业发展的头等大事。

新车型推荐：首钢重汽研制开发的SGE170 、SGE138电动轮汽车除发动机总成进口外，其余全部实现国产化。样车已经完成了工业性试验，并通过了国家质量检测机构验收，各项性能指标达到行业标准要求，目前已经投入批量生产，该车将成为国产大吨位电动轮汽车的“领头羊”。

总部地址：北京市石景山阜石路136号　邮编：100043　电话：010-88909689
生产地址：河北迁安首钢工业园区　邮编：064404　电话：0315-7704091
网址：www.sghdt.com.cn　邮箱：888@sghdt.com.cn

Tailift 台励福叉车

专业物流设备制造厂

professional manufacturer of material handling equipments

柴油6~10t系列

7L柴油／汽油／液化气 1.5~5.0t系列

塑身型内燃机叉车 1.5~3.5t系列

大力神柴油／汽油 2.0~3.5t系列

四轮电车 1.5~3.5t系列

飞鹰柴油／汽油 1.5~3.5t系列

银豹柴油／汽油 2.0~3.5t系列

前移式电动叉车 1.6~2.0t系列

三支点电动叉车 1.5~1.8t系列

Tailift® 台勵福集團

中国总厂地址：青岛市胶州营海工业园

TEL:+86-532-85263666 FAX:+86-532-85263550

http://www.tailift.com.cn

销售咨询：4006180239 售服咨询：4006180229

动力改变世界

中国驰名商标

百年军工　国际品质

液压挖掘机

高机动抗灾抢险运输车

汽车无级变速箱

风电偏航和风电变桨驱动装置

江 麓
1805
压路机
塔式起重机
金沙生态
江麓机械集团公司制造
沙漠植被建造机
武警
森林消防
林消防车
中国兵器工业集团 江麓机电科技（集团）有限公司
CNGC JIANGLU MACHINERY & ELECTRONICS TECHNOLOGY (GROUP) CO.,LTD
地 址：湖南省湘潭市解放北路4号信箱
邮 编：411100
销售电话：0731－58295968 0731－58283282

JIANGLU

中国驰名商标

CNGC

技术厦工·品质传承

产品广泛应用于公路、铁路、水利、港口等基础设施建设，先后参与了大庆油田、西昌卫星发射基地、三峡工程、
工程等国家重点建设项目，为我们祖国建设美丽家园添砖加瓦。

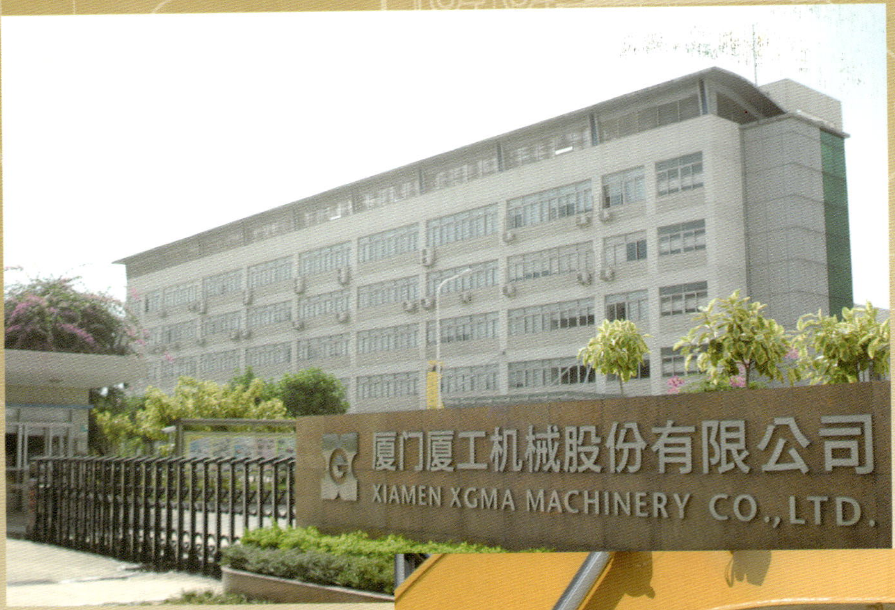

厦门厦工机械股份有限公司
XIAMEN XGMA MACHINERY CO.,LTD.
XGMA 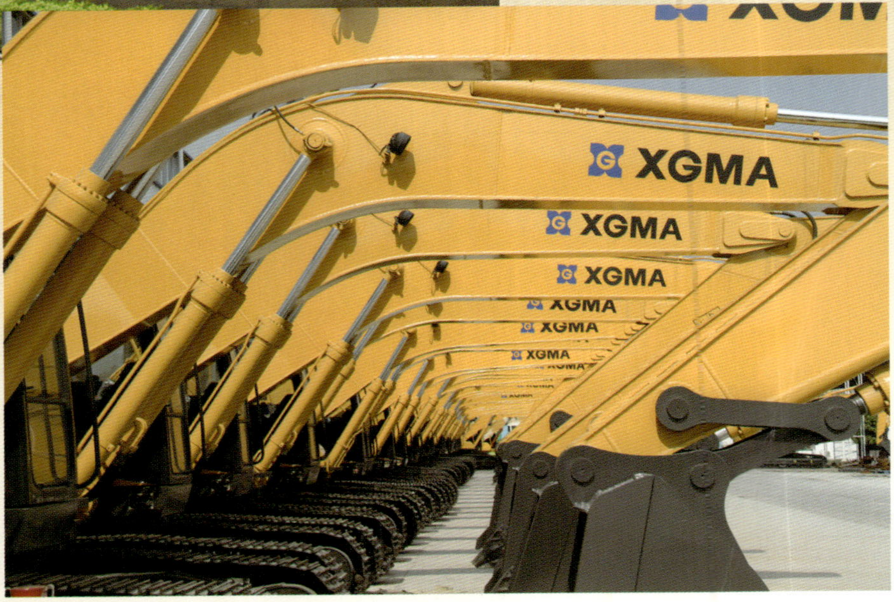

Z4-5
XIAMEN XGMA FORKLIFT TRUCK CO

厦工简介/ The Introduction of XGMA

厦门厦工机械股份有限公司（简称厦工），创建于1951年，是国家重点生产装载机、挖掘机等工程机械产品的骨干大型一类企业，是国家经贸部门512家重点联系单位之一，享有国家经贸部门授予的进出口经营权。

截至2008年底，厦工总资产53亿元、净资产约18亿元，在职职工5 000多人，专业技术人员400多人，并拥有国家认定的企业技术中心和博士后工作站。厦工拥有年产装载机35 000台、挖掘机5 000台、叉车5 000台的生产能力，是当今中国大型的工程机械制造基地。厦工产品高效、节能、灵活、可靠，覆盖装载机、挖掘机、叉车、小型机械、路面机械及环保机械等6大类，形成完整的产品系列，广泛运用于矿山、工程、农林水利建设、港口码头等领域。

技术厦工、品质传承！近60年来，厦工敢为超越，不懈努力，始终致力于积极参与中国重大工程项目与助力国家科学考察事业发展，扎根中国，展望全球，以高品质的产品与服务协助客户创造价值。厦工拥有多项专利技术、创新技术，始终保持行业技术领先。厦工以快捷的物流供应系统与技术支持体系，为客户提供专业工程机械系统解决方案，产品已出口中东、非洲、东欧、东南亚等几十个国家和地区，并随中国极地科考队八赴南极，是中国极地科考特别指定品牌，还是中国人民解放军赴柬维和部队与驻港部队装备。2009年，厦工再次入选“中国500具有价值品牌”，品牌价值93.14 亿元，代表中国民族工程机械民族品牌的先进水平。

中国福建省厦门市集美区灌口南路668号　电话: 4006 - 618 - 668　Http://www.xgma.com.cn

CCRE 海翼集团成员企业

采石/集料

重型建筑工程

大型工程/基础设施建设

XGMA

XG530

大型工程建设美丽家园

厦工装载机、挖掘机、叉车、压路机等机械产

青藏铁路、南水北调、60周年国庆长安街大

新 xin 型

技术引领潮流，新型开创未来

Technology leading the way, the new future

HZS HZN 混凝土搅拌站
HZS HZN Concret Mixing Plant

YHZS50 移动式搅拌站
YHZS50 Mobile Mixing Plant

HBT DHBT 混凝土泵
HBT DHBT Concrete Pump

YHZS60/90 移动式搅拌站
YHZS60/90 Mobile Mixing Plant

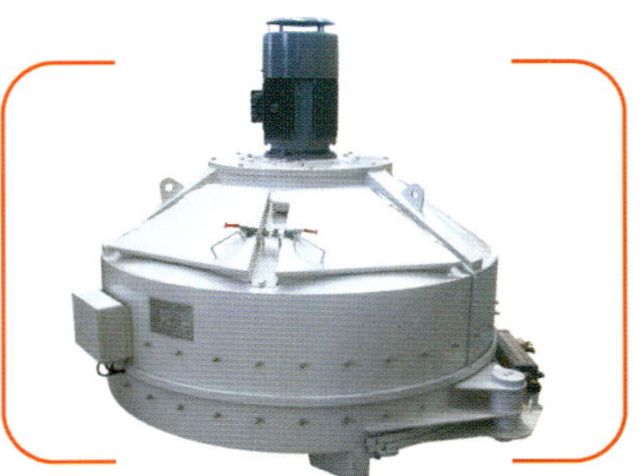

MP 行星式搅拌机
MP Planetary Concrete Mixer

新型(青岛)建设机械有限公司
地址：青岛市城阳区玉皇岭工业区
电话：0532-87791518 87791918
传真：0532-87791918
网址：www.china-xin.com

Machinery Construction
Add：yuhuangling industrial estate chengyang qingdao
Tel：(0532)87791518 87791918
Fax：(0532)87791918
E-mail：xinxing@china-xin com

珠海仕高玛机械设备有限公司
SICOMA ZHUHAI CO.,LTD.

志存高远　品质如一

- 关键零部件均由进口高精度设备加工生产，可靠性高。
- 通过ISO90001：2000质量管理体系认证。
- 先进的检测设备，确保搅拌机的出厂合格率达到100%。
- 加厚型耐磨衬板、卸料门加装衬板，延长搅拌机维护周期，节省用户支出。
- 30多个服务站点、100多位专业服务工程师全天候为客户服务。
- 充足的零配件储备，准确快速的配送系统，使用户无后顾之忧。

搅拌站（楼）零配件

作为搅拌站（楼）零配件供应的专家企业，从搅拌主机到水泥螺旋输送机、除尘机、蝶阀、配料控制系统等等的搅拌站（楼）所需部件/配件，仕高玛公司都能为您提供。

SICOMA 水泥螺旋输送机

SICOMA 除尘机

SICOMA 蝶阀

珠海仕高玛机械设备有限公司　SICOMA ZHUHAI CO.,LTD.

公司地址：广东省珠海市香洲区南屏屏工西路7号
联系电话：0756-8682100　传真：0756-8682101
销售部地址：珠海市香洲区南屏镇广昌村新翠路兴业街19号
销售部电话：0756-8699902/05　传真：0756-8699901
服务热线：400-8870-883
http://www.sicoma.com.cn

北京办事处
北京朝阳区小红门东马路99号经开万佳机械城
电话：010-87825204/05/06/07
传真：010-87825204-818

上海分公司
地址：上海市徐汇区沪闵路9234号
电话：021-64709495 64709459
传真：021-64703003

中国机械工业年鉴系列

中国工程机械工业年鉴

2010

中国机械工业年鉴编辑委员会
中国工程机械工业协会 编

《中国工程机械工业年鉴》2010年刊设置综述篇、行业篇、企业篇、市场篇、统计资料、标准索引、政策法规及大事记等栏目，集中反映了2009年工程机械行业的发展情况，详细记载了挖掘机械、铲土运输机械、工程起重机、工业车辆、路面与压实机械、混凝土机械、凿岩机械与气动工具、桩工机械、工程机械零部件等分行业的发展情况，全面地提供了工程机械市场状况，系统地公布了工程机械行业各项经济技术指标、进出口统计，以及突出报道了工程机械行业企业的创新情况等。此外，《中国工程机械工业年鉴》2010年刊中还特别设置了“《中国工程机械工业年鉴》创刊10周年”专栏，对《中国工程机械工业年鉴》创刊10年，以及我国工程机械工业10年来的发展状况进行了回顾。

《中国工程机械工业年鉴》主要发行对象为政府决策机构、机械工业相关企业决策者和从事市场分析、企业规划的中高层管理人员以及国内外投资机构、贸易公司、银行、证券、咨询服务部门和科研单位的工程项目管理人员等。

图书在版编目（CIP）数据

中国工程机械工业年鉴. 2010 / 中国机械工业年鉴编辑委员会，中国工程机械工业协会编写. —北京：机械工业出版社，2010.11

（中国机械工业年鉴系列）

ISBN 978-7-111-32363-1

Ⅰ. ①中… Ⅱ. ①中… ②中… Ⅲ. ①工程机械—机械工业—中国—2010—年鉴 Ⅳ. ①F426.4-54

中国版本图书馆CIP数据核字（2010）第208752号

机械工业出版社（北京市百万庄大街22号　邮政编码100037）

责任编辑：王亚水

北京正合鼎业印刷技术有限公司印制

2010年11月第1版第1次印刷

210mm × 285mm · 17印张 · 68插页 · 450千字

定价：260.00元

凡购买此书，如有缺页、倒页、脱页，由本社发行部调换

购书热线电话（010）88379821、88379829

封面无机械工业出版社专用防伪标均为盗版

中国机械工业年鉴系列

作为『工业发展报告』

记录企业成长的每一阶段

中国机械工业年鉴

编辑委员会

名誉主任 于　珍　何光远

主　　任 王瑞祥　全国政协委员、全国政协提案委员会副主任、中国机械工业联合会会长

副 主 任 薛一平　中国机械工业联合会执行副会长

张小虞　中国机械工业联合会执行副会长

蔡惟慈　中国机械工业联合会执行副会长

陆仁琪　中国机械工业联合会执行副会长

于清笈　中国机械工业联合会执行副会长

杨学桐　中国机械工业联合会执行副会长

赵　驰　中国机械工业联合会执行副会长兼秘书长

宋晓刚　中国机械工业联合会执行副会长

王文斌　中国机械工业联合会副会长、机械工业信息研究院院长、机械工业出版社社长

委　　员（按姓氏笔画排列）

方　芳　中国建材装备有限公司董事长兼总经理

王中原　中国航空工业集团公司政策与法律事务部部长

祁　俊　中国工程机械工业协会会长

刘安江　中国联合装备集团公司总经理

孙青松　中国华电工程（集团）有限公司总经理

李　冶　国家能源局能源节约和科技装备司司长

李海燕　中国机械工业联合会副秘书长

苏　波　国家发展和改革委员会党组成员、纪检组长

张卫华　国家统计局工业统计司副司长

陈传宏　国家科学技术奖励工作办公室主任

杨焕志　中国船舶重工集团公司办公厅副主任

何树高　中国南方机车车辆工业集团公司总裁办公室主任

赵　明　中国航天科工集团公司办公厅副局级巡视员

赵新敏　中国机械工业联合会统计与信息工作部主任

郭　锐　机械工业信息研究院副院长、机械工业出版社副社长

高元恩　中国农业机械工业协会理事长

曹友生　中国船舶工业集团公司政策研究室主任

黄开亮　中国机械工业联合会专家委员会委员

隋永滨　中国机械工业联合会特别顾问、中国通用机械工业协会会长

路明辉　中国航天科技集团公司办公厅副主任

中国工程机械工业年鉴

『鉴』证行业发展
挖掘企业亮点

中国工程机械工业年鉴
执行编辑委员会

名誉主任　韩学松　中国工程机械工业协会名誉会长

主　　任　祁　俊　中国工程机械工业协会会长

副 主 任　苏子孟　中国工程机械工业协会秘书长

李守林　中国建筑科学研究院建筑机械化研究分院院长

李鹤鹏　天津工程机械研究院院长

俞　据　中国工程机械工业协会副秘书长

詹纯新　长沙建设机械研究院院长

委　　员（按姓氏笔画排列）

冯桂英　中国工程机械工业协会代理商工作委员会秘书长

刘　宁　中国工程机械工业协会工程机械租赁分会副秘书长

刘　伟　中国建筑科学研究院建筑机械化研究分院顾问

江　琳　中国工程机械工业协会副秘书长

邹　平　中国工程机械工业协会市政与环卫机械分会秘书长

张　洁　中国工程机械工业协会工业车辆分会秘书长

张声军　中国工程机械工业协会混凝土制品机械分会秘书长

张学军　中国工程机械工业协会钢筋及预应力机械分会秘书长

张金兴　中国工程机械工业协会学术工作委员会秘书长

李　静　中国工程机械工业协会标准化工作委员会秘书长

李世月　中国工程机械工业协会工程运输机械分会秘书长

李宏宝　中国工程机械工业协会挖掘机械分会秘书长

李建友　国家工程机械质量监督检验中心主任

沈永明　中国工程机械工业协会工程起重机分会原秘书长

吴竟吾　中国工程机械工业协会路面与压实机械分会理事长

杨宝德　中国工程机械工业协会副秘书长

茅仲文　中国工程机械工业协会副秘书长

尚海波　中国工程机械工业协会铲土运输机械分会秘书长

施引蕃　中国工程机械工业协会桩工机械分会秘书长

赵西营　中国工程机械工业协会凿岩机械与气动工具分会秘书长

侯宝佳　中国工程机械工业协会用户工作委员会秘书长

姬光才　中国工程机械工业协会筑路机械分会秘书长

贾晓雯　中国工程机械工业协会工程机械配套件分会秘书长

盛春芳　中国工程机械工业协会混凝土机械分会秘书长

喻乐康　中国工程机械工业协会建筑起重机械分会秘书长

霍玉兰　中国工程机械工业协会装修与高空作业机械分会秘书长

中国工程机械工业年鉴

『鉴』证行业发展

挖掘企业亮点

中国工程机械工业年鉴
特约顾问单位特约顾问

（按姓氏笔画排列）

徐工集团董事长、党委书记　王　民
山东临工工程机械有限公司董事长　王志中
广西柳工机械股份有限公司董事长　王晓华
福建南方路面机械有限公司董事长　方庆熙
贵州詹阳动力重工有限公司总裁　方崇平
山东力士德工程机械股份有限公司总经理　代永海
杭州前进齿轮箱集团股份有限公司总经理　冯　光
河北宣化工程机械股份有限公司董事长　冯喜京
三一重工股份有限公司总裁　向文波
青岛新型建设机械有限公司总经理　李雪峰
安徽省宣城市乾坤回转支承有限公司总经理　刘伯怀
湖南山河智能机械股份有限公司董事长　何清华
江苏八达重工机械有限公司董事长　陈利明
浙江临海海宏集团有限公司董事长　陈春强
江苏申锡建筑机械有限公司董事长　吴仁山
杭州爱知工程车辆有限公司董事长　吴胜缔
常林股份有限公司董事长　吴培国
广西玉柴重工有限公司总经理　张士勇
北京首钢重型汽车制造股份有限公司总经理　张庆志
山推工程机械股份有限公司总经理　张秀文
芜湖盛力制动有限责任公司董事长、党委书记　张武江
福田雷沃国际重工股份有限公司副总经理　张博友
安徽叉车集团有限公司董事长　张德进
涌镇液压机械（上海）有限公司总经理　邱献郎
北京华德液压工业集团有限责任公司总经理　杜旭东
上海金泰工程机械有限公司总经理　林　坚
台励福机器设备（青岛）有限公司董事长　林溪文
江麓机电科技有限公司总经理　柳秀导
住重中骏（厦门）建机有限公司总经理　杨泽湧
成都神钢工程机械（集团）有限公司总经理　杨建川
林德（中国）叉车有限公司CEO　郭进鹏
福建晋工机械有限公司总经理　柯金鐇
浙江杭叉工程机械集团股份有限公司董事长　赵礼敏
山重建机有限公司总经理　夏禹武
宁波大港意宁液压有限公司董事长　胡世璇
方圆集团有限公司董事长　高　秀
浙江银轮机械股份有限公司董事长　徐小敏
上海彭浦机器厂有限公司总经理　徐　燕
江苏骏马压路机械有限公司总经理　黄炳涛
珠海仕高玛机械设备有限公司董事长　黄志辉
湖南奥盛特重工科技有限公司总经理　梁新贵
宁波如意股份有限公司董事长　储吉旺
浙江濠泰机械有限公司董事长　蒋光明
长沙中联重工科技发展股份有限公司董事长　詹纯新
潍柴动力股份有限公司董事长　谭旭光
厦门厦工机械股份有限公司总裁　蔡奎全

中国工程机械工业年鉴

『鉴』证行业发展
挖掘企业亮点

中国工程机械工业年鉴
特约顾问单位特约编辑

（按姓氏笔画排列）

江苏八达重工机械有限公司	马金辉
安徽省宣城市乾坤回转支承有限公司	王红艳
宁波如意股份有限公司	王振志
浙江临海海宏集团有限公司	王德才
青岛新型建设机械有限公司	化　翀
长沙中联重工科技发展股份有限公司	刘小平
涌镇液压机械（上海）有限公司	刘芳梅
杭州前进齿轮箱集团股份有限公司	刘志华
珠海仕高玛机械设备有限公司	吉同胜
广西玉柴重工有限公司	吕　钢
江苏中锡建筑机械有限公司	吴　杰
成都神钢工程机械（集团）有限公司	李一东
浙江银轮机械股份有限公司	李金良
山东临工工程机械有限公司	李连刚
江麓机电科技有限公司	李　剑
三一重工股份有限公司	李鸿儒
山东力士德工程机械股份有限公司	陈吉光
住重中骏（厦门）建机有限公司	陈　宁
江苏骏马压路机械有限公司	陈　燕
上海金泰工程机械有限公司	陈慧静
宁波大港意宁液压有限公司	陆定荣
湖南奥盛特重工科技有限公司	何大平
福建晋工机械有限公司	何兴文
湖南山河智能机械股份有限公司	张海军
河北宣化工程机械股份有限公司	张建明
方圆集团有限公司	汪新军
台励福机器设备（青岛）有限公司	杨学军
贵州詹阳动力重工有限公司	金　立
芜湖盛力制动有限责任公司	欧腊英
山重建机有限公司	郑文军
浙江濠泰机械有限公司	秦宁宁
福田雷沃国际重工股份有限公司	梁长水
杭州爱知工程车辆有限公司	梁永红
广西柳工机械股份有限公司	黄　宇
北京华德液压工业集团有限责任公司	廖显胜
福建南方路面机械有限公司	霍秋霞
常林股份有限公司	魏　峰

中国工程机械工业年鉴

『鉴』证行业发展

挖掘企业亮点

中国工程机械工业年鉴 编辑出版工作人员

总　编　辑　郭　锐

主　　　编　李卫玲

副　主　编　刘世博　肖新军

执行主编　赵　敏

责任编辑　王亚水

市场编辑　陈　霞　马焕英　蒋　斌

图文设计　张慕原

地　　　址　北京市西城区百万庄大街22号（邮编100037）

编　辑　部　电话(010)88379830　传真(010)88379812

发　行　部　电话(010)68326643　传真(010)68326017

E-mail:cmiy@mail.machineinfo.gov.cn

http://www.cmiy.com　www.mepfair.com

前　　言

2009 年，我国工程机械行业实现销售收入 3 157 亿元，比上年增长 13.85%；税后利润达到 237 亿元，比上年增长 16.29%，平均利润率为 7.51%；全年出口额 77.1 亿美元，比上年下降 44.54%。2009 年由于受国际金融危机影响严重，产品出口出现较大下滑，但内需拉动强劲，弥补了出口下降的损失，全年销售额仍有较大幅度增长。其中大型企业集团发展态势强劲，有 7 家企业进入中国机械 500 强前 100 名，他们是徐州工程机械集团有限公司、长沙中联重工科技发展股份有限公司、三一集团有限公司、福田雷沃国际重工股份有限公司、山东工程机械集团有限公司、常林工程机械集团、广西柳工集团有限公司等。2009 年的我国工程机械产品产销量及销售额都已上升为世界第一，成为国际工程机械制造业中的制造大国，即使在国际金融危机严重影响下，出口额仍比进口额高出 50%，贸易顺差达 25.6 亿美元，其发展速度令外商刮目相看。

据中国工程机械工业协会统计，2009 年，工程机械行业主机和零部件制造企业年销售额超过 100 亿元的有 5 家，他们是徐州工程机械集团有限公司、长沙中联重工科技发展股份有限公司、三一集团有限公司、广西柳工集团有限公司和小松（中国）投资有限公司。这 5 家企业 2009 年销售总额达到 1 283 亿元，占行业比重为 43%，是影响行业发展举足轻重的企业。

根据预测，进入 2010 年，我国工程机械行业将继续走出一波强劲的增长行情，全年出口有望达到 100 亿美元（约合人民币 682 亿元），比 2009 年增长 29.87%。2010 年工程机械销售额将达到 4 000 亿元左右，比 2009 年增长 20% 以上。

到“十二五”期间，我国工程机械行业将进入转型发展期，出口市场将向更高层次发展。随着出口额逐月回升，出口将成为拉动我国工程机械增长的另一个重要动力，产品技术水平和竞争亮点更能适应出口市场的需求。另一方面，从国内各个方面的建设项目分析，投资规模有所控制，但仍保持在高位运行，劳动力成本的不断提升，机械化施工作业面越来越广阔，对工程机械施工作业效率也将提出苛刻的要求。这些情况都对工程机械产品技术升级提出了迫切需求，产品的技术附加值和增加值都会上升，促成中国工程机械行业今后几年继续保持快速平稳增长。

2010 年，《中国工程机械工业年鉴》已连续出版 10 期了，作为行业的宣传窗口，她一如既往地以其独特的功能，引导企业更快、更好地发展，发挥应有的作用。在工程机械行业即将踏入第十二个五年发展规划年代之际，我们希望通过《中国工程机械工业年鉴》与广大企业、用户和关心我国工程机械行业的读者，共同见证中国工程机械工业发展的辉煌历程，携手共进。

中国工程机械工业协会会长　于清溪

2010 年 11 月

广告索引

NFLG 南方路机

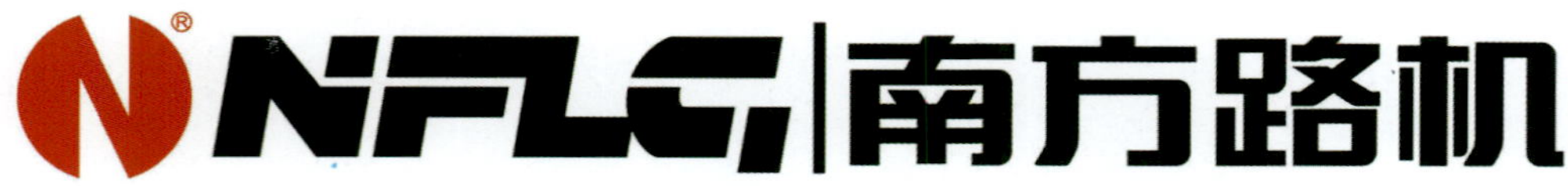

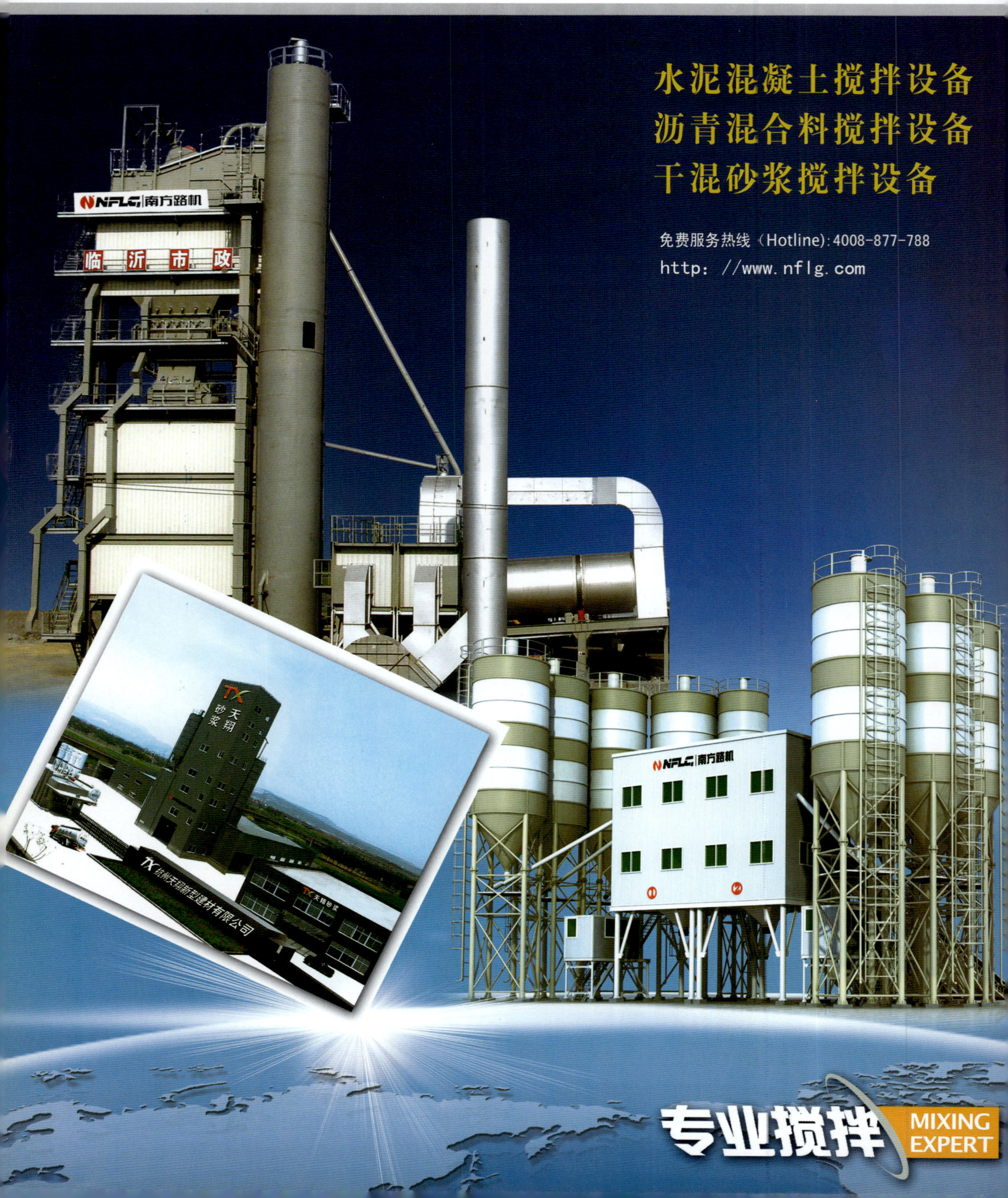

水泥混凝土搅拌设备
沥青混合料搅拌设备
干混砂浆搅拌设备
免费服务热线（Hotline）:4008-877-788
http://www.nflg.com
NFLG 南方路机
临 沂 市 政
天翔 砂浆
专业搅拌
MIXING EXPERT

目　　录

综述篇

行业篇

企业篇

市场篇

浙江濠泰机械有限公司

24小时服务热线：400-826-8883

地址：浙江省诸暨市次坞大桥工业区
电话：0575-87860880
87860882
传真：0575-87665669
邮箱：HT100L@163.com
网址：www.herotime.com.cn

统计资料

标准索引

政策法规

大事记

HANGCHA

浙江杭叉工程机械集团股份有限公司

ZHEJIANG HANGCHA ENGINEERING MACHINERY CO.,LTD.

www.zjhc.cn

Contents

Part I Overview

Part II Line of business

Part III Enterprises

Part IV Market

公司简介 Company profile

山重建机有限公司（原山东众友工程机械有限公司）更名、成立于2010年3月16日，是山东重工集团的全资子公司，是集合山推股份和山东众友的挖掘机业务优势，承载山东重工集团挖掘机事业壮大的使命而设立的。

2010年4月20日，山东重工集团新增注册资本4亿元，山重建机注册资本达到5.8亿元。

2010年5月10日，山重建机投资50亿元，在临沂市经济开发区和济宁市高新技术产业开发区建设两处新工厂，工厂总占地面积72万m²，同时启动面积共16万m²建筑工程，这在全球工程机械史上，也可以称得上是重大事件。

山重建机的核心理念是“责任重于泰山”。“使命感、成就感、归宿感、社会责任感、民族责任感和历史责任感”是核心理念的诠释。

山重建机的品牌宣言是“信诺如山，品鉴优重”。我们把对客户、对社会的承诺看得像泰山一样庄重，把产品品质和公司品质放在最优先、最重要的核心战略来定位。

山重建机携人才集合优势、产品集群优势、渠道优势、供应链优势、制造技术优势、资源优势、资金优势，倾力打造JCM、STRONG两个品牌全系列挖掘机，规划2014年实现20000台挖掘机生产、销售目标，销售收入110亿元。

JCM6T~36T全系列液压挖掘机

GC0.8T~68T全系列液压挖掘机

山重建机有限公司
STRONG CONSTRUCTION MACHINERY CO.,LTD

www.strongest.cn

Part V Statistical data

Part VI Index of standards

Part VII Policy and regislation

Part VIII Chronicle of events

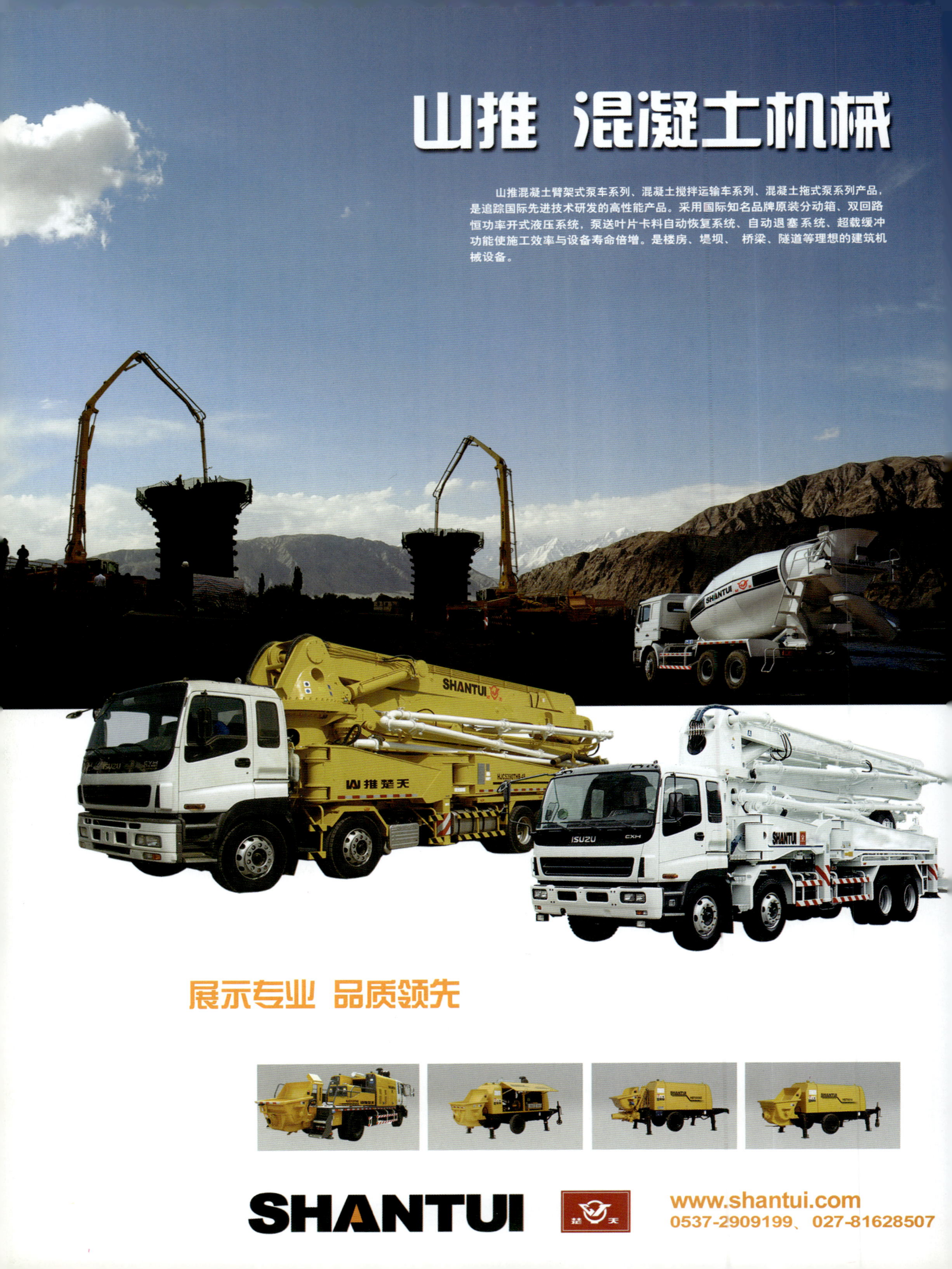

山推 混凝土机械

山推混凝土臂架式泵车系列、混凝土搅拌运输车系列、混凝土拖式泵系列产品，是追踪国际先进技术研发的高性能产品。采用国际知名品牌原装分动箱、双回路恒功率开式液压系统，泵送叶片卡料自动恢复系统、自动退塞系统、超载缓冲功能使施工效率与设备寿命倍增。是楼房、堤坝、 桥梁、隧道等理想的建筑机械设备。

展示专业 品质领先

SHANTUI

www.shantui.com

0537-2909199、027-81628507

TOP50 2009
中国工程机械年度产品

专栏

TOP50名单

2009中国工程机械年度产品TOP50金手指奖

◆三一重机有限公司

三一SY215C–8型液压挖掘机

◆长沙中联重工科技发展股份有限公司

中联ZLJ5415THB52–6RZ型混凝土泵车

2009中国工程机械年度产品TOP50技术创新金奖

◆厦门厦工机械股份有限公司

厦工XG955Ⅲ型天然气轮式装载机

◆长沙中联重工科技发展股份有限公司

中联QUY1000型履带式起重机

◆北京南车时代重工机械有限责任公司

中国南车TR400C型旋挖钻机

2009中国工程机械年度产品TOP50市场表现金奖

◆三一重工股份有限公司

三一重工SY5313THB46型混凝土输送泵车

◆广西柳工机械股份有限公司

柳工CLG856型装载机

◆广西玉柴重工有限公司

玉柴YC135–8型液压挖掘机

2009中国工程机械年度产品TOP50应用贡献金奖

◆福建南方路面机械有限公司

南方路机FBJ4500型干混砂浆生产成套设备

◆日立建机（上海）有限公司

日立建机ZAXIS360LCK–3型高空拆除机

◆凯斯工程机械（上海）有限公司

凯斯M3系列两头忙专业井盖铣刨机

2009年中国工程机械年度产品TOP50

◆湖南山河智能机械股份有限公司

山河智能ZYJ600F型静力沉管灌注压桩机

◆上海金泰工程机械有限公司

上海金泰SG50型液压连续墙抓斗

◆徐州徐工基础工程机械有限公司

徐工XR280型旋挖钻机

◆长沙中联重工科技发展股份有限公司

中联I/II–s–L800型水泥沥青砂浆搅拌车

◆上海鸿得利重工股份有限公司

鸿得利HDL5131THB型车载式混凝土输送泵

◆沈阳北方交通重工集团有限公司

北方交通KFM–Z14型自走式高空作业平台

◆普茨迈斯特机械（上海）有限公司

普茨迈斯特M49–5.15型混凝土输送泵车

◆长沙中联重工科技发展股份有限公司

中联RT750型越野轮胎起重机

◆北起多田野（北京）起重机有限公司

北起多田野GT–750E型汽车起重机

◆三一汽车起重机械有限公司

三一QAY220型全地面起重机

◆辽宁抚挖重工机械股份有限公司

抚挖重工QUY400型履带式起重机

◆上海三一科技有限公司

三一SCC6500WE型履带式起重机

◆北京京城重工机械有限责任公司

京城重工QY55H型汽车起重机

◆浙江美通机械制造有限公司

美通LMT5310TFC型同步碎石封层车

RLD WIDE EDITION

※ZAXIS360LCK-3高空拆除机获中国工程机械年度产品TOP50应用贡献金奖

日立建机(上海)有限公司

Hitachi Construction Machinery (Shanghai) Co., Ltd.

地址：上海浦东外高桥保税区泰谷路65号 邮编：200131

No.65 TaiGu Road Wai Gao Qiao Free Trade Zone Pudong New District Shanghai. 200131

TEL：(021)5866-8686 FAX：(021)5866-8325 URL：www.hitachi-c-m.com/cn

TOP 50
2009
中国工程机械年度产品

TOP50名单

2009年中国工程机械年度产品TOP50

◆陆德筑机股份有限公司
陆德PMT360型强制式沥青搅拌站

◆中交西安筑路机械有限公司
西筑J5000型集装箱式沥青混合料搅拌设备

◆河南省高远公路养护设备有限公司
高远圣工GYPJH2000型排水性路面机能恢复车

◆江苏华通动力重工有限公司
华通HTH3400型滑模式水泥混凝土摊铺机

◆戴纳派克（中国）压实摊铺设备有限公司
戴纳派克CC900型双钢轮压路机

◆一拖（洛阳）建筑机械有限公司
洛建高铁王LSS2501型单钢轮振动压路机

◆徐州万邦重型机械科技有限公司
万邦重科MG185E型智能化平地机

◆福建晋工机械有限公司
晋工JGM761F型叉装车

◆上海彭浦机器厂有限公司
彭浦PD320Y－1型推土机

◆斗山工程机械（中国）有限公司
山猫S300型轮胎式滑移装载机

◆厦门厦工机械股份有限公司
厦工XG904微型静液压装载机

◆四川成都成工工程机械股份有限公司
成工CG955－SUPER型轮式装载机

◆福田雷沃国际重工股份有限公司
雷沃ETX956型轮式装载机

◆山东临工工程机械有限公司
临工LG953I节能型装载机

◆常林股份有限公司
常林718型平地机

◆山推工程机械股份有限公司
山推SD52－5型履带式推土机

◆成都神钢工程机械（集团）有限公司
神钢SK130－8型液压挖掘机

◆小松（中国）投资有限公司
小松PC200－8型混合动力挖掘机

◆现代（江苏）工程机械有限公司
现代ROBEX225LC－9型液压挖掘机

◆斗山工程机械（中国）有限公司
斗山DX300LC型液压挖掘机

◆广西柳工机械股份有限公司
柳工CLG922LCII型液压挖掘机

◆沃尔沃建筑设备（中国）有限公司
沃尔沃EC60C小型挖掘机

◆湖南山河智能机械股份有限公司
山河智能SWE70N9多功能小型挖掘机

◆住重中骏（厦门）建机有限公司
住友SH210T－5型液压挖掘机

2009年中国工程机械年度发动机供应商

◆潍柴动力股份有限公司

2009中国工程机械年度电控系统供应商

◆上海派芬自动控制技术有限公司

2009中国工程机械年度液压产品供应商奖

◆上海纳博特斯克液压有限公司

隆重登场 ZAXIS

200 240

210 250

二手车事业

长年来我们日立建机的代理店在二手车销售上积累了丰富的经验，通过日立独自的渠道凭借专家的眼光严格挑选出品质优良的二手车介绍给我们的客户。

详情请访问
http://www.hitachi-c-m.com/cn/used/search.html

HITACHI

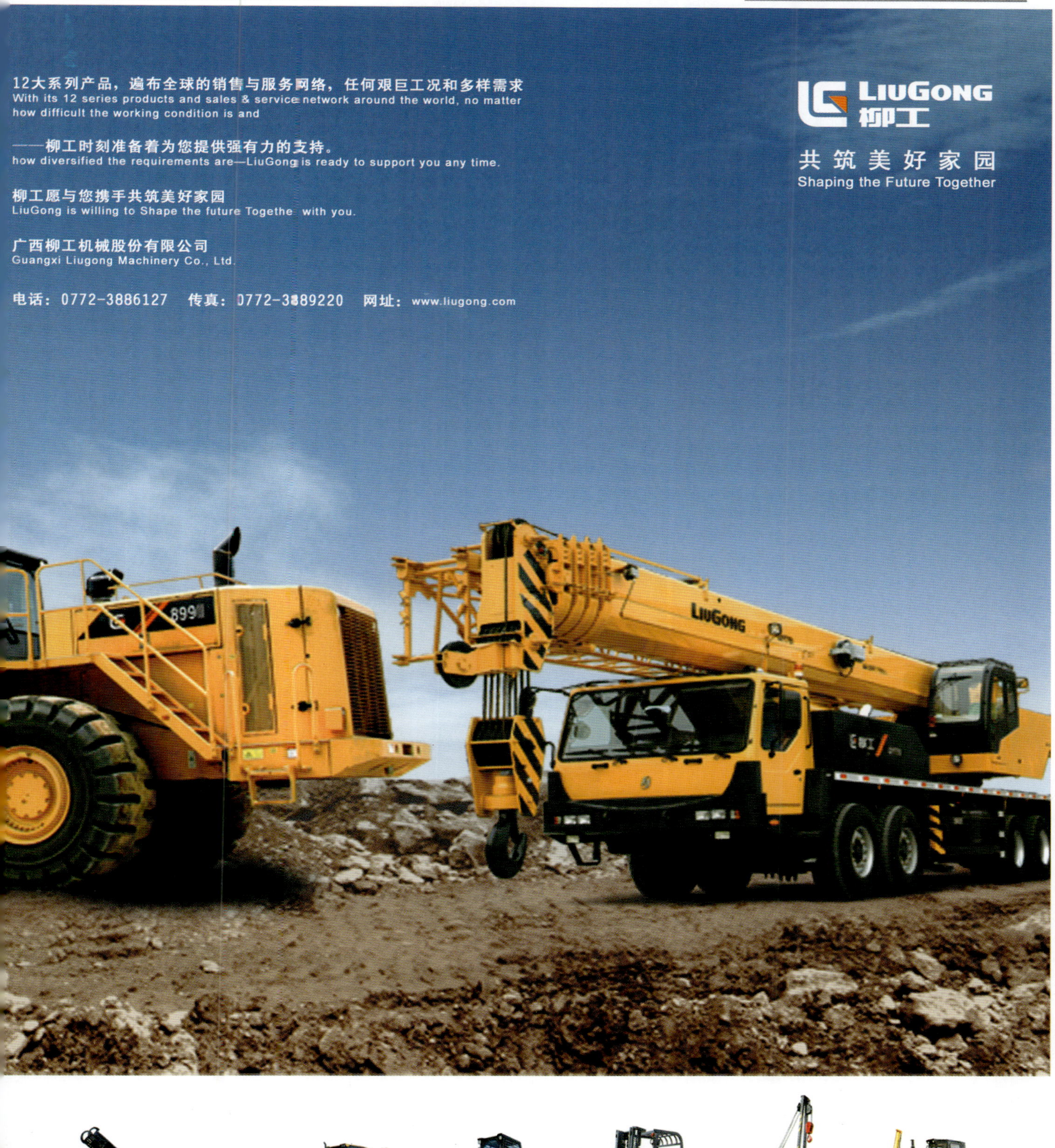

12大系列产品，遍布全球的销售与服务网络，任何艰巨工况和多样需求
With its 12 series products and sales & service network around the world, no matter how difficult the working condition is and

——柳工时刻准备着为您提供强有力的支持。
how diversified the requirements are—LiuGong is ready to support you any time.

柳工愿与您携手共筑美好家园
LiuGong is willing to Shape the future Togethe with you.

广西柳工机械股份有限公司
Guangxi Liugong Machinery Co., Ltd.

电话：0772-3886127　传真：0772-3889220　网址：www.liugong.com

共筑美好家园
Shaping the Future Together

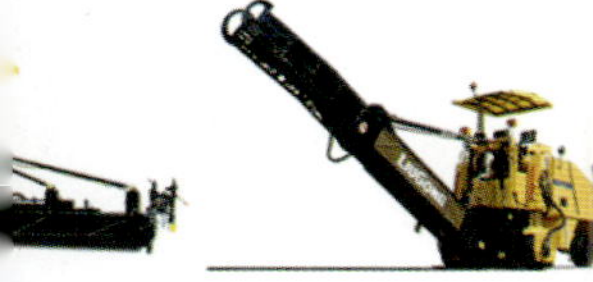

XCMG
徐工集团

XR280 旋挖钻机

XR280 旋挖钻机主要技术参数

序号	名 称		单位	参 数 值
1	最大钻孔直径		mm	∅2500
2	最大钻孔深度		m	选配 87(6 节)、标配 73(5 节), 选配 58(4 节)
3	发动机	发动机型号		CUMMINS QSM11-C400
		发动机额定功率 / 转速	kW	298 / (2100r/min)
		发动机最大扭矩	N.m	1898 / (1400r/min)
4	液压系统主泵最大工作压力		MPa	32
		副泵最大工作压力	MPa	30
5	动力头	动力头的最大扭矩	kN.m	280
		动力头的转速	rpm	7 ~ 22

XR280 旋挖钻机是公司多年从事桩工机械研发的技术积累，在设计上广泛吸取了国际上先进产品的优点，主要性能参数达到当代国际先进水平。该机具有结构紧凑、输出扭矩大、成孔深、性能可靠、效率高、无污染等特点。可广泛应用于道路、桥梁、码头、高层建筑、市政建设等地基基础工程施工，可满足市场对大孔径、超深灌注桩的需求，是大直径超深孔作业的理想设备。

XR280 钻机主要技术特点有：

● 使用先进的设计方法设计制造的徐工旋挖钻机专用自制底盘，具有超强的稳定性。底盘结构强度高，采用重型液压可伸缩式履带，便于运输、行走性能优越。

● 液压系统采用负荷传感技术，使液压系统效率更高，更节能。

● 拥有专利的平行四边形变幅机构，实现了大范围的工作区域。

● 钻桅设计为高强度材质的箱形结构，较高的强度与刚性，有效的保证了钻孔精度。各铰接均采用免润滑轴承，转动灵活自如。

● 采用进口康明斯涡轮增压发动机（欧Ⅲ排放阶段），动力强劲，足够的动力储备满足高原施工、噪声、排放达到国家标准。恒功率理想动力输出，使整机处于理想工作状态。

● 动力头配有能同时满足摩擦式和内锁式钻杆回转驱动套，进口液压变量马达和进口减速机，可根据土层情况自动改变钻进扭矩和转速，提高施工效率。

● PLC 控制器实现钻桅垂直度自动 / 手动控制，自动检测各关键点压力与报警，实时检测钻孔深度、动态及数码显示，钻桅自动 / 手动起落，彩色液晶显示器。具有立桅全自动找垂和手动找垂两种功能，彩色触摸显示屏，及时显示系统检测的各项信息和记录，触摸式操作有效提高了钻机的精度，降低了作业强度。

● GPS 全球卫星定位系统，具有整机工况实时监控，远程数据分析，远程故障诊断等功能。

WWW.XCMG.COM

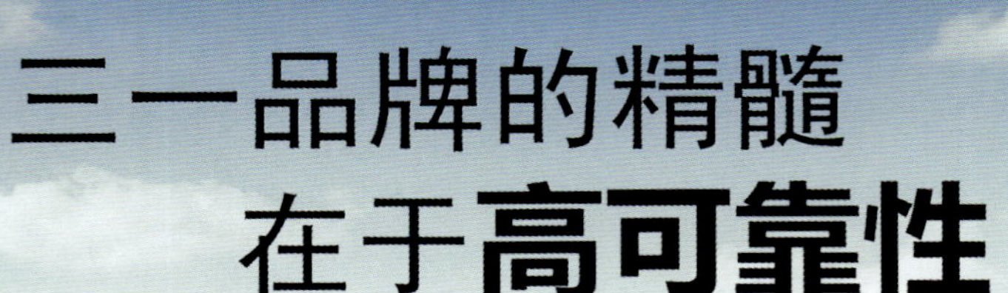

整体配合更有实力

三一产品的精髓在于高可靠性

LTU系列沥青摊铺机：双散热系统，创造连续不停机施工56小时的记录。

PQ系列全液压平地机：全液压驱动，无级变速，前后行驶速度一致，工作效率大大提高，总体油耗降低。

YZ系列全液压压路机：振动轮两点支撑偏心轴+鼠袋式强制润滑设计。10年无钢轮维修记录。

LB系列沥青混凝土搅拌站：采用全变频计量，最高精度达到±0.1%。

三一提供的不仅是设备，还致力于为您提供成套解决方案：投资参谋，产品选型，个性定制，服务培训，使用指导，技术支持，排除故障及保修等。只要您有需要，三一会以尽快速度响应并竭诚为您服务。

SANY

品质改变世界

更多详情请洽三一各地分公司或访问：www.sanygroup.com

三一重工股份有限公司
SANY HEAVY INDUSTRY CO., LTD.

电话：0731-84031888 | 传真：0731-84031999 | 三一贵宾专线：4008 87 8318

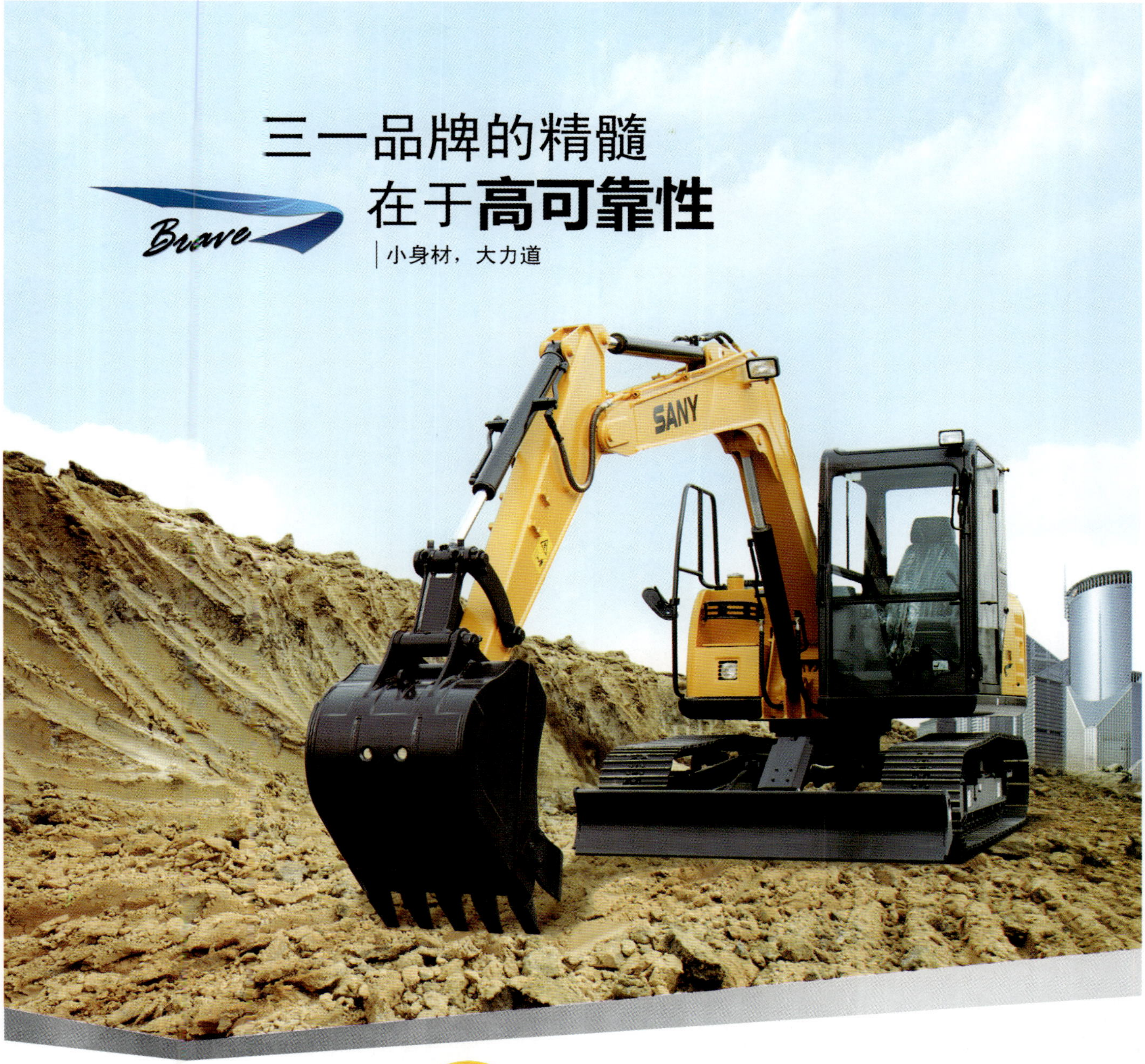

三一品牌的精髓 在于**高可靠性**

Brave

小身材，大力道

三一服务·因您而动

别看我身材小， 力量却非同一般。 三一小型挖掘机， 凭借小巧体型及特殊的动臂斗杆设计，能轻松、灵活适应各种作业环境，更拥有多项操作功能，能更大满足各种作业需求，并采用世界知名液压系统，作业速度更快捷，阻力损失更小，节能效果更加明显；同时因为身材小，更便于在各个施工现场间的转移，运输更方便，大大降低机器的运输费用，在满足您工作需求之余，更为您的经济帐精打细算。因为我们优秀、专业的科研实力及不惜成本的反复试验，才能不断创造高品质产品，赢得市场青睐。

品质改变世界

123服务价值承诺

"1" 一送—10000小时内送服务费
"2" 两补—24小时故障处理及赔付
"3" 三保—3000小时保修

一送

24小时赔付

两补

三保

（具体内容以三一重机和当地授权代理商共同约定为准）

更多详情请洽三一各代理商或访问：www.sanygroup.com

三一重机有限公司
SANY HEAVY MACHINE INDUSTRY CO., LTD.

电话：0512-57831805 | 传真：0512-57831869 | 售后服务热线：4008 28 2318

YUCHAI 玉柴重工

高效源于可靠

适用创造价值

YUCHAI

YC320LC-8

广西玉柴重工有限公司

GUANGXI YUCHAI HEAVY INDUSTRY CO.,LTD.

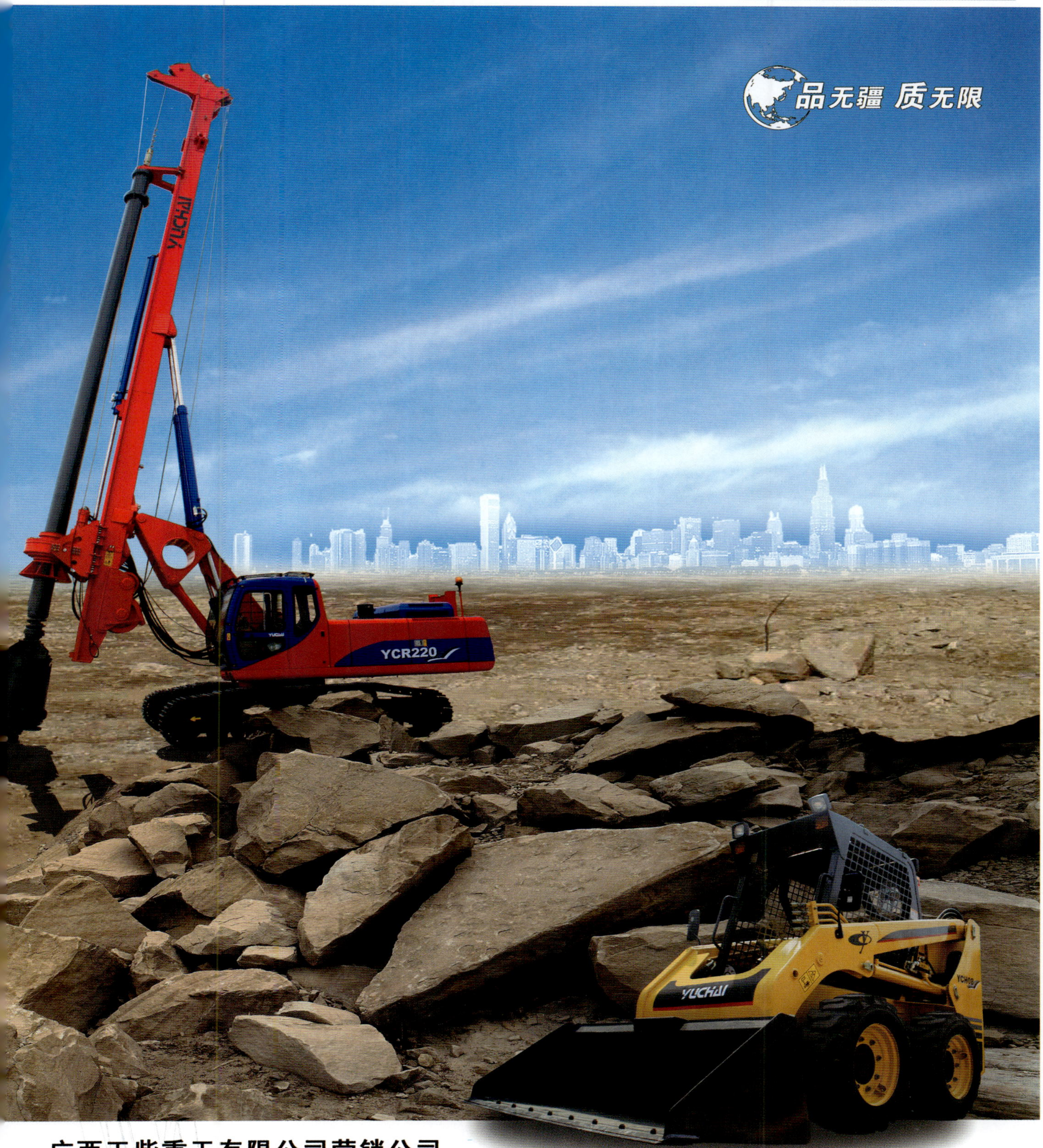

品无疆 质无限

广西玉柴重工有限公司营销公司

Tel:+86 775-3289567/3229567

Fax:+86 775-3283399

更多信息请登录

www.yuchaihi.com

SUNWARD
山河智能

SUNWARD®
山河智能

装备领域
世界价值的创造者

湖南山河智能机械股份有限公司
HUNAN SUNWARD INTELLIGENT MACHINERY CO.,LTD.

地址：湖南·长沙·星沙·山河智能产业园　邮编：410100
电话：+86-731-8402 0688　传真：+86-731-8402 0653
网址：www.sunward.com.cn　邮箱：sales@sunward.com.cn

2009中国工程机械年度发动机供应商

2009年，潍柴动力隆重推出装载机旗舰动力，它采用了1800～2 000r/min低转速发动机技术，多级复合空气滤清技术，高效低噪冷却技术，以及专利油水分离技术，使装载机更省油、更可靠、更舒适，引领装载机动力发展的新潮流。

多级复合空气滤清技术

减少了四配套磨损，
避免了增压器漏油，
杜绝了烧机油现象。

高效低噪冷却技术

采用了大流量水泵，
提高了冷却效率；
采用了不等角风扇，
噪声降低2分贝。

D转速技术

发动机转速1 800～2 000r/min，经与变矩器、变速箱的合理匹配，使柴油机有效避开了高油耗区，在经济油耗区运转的时间更长，从而达到更省油的目的，油耗同比下降10%～20%。

专利油水分离技术

采用了专利油水分离技术、
(实用新型，ZL200320121417.0)
三级柴油滤清系统，
使燃油系统故障率降低80%以上。

WWW.WEICHAI.COM
7x24小时服务热线 | 800 860 3066（固话可拨打）
400 618 3066（手机固话均可拨打）
潍柴动力股份有限公司

节能先锋 引领未来

SDLG
山东临工
沃尔沃集团成员公司

山东临工节能产品
产销过万庆典在人民大会堂隆重举行

地址：山东省临沂经济开发区临工工业园　电话：0539-8785688　客户服务：800-8607999（固定电话拨打）
ADD：Lingong Industry Park，Economic Development Park,Linyi,Shandong,P,R,C.　Http: // www.sdlg.cn

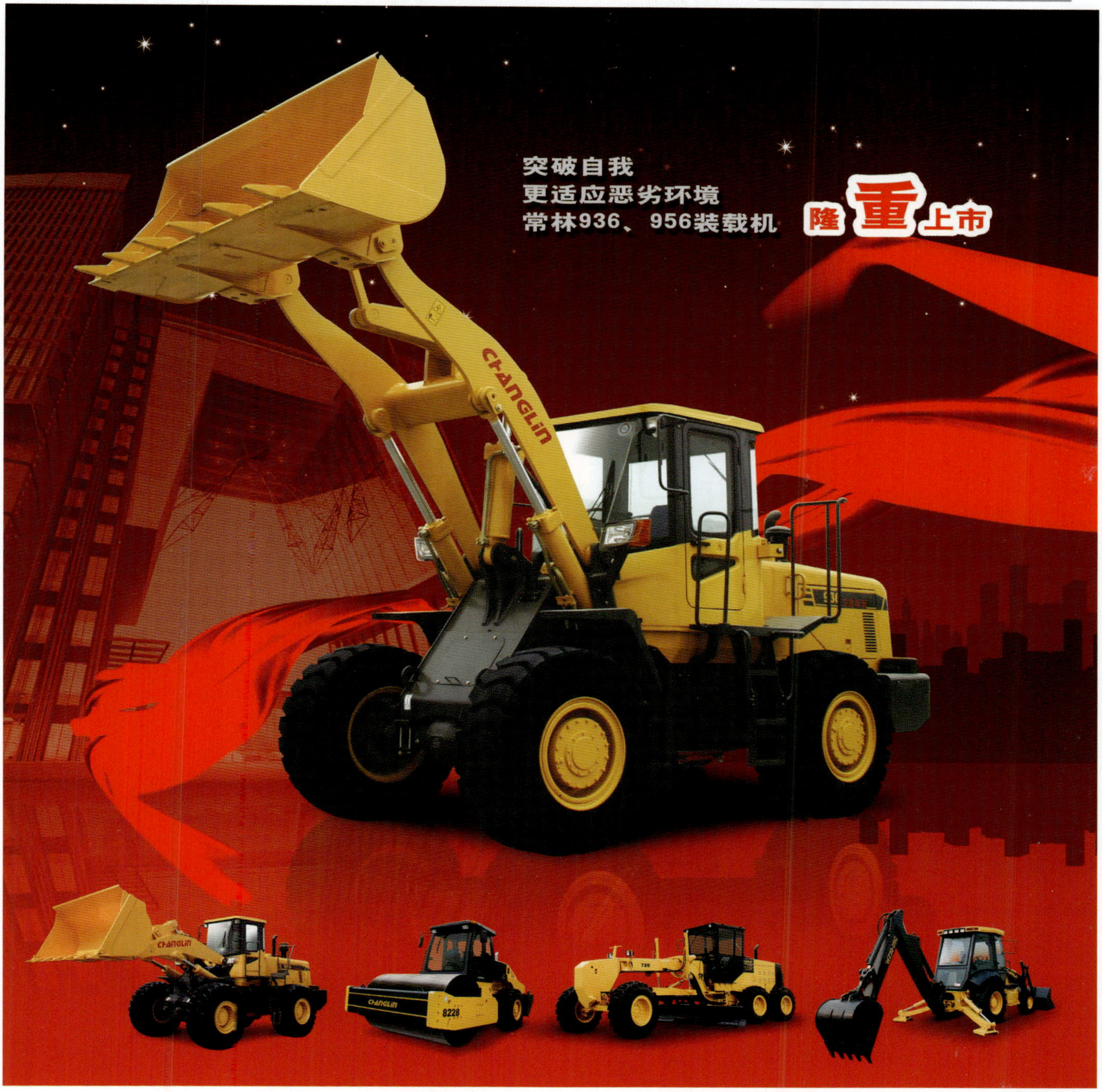

突破自我
更适应恶劣环境
常林936、956装载机 隆重上市

CHANGLIN® 常林股份有限公司 Changlin Company Ltd

中国名牌

CHANGLIN COMPANY LIMITED
Add:No.10 changlin Road,Changzhou.Jiangsu.P.R.of China
Tel: 86-519-86781288 86752400
Fax: 86-519-86781387
Http://www.changlin.com.cn

常林股份有限公司
地址： 中国江苏省常州市常林路10号
电话： 0519-86758888 86788888
传真： 0519-86753838 86783838

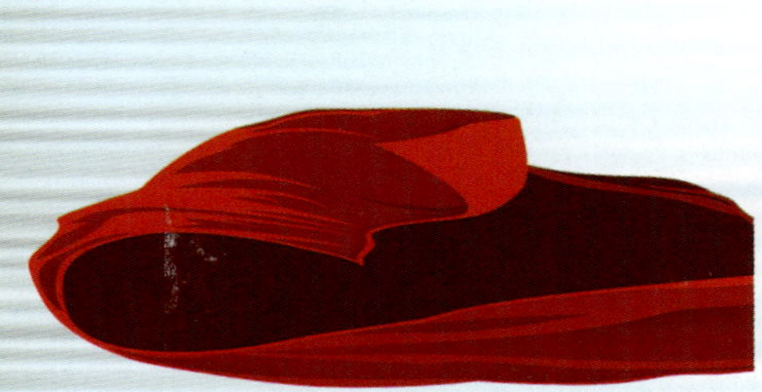

TOP50 2009
中国工程机械年度产品

"中国工程机械年度产品 TOP50"评选活动起始于 2006 年，已成功举办过四届，由《工程机械与维修》杂志发起并主办，《工程机械》杂志、《今日工程机械》杂志、《建设机械技术与管理》杂志、《建筑机械化》杂志、HC360 慧聪网工程机械行业频道、《机电商报》，以及《中国工程机械工业年鉴》等业内主流媒体共同协办。

该活动的目的在于梳理和总结过去一年工程机械产业在技术和产品创新方面的成就，记录产业技术进步的足迹。评选的目标锁定在中国工程机械市场上的创新产品（包括外资、内资企业的产品），评选的核心标准为产品创新和技术进步。

中国工程机械优秀企业
展示窗

中国工程机械优秀企业
Logo
集锦

银轮股份
YINLUN CO.,LTD

LIUGONG
柳工

厦工机械
XIAGONG MACHINERY

YUCHAI
玉柴重工

LOVOL
福田雷沃重工

上海彭浦
SHANGHAI PENGPU

XCMG
徐工集团

新
xin
型

晋工机械
JINGONG

ZOOMLION

潍柴动力
WEICHAI POWER

KOMATSU

HP
涌镇液压
Hydraulik Power

方圆集团
FANGYUAN GROUP

AICHI
杭州爱知

Tailift
台勵福集團

CAMC
星馬汽車
CHANGLIN

华建
HUAJIAN

SICOMA

INI
意宁液压

JINT

华德液压

HELI
合力

osaint
奥盛特重工
OSAINT HEAVY

HIGH-TECH
海特克液压
HIGH-TECH FLUID POWER

SSCM

SHANTUI
山推

山河智能
SUNWARD

Linde

成工
CHENGGONG
KOBELCO

LISHIDE
力士德

Jonyang

SDLG
山东临工

八达重工
BADA HEAVY INDUSTRY

JUNMA
骏马机械

HANGCHA

西林
XILIN

SHENXI

Racoon

HITACHI

山重建机
STRONG

河北宣工

乾坤支承

SANY

ADVANCE

NFLG
南方路机

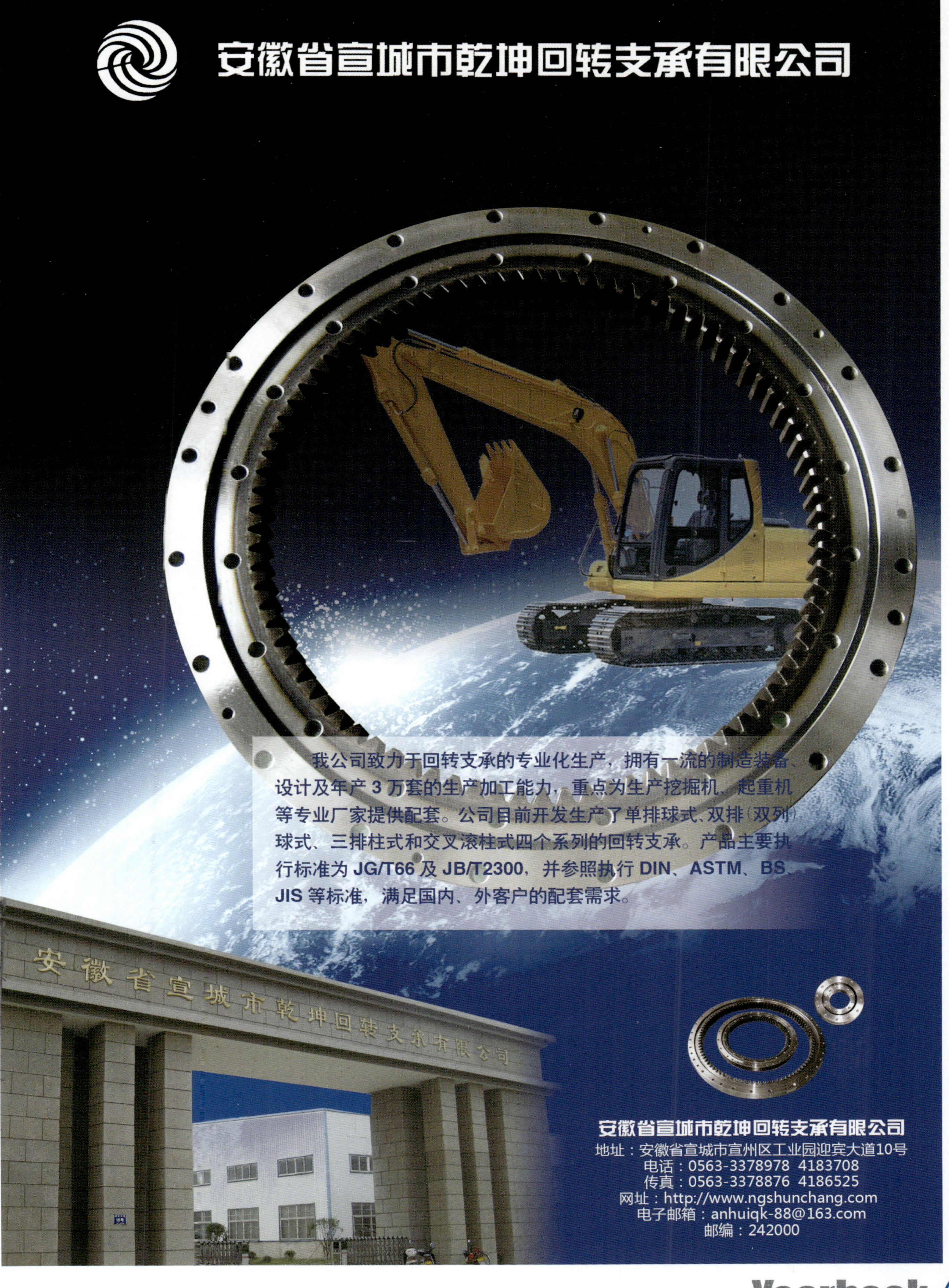
安徽省宣城市乾坤回转支承有限公司
我公司致力于回转支承的专业化生产，拥有一流的制造装备、设计及年产 3 万套的生产加工能力，重点为生产挖掘机、起重机等专业厂家提供配套。公司目前开发生产了单排球式、双排（双列）球式、三排柱式和交叉滚柱式四个系列的回转支承。产品主要执行标准为 JG/T66 及 JB/T2300，并参照执行 DIN、ASTM、BS、JIS 等标准，满足国内、外客户的配套需求。
安徽省宣城市乾坤回转支承有限公司
安徽省宣城市乾坤回转支承有限公司
地址：安徽省宣城市宣州区工业园迎宾大道10号
电话：0563-3378978 4183708
传真：0563-3378876 4186525
网址：http://www.ngshunchang.com
电子邮箱：anhuiqk-88@163.com
邮编：242000

成功之道

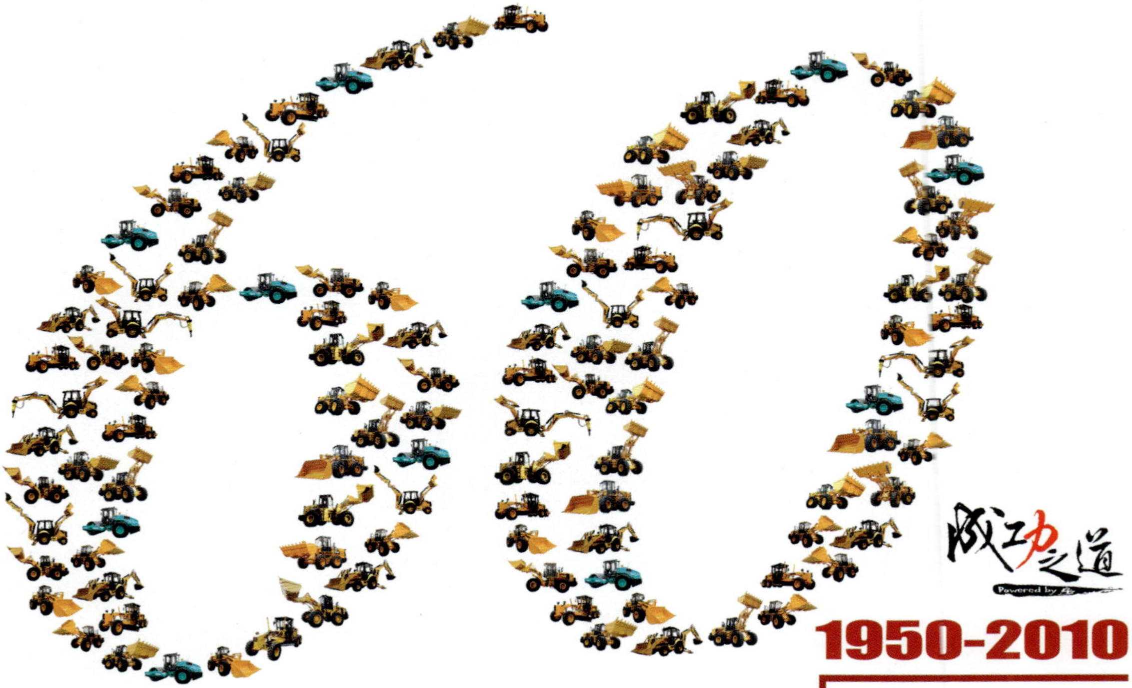

1950-2010

2010年 百亿新基地，打造新成工

2003年 与日本神钢建机株式会社合资成立成都神钢工程机械(集团)有限公司

1998年 更名为成都工程机械(集团)有限公司，并组建四川成都成工工程机械股份有限公司

1984年 变革为成都工程机械总厂

1977年 更名为成都工程机械厂

1964年 更名为成都红旗机器厂

1950年 创建公营成都红旗铁工厂

六十年雄关漫道，征途莽莽，一头连接百废待兴的“公营成都红旗铁工厂”，一头连接蓬勃发展、产值数十亿的“成工股份”。六十年从无到有、从有至强的艰苦奋斗，六十年坚守品质、创造价值的探索开拓，辉映出六十年力臻卓越的“成工”品牌。六十年风雨征程，成工与合作伙伴们携手同行，一路放歌演绎精彩，凭借六十年累积的行业经验与不断创新的前瞻科技，成就更为强悍的工程机械设备，努力为全球用户创造更高价值。

成工，成功之道上执着的跋涉者，正满怀激情，迈向下一个辉煌的六十年！

四川成都成工工程机械股份有限公司

地址：中国四川成都经济技术开发区洪河中路1号　咨询电话：(028)82854808

传真：(028)82854811　邮编：610110　网址：www.chinachenggong.com　电子邮箱：sales@chinachenggong.com

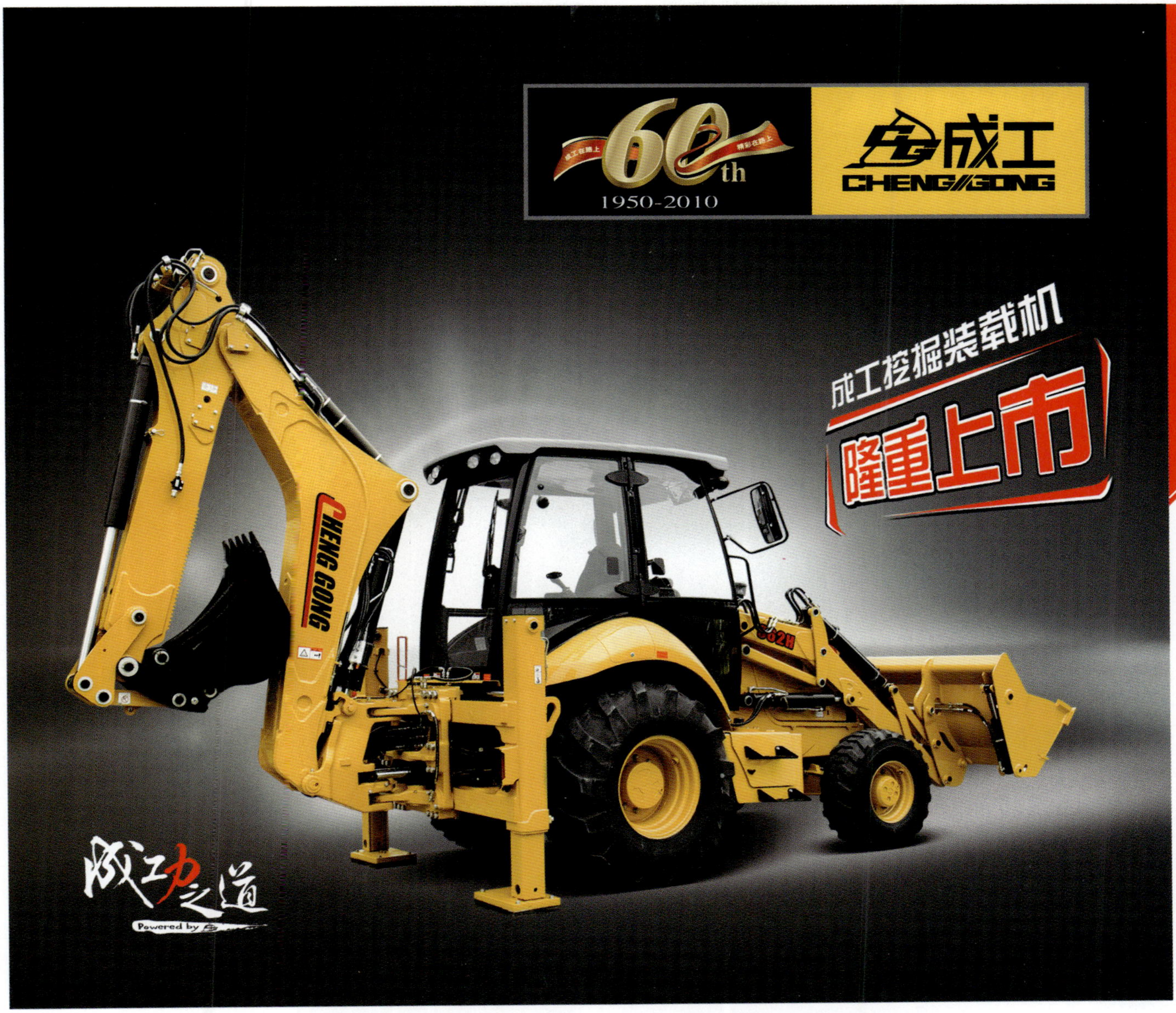

60th
1950-2010
成工
CHENGGONG
成工挖掘装载机
隆重上市
CHENG GONG
成功之道
Powered by

六十年前，时为“公营成都红旗铁工厂”的成工，在通用机械的制造、研发领域初试身手。
六十年后，成工在工程机械行业，以积淀深厚的专业经验与不断进取的前瞻科技创领价值。

成工自主研发的系列挖掘装载机新品（866H、860H、866HTC、862H），集先进技术与高端品质于一体，灵活高效，可装配多种工程机械作业属具，是各类市政工程、道路交通、新农村建设等施工项目不可或缺的得力助手。

866HTC
860H
866H

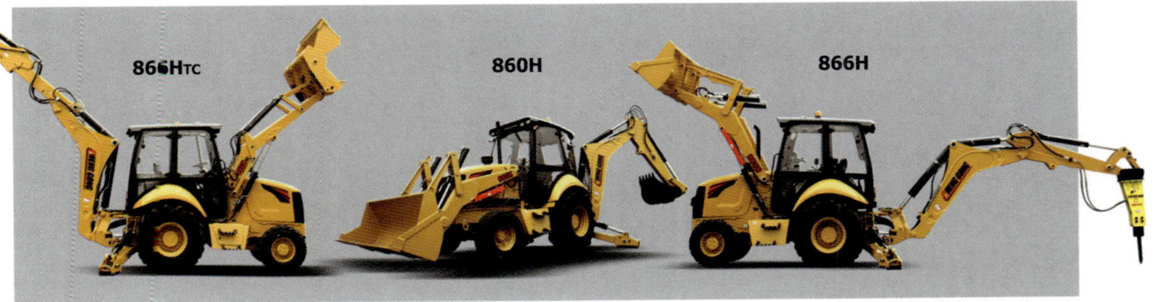

*更多详情请垂询各地代理商！

四川成都成工工程机械股份有限公司

地址：中国四川成都经济技术开发区洪河中路1号　咨询电话：(028)82854808
传真：(028)82854811　邮编：610110　网址：www.chinachenggong.com　电子邮箱：sales@chinachenggong.com

神钢 820 技术

——神钢小型挖掘机——

全系进化

创领小挖新价值！

日本技术与中国现场完美结合

依托业界领先的科技实力，萃集神钢80年挖掘机技术菁华，以适应国内复杂工况的“现场主义”为标准，从细致的质量项目评价到多处升级改造，从复杂的工况实验到大量高新技术的运用，神钢以超强科技力量不断强化对小型挖掘机的品质提升，打造出具有卓越经济性、超强耐用性、强大作业效率及人性化为一体的神钢小型挖掘机系列，不断突破您的想象，赢得万千用户的一致信赖，助您实现新价值！

SK60-C

SK75

SK130

SK140-LC

*更多详情请垂询各地经销商!

成都神钢工程机械(集团)有限公司

地址：中国四川成都经济技术开发区洪河中路1号　咨询电话：028-82854808
传真：028-82854811　邮编：610110　http://www.kobelco-cg.com　电子邮箱：sales@kobelco-cg.com

KOBELCO

8% 作业量
20% 节能
神钢 820 技术

ACERA Geospec SUPER
神钢超8
SK460-8
SK480LC-8

以强悍实力统率大型工程

神钢超8液压挖掘机萃集“环境与技术的神钢”之技术菁华，在保障强悍作业效能的同时，实现令人赞叹的超低燃油消耗，树立新一代挖掘机的价值标杆。

神钢超8新款液压挖掘机SK460-8/SK480LC-8，专为矿山、水利、交通建设等大型工程研发制造，标配HD高强度大小臂、高耐磨新型挖斗等高品质部件，驾驶室顶部加装碎石防护罩，可满足各种恶劣施工条件和国内作业现场超重负荷、超长时间的要求。同时拥有便捷的操控系统和卓越的行驶性能，带来更舒适的作业享受，更利于发挥作业人员的能动性，获取更高效率的作业产出，创造令人满意的投资回报。

*更多详情请垂询各地代理商!

成都神钢工程机械(集团)有限公司

地址：中国四川成都经济技术开发区洪河中路1号　咨询电话：(028)82854808
传真：(028)82854811　邮编：610110　http://www.kobelco-cg.com　电子邮箱：sales@kobelco-cg.com

方圆集团
FANGYUAN GROUP

精工细作

2009年9月24日，方圆集团HZS180-AP1000搅拌站成功参与海阳核电FCD核岛混凝土浇注。

HZS混凝土搅拌站系列

- 总部地址：山东海阳方圆工业园
- 邮编：265100
- 电话总机：（0535）3221111 3222111
- 传真：（0535）3221660
- Http://www.china-fangyuan.com
- E-mail:master@china-fangyuan.com

创方圆品牌

Maufacturer,FangYuan GROUP CO.
方圆集团制造
电话：0535-3221111
FYG
方圆集团
拌站
商混凝土

WBZ 500
方圆集团

FOTON

银轮股份
YINLUN CO.,LTD

国家汽车零部件出口基地企业

浙江银轮机械股份有限公司
博士后科研工作站
POSTDOCTORAL PROGRAMME
人力资源和社会保障部
全国博士后管委会 制发
二〇〇八年六月

商标被国家工商行政管理总局认定为
驰名商标
浙江省工商行政管理局
二〇一〇年一月

授予

高新技术企业
证书

公 司 简 介

浙江银轮机械股份有限公司成立于1999年，是一家专业研发、制造和销售各种热交换器的国家汽车零部件出口基地企业，2007年在深交所上市。

公司热交换器产销量已经连续九年保持国内行业领先。主导产品被评为中国名牌产品，“银轮牌”被认定为中国驰名商标称号。公司通过了ISO9002、QS9000、VDA6.1及ISO/TS16949、ISO14001、OHSAS18001“三合一”体系等质量认证。公司是我国内燃机标准化技术委员会热交换器行业标准的牵头制订单位，建有国家博士后科研工作站，是国家高新技术企业。

公司产品现已形成油冷器、中冷器、水箱、EGR冷却器、冷却模块等六大系列十一大类别近3000个品种规格，与康明斯、卡特彼勒、道依茨、法雷奥、玉柴、东风、重汽、福田、锡柴、潍柴、上柴等国内外著名企业建立了良好的配套关系。

不锈钢机油冷却器

◎ 公司地址：浙江省天台县福溪街道交通运输机械工业园区 ◎ 邮编：317200
◎ 电话（国内）：0576-83938348、83938338
◎ 电话（国际）：0086-576-83938348、83938391
◎ 传真：0576-83938333、83938359 ◎ E-mail：Master@yinlun.cn

空中冷器

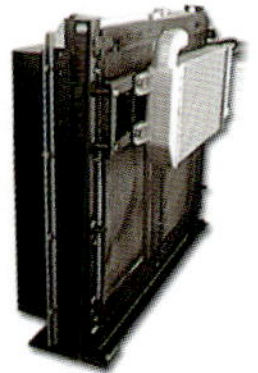
冷却模块总成

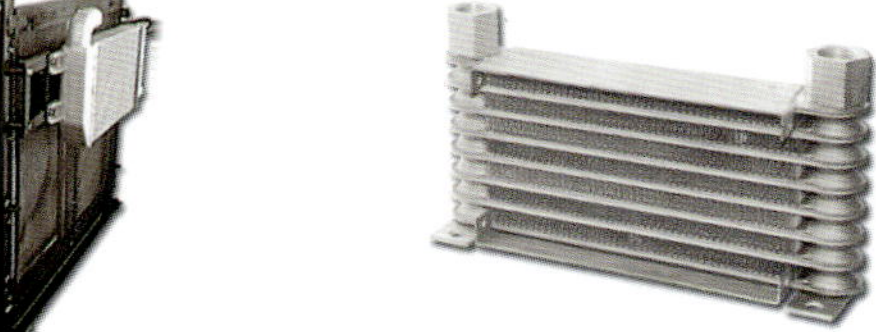
铝油冷器

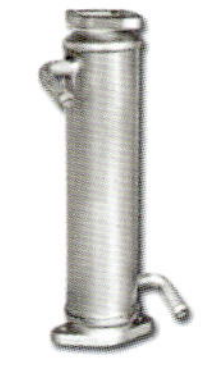
EGR冷却器

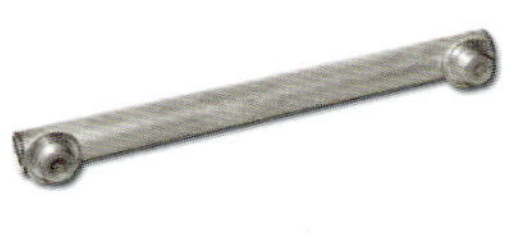
管翅式油冷器

浙江银轮机械股份有限公司
ZHEJIANG YINLUN MACHINERY CO.,LTD.

引领中国“双动力”油、电混合驱动技术快速发展

董事长：陈利明

中国江苏八达重工机械有限公司是集科研、开发、生产、销售、服务于一体的特种起重装卸设备制造商，公司建有“江苏省机电混合工程机械研究中心”、“博士后工作站”和大学生实习基地，是国家审核、批准的高新技术企业。董事长陈利明拥有多项专利技术，多次在国内、国际博览会上荣获金奖，2009年被授予“全国机械行业优秀企业家”称号、2010年荣获国家“发明创业奖”。八达重工是国内专门设计、生产“双动力”系列特种工程机械和工业车辆的制造公司。主营业务为物流、搬运、抓料、打捞、抢险等特种工程机械产品的开发、生产和销售，主要产品有：“双动力”全液压轮胎式、履带式起重机、挖掘机，装卸、拆除、抢险机器人等。目前产品共八大类九十多种规格。其中“双动力”驱动型主导产品含有多项企业自有知识产权，并荣获国家新产品及江苏省高新技术产品称号。产品畅销国内外，从2003年以来，产品连续五年出口美国、俄罗斯、缅甸、尼泊尔、印尼、哈萨克斯坦和乌克兰等国家。

八达重工机械——

尽舞中国特种工程机械大市场！

八达重工机械：“没什么拿不起，放不下的！”

中国“双动力”
China “Dual-power”

引领中国“新兴物流产业”快速发展

“八达”，一个由知识驱动的高科技民族品牌，自1995年诞生以来，始终坚持以研究机、电混合驱动之“双动力”节能、环保型物流工程机械及特种工程机械为宗旨。目前，以“双动力”驱动为主导的轮胎式、履带式以及折叠臂系列、伸缩臂系列、桁架臂系列，以抓取作业方式为特色的新兴物流机械装备，已达八大系列、一百多种规格型号，并形成了自主知识产权的产品群体和专利池，领军打造了中国机、电混合动力驱动技术与装备以及“新兴物流产业”领域新天地！

各典型用户作业现场简介

地址：江苏省新沂市经济开发区北京西路　邮编：221400　销售热线:0516-88923179　办公室:0516-88969898　售后服务:0516-88969890
传真：0516-80296004　咨询热线：13585378888　13705225213　http://www.badatg.com　E-mail:xsb@badatg.com

江苏申锡建筑机械有限公司

江苏申锡建筑机械有限公司位于江苏省无锡市锡山经济开发区工业园区内，占地面积79 000㎡，建筑面积48 000㎡，员工总人数200余人，拥有总资产亿元以上。具有年产高空施工作业机械愈万台的综合生产能力。公司成立于1988年，是中国高处作业吊篮和擦窗机的发源地，经过20多年的高速发展，申锡公司已经成为中国吊篮行业的龙头企业。

江苏申锡建筑机械有限公司是承担国家“十一五”科技支撑计划项目的重点企业，江苏省高新技术企业；同时，公司还是中国工程机械工业协会常务理事单位和装修与高空作业机械分会副理事长单位。公司建有行业一流专业水平的江苏省高空施工机械工程技术研究中心、省级博士后科研工作站以及国家人力资源和社会保障部、机械工业部门联合授权成立的高空作业机械职业技能鉴定站。企业先后参与制订了GB19155-2003《高处作业吊篮》，GB19154-2003《擦窗机》等国家标准，在创建标准化良好行为企业中被认定为江苏省AAAA级企业。经中国工程机械工业协会2009年测评，公司综合实力在国内同行业名列前茅。

公司目前的产品主要有ZLP系列高处作业吊篮、电梯安装吊篮、电厂烟囱吊篮、桥梁专用吊篮、船用吊篮、风力发电机配套用吊篮、CD系列擦窗机及各类特种非标悬挂作业设备、YHJM100/50液压互爬式升降脚手架、施工升降机和施工升降平台等。申锡公司的各类产品以其独特的设计操作、成熟的性能质量，赢得了各种复杂施工环境的考验，与同类产品相比，具有安全经济、便捷高效的优越性。

申锡公司积极拓展其在国内外市场的影响力。公司在国内主要省市均设有办事处，在澳门、新加坡和中东地区都设有分公司，在俄罗斯、乌克兰、阿拉伯联合酋长国、白俄罗斯、智利等国设有代理。全世界60多个国家和地区的产品覆盖率和遍布全球的营销网络，使申锡机械赢得了良好的世界口碑和声誉。近日,江苏申锡又赢得国内高空作业机械行业首例国际侵权诉讼案。

国内、外工程案例

北盘江大桥

中央电视台新大楼

南浦大桥

上海世博会中国馆

电话:0510-88700487　传真(FAX):0510-88700937　地址：无锡市锡山开发区芙蓉中一路121号
E-mail:shenxi88700937@163.com　http://www.shenxi.com

公司产品
圆弧复式烟囱井道施工吊篮
整机全景
ZYP100 高处作业悬挂座椅
爬模爬架试验架
南京紫峰大厦
广州电视台
阿联酋迪拜塔
埃塞俄比亚施工现场
新加坡施工现场
印度施工现场

江苏骏马压路机械有限公司

CHINA JIANGSU JUNMA ROAD ROLLER CO.,LTD.

江苏骏马压路机械有限公司是中国公路建设行业协会会员,公司是自20世纪80年代以来有二十多年从事中小型压路机制造的专业生产企业，已通过ISO9001:2008质量体系认证，产品质量由国家质检部门进行质量跟踪监督，且获得为“全国质量稳定合格产品”和“江苏省重合同守信用企业”、“江苏省质量信用产品”、“江苏省高新技术企业”、“江苏省著名商标”、“江苏省名牌产品”、“AAA资信企业”等殊荣及多项国家专利；且被中国公路建设行业协会筑养路机械分会评为“重点推广品牌”企业。2008年入选“中国工程机械年度产品TOP50”。

公司生产的主要产品有YSZ07、YZ1、YZC2型振动压路机适合在施工现场窄小，作业场地受限制的地方作业。YZC3、YZC3H、YZC3.5H、YZC4、YZC4.5H、YZC6、YZ6C、YZC10J、YZC12J、YZ12A、YZ14B、JM813H、JM816、JM818型振动压路机适合于公路、城市街道、机场、工业区、停车场的基础压实。特别是YZDC4、YZDC6、YZD6C振动振荡两用压路机既可压实基础，又可压实表面层，特别适合于振动受到限制的地段施工。2YJ8/10、3Y8/10、3Y10/12、3Y15/18等静碾压路机适合于压实深度高的地方作业等。

企业经营业务范围：压路机械、路面机械、工程机械及配件制造、销售；并从事上述产品的进出口业务。

China Jiangsu Junma Road Roller Co., Ltd. is a regular member of the Ministry of communications China Highway Construction Association, has specialized in producing complete sets of mini and medium road machinery since the 1980’ s. Our products have passed through the quality authentication of ISO 9001: 2008 edition control system. The State Bureau of Quality and Technical Supervision supervise our quality of products. Won honors of “National Standard Product With Steady Quality”, “Trust Product of Jiangsu Province”, “High-New Technological Enterprises of Jiangsu Province”, “Well-known Brand of Jiangsu Province”, “Well-known Products of Jiangsu Province”, “AAA Credit Enterprise” etc. one after another. As well as we won some national patents ,our products are named as“Major promotion Brand” by China Highway Construction Association and “One of Top 50 of China Annual Construction and Machinery products” in the year of 2009。

Our major products such as Model YSZ07, YZ1, YZ2 Vibratory Rollers are suitable for working in the narrow and limited sites. YZC3, YZC3H, YZC3.5H,YZC4,YZC4.5H, YZC6, YZ6C,YZC10J,YZC12J, YZ12,YZ14B,JM813H,JM816,JM818Vibratory Rollers are suitable for compacting highroads, streets, airports, industry zones or parking ground. Amongst Model YZDC4, YZDC6, YZD6C can be used for compacting roadbed as well as road surface especially the areas subject to vibration. Model 2YJ8/10,3Y8/10,3Y10/12、3Y15/18 is fit for deep-compacting work.

YZC6 型振动压路机
YZC6 Vibratory Roller
YZDC6 型振荡振动压路机
YZDC6 Oscillatory Roller

YZ1 型振动压路机
YZ1 Vibratory Roller

YZC3 型振动压路机
YZC3
Vibratory Roller

JM813H 型 振动压路机
JM813H 型
Vibratory Roller

JM816 型 振动压路机
JM816 型
Vibratory Roller

江苏骏马压路机械有限公司

CHINA JIANGSU JUNMA ROAD ROLLER CO.,LTD

地址：江苏省靖江市骥江西路288号　邮编(Zip code):214501
Address:NO. 288 JIJIANG WEST ROAD,JINGJIANG,JIANGSU, CHINA
电话(Tel):(86)-0523-84508238 84508239　传真(Fax):(86)-0523-84508353
http://www.rollerco.com.cn　E-mail:info@rollerco.com.cn

突破自我
更适应恶劣环境
常林936、956装载机 隆重上市

CHANGLIN® 常林股份有限公司 Changlin Company Ltd

中国名牌

CHANGLIN COMPANY LIMITED
Add:No.10 changlin Road,Changzhou.Jiangsu.P.R.of China
Tel: 86-519-86781288 86752400
Fax: 86-519-86781387
Http://www.changlin.com.cn

常林股份有限公司
地址：中国江苏省常州市常林路10号
电话：0519-86758888 86788888
传真：0519-86753838 86783838

用户为本 品质卓越

河北宣工
中国驰名商标

中国名牌
CHINA TOP BRAND
2007.9-2010.9

中国名牌

河北宣化工程机械股份有限公司
XUANHUA CONSTRUCTION MACHINERY CO., LTD.

- 河北宣化工程机械股份有限公司（简称河北宣工）是我国生产推土机的主要骨干企业、进出口自营企业、中国机械500强企业，集工程机械科研、生产和国内外贸易为一体的现代化企业。
- 河北省装备制造业龙头企业，是河北省机械行业中较早的上市公司（股票代码：深市000923）。
- 1998年通过ISO9001质量体系认证和国家计量检测体系认证。
- 河北宣工产品多次荣获殊荣；2007年宣工牌推土机荣获“中国名牌产品”称号，2009年宣工品牌荣获“中国驰名商标”。
- 河北宣工主要产品以大中功率推土机为主，同时经营吊管机、犁埋机等推土机延伸产品和配件的生产销售，从事本企业自产产品及相关技术的出口业务。其中104～123kW系列推土机在全国市场占有率较高，172～320kW推土机为国内领先的高驱动、大功率推土机。
- 河北宣工秉承“责任铸就事业，诚信赢得未来”的信念，努力“为客户创造价值、为员工创造机会、为社会创造财富”。

地址：河北宣化东升路21号 电话：0313-3186097 传真：0313-3186025 网址：www.hbxg.com

突破传统 开启未来

小松一直在策划如何研发混合动力型工程机械。
如今，全球领先的PC200-8混合动力机型终于诞生了！

新登场

油耗降低20% 噪声降低到66dB

PC200-8

作业能力与生态保护

- 先进的整体综合控制
  实现清洁、低燃耗和大功率
- 日本国土交通省认可的超低噪声型工程机械
  充分考虑对施工周围环境的影响
- 工程机械用发动机全新技术“ecot3”
  大幅降低NOx气体排放

ecot3
ecology & economy - technology 3

安全与舒适

- 高刚性驾驶室充分保护驾驶员的安全
  抗冲击性强，防翻滚设计
- 堪比轿车的驾驶室内低噪声
  减轻驾驶员的疲劳感

IT技术与康查士

- 高分辨率7英寸大型TFT液晶监控器
  画面大而清晰、使用便捷
- 使用方便的康查士系统
  功能强大，带给客户放心和信赖

KOMATSU®
小松（中国）投资有限公司

地址：上海浦东新区陆家嘴环路1000号汇丰大厦33楼
电话：(021) 68414567 邮编：200120
http://www.komatsu.com.cn

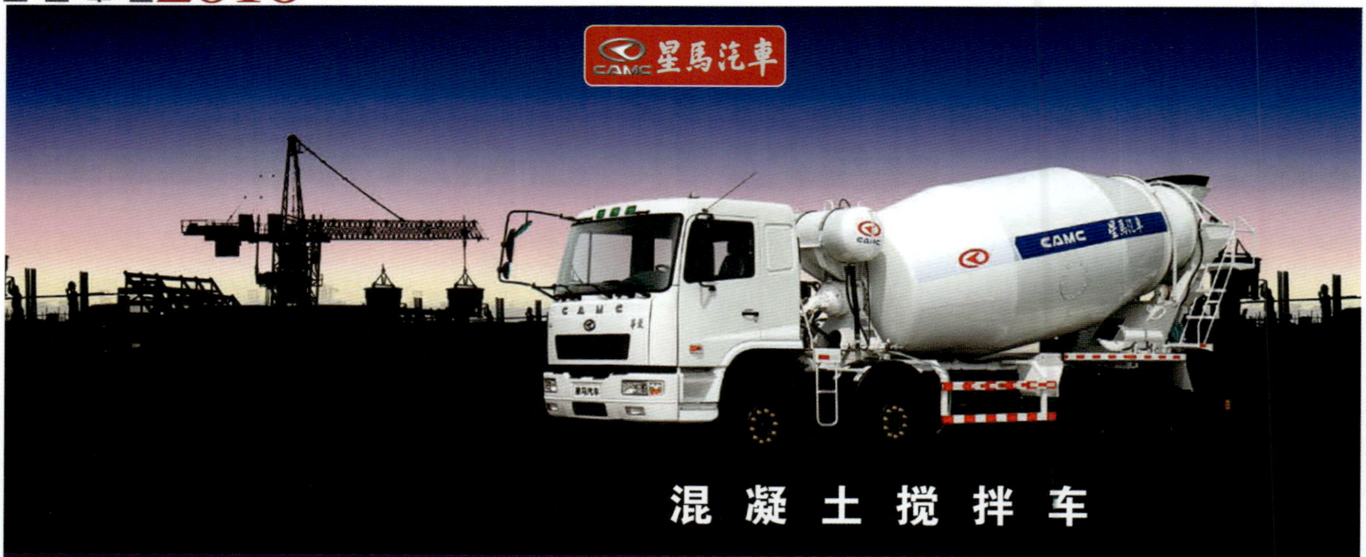

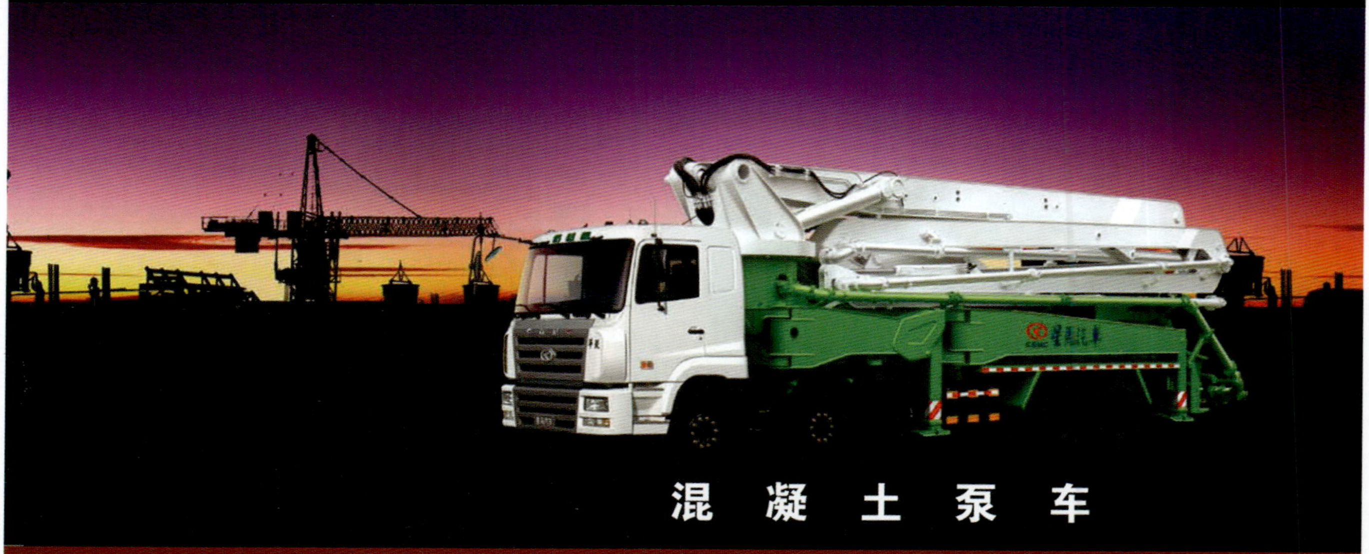

星馬汽車 CAMC

混凝土搅拌车

混凝土泵车

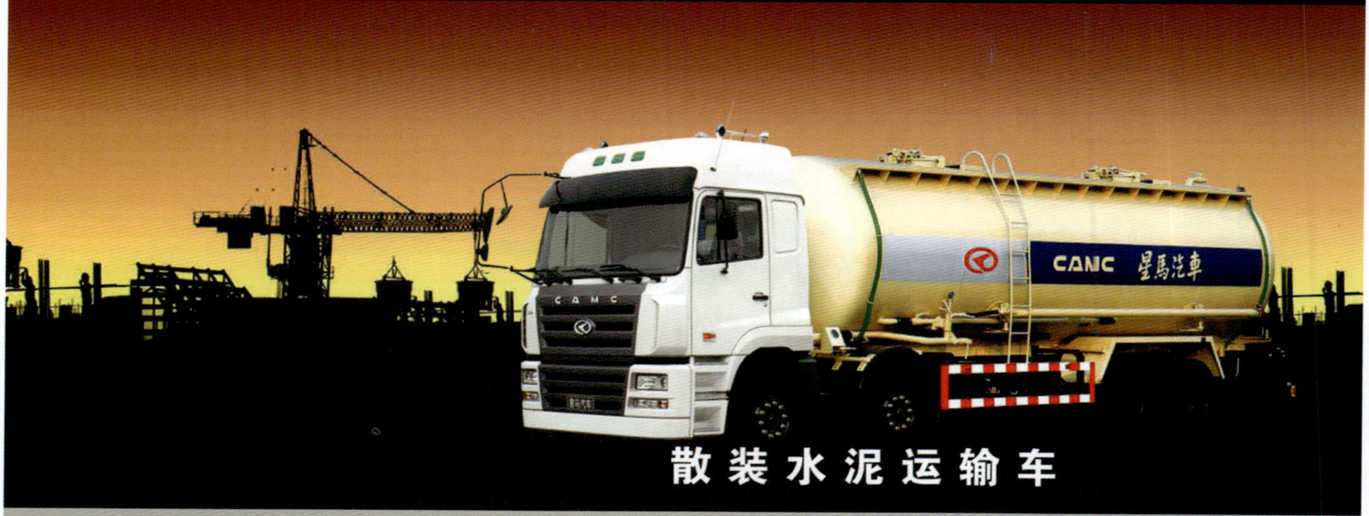

散装水泥运输车

安徽星馬汽車股份有限公司

地　　址：安徽省马鞍山市经济技术开发区　　邮　编：243061
电　　话：0555-8323000　8323018　　传　真：0555-8323088　8323068
售后服务：0555-8323042　8323058　　服务热线：800-868-3388
网　　址：www.camc.biz　　E-mail：camc@camc.biz

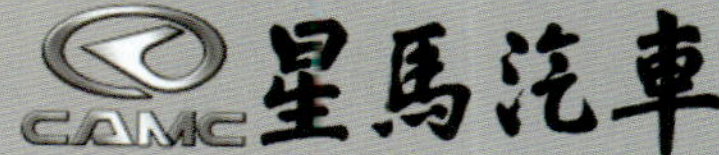

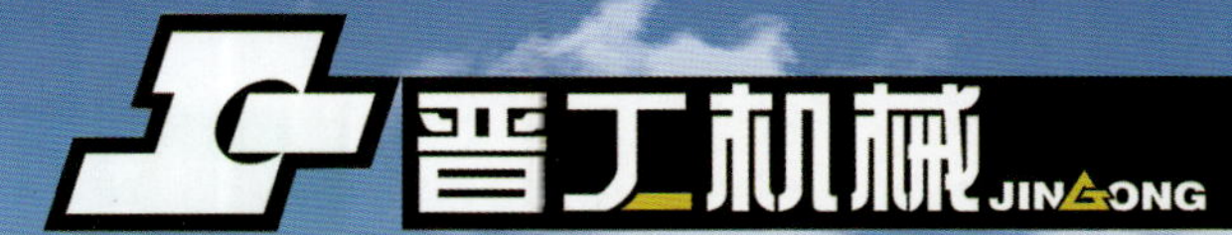

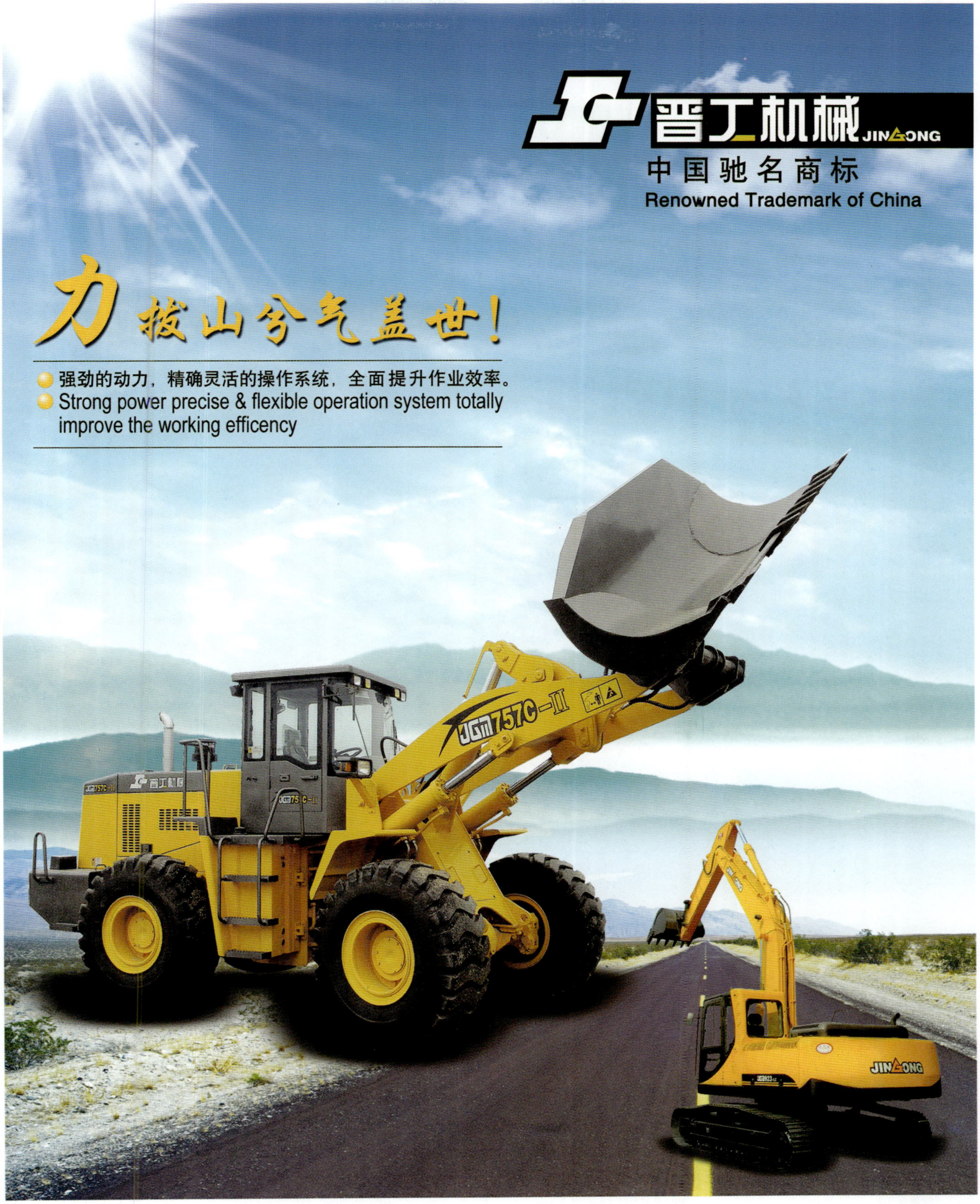
晋工机械 JINGONG
中国驰名商标
Renowned Trademark of China
力拔山兮气盖世!
强劲的动力，精确灵活的操作系统，全面提升作业效率。
Strong power precise & flexible operation system totally improve the working efficency
JGM757C-II
JINGONG

子江集团·福建晋工机械有限公司
Zijing Group · Fujian Jingong Machinery CO., Ltd.

地址ADD：福建省晋江前埔工业区 Qianpu Industrial Park,Anhai,Fujian,China
电话TEL：0086-0595-85786339　传真FAX：0086-0595-85798258　邮编P.C：362261
网址：WWW.CHINA-JINGONG.COM　E-MAIL:JINGONG@CHINA-JINGONG.COM

突破极限、铸造经典

上海华东建筑机械厂有限公司

SHANGHAI HUADONG CONSTRUCTION MACHINERY CO. LTD.

地址：上海市浦东新区衡安路1058号　邮编：200137

Add: No.1058, Heng' an Road, Pudong New Area, Shanghai 200137, P. R. of China

电话(TEL):8621-50675858

传真(Fax): 8621- 50416100

E-mail:huajian@huajian.com.cn

网址：www.huajian.com.cn

为用户创造价值
为用户满意服务
PD165Y-2
SW240E
PENGPU
地址：中国上海共和新路 3201 号　电话 (tel)：(021)－51281300 (总机)　51281356 (销售处)
邮编 (Post Code)：200072　网址 (http)：//www.sppmbp.com

做国产品牌挖掘机一面旗帜

山东力士德工程机械股份有限公司是专业化生产液压挖掘机的企业，公司成立于2004年3月，是集设计、开发、生产制造、市场开发为一体，年生产能力5000台。公司自行研发的履带式液压挖掘机有SC450.7、SC360.7、SC330.7、SC230.8、SC220.8、SC210.8、SC200.8、SC130.7、SC80.8、SC70.7十大系列、三十余种型号。公司产品畅销全国各省、市、自治区，并远销大洋洲、中东、非洲、东欧、东南亚、南美洲，北美洲等五十个国家和地区。

公司地址：山东省临沂市临沭县常林西大街112号
邮政编码：276715
电　　话：0539-6261609 传真：0539-6261928
公司网址：www.sdlsd.com
Email:sdlsd2004@163.com

osaint
奥盛特重工
OSAINT HEAVY
专业 成就未来
湖南奥盛特重工科技有限公司是一家集研发、生产、销售为一体的桩工机械、高铁专用设备、凿岩机械的专业化高新技术企业，公司位于长沙国家麓谷高新技术开发区。公司致力于生产高品质、高可靠性的桩工机械和各类凿岩机械，产品涵盖大、中、小系列旋挖钻机，同时与中国铁建合作从事高铁专用设备的研发、制造。
奥盛特以富有创新精神的海外学者作为技术支撑和管理平台，汇聚国内顶尖的旋挖钻机专业人才，并与全球的工程机械研发中心芬兰科学院 IHA 研究所、美国卡特彼勒及德国 BORATECH 等建立了良好的技术合作、业务合作与市场合作关系，形成了完善的研发体系并拥有独立的产品知识产权，现已取得数十项专利成果。公司拥有自营进出口权，并于 2009 年通过了 ISO9000 质量管理体系认证；公司产品通过了国家质量检测部门的检测，系列产品获得权威欧盟 CE 认证，突破了进入欧美市场的技术壁垒，打通了进入海外市场的绿色通道，彰显奥盛特产品技术和品质与欧美接轨的实力。
奥盛特重点产品 OTR 系列旋挖钻机在中国重点基础工程施工中（哈大线、京沪线、京石线、汉宜线，等等）发挥着重要作用，并远销德国、俄罗斯、希腊、乌克兰等国家和地区，海内外市场上获得了很高的声誉。
奥盛特秉承“专业成就未来”的核心价值观，坚持“创新发展、产业报国”的企业宗旨，竭尽所能使奥盛特成为世界桩工机械领域一流的企业和专业化品牌。
奥盛特重工科技有限公司
OSAINT HEAVY INDUSTRIES CO. ,LTD.
厂 址：湖南长沙国家高新新技术产业开发区·麓谷东方红中路 569 号—奥盛特工业园
邮 编：410205
销售热线：0731-88439999 88307898
服务热线：0731-88307999
传 真：0731-88307818
邮 箱：osaintldm@188.com
网 址：www.osaint.com.cn
主要产品：
OTR160D
OTR200D
OTR230D
OTR230DPLUS
OTR260D
OTR280D
OTR280DB
OTR300

发展中国汽车工业 展望中国专用车未来

AICHI
杭州爱知

高空作业 杭州爱知助您一臂之力

WITH HANGZHOU AICHI HELP YOU CAN MAKE AERIAL WORK FREELY

发展中国汽车工业 展望中国专用车未来

隧道检修车(伸缩式、大平台、大载重)

优秀的，才是放心的！

这里有全国先进的高空作业车专业生产流水线
这里是全国大型的高空作业车生产基地
这里有全国齐全的高空作业车种类
这里有全国可靠的质量保证体系
这里有全国完善的售后服务

7~37 m 10大类型18个规格42种型号

电源车、抢险车、电缆车

杭州爱知工程车辆有限公司

地址:浙江省杭州市杭州经济技术开发区5号大街17号
邮编:310018 总机:0571-86912645 传真:0571-86913744
销售科:0571-86851956 86851958 86911206 86911592(传真)
服务科:0571-86840575 86910456(传真) 海外事业科:0571-86910567
heet://www.hzaichi.com
E-mail:shangwu@hzaichi.com
服务热线:13456701000
免费咨询:400 826 8338

全灵精新、服务一流、顾客满意、安湖追求

芜湖盛力制动有限责任公司主要生产经营汽车及工程机械气制动元器件、真空助力器和液压制动湿式元器件十几个系列400多种产品，主要为国内汽车、工程机械承担一级配套和二级维修，部分产品随整机出口。公司位于芜湖高新技术产业开发区，占地10万m²，现有员工500余人，其中工程技术人员146人，公司已通过了ISO9001：2000、QS9000：1998和TS16949：2002质量体系认证。公司现有资产总额1.37亿元，2009年实现销售收入1.2亿元，利润总额590万元，纳税610万元。企业技术中心为安徽省省级技术中心。公司为“高新技术企业”、并多次被评为“全国百佳汽车零部件供应商”。2008年，公司被列为安徽省创新型试点企业、“全国第四批知识产权试点企业”。

“安湖”商标被评为省著名商标。公司不断引进吸收国外先进技术，开发生产了具有国际先进水平的汽车、工程机械系列制动元件，部分产品荣获省优、部优称号，其中“980S”加力泵获部科技进步二等奖、“STR”制动系列产品获省、市科技进步二等奖、“XM60”加力泵和“CAT”驻车制动系统获省高新技术产品称号。“980S”、“XM60”加力泵被列为国家新产品，“安湖”牌空气加力泵为安徽省名牌产品，“XM50E（60B）可卸式驻车制动气室”和“HFC（ZK）重卡新型制动系统”分别列为国家火炬计划项目和国家科技型中小企业创新基金项目。2008年，“新型气制动阀”被列为国家新产品，“制动系统用同步阀”、“双向检测阀”被认定安徽省高新技术产品。

盛力公司在激烈的市场竞争中，坚持以科学的发展观引领企业发展方向，以自主创新提升产业技术水平，以创新的精神、创新的思维和创新的方式，提升整体优势全面增强核心竞争力，客观地自我定位，实现盛力公司的持续发展。公司未来发展战略，旨在构建工程机械制动专业平台、中重型汽车制动专业平台、轻轿汽车配件专业平台、客车结构件专业平台、橡胶件专业平台，形成年产500万只汽车、工程机械制动元件的规模。

公司地址：安徽省芜湖高新技术产业开发区金山路8号　邮　编：241002　联系电话：0553-3026107
传　真：0553-3026111　http://www.slzd.com　E-mail:wuhu@slzd.com

宁波如意股份有限公司

公司简介

宁波如意股份有限公司创建于1985年，系中德合资国家高新技术企业，省级企业技术中心。主要生产系列叉车、电动车、手动液压搬运车、拉紧器等机电出口产品。公司占地115 000㎡，生产厂房96 000㎡，总资产3.5亿元，现有员工920人。"西林"牌系列托盘搬运车占全国出口总量的25%以上，总销售在全国同行业中排名第二，2007年在中国名牌认定过程中名列前茅。2009年根据中国工程机械工业协会工业车辆分会和世界工业车辆统计协会统计，"西林"牌系列叉车、电动车名列中国第9名，世界排名第29位。"西林"牌产品享誉135个国家和地区。

近年来，"西林"商标被评为"中国驰名商标"；多项"西林"牌产品被列为国家火炬计划，荣获省市科技进步奖。产品和企业相继被评为"中国名牌"、"浙江省名牌产品"、"浙江省出口名牌产品"、"宁波市装备制造业重点企业"、浙江省"绿色企业"等等。

自1991年11月出口产品以来，相继通过德国TUV莱茵公司的安全检测，获得了"GS"、"CE"认证；企业管理自1995年在同行中率先通过ISO9000质量体系认证以来，2002年11月，又在同行中率先通过了ISO9001质量、ISO14001环境、OHSAS18001职业健康安全三项体系认证。

董事长储吉旺是全国优秀退伍军人；他热衷于慈善事业，截至2009年，公司共向公益事业、消防、学校、困难群众、汶川大地震等单位捐助7 500多万元，相继获得"中华慈善奖"、"浙江省慈善贡献奖"、"宁波市慈善楷模"等殊荣。他擅长写作，已出版《我与外商打交道》、《谈恋爱与谈生意》、《谈文化与谈生意》、《商旅风云》等八本专著近200万字。

地址：浙江省宁海县桃源北路656号
邮编：315600
电话：0574-65552001 65580035
传真：0574-65583733
Http://www.xilin.com
E-mail:ruyi@xilin.com

iNi® 宁波大港意宁液压有限公司

宁波大港意宁液压有限公司是一家专业生产各类液压马达、液压绞车、液压传动装置、液压回转装置、电动传动装置、液压绞车、液压绞盘、液压开舱机、高精度分流集流器、液压成套装置及各类液压系统的专业制造公司。公司成立于1996年,坐落在宁波经济开发区，占地33 333 m^2，建筑厂房3万m^2,产品远销欧盟、北美、中东、俄罗斯、东南亚等国家和地区.公司具有较强的加工能力，关键零部件的质量均由数控机床加以保证，产品主要零件工艺保证质量,关键配套件由美国、德国、意大利、法国等地进口。

公司2000年通过ISO90001认证，2000年以来先后多次被评为浙江省、宁波专利试点单位、专利示范企业、外商投资先进企业，2007年被评为浙江省高新技术企业。

公司董事长兼总经理胡世璇，是享受国家专家津贴的教授级高级工程师，是宁波市早期有突出贡献科技人员。在他的带领下，公司研究开发中心一批教授级工程师、博士、硕士等高、中级设计人员，以国外一流液压产品为目标，开发出一大批拥有自己知识产权的液压产品，多项产品填补了国内空白。

意宁液压

打造亚洲一流的液压绞车

意宁液压

地址：中国浙江宁波北仑坝头西路288号

电话:0574-86115076 86115072

邮箱：ini@china-ini.com

邮编：315806

传真：0574-86115075 86115071

http://www.china-ini.com

华德液压
值得信赖的合作伙伴
民族品牌 成就未来
北京华德液压工业集团有限责任公司
Beijing Huade Hydraulic Industrial Group Co., Ltd.
Tel: 010-67872598 Email: hd_xsgs@163.com
http://www.huade-hyd.com.cn

杭齿前进，辉煌五十年

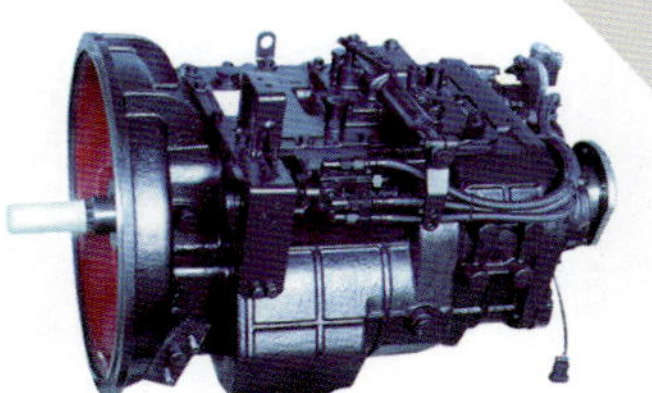

杭州前进齿轮箱集团股份有限公司是我国专业设计、制造齿轮传动装置和粉末冶金制品的大型重点骨干企业，国家高新技术企业。

公司前身杭州齿轮箱厂，创建于1960年，2001年经国家批准实施“债转股”改制，成为国有多元投资的有限责任公司，2008年完成股份制改制正式变更为杭州前进齿轮箱集团股份有限公司。公司位于杭州钱塘江南岸，占地面积35万m²，现有职工2600余名，拥有控股和实际控制子公司15家，参股子公司3家。杭齿集团陆续被列为“中国工业行业排头兵”企业和“中国机械工业100强”、中国大企业集团竞争力500强企业。

公司立足传动装置主业，依靠科技进步，增强企业核心竞争力，确立了在行业中的领先地位。自上世纪80年代以来，公司在自主开发的基础上，引进国外先进技术，实现二次创新，产品领域扩展到船用齿轮箱及可调螺旋桨、工程机械变速箱及驱动桥、汽车变速器、工业齿轮箱、风电增速箱、农业机械变速箱、粉末冶金制品、大型精密齿轮等十大类千余个品种。公司技术中心为“国家认定企业技术中心”，“前进”牌商标被认定为“中国驰名商标”，“前进”牌船用齿轮箱荣获“中国名牌产品”称号。“前进”牌产品行销国内近30个省、市和自治区，并远销世界35个国家和地区。

迈入新的发展时期，公司将贯彻科学发展观，秉承“忠诚、奉献、团结、第一”的企业精神，抓住机遇，加快发展，全力打造亚洲一流、国际著名的传动装置企业集团。公司愿一如既往，与中外合作伙伴共赢发展，共创辉煌。

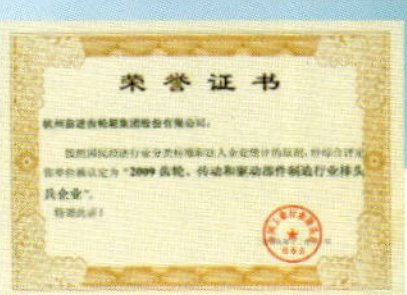

国家认定
企业技术中心
国家发展改革委　科技部
财政部　海关总署　国家税务总局

杭州前进齿轮箱集团股份有限公司
HANGZHOU ADVANCE GEARBOX GROUP CO.,LTD.

地址：浙江省杭州市萧山区萧金路45号　邮编：311203
电话：0571-82673888　传真：0571-82675966　网址：www.chinaadvance.com

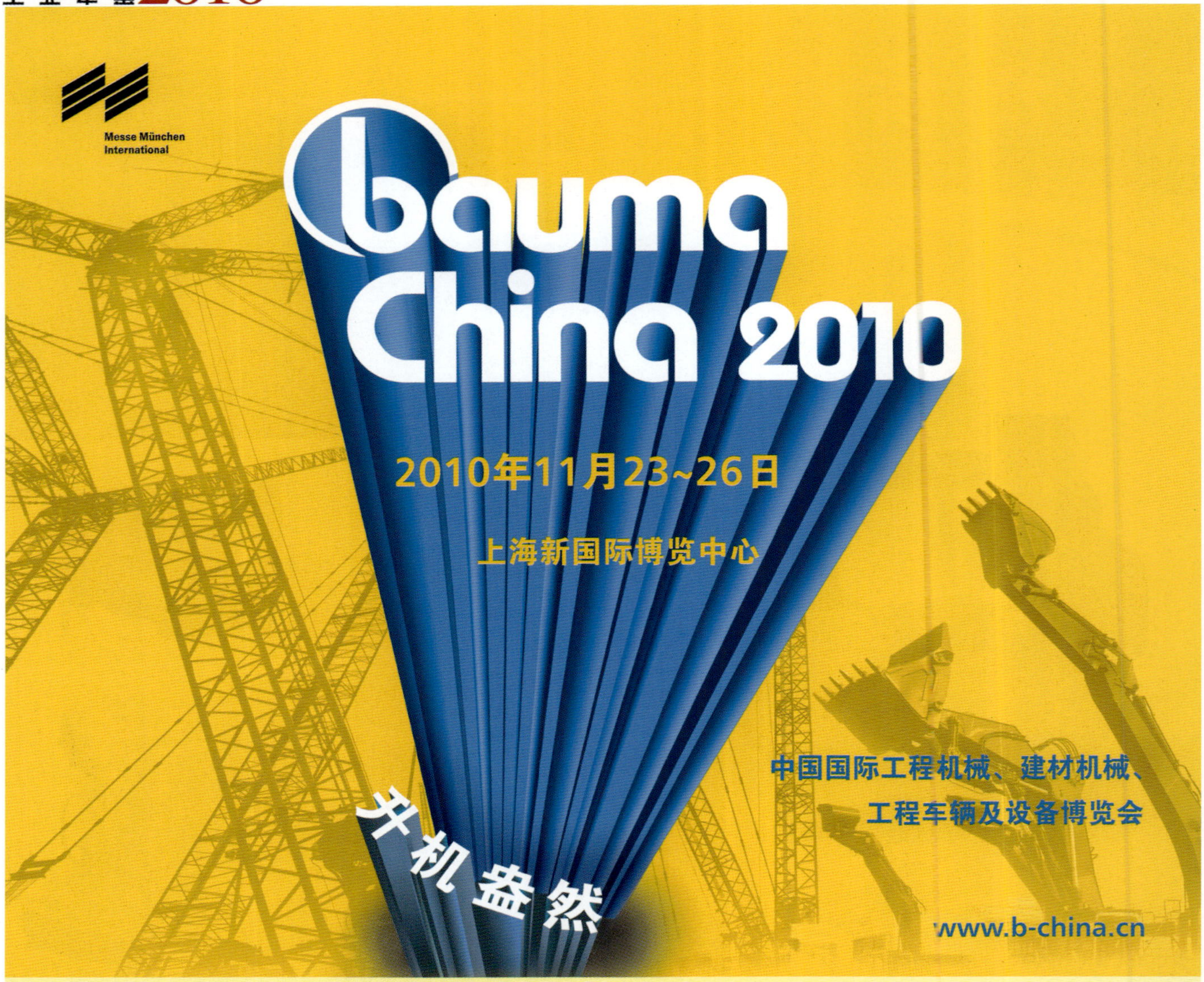

Messe München International

bauma China 2010

2010年11月23~26日

上海新国际博览中心

升机盎然

中国国际工程机械、建材机械、工程车辆及设备博览会

www.b-china.cn

bauma China – 群贤毕至

自2002年成功首演，bauma China稳步发展，展商、观众好评如潮。历届展会上，众多工程机械跨国巨头和自主品牌制造商纷纷推出其创新产品，彰显其企业优势，使展会成为中国乃至亚洲工程机械、建材机械、工程车辆及设备发展的风向标。bauma China 2010将吸引逾1 700家的业界领军企业，共同演绎行业盛会。

bauma China – 升机盎然

- 23万m^2超大展示空间，其中11.9万m^2的室外展场
- 其母展全球工程机械行业领先展会德国慕尼黑bauma展50年的展览理念以及管理模式
- 全球行业领军企业悉数登场，逾1 700家展商引领行业新动向
- 设备现场演示盛况空前
- 逾12万专业观众缔造无限商机
- 转危为机，bauma China 2010缔造完美平台，与您共同逆流而上，共建未来

我对bauma China展会感兴趣，请给我寄来详细资料。

请回传至：慕尼黑展览（上海）有限公司　传真：021－2020 5655 / 2020 5666　电话：021－2020 5500

地址：上海市浦东新区源深路1088号葛洲坝大厦11层（200122）　电邮：baumachina@mmi-shanghai.com

单位＿＿＿＿　行业＿＿＿＿　网址＿＿＿＿

姓名＿＿＿＿　职务＿＿＿＿　电邮＿＿＿＿

手机＿＿＿＿　电话＿＿＿＿　传真＿＿＿＿

地址＿＿＿＿　邮编＿＿＿＿

综合索引

『鉴』证行业发展

挖掘企业亮点

中国工业年鉴出版基地

中国机械工业年鉴系列

《中国机械工业年鉴》

《中国电器工业年鉴》

《中国工程机械工业年鉴》

《中国机床工具工业年鉴》

《中国通用机械工业年鉴》

《中国机械通用零部件工业年鉴》

《中国模具工业年鉴》

《中国重型机械工业年鉴》

《中国农业机械工业年鉴》

《中国石油石化设备工业年鉴》

《中国塑料机械工业年鉴》

《中国液压气动密封工业年鉴》

《中国齿轮工业年鉴》

《中国磨料磨具工业年鉴》

《中国机电产品市场年鉴》

编辑说明

一、《中国机械工业年鉴》是由中国机械工业联合会主管、机械工业信息研究院主办、机械工业出版社出版的大型资料性、工具性年刊，创刊于1984年。

二、根据行业需要，1998年中国机械工业年鉴编辑委员会开始出版分行业年鉴，逐渐形成了中国机械工业年鉴系列。该系列现已出版了《中国电器工业年鉴》、《中国工程机械工业年鉴》、《中国机床工具工业年鉴》、《中国通用机械工业年鉴》、《中国机械通用零部件工业年鉴》、《中国模具工业年鉴》、《中国液压气动密封工业年鉴》、《中国重型机械工业年鉴》、《中国农业机械工业年鉴》、《中国石油石化设备工业年鉴》、《中国塑料机械工业年鉴》、《中国齿轮工业年鉴》、《中国磨料磨具工业年鉴》和《中国机电产品市场年鉴》。

三、《中国工程机械工业年鉴》于2000年创刊，2002年起开始与中国工程机械工业协会正式合作，2010年为第10版。该年鉴记载了工程机械行业的运行情况、产品状况、市场分析、产销情况及发展趋势，全面系统地提供了工程机械行业的主要经济技术指标。

四、《中国工程机械工业年鉴》2010年刊由综述篇、行业篇、企业篇、市场篇、统计资料、标准索引、政策法规、大事记等八部分构成，此外，在2010年刊中特别增设了"《中国工程机械工业年鉴》创刊十周年"专题。

五、统计资料中的数据由中国工程机械工业协会提供，数据截止到2009年12月31日。

六、在年鉴编纂过程中得到了中国工程机械工业协会、各分会及多年从事工程机械研究的专家、学者和企业的大力支持和帮助，在此表示衷心感谢。

七、未经中国机械工业年鉴编辑部的书面许可，本书内容不容许以任何形式转载。

八、由于水平有限，难免出现错误及疏漏，敬请批评指正。

中国机械工业年鉴编辑部

2010年11月

系统介绍工程机械行业发展成就，分析总结2009年工程机械行业发展现状

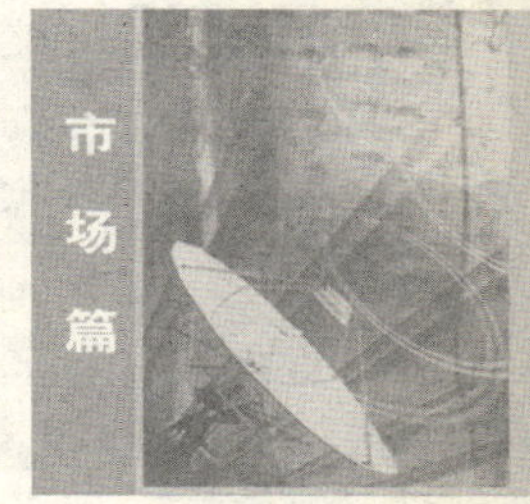

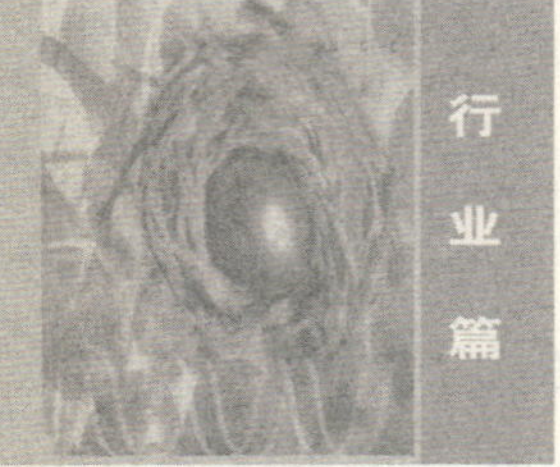

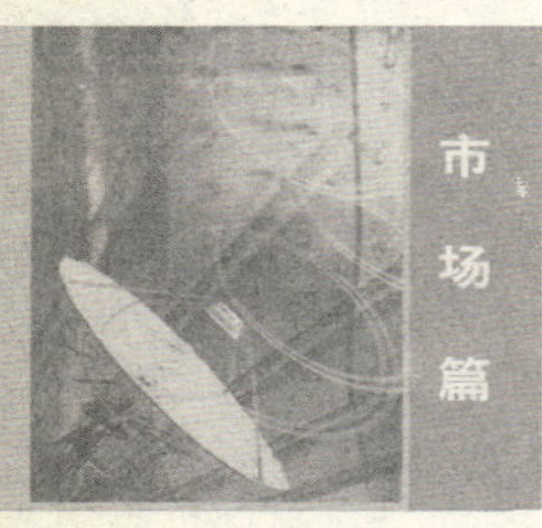

综述篇

2009年我国工程机械主要设备保有量

截至2009年底，我国工程机械主要设备保有量为328万～356万台。其中液压挖掘机72.0万～78.0万台，73.5kW(100马力)以上推土机5.9万～6.4万台，装载机106.1万～114.9万台，平地机2.1万～2.3万台，摊铺机1.3万～1.4万台，压路机9.9万～10.8万台，轮式起重机14.3万～15.5万台，塔式起重机17.6万～19.1万台，叉车82.6万～89.5万台，混凝土搅拌输送车7.4万～8.0万台，混凝土泵车2.3万～2.6万台，混凝土拖泵4.6万～5.0万台，混凝土搅拌站2.0万～2.3万台。2000～2009年国产工程机械主要产品销量(含出口)见表1。2000～2009年工程机械主要产品进出口量见表2。2000～2009年我国工程机械主要产品进出口额见表3。2000～2009年国内工程机械市场主要产品销量见表4。2000～2009年国产产品销售额与固定资产投资额比例关系见表5。

与2004年相比，主要设备保有量中取消了电梯与扶梯保有量，主要原因是与世界各国的统计范围相一致，更具有可比性。但在表1、表2、表3、表4、表5中仍保留了电梯与扶梯的统计值，供参考。与2006年相比，取消了铲运机保有量，因自2000年以来其销售量逐年减少，至2009年累计仅销十多台，与工程机械总量相比可忽略不计。

表1　2000～2009年国产工程机械主要产品销量(含出口)

年份	挖掘机		装载机		平地机		73.5kW(100马力)以上推土机	
	销量(台)	同比增长(%)	销量(台)	同比增长(%)	销量(台)	同比增长(%)	销量(台)	同比增长(%)
2000	7 926	32.4	20 857	10.8	834	-24.5	2 941	-7.3
2001	12 397	56.4	26 352	26.3	707	-15.2	3 170	7.8
2002	19 710	59.0	43 348	64.5	1 120	58.4	4 798	51.4
2003	33 982	72.4	69 666	60.7	1 727	54.2	6 579	37.1
2004	33 614	-1.1	91 334	31.1	1 788	3.5	5 611	-14.7
2005	33 862	0.7	107 354	17.5	1 754	-1.9	5 096	-9.2
2006	49 625	46.6	129 834	20.9	2 245	28.0	5 925	16.3
2007	71 241	43.6	161 628	24.5	3 893	73.4	7 207	21.6
2008	82 975	16.5	162 335	0.4	4 320	11.1	8 722	21.0
2009	101 559	22.4	149 355	-8.0	3 608	-16.5	8 599	-1.4

年份	压路机		摊铺机		轮式起重机		塔式起重机		叉车	
	销量(台)	同比增长(%)	销量(台)	同比增长(%)	销量(台)	同比增长(%)	销量(台)	同比增长(%)	销量(台)	同比增长(%)
2000	5 592	-5.0	420	26.5	3 931	24.9	7 494	59.7	16 838	33.0
2001	6 031	7.9	450	7.1	4 047	3.0	9 738	29.9	25 603	52.1
2002	8 907	47.7	1 060	135.6	6 426	58.8	9 830	1.0	32 977	28.8

（续）

年份	压路机		摊铺机		轮式起重机		塔式起重机		叉车	
	销量（台）	同比增长（%）	销量（台）	同比增长（%）	销量（台）	同比增长（%）	销量（台）	同比增长（%）	销量（台）	同比增长（%）
2003	12 308	38.2	1 306	23.2	9 706	51.0	10 486	6.7	40 724	23.5
2004	10 702	-13.0	1 363	4.4	11 645	20.0	8 255	-21.3	51 393	26.2
2005	8 113	-24.2	906	-33.5	11 012	-5.4	12 693	53.8	75 733	47.4
2006	8 740	7.7	1 136	25.4	14 465	31.4	19 422	53.0	97 520	28.8
2007	9 437	8.0	1 347	18.6	20 862	44.2	31 020	59.7	152 415	56.3
2008	10 885	15.3	1 436	6.6	21 419	2.7	27 918	10.0	168 119	10.3
2009	19 852	82.4	1 678	16.9	28 494	33.0	29 300	5.0	138 908	-17.4

年份	混凝土拖泵		混凝土搅拌站		混凝土搅拌车		混凝土泵车		电梯	
	销量（台）	同比增长（%）	销量（台）	同比增长（%）	销量（台）	同比增长（%）	销量（台）	同比增长（%）	销量（台）	同比增长（%）
2000	1 842	496.1	331	110.8	924	121.1	274	66.0	37 500	15.4
2001	1 773	-3.7	554	67.4	1 001	8.3	350	27.7	43 700	16.5
2002	2 426	18.2	533	-3.8	3 708	270.4	389	11.0	47 000	7.6
2003	2 966	22.2	894	67.7	3 103	-16.3	858	120.6	45 000	-4.3
2004	2 268	-23.5	1 320	47.7	6 371	87.9	1 027	20.0	100 000	122.0
2005	2 090	-7.4	723	-45.2	4 060	-36.3	955	-7.0	142 000	42.0
2006	3 490	67.0	1 975	173.2	5 091	25.4	1 919	100.9	168 000	18.6
2007	4 238	21.4	3 000	51.9	9 856	93.4	4 271	122.6	215 000	28.0
2008	4 492	6.0	3 180	6.0	12 352	25.3	4 527	6.0	245 000	14.0
2009	5 186	15.4	4 949	55.6	23 539	90.6	5 880	29.9	264 000	7.8

表 2　2000～2009 年工程机械主要产品进出口量　（单位：台）

年份	分类	挖掘机	装载机	筑路机及平地机	73.5kW（100 马力）以上推土机	压路机	摊铺机	叉车	轮式起重机	塔式起重机	混凝土拖泵	混凝土搅拌车	电梯及扶梯
2000	进口量	1 333	297	64	182	446	188	4 438	171	7	320	165	2 107
	出口量	225	406	79	279	582	47	2 467	105	16	122	33	773
2001	进口量	1 624	217	53	237	384	245	5 681	168	34	146	181	2 210
	出口量	570	493	58	245	503	62	3 208	134	67	153	20	1 176
2002	进口量	2 886	287	46	349	751	271	3 972	340	57	204	511	1 956
	出口量	337	942	77	243	813	28	1 106	213	121	251	21	1 975
2003	进口量	28 200	441	196	812	886	227	15 394	628	61	1 492	695	2 074
	出口量	790	384	68	307	461	29	2 727	172	243	357	230	3 716
2004	进口量	18 673	568	74	723	682	229	14 872	706	43	6 914	418	2 076
	出口量	2 874	917	142	642	725	47	9 691	216	359	1 069	186	7 847
2005	进口量	18 017	396	118	433	537	115	10 970	301	61	6 070	143	2 271
	出口量	3 839	4 130	4 903	1 085	1 457	84	16 407	457	708	692	262	14 268

（续）

年份	分类	挖掘机	装载机	筑路机及平地机	73.5kW(100马力)以上推土机	压路机	摊铺机	叉车	轮式起重机	塔式起重机	混凝土拖泵	混凝土搅拌车	电梯及扶梯
2006	进口量	28 397	469	277	445	696	182	10 722	209	40	3 080	80	2 269
	出口量	8 004	9 357	4 388	1 573	2 667	162	26 492	1 484	1 748	1 149	603	22 433
2007	进口量	33 789	502	45	640	481	150	11 781	521	43	793	32	2 595
	出口量	8 709	23 307	5 078	2 995	5 231	273	48 547	4 645	3 007	1 893	2 677	31 590
2008	进口量	34 387	591	32	855	453	190	10 482	41	54	340	1	2 071
	出口量	8 653	27 303	6 015	4 492	7 031	584	60 086	6 088	4 265	2 149	3 263	43 002
2009	进口量	23 613	736	34	467	393	242	5 601	89	31	290	0	2 013
	出口量	3 527	15 388	2 509	2 281	5 577	824	27 397	2 540	1 586	2 677	1 667	32 941

注：* 海关统计数据口径可能不同。

表3　2000～2009年我国工程机械主要产品进出口额

年份	进口		出口		贸易差额
	金额（亿美元）	同比增长（%）	金额（亿美元）	同比增长（%）	（亿美元）
2000	13.06	-10.7	5.10	25.9	-7.96
2001	15.51	18.8	6.89	35.1	-8.62
2002	20.63	33.0	7.47	8.4	-13.16
2003	35.62	74.5	10.50	41.4	-25.12
2004	36.43	2.3	18.52	76.6	-17.91
2005	30.64	-15.9	29.40	58.8	-1.24
2006	39.31	28.3	50.12	70.5	10.81
2007	49.41	25.7	86.97	73.5	37.56
2008	60.16	21.8	134.22	54.3	75.61
2009	51.48	-14.4	77.05	-42.6	25.57

表4　2000～2009年国内工程机械市场主要产品销量　（单位：台）

年份	挖掘机	73.5kW(100马力)以上推土机	装载机	摊铺机	叉车	压路机	轮式起重机	塔式起重机	混凝土搅拌车	混凝土拖泵	电梯及扶梯
2000	9 034	2 844	20 748	561	18 809	5 456	3 997	7 485	1 056	570	39 000
2001	13 451	3 162	26 076	633	20 565	5 912	4 083	9 705	1 162	1 766	45 000
2002	22 259	4 904	42 693	1 303	35 843	8 845	6 553	9 766	4 198	2 379	47 000
2003	61 392	7 084	69 723	1 504	53 391	12 733	10 162	10 304	3 568	4 101	43 000
2004	48 848	5 370	90 985	1 545	56 574	9 847	12 332	7 931	6 061	8 113	94 000
2005	48 040	4 444	103 620	937	70 296	7 193	10 856	12 046	3 941	7 468	130 000
2006	70 018	4 797	120 946	1 156	81 750	6 769	13 190	10 317	4 568	5 421	148 000
2007	96 321	4 852	138 823	1 124	115 649	7 082	16 738	28 056	7 211	3 138	186 000
2008	108 709	5 085	135 623	1 042	118 515	4 307	15 372	23 707	9 090	2 683	204 000

（续）

年份	挖掘机	73.5kW(100马力)以上推土机	装载机	摊铺机	叉车	压路机	轮式起重机	塔式起重机	混凝土搅拌车	混凝土拖泵	电梯及扶梯
2009	121 645	6 785	134 703	1 096	117 112	14 668	26 043	27 745	21 872	2 799	233 000
合计	599 717	49 327	883 940	11 001	688 504	82 812	119 326	147 062	62 727	38 438	1 169 000

表5　2000～2009年国产产品销售额与固定资产投资额比例关系

年份	销售额（不含进出口）（亿元）	同比增长（%）	国内实际使用工程机械金额（亿元）	同比增长（%）	全社会固定资产投资额（亿元）	工程机械使用金额占全社会固定资产投资额比例(%)
2000	480	14.6	582	6.4	32 918	1.77
2001	560	16.7	674	15.8	37 213	1.81
2002	773	38.0	938	39.2	43 500	2.16
2003	1 036	34.0	1 304	39.0	55 567	2.35
2004	1 157	11.7	1 386	4.8	70 477	1.97
2005	1 262	9.1	1 291	-6.9	88 604	1.46
2006	1 620	28.4	1 557	20.6	109 870	1.42
2007	2 223	37.2	1 976	26.9	137 239	1.44
2008	2 773	24.7	2 299	16.3	172 291	1.33
2009	3 157	13.8	3 070	33.5	224 846	1.36

统计说明：

(1)统计的年份。经走访有关施工部门，他们认为政府有关部门规定的工程机械使用期为10年，基本符合目前我国大部分工程机械的实际使用状况。虽有些进口的先进设备，特别是大型设备使用年限超过10年，有的甚至使用20多年，设备状况仍属正常，但考虑到大部分设备的使用状况，在统计中仍以10年为准。

(2)统计的方法。境内企业当年产品销售量+同类产品当年进口量－同类产品当年出口量＝当年国内市场实际销量。

(3)将2000～2009年的当年国内实际销量进行合计后，拟再增加20%即为全国保有量。因为在统计中有以下4个因素：统计数据的不完整；未进入海关统计范围的进口量，如赠送、走私和以零件的名义进口整机；使用年限尚有一些超过10年的设备，以及退役设备未作统计部分，所以需增加20%的量值，但也有的专家认为增加的量值应以30%为宜，所以也可给出一个幅度。

(4)混凝土泵车、混凝土搅拌站在海关至今没有单列税号，只能以国内销量进行估算。平地机与筑路机海关统计在同一税则号中，故无法准确统计出平地机的实际进出口量，其保有量为估算值。

(5)以上数据因种种原因统计不全，仅供参考，有不妥之处望请指正。

〔撰稿人：中国工程机械工业协会韩学松〕

2009年工程机械行业经济运行分析

一、行业基本情况

2009年，工程机械行业实现主营业务收入3 157亿元，比上年增长13.85%；利润总额达237亿元，比上年增长16.29%，平均利润率为7.51%；固定资产原价668亿元，净值485亿元；职工33.85万人。2009年受国际金融危机影响，出口市场大幅萎缩，全年出口额仅77.1亿美元，比上年下降44.54%。但内需拉动强劲，弥补了出口下降的损失，全年主营业务收入仍保持较大幅度增长。其中大型企业集团发展势头强劲，有7家企业进入我国企业500强行列。他们是：徐工集团工程机械股份有限公司、中联重工科技发展股份有限公司、三一重工科技发展股份有限公司、广西柳工股份有限公司、山推工程机械股份有限公司、中国龙工控股有限公司、厦门厦工机械股份有限公司。2009年，我国工程机械产品产销量及销售额都已上升为世界第一，我国已成为国际工程机械制造大国。即使在2009年国际金融危机严重影响下，我国出口额仍比进口额高50%，贸易顺差达25.6亿美元，其发展速度令外国同行刮目相看。

二、主要产品销售量

2009年，25种主要机型全年销量824 585台，比上年增长6.66%。其中，出口127 219台，比上年下降30.61%；出口量占总销量的15.43%，占比比上年下降15.2个百分点。

2009年既是国际金融危机影响严重的一年，同时也是国内市场需求拉动强劲的一年。不同机种产品的总销量和出口量变化差异较大。其中履带起重机出口量下降57.67%，总销量下降36.52%；塔式起重机出口量下降62.81%，总销量微增4.95%；轮式起重机由于国内市场需求火爆，虽然出口量下降56.09%，但总销量仍有33.55%的增长；内燃叉车由于出口量大幅下降61.24%，总销量下降9.74%；压路机国内销量大幅度增长，出口量虽然下降20.68%，但总销量仍然增长82.38%；平地机虽然出口量增长9.95%，但总销量仍下降14.89%；推土机、装载机产品总销量和出口量同时呈现负增长。特别是商品混凝土机械（搅拌楼、搅拌运输车、泵车和拖式泵）由于高铁建设需求拉动，呈现强劲增长态势。2009年摊铺机产品向发展中国家出口增加，出口量增长41.10%，出口量占总销量的近50%，全年总销量增长44.03%。2009年工程机械行业主要产品总销量及其出口量见表1。

表1　2009年工程机械行业主要产品总销量及其出口量　（单位：台）

序号	产品名称	总销量			其中：出口量		
		2008年	2009年	同比增长（%）	2008年	2009年	同比增长（%）
1	塔式起重机	27 918	29 300	4.95	4 265	1 586	-62.81
2	轮式起重机	21 436	28 627	33.55	6 121	2 688	-56.09
3	履带起重机	1 643	1 043	-36.52	1 278	541	-57.67
4	高空作业车	1 560	3 071	96.86	287	158	-44.95
5	随车起重机	4 260	3 785	-11.15	542	286	-47.23
6	液压挖掘机	82 072	101 559	23.74	8 653	17 228	99.10
7	挖掘装载机	2 693	3 695	37.21	2 205	1 687	-23.49

（续）

序号	产品名称	总销量			其中：出口量		
		2008年	2009年	同比增长(%)	2008年	2009年	同比增长(%)
8	推土机($P≥73.5kW$)	8 776	8 599	-2.02	4 492	2 281	-49.22
9	装载机	159 940	149 355	-6.62	27 303	19 629	-28.11
10	平地机	4 239	3 608	-14.89	2 282	2 509	9.95
11	非公路用自卸翻斗车	780	896	14.87	297	280	-5.72
12	压路机	10 885	19 852	82.38	7 031	5 577	-20.68
13	内燃叉车	119 547	107 899	-9.74	38 343	14 863	-61.24
14	电动叉车	27 573	31 009	12.46	21 743	12 534	-42.35
15	仓储堆垛机	25 399	24 850	-2.16	206	161	-21.84
16	电梯、扶梯、自动人行道	245 000	260 000	6.12	43 002	32 941	-23.40
17	混凝土搅拌楼	2 980	4 949	66.07			
18	混凝土搅拌运输车	10 335	23 539	127.76	3 262	1 667	-48.90
19	混凝土泵车	4 527	5 186	14.56	256	66	-74.22
20	混凝土拖式泵	4 160	5 551	33.44	2 149	2 677	24.57
21	桩工机械（主机）	3 562	3 668	2.98	8 229	6 065	-26.30
22	旋挖钻机	1 007	1 043	3.57	101	35	-65.35
23	沥青混凝土搅拌设备	1 464	1 752	19.67	708	936	32.20
24	摊铺机	1 165	1 678	44.03	584	824	41.10
25	全断面掘进机	67	71	5.97			
	合　计	772 988	824 585	6.66	183 339	127 219	-30.61

三、行业经济运行情况分析

1. 经济运行走势

自2008年下半年开始，工程机械行业主营业务收入呈现一路下滑走势，为应对国际金融危机，国家出台了一系列拉动内需的产业政策和财政政策，工程机械行业是受益较大的一个产业。特别是4万亿元的投资计划中，3.2万亿元投资直接或间接提升了工程机械国内市场的需求。2009年，工程机械产品销量走出一波前高后稳的发展态势，这与2007年和2008年前高后低的走势形成鲜明的对照。据对以28家优质企业为主的月报经济指标统计分析，2009年产品平均销售指数比上年增长38%。2009年1月~2010年7月工程机械28家企业销售指数走势见图1。

从图1中看出，2009年6月份销售指数同比增长110%，往年年底为销售低谷，但2009年年底却又走出一波拉高行情，明显好于上年走势。

2009年受国际金融危机的严重冲击，我国工程机械产品出口受挫。因各类产品出口行情差异很大，有的产品出口继续保持高增长态势，而有的出口依赖性强的产品出口却出现下降走势。其中总销量增幅较大的产品有商品混凝土机械、高空作业车、摊铺机、挖掘装载机、轮式起重机、液压挖掘机和压路机，受出口影响总销量降幅较大的产品有履带起重机、随车起重机和内燃叉车等产品，其他产品表现平平。

2. 经济运行特点

据对工程机械工业协会统计的155家主要企业年报数据汇总，2009年155家主要企业经济指标见表2。

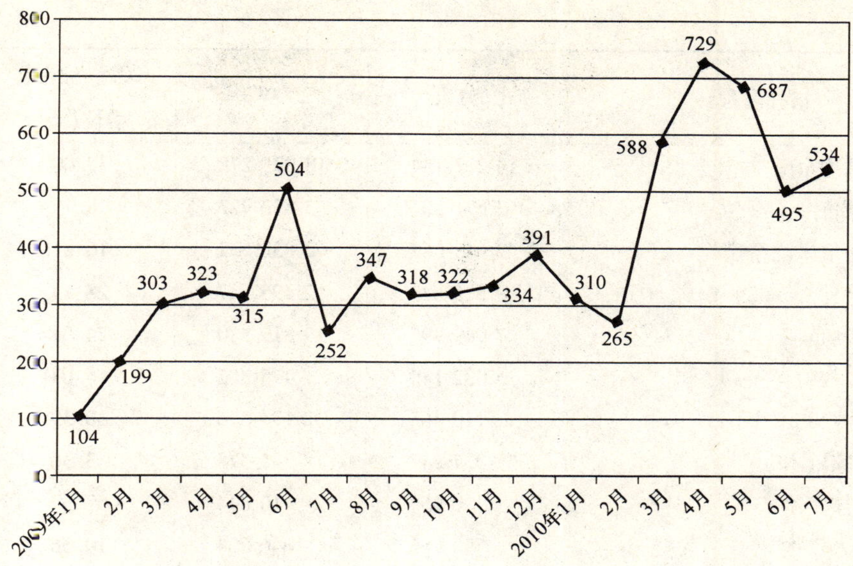

图1　2009年1月~2010年7月工程机械28家企业销售指数走势

表2　2009年155家主要企业经济指标　　（单位:万元）

序号	指标名称	2008年	2009年	2008年同比增长(%)	2009年同比增长(%)
1	工业总产值(当年价)	16 898 870	19 554 595	22.00	15.72
	其中:新产品产值	6 020 469	7 506 103	28.18	24.68
2	工业销售产值	18 469 709	19 341 419	51.33	4.72
	其中:出口交货值	2 802 086	1 219 766	49.54	-56.47
3	工业增加值	3 490 896	4 087 396	33.28	17.09
4	主营业务收入	18 198 179	23 357 649	24.00	28.35
5	主营业务成本	15 189 932	19 508 483	37.24	28.43
6	主营业务税金及附加	50 434	77 647	4.55	53.96
7	应交所得税	194 293	315 574	26.19	62.42
8	本年应交增值税	463 067	627 099	47.22	35.42
9	管理费用税金	35 620	44 833	15.85	25.86
10	管理费用支出	805 885	920 036	21.27	14.16
11	营业费用支出	889 234	971 034	38.15	9.20
12	财务费用支出	218 808	194 593	76.76	-11.07
13	营业利润 、	1 045 430	1 802 470	-40.67	72.41
14	利润总额	1 268 816	1 836 777	-2.43	44.76
15	研究与发展经费支出	473 760	1 387 135	61.94	192.79
	其中:新产品开发支出	431 533	544 983	80.74	26.29
16	年末资产合计	19 912 708	19 930 716	37.38	0.09
17	流动资产小计	10 772 814	13 975 278	28.04	29.73
	其中:应收账款净额	2 587 256	3 639 354	42.32	40.66
	预付账款	576 944	1 080 500	14.12	87.28
	存货	4 105 850	4 346 569	-1.77	5.86
	其中:产成品	1 713 260	1 831 793	33.55	6.92

（续）

序号	指标名称	2008 年	2009 年	2008 年同比增长(%)	2009 年同比增长(%)
18	流动资产平均余额	10 222 144	13 975 278	37.00	36.72
19	固定资产原价	3 671 301	3 832 922	16.71	4.40
20	固定资产净值平均余额	2 645 668	2 838 532	16.81	7.29
21	年末负债合计	9 815 689	12 495 527	28.13	27.30
	其中:流动负债	7 969 995	9 819 880	24.07	23.21
22	年末所有者权益	5 932 140	7 475 852	-6.03	26.02
23	实收资本	2 110 465	2 194 316	30.39	3.97
	其中:国家资本	337 247	349 378	-3.36	3.60
	集体资本	10 959	10 844	-67.69	-1.05
	法人资本	590 756	646 804	19.56	9.49
	民营资本	456 322	534 672	19.70	17.17
	港澳台资本	24 738	66 368	-5.87	168.28
	外商资本	518 668	586 250	74.63	13.03
24	全年能耗标煤(t)	263 630	388 615	-43.15	47.41
25	全年从业人员(人)	199 380	208 710	-39.25	4.68
26	全年从业人员工资总额	534 295	774 822	-8.58	45.02
27	全年完成固定资产投资	503 348	959 085	22.29	90.54

从表 2 可见,2009 年工程机械行业经济运行特点如下：

(1)经济效益明显提高。2009 年,主营业务收入同比增长 28.35%,而管理费用和营业费用支出分别只增长 14.16% 和 9.20%,利润总额增长高达 44.76%。利润总额增长的一个原因是 2009 年主营业务以外的营业利润增幅较大,另一个原因是财务费用下降 11.07% 以及管理费用和营销费用增幅远低于主营业务收入增幅。这就表明企业经营效益明显提高,但经济运行质量提高不大。

(2)流动资金周转率略有下降。2008 年流动资金平均周转 1.78 次,2009 年下降到 1.7 次。从各集团公司经营情况分析,除徐州工程机械集团公司达到 3.6 次/a,浙江杭叉工程机械集团有限责任公司达到 3.4 次/a,山东方圆集团和山东鸿达建工集团达到 3.2 次/a 以外,其余企业均在 1.7 次/a 以下。这说明大多数企业应进一步提高社会资源综合利用率,完善集约化信息化管理工程。

(3)工业增加值增长率均高于工业总产值和工业销售产值增长率 1.37 和 12.37 个百分点,工业增加值率由上年的 18.90% 提高到 21.13%,略有提升,但与国际先进水平相比仍有较大差距。因此转变增长方式,实现产品集成创新,开发高附加值产品,是每个企业的首要任务。

(4)研究与发展经费支出大幅增加,2009 年比上年增长 192.79%,其中新产品开发增幅略低于研发经费支出增幅,但仍同比增长 172.71%。实际上大部分资金用在扩建、新建、扩能改造方面和行业内同类同质产品的重复建设上。从数据方面分析,新产品开发费用增长 26.29%,但只占到年销售额的 2.33%,其中真正用于研发手段、人才培养、研发平台建设资金的比例很少,特别是对于基础技术、原材料技术、尖端工艺技术的研究缺乏资金投入,企业抓眼前利益的多,重视战略发展研究的少。

(5)国有资本微增、集体资本微降,总体变化不大;港澳台资本同比增长高达 168.28%;法人资本、民营资本、外商资本也有一定程度增长。2009 年外商及港澳台资本合计同比增长 20.10%,高于行业实收资本增长率 16.13 个百分点,在实收资本中的占比由 2008 年的 25.75% 增长到 29.74%,提高 4

个百分点,而国有资本已降到15.92%。因此,有必要加强对外资及港澳台投资项目的监管评估,并将其纳入行业产业政策管理范围。

(6)全年从业人员工资总额比上年增长45.02%,高于主营业务收入增长率16.67个百分点。其中一部分是薪酬的提高,另一部分是国家加强了社会保险、劳动保护、最低工资标准等民生管理,企业工资性经营成本有所增加。

从上述经济运行情况分析,其发展态势与中央提出的调结构、转变增长方式、节能减排的要求差距还较大,还必须加强政策性管理和政策性引导,发挥企业的自主创新积极性。只有这样,行业发展才能实现质的变化。

四、行业结构

工程机械行业近几年经过竞争性发展,以及行业政策性引导和兼并重组,生产集中度和专业化生产水平明显提高,产业集群实力进一步增强,企业结构和产品结构进一步优化,自主创新研发平台建设取得新进展,进出口贸易格局逐步完善。一批知名企业和品牌产品脱颖而出,为我国从工程机械制造大国向强国转变打下了良好的基础。

1. 生产集中度

据2009年中国工程机械工业协会统计,工程机械行业主机和零部件制造企业主营业务收入100亿~500亿元的有4家,他们是徐州工程机械集团有限公司、长沙中联重工科技发展股份有限公司、三一重工股份有限公司和广西柳工集团有限公司。其中三一重工股份有限公司为民营股份制上市公司,其他3家均为国有控股的上市公司。这4家企业2009年主营业务收入1 286亿元,占全行业的40.07%,对行业发展具有举足轻重的影响。

行业主营业务收入50亿~100亿元的企业有12家,其中挖掘机企业4家,电梯企业4家,装载机企业3家,推土机企业1家。这12家企业2009年主营业务收入合计704亿元,占全行业的22.30%。

行业主营业务收入10亿~50亿元的企业有34家,其中电梯企业6家,挖掘机和铲土运输机械企业11家,叉车企业2家,混凝土机械、路面机械和塔式起重机等企业15家。这34家企业2009年主营业务收入合计738亿元,占全行业的23.38%。

主营业务收入10亿元以上的50家企业2009年合计主营业务收入达2 725亿元,占全行业的86.32%。而2008年,年主营业务收入10亿元以上企业只有34家,占全行业主营业务收入的比重为83.90%。通过企业兼并重组,淘汰落后产能,生产集中度进一步提高,有利于规范市场竞争秩序,推出品牌产品,建设创新研发技术中心,构建重点产品出口基地。在50家企业中,由外资品牌控股或独资的企业有20家,其中电梯和挖掘机两类产品有15家外企公司,基本上控制了我国电梯和挖掘机市场。目前挖掘机行业自主品牌建设正在崛起,自主品牌产品国内市场占有份额不断提高,同时也开拓了国际市场。2009年工程机械行业50家大型企业按主营业务收入排序见表3。

表3 2009年工程机械行业50家大型企业按主营业务收入排序

序号	企业名称	主营业务收入(亿元)	备注
1	徐州工程机械集团有限公司	505.18	国有控股,上市公司
2	长沙中联重工科技发展股份有限公司	337.26	国有控股,上市公司
3	三一重工股份有限公司	304.25	民营股份制,上市公司
4	广西柳工集团有限公司	139.36	国有控股,上市公司
5	成都神钢工程机械(集团)有限公司	87.88	中资控股合资企业
6	上海三菱电梯有限公司	77.35*	中资控股合资企业
7	斗山工程机械(中国)有限公司	76.46*	外资企业
8	山推工程机械股份有限公司	69.94	国有控股,上市公司
9	中国龙工控股有限公司	69.01	民营股份,上市公司

（续）

序号	企业名称	主营业务收入(亿元)	备注
10	日立建机(中国)有限公司	66.60★	外资企业
11	日立电梯(中国)有限公司	64.13★	外资控股,合资企业
12	小松山推工程机械有限公司	61.33★	中资控股合资企业
13	厦门厦工机械股份有限公司	53.17	国有控股,上市公司
14	卡特彼勒(徐州)有限公司	51.86★	外资控股,合资企业
15	西子奥的斯电梯有限公司	47.21★	外资控股,合资企业
16	浙江杭叉工程机械集团有限公司	40.51	民营股份制
17	山东临工工程机械有限公司	36.08	外资控股,合资企业
18	山东常林机械集团有限公司	32.84	民营企业
19	沈阳北方交通重工集团有限公司	32.10	民营企业
20	现代(江苏)工程机械有限公司	30.15★	外资控股,合资企业
21	江麓机电科技有限公司	30.15	国有控股
22	安徽叉车集团有限公司	27.64	国有控股,上市公司
23	小松(常林)工程机械有限公司	27.14★	外资控股,合资企业
24	山东方圆集团	26.40	民营企业
25	安徽星马汽车股份有限公司	26.19	国有控股
26	山东福田雷沃重工股份有限公司	24.47	民营企业
27	蒂森电梯有限公司	21.34★	外资企业
28	杭州神钢建设机械有限公司	20.17★	外企控股,合资企业
29	苏州迅达电梯有限公司	19.84	外资企业
30	昆明中铁大型养路机械集团有限公司	19.24	国有控股
31	东芝电梯(中国)有限公司	18.83★	外资企业
32	山东山工机械有限公司	18.66	外资企业
33	内蒙古北方重型汽车股份有限公司	18.63	中资控股合资企业
34	迅达(中国)电梯有限公司	18.46★	外资企业
35	山东华夏集团有限公司	17.72	民营企业
36	山东鸿达建工集团有限公司	17.40	民营企业
37	郑州宇通重工有限公司	16.59	民营股份制
38	利星行机械(昆山)有限公司	16.57★	外资企业
39	浙江开山集团	16.45	民营企业
40	广州奥的斯电梯有限公司	16.14★	外企控股,合资企业
41	常林股份有限公司	16.12	国有控股,上市公司
42	上海永大电梯设备有限公司	15.11★	外资企业
43	北京现代京城工程机械有限公司	14.64	国有控股
44	沃尔沃建筑机械(中国)有限公司	14.63	外资企业
45	湖南山河智能机械股份有限公司	14.34	民营企业
46	卡特彼勒路面机械(徐州)有限公司	13.94★	外资企业
47	广西玉柴重工有限公司	13.34	国有控股
48	大连星玛电梯有限公司	12.29★	外企控股,合资企业
49	亚实履带(天津)有限公司	11.55★	外资企业
50	抚顺挖掘机制造有限责任公司	10.03	中资控股合资企业

注:★代表2008年的销售收入

2. 产业集群逐步形成

产业集群宜于推进专业化协作生产，加快物料运输与周转以及合理配置社会资源，对扩大规模和提高综合经济效益具有重要作用，是推动企业发展的重要外部环境。没有产业集群的发展，我国工程机械行业就不可能快速形成规模生产能力，并在国际工程机械行业中占据主要地位。

我国工程机械行业产能90%集中在华东地区以及湖南、四川、广西等地，主要生产协作配套企业也是围绕这些地区来布局。我国工程机械产业基地分布：

(1)山东工程机械集群板块

以济宁、临沂、青州为集聚中心的山东工程机械板块，生产企业有100多家，主要生产液压挖掘机、装载机、汽车起重机、塔式起重机、混凝土机械产品及相关协作配套零部件，2009年主营业务收入达450多亿元。山东工程机械集群板块，除了济宁、临沂地区以外，产业园相对比较分散，产业链集群优势不突出。

(2)徐州市工程机械产业集群基地

以徐州市为中心的徐州工程机械产业群，纳入徐州市规划统计的企业有92家，总资产360亿元，2009年主营业务收入达620亿元，产品覆盖挖掘机械、铲土运输机械、压实机械、路面机械、工程起重机械、混凝土机械、桩工机械、特种工程车、专用零部件等。徐州市是国内工程机械生产企业最多、综合规模最大、品种覆盖面最广、产业集中度最高的城市之一，构建了具有鲜明特色的徐州经济开发区和铜山经济开发区两大产业园，国有企业、民营企业、外资企业齐头并进发展，产业集群中有比较强势的专业配套零部件企业作为支撑，产业链相对集中。上游产业有轮胎、轮毂、发动机、专用液压件、回转支承、变速箱、驱动桥、结构部件，下游产业在租赁与服务方面优势比较突出。在徐州市从事工程机械租赁、销售、物流服务的大小企业有300家左右，租赁业的服务对象遍及全国各地。因此，徐州市发展工程机械，在生产协作配套半径和零部件的覆盖面、管理成本及服务业等方面都具有明显优势。

(3)长沙市工程机械产业集群基地

以湖南长沙市为中心的工程机械产业群，是20世纪90年代迅速崛起的研发制造基地，规模企业有30余家，其中大型主机企业有6家。经过20多年的发展，已形成以长沙中联重工科技发展股份有限公司、三一重工科技发展有限公司、湖南山河智能机械股份公司等企业为龙头的各具特色的制造群体，下属公司遍及省内外和海外。2008年长沙市境内外工程机械企业实现工业总产值494亿元，2009年即使在国际金融危机影响下，仍然逆势上扬，实现工业总产值750亿元，同比增长42.83%。其中长沙中联重工科技发展股份有限公司、三一重工科技发展有限公司工业总产值双双超过300亿元(包括长沙市境外下属公司)。近5年来，由于企业的创新研发团队和研发水平不断提高，投入资金充足，企业核心竞争力增强，产品技术起点相对较高，品牌优势明显。通过兼并重组，产业扩张速度加快，长沙工程机械产业产值以年平均50%左右的速度增长，已成为长沙市工业快速发展的重要支撑，长沙已成为我国工程机械行业发展的重要集群基地。产品覆盖混凝土机械、铲土运输机械、筑养路机械、工程起重机械、桩工机械、专用工程车、市政环卫机械和物料搬运机械等11大类产品。长沙市工程机械产业集群主机企业虽发展迅猛，但协作配套和零部件专业化生产体系发展滞后，尤其是关键配套部件落后，主要依靠省外企业和国际供应商供货，运距远，周期长，大量占用企业流动资金，与徐州、山东、长三角制造基地相比，反差强烈。这已成为长沙市工程机械产业发展的制约瓶颈，是"十二五"发展规划中亟待解决的棘手问题。

(4)"长三角"工程机械产业集群基地

长三角工程机械产业集群基地包括杭州、上海至马鞍山、沪宁线周边企业，一直延伸到安徽合肥市。其中知名企业有安徽叉车集团有限公司、合肥日立建机(中国)有限公司、常林股份有限公司、现代(江苏)工程机械有限公司、杭叉工程机械集团有限公司、小松(常林)工程机械有限公司、中国龙工控股有限公司和上海三菱电梯有限公司等。主要产品涵盖电梯、装载机、挖掘机、推土机、工业搬运车辆、混凝土机械、桩工机械、沥青混凝土搅拌设备、筑养路机械、压实机械、建筑装修机械、高空作业车、升降平台及一批配套零部件，2009 年企业数达 300 多家，实现主营业务收入约 660 亿元，是我国工程机械行业重要集群基地和产品集散地。长三角地区优势是人才和技术工人素质好，协作配套企业多，以及产品质量可靠，选择范围大，交货及时，外贸便利，物料周转方便。由于这些优势，几十家中资、外资企业落户长三角，例如国内的三一重工科技发展有限有限公司、广西柳工集团有限公司、玉柴工程机械有限公司等企业先后到长三角落户办厂或兼并企业，外资企业则多达 60 多家。浙江杭叉工程机械集团有限公司年产已超过 2 万台，产品配套物流周转周期平均控制在 10 ~ 20 天，这在其他地区是办不到的。

除上述四大集群基地以外，四川成都—新津—泸州产业集群、广西柳州—玉林产业集群、厦门—晋江—泉州产业集群、沈阳—抚顺产业集群基地等也是我国工程机械很有发展活力的地区。

3. 产品技术水平及产品结构

我国工程机械产品按质量、控制技术、节能、环保、安全及作业效率等方面，大体可分为高、中、低端三个档次。

高端产品，动力配置选用国际先进的发动机；关键液压件及部分传动部件是进口的，或在国内择优配套，其中包括外商独资、合资企业产品；信息化控制元件包括电子元件、液压元件、传感元件等也都选用国际品牌产品。这种高端整机产品技术水平与国际先进水平接近。随着我国企业整机集成技术水平的不断提高，已有许多企业自主开发生产高端产品。高端产品主要用于开拓国际市场或替代进口，满足国家重点建设工程及租赁行业的需求。

中端产品，国产化率一般达到 85% 以上，产品开发主要选用国内的配套零部件和原材料，整机可靠性与国际先进水平相比差距较大，是目前国内市场的主打产品，生产企业多，产品同质化和相互模仿比较严重。

低端产品，主要以低价成本为目标，产品技术配置较低，故障率高，能耗高，排放不达标，存在安全隐患。这类产品包括简易农用工程机械在内，国内销售量达到 40 多万台。按产业政策，这类产品应属于待改造或逐步纳入淘汰之列。

在产品技术结构方面，机、电、液一体化技术基本普及，纯机械式结构的产品基本被淘汰出局。有部分产品在机、电、液一体化技术基础上，又提升为智能化控制，其中嵌入式总线控制技术在功能复杂的产品上得到广泛应用，缩小了与国际先进水平的差距。为此，部分产品获得了省、部级科学技术进步奖。

4. 国企、民企、外商投资企业三分天下态势形成

进入 21 世纪，以国有大型企业为龙头，充分利用社会资源，支持发展民营和股份制企业，引进外资企业，使工程机械行业产能规模得到快速扩张。如今工程机械行业的国有资本、集体与民营资本、外商及港澳台资本呈三足鼎立之势。其中除电梯和挖掘机行业外，其他产品行业国有企业仍占主导地位。

五、2010 年全行业销售预测

2010 年工程机械行业得益于国内市场需求的拉动，继续延伸了上年的强劲增长行情，1 ~ 7 月份 28 家企业合计主营业务收入同比增长 80%，量大面广的 8 种产品合计销售量同比增长 67%，合计主营业务收入同比增长 63%，创下行业历史新高。据预测，2010 年国内全社会固定资产投资规模将达 27 万亿元，按照工程机械国内市场需求与投资规模相关关系的一般规律，工程机械国内市场需求将达 3 900 亿元左右。从出口市场分析，1 ~ 7 月份已累计出口工程机械 54.6 亿美元，同比增长 62.6%，环比增幅逐月升高，全年出口有望达到 100 亿美元（约合人民币 682 亿元），比上年增长 29.87%，顺差约为 35 亿美元（约合人民币 240 亿元）。根据上述两项预测，2010 年我国工程机械主营业务收入将

达到4 100亿元左右，比上年增长30%。

“十二五”期间，我国工程机械行业将进入转型发展期，出口市场将向更高层次发展。随着出口额逐月回升，出口将成为拉动我国工程机械总量增长的另一个重要动力，产品技术水平和竞争亮点更能适应出口市场的需求。在国内市场方面，各方面建设项目的投资规模将有所控制，但仍保持高位运行；劳动力成本的不断提升，必将推动机械化施工作业向广深发展，同时对工程机械施工作业效率将提出苛刻的要求。这些情况迫切要求提升工程机械产品的技术水平，开发高技术附加值产品，推进我国工程机械行业继续保持快速平稳发展势头。

〔撰稿人：中国工程机械工业协会茅仲文〕

2009年工程机械产品质量检验情况

一、工程机械行业综合情况

2009年，国际金融危机对我国工程机械行业造成一定的影响，尤其是工程机械的出口大幅下滑。在严峻的经济环境下，我国政府采取了积极的财政政策，行业中各大企业采取了主动的应对策略，调整产业和产品结构，开发节能减排产品，创立自主品牌，全行业在危机中求发展，尤其是许多国产品牌的机种得到较快发展。

1. 叉车行业

目前，叉车行业的平衡重式叉车型谱进一步完善，自主创新能力进一步提高，新技术、新工艺及节能降耗技术的应用进一步扩大，综合能力上了一个新台阶。

内燃平衡重式叉车的制造能力从额定起重量45t增加到46t，样机由安徽合力叉车股份有限公司设计制造并完成了型式试验。国内多家企业能够生产10～25t的内燃平衡重式叉车，能够生产45t集装箱搬运叉车，以及额定起重量5t的蓄电池平衡重式叉车。为了满足集装箱搬运工作需求，多家企业在大吨位叉车的制造基础上，通过改变工作属具制造了集装箱堆高机。越野叉车（全路面叉车）的种类在增加，除伸缩臂式外，还有些企业制造出铰接式越野叉车，以及通过传动系统的全新设计，制造出高速行驶越野叉车，最高行驶速度90km/h。多向行万向叉车在国内进行了有益的尝试，通过多电机多电控的综合控制，以四轮驱动并改变四轮的结构形式，实现多向行驶功能。

总之，叉车行业的叉车种类越来越多，但不足之处是某些关键零部件仍需进口。

随着国家对节能环保的重视，叉车行业也进行了许多新技术的探讨，如有些企业已可小批量生产混合动力叉车；能量回收技术已在电动叉车上广泛使用，如通过高速运转机构带动发电机进行能量回收和电动车辆的制动能量回收等。多数叉车生产企业将内燃发动机按国家规定更换为国Ⅰ标准的发动机，在不远的将来还会选用国Ⅱ标准的发动机。叉车行业总体水平的提高，离不开零部件制造水平的提高，主要的叉车生产企业及时跟踪国际叉车发展新技术，独自或与变速器生产企业以控（参）股方式，合作开发变速器的柔性制造技术和电液比例控制阀的制造技术。国内的电机、电控企业与相关大学联合研制开关磁阻电机，为蓄电池工业车辆的节能降耗进行了有益的探索。为了能够制造出质量轻巧的工作装置，北京兴力通达公司研发并轧制了多种型号的门架型钢（如C、J、H型）。

2. 挖掘机行业

目前挖掘机行业已经发展成为技术密集型和资金密集型的大型行业。其技术特点是：

(1)电液比例控制智能化

电液比例控制在20世纪80年代初开始应用于工程机械,目前已经广泛应用于液压挖掘机。电液比例控制技术用于工程机械,可以省去复杂、庞大的液压信号传递管路和用电信号传递液压参数,不但能加快系统响应速度,而且使挖掘机整个动力系统控制更方便、灵活。进入90年代后,随着计算机技术的发展,电液比例泵和比例阀的应用日益增多,电液比例控制更进一步"智能化",从而出现了"智能化液压挖掘机"。这种智能化主要体现在以下几个方面。首先,计算机能够自动监测液压系统和柴油机的运行参数,如压力、柴油机转速等,并能根据这些参数自动控制挖掘机整个动力系统始终处于高效节能运行状态。其次,能够完成一些半自动操作,如平地、斜坡的修整等,对司机的操纵熟练程度要求较低,但工作质量大幅度提高。第三,能够根据监测的运行参数进行故障诊断,便于挖掘机的维护。这些功能大幅度提高了挖掘机的性能和效率。

(2)负荷传感控制

负荷传感控制从20世纪70年代开始兴起,各工程机械液压件生产厂商纷纷推出了一系列相关产品。这种系统具有良好的节能性和操纵性,即使不熟练的司机也能很快适应。比例流量分配阀的出现进一步推动了负荷传感技术在挖掘机上的应用,使挖掘机操纵性进一步提高,解决了西方国家熟练司机短缺的问题。因此,负荷传感控制挖掘机在发达国家的需求将会进一步提升。

(3)正负流量控制

所谓正负流量控制,即以感知操纵阀的开度,对泵流量进行控制。操纵阀开度小时,泵流量小;操纵阀开度大时,泵流量大,使流量与作业速度相匹配。主流挖掘机普遍采用负流量液压系统,负流量系统能够实现液压系统流量的动态匹配,属于成熟的系统,但具有响应时间较长、流量波动较大、可操作性差等缺点。正流量系统是在负流量系统基础上完善而开发的一种液压控制系统,其特点是主泵的排量与先导操作手柄输出的信号压力成正比。主控制器根据先导压力信号及其变化趋势判断执行器的流量需求及其变化趋势,并据此对主泵排量进行调节,以使系统的流量供应能够动态跟随执行组件的流量需求,实现系统流量的实时匹配,达到"所得即所需"。该系统相对负流量系统中位流量损失小。

(4)柴油机电喷控制用于传统的机械调速柴油机

喷油泵的循环供油量、喷油提前角等都受转速影响,使柴油机性能难以进一步提高。在柴油机上应用电喷控制,可以使泵的循环供油量和喷油提前角不再受转速的影响,从而使挖掘机能够一直处于最佳工作状态,而且加快了响应速度。开发柴油机电喷控制器是提高挖掘机节能效果的一个重要环节。

(5)现场总线技术和嵌入式系统将大量应用

随着液压挖掘机"智能化"程度的提高,各种传感器、控制器将置于挖掘机各处,这将导致挖掘机内部充斥各种导线、接头,使控制系统变得复杂、可靠性降低。解决这一问题的方法是采用现场总线,用一条串行线将所有的传感器、控制器和执行器连接起来,既可保证系统具有强大的功能,同时结构简单,可靠性高。目前,控制芯片的体积更小,功能更强,能完全嵌入挖掘机的各种部件内部,几乎不占任何空间,这也是挖掘机控制系统的未来发展方向。

(6)节能减排

液压挖掘机作为一种灵活的多功能工程机械,节能一直是其追求的目标。各大公司均把"节能技术"作为科技重点发展目标,以提高其产品在国际市场上的竞争力。在技术上,一方面对液压系统及液压组件进行改善;另一方面,从功率链的思想出发,研究分析发动机与泵、液压系统与负载的功率匹配问题,从而达到整机功率的优化设置。进入20世纪80年代后,美、日、德等国在液压系统节能的基础上,纷纷开始研制电子节能的液压挖掘机,如节能控制器(OLSS系统)、电子功率控制系统、三档功率预选模式节能控制系统、电子负载传感ELLE

系统等。这些系统不仅提高了挖掘机的工作效率，同时具有较好的节能效果。目前，以微机或微处理器为核心的电子控制系统在液压挖掘机中应用相当普及，已成为现代高性能液压挖掘机不可缺少的组成部分。

（7）混合动力挖掘机

面对全球能源危机、环境污染等重大问题，工程机械亟须应对节能环保的压力，努力在技术上寻求新的解决方案。混合动力挖掘机具有两种及两种以上储能器、能源或转换装置作为动力源，是国际上公认的最佳节能方案之一。与传统挖掘机相比，混合动力挖掘机可存储回转制动的动能及工作装置下降的势能，优化发动机工作区间，并使之始终位于经济工作区，功率稳定，燃油经济性好，有害气体排放更是大幅度降低。

（8）双动力挖掘机

双动力挖掘机采用内燃机和电动机两种动力，是为在比较封闭的空间或避免发动机排气而引起燃烧和爆炸的场所操作而开发的挖掘机。

（9）蓄电池挖掘机

蓄电池挖掘机具有低排放、低噪声等优点，在国外已经制造出样机，属于行业未来大力发展的对象。但是，目前充电时间、电池容量等对作业效率还有一定的影响，还需进一步完善。

3. 压路机行业

由于我国独有的市场状况和主机企业自身的特点，决定了我国压路机产品技术和质量具有以下特点。

（1）技术特点

1）液压驱动相对于机械驱动尽管在压实效果、工作效率、操作舒适性、维修性、起步停车平稳性、驱动性能和防滑性能、可靠性等方面具有明显优势，但是机械驱动因其价格较低，非常适合中国用户和发展中国家的实际购买力，因此液压驱动和机械驱动将处于共同存在的格局。

2）我国压路机企业尚没有完善的研发体系和试验体系，测试和分析手段也非常薄弱，对压实机理的研究还不充分，产品的开发基本上处于仿造阶段，只是通过市场反馈不断完善设计。虽然某些产品的单项指标已达到或超过国外同类产品的水平，但作业质量差距非常明显，如在压实度一定的情况下生产率低，路面平整度差，对路面材料的适应性差，或者压实度根本达不到要求。对压实机理研究的不充分，导致连续变频、变幅压路机，可变振动方向压路机，多轴振动压路机，混沌振动压路机，冲击压路机等新机型的开发进展非常迟缓。

3）国内对于智能控制技术在压路机上的运用，还处于起步阶段。如通过机载计算机对压路机工作状态及土壤密实度等参数进行实时监测，不断调整各项作业参数（振动频率、振幅、碾压速度、遍数等）的组合，自动适应外部工作状态的变化，从而消除路面材料压实不足或过压实现象，提高压实的均匀程度，消除振动轮的跳振，避免粗骨破碎，使压实作业始终处于最佳状态。另外还有机器故障报警及分析、卫星定位遥控作业等其他智能控制技术也处在起步阶段。

4）节能、减排、降噪、安全部件及人机工程等技术只有个别企业刚刚开始研究与开发，大多数企业还没有能力涉足。

5）国内实力较强的厂家已开始重视压实的均匀性和施工工艺的适应性。徐工集团工程机械股份有限公司的最新一代双钢轮振动压路机采用了较高技术含量的均压技术和国际最高的振动频率67Hz，更适合新材料和新施工工艺。

（2）质量现状

国家工程机械质量监督检验中心根据钢轮的振动特性和压实材料的力学特性，以及振动压实理论，运用相关测试和分析手段，对13家企业（含外资）生产的31个型号共50台振动压路机（单钢轮振动压路机37台，其中机械单驱动的31台，全液压的6台；双钢轮振动压路机13台，重量从7t到25t，被测试的产品均是出厂检验合格品，样本具有随机性和独立性）的振动过程进行频域分析、时域分析、左右侧振幅的差异性分析、加速度均匀性统计分析、左右侧振幅均衡性统计分析，并结合施工现场勘验与验证，得出的结果是，影响施工质量的主要原因是钢轮设计和制造问题，从而提出了振动压路机钢轮故障诊断技术和评价方法与限值。振动压路机钢轮故障诊断分析见表1。

表1　振动压路机钢轮故障诊断分析

序号	现象	原因	评价要素
1	表面呈现波浪	钢轮椭圆度过大	钢轮圆柱度
2	表面产生横坡	钢轮左右振幅偏差大	左右幅值均衡性
3	表面发生断续断裂	振动参数不稳定	时域幅值均匀性

用户反馈的焦点是产品可靠性的核心问题是激振系统，即液压组件、偏心轴等质量较差。由于国产齿轮液压马达、液压泵的内在质量较差，装在振动压路机上，容积效率下降较快，导致振动频率下降，激振力下降，作业性能下降。由于一些企业的生产设备落后，检测和分析手段匮乏，导致偏心轴的同轴度较差，以致产生水平轴向振动，不仅影响压实效果，而且导致振动轴承过热，很大程度上降低了振动轴承的寿命。

(3)我国压路机的标准现状

我国压路机的标准体系框架包括：产品标准、安全标准和环保标准。其中产品标准主要有GB/T 7920.5—2003《土方机械压路机和回填压实机术语和商业规格》、GB/T 13328—2005《压路机通用要求》、JG/T 5076.2—1996《振动压路机　减振系统检验规范》等国家标准和行业标准。

从20世纪末至今，我国采用了大量的ISO安全标准，对ISO 20474在我国的推广起到了非常积极的作用。随着国家对产品安全、环保越来越重视，对压路机产品的安全、环保要求必将逐渐严格。尤其是即将实施的《土方机械　安全　第1部分：通用要求》和《土方机械　安全　第13部分：压路机的要求》两项国家强制性标准，为修改采用ISO 20474—1:2008《土方机械　安全　第1部分：通用要求》和ISO 20474—13:2008《土方机械　安全　第13部分：压路机的要求》的两项国际标准。这两项国家强制性标准的实施将使我国压路机产品的安全要求基本与国际接轨。压路机企业应当尽快改变过去的重性能设计、轻安全设计，重产品制造，轻法规与标准研究的观念，加紧消化吸收已有的和即将实施的标准，将相关标准贯彻到产品的设计研发和制造全过程。同时应加大安全环保标准的宣传工作，对于标准的研究和贯彻是企业做强做大的一个很重要的方面。企业应重视此类软实力的建设，加强企业在此方面的投入和研发。

(4)我国压路机的配套现状

压路机是一种涉及技术面广、外协业务多的产品，约有60%～70%的配套件需专业厂提供。为此，主机厂产品技术含量的提高，需要众多配套厂家的密切配合。然而，国内多数配套件企业产品结构不合理、技术研发能力不强，管理水平低，拥有关键技术较少，工艺制造和检测手段薄弱，只能在原有产品水平上进行有限改进，产品技术落后，质量不稳定，可靠性差。配套件质量及可靠性差，往往是造成主机整体质量及可靠性水平不过关的主要原因。柴油机，变速箱，液压泵、马达、阀等组件普遍存在三漏问题。液压系统出现的故障约占整机故障总数的50%～70%。其中由于密封件、组合件等快速老化、失效造成的渗漏故障，又占液压系统故障的50%左右。液压泵、液压马达及轴承寿命短的问题也较为突出。弹簧类的刚性不稳定，换挡压力调整弹簧、换挡定位调整弹簧不同程度地存在刚性不足问题。主机三包期间故障反馈率统计表明，外协配套件造成的故障次数远远高于自制件的故障次数。

4. 推土机行业

虽然国内推土机市场以国产推土机为主，国外独资产品销量较少，但这并不意味国产推土机的技术水平很高，事实上与外资公司相比，仍存在较大的差距。外资公司多在本国有一支拥有几十年研发经验的技术队伍,凭借着数十年的开发经验和掌握的大量数据,在产品开发上始终占据技术前沿;而国内企业既缺少新产品开发的资金,也缺少相关人员和设施,研发体系和试验体系均不健全。国内制造商研发体系基本上处于产品图纸设计阶段,大量的输入数据仍然停留在理论阶段,缺乏试验体系的支持。以试验结果作为设计输入,导致产品对自然环境的适应性较差。因为试验体系的缺乏,也使产品出现问题后的改进也具有一定盲目性,新产品的开发基本是类比国外成熟的产品,真正拥有自主知识产权的技术少之又少。

近年来,国产推土机产品在技术人员的不懈努力下,也有了长足的发展。国产推土机的传动方式经历了由机械传动向液力变矩 + 动力换挡变速器 + 两级最终传动再向模块化传动方式的演变,目前还研制出全液压推土机,整机减少了变速器、变矩器、转向离合器等传动部件,减少了机械功率损失,易于实现与发动机的全功率匹配。这类产品虽然还未批量推向市场,但扭转了一直由国外公司垄断的局面。当然,还应看到,国产的静液压推土机还只是小功率产品,以静液压推土机为主的利勃海尔公司产品范围也只有 120 ~ 310kW,差距还比较大。原因是多方面的,其中液压件、发动机等基础配套件的研究还远远不能满足主机发展的要求。此外国外还出现了电传动技术,如卡特彼勒公司开发的 Cat® D7E 推土机,其电传动系统中的发电机、功率逆变器和推进模块取代了变矩器和变速器等传统的机械组件。采用 Cat® C9.3 发动机可驱动强大的发电机,有效地将机械能转化为交流电能。发电机产生的电流通过特别保护的电缆和军用级连接器流入固相功率逆变器。先进的电子装置将交流电流输送到推进模块,以控制电动机,并为辅助系统提供直流电流,推进模块通过轮轴和终传动传递完全调制的扭矩。推进模块由先进的交流电机组成,与 D7E 最新的差速转向系统相连,无运动的电触点,可动部件很少。所有电气元件均完全密封,可在多种推土作业条件下安全运行。液相冷却确保电传动零部件在极端温度条件下也能达到最佳性能。在将发动机功率传向地面时,D7E 电传动系统效率极高。成熟的差速转向系统融合了电传动技术,使得 D7E 成为唯一一种能够执行锁定履带枢轴旋转以提高操控性能的产品。同时 D7E 推土机兼具燃油效率高、使用成本低,生产率高、功能性强、冷却系统维修方便而高效等诸多优点。

在工作装置方面,小功率推土机多采用万用铲,以提高推土机适应各种工作环境的能力,大功率推土机多采用半 U 形铲,以提高运土能力。工作装置操纵多采用先导操纵,以减小操纵力,提高推土机的操纵舒适性。新技术不断应用于推土机,大型推土机多采用集中润滑、集中测压装置、燃油自助加注系统,以及履带自动张紧装置,大大降低了保养成本和劳动强度,提高了工作效率。激光或超声波自动找平装置在推土机上的应用,提高了推土机平整场地的能力和作业效率。美国天宝公司 GCS900 型自动找平系统已在山推推土机上应用,它将数据输入控制器后,控制箱按照设计的数据控制液压驱动推土机的铲刀工作,操控铲刀上升、下降、旋转等动作,使推土机能按设计的高程、坡度等数据进行施工。

此外,推土机行业还有向大型履带式推土机发展的趋势,国内生产大型履带式推土机的主要厂家有山推工程机械股份有限公司、上海彭浦机器厂有限公司、河北宣化工程机械股份有限公司等,主要产品有山推的 SD42,彭浦 PY410,宣工的 SD9 等。特别是 2009 年山推工程机械股份公司还根据市场需求开发出我国首台大功率履带式 SD52 - 5 (382.5kW) 推土机,在 BICES 2009 第十届北京国际工程机械展上亮相。该设备能适应更加恶劣的作业环境,可完成其他中小型设备无法完成的土石方作业,且生产效率高,作业成本低,是矿山建设和水利建设不可缺少的机械设备。SD52—5 履带式推土机主要采用模块化设计,拆装方便,维修简单;采用符合欧Ⅲ排放标准空空中冷电控发动机,动力强劲、油耗低。选用带闭锁功能的液力变矩器,传动效率高,可适合各种不同工况作业。制动系统采用常闭式,发动机停止运转后就实现制动,安全性高。工作装置采用先导操纵，微动性好，操作省力。浮动式行走系统的设计，具有高效减振功能，适合各种复杂路况，提高舒适性和底盘可靠性。但是大型履带式推土机的发展，在国内还存在许多制约因素，如推土机的核心部件发动机，其选型及匹配是发展大型推土机的关键技术，仍有待进一步深入研究。此外，大型推土机的液力机械传动部件，如液力变矩器、动力换挡变速箱、后桥箱和终传动等以及液压系统及缸、泵、阀等液压元件仍需进一步研究攻关。还有大型推土机的节能、降噪，减振技术也有待研究。

(1)推土机产品质量现状

目前，国内市场上的推土机总体质量可以分为两个部分，一是占市场份额较小的国外独资品牌产品，总体质量较好，而国内市场占有份额小的国内生产商产品质量较差；二是占市场主流的规模企业产品，质量有较大提高，总体质量控制较好，但仍不免经常出现漏油、电气元件、液压件等故障，且各制造企业之间质量仍参差不齐。但总体来讲，也存在很多共性质量问题：

a)噪声偏高

推土机的噪声分为司机耳边噪声和机外辐射噪声。由于国产推土机以国产发动机配套为主，而国产发动机的噪声较高，所以对于主机制造商而言，降噪压力较大。同时由于国内司机耳边噪声标准限值一直较低，与欧盟发达国家的限值差距达17dB，所以，噪声偏高一直是制约我国推土机出口的屏障之一。噪声标准限值低也使得国内制造商一直未能投入更多的资金、人力来研究开发低噪环保推土机。但近年，企业已重视研发降低噪声技术，在司机室中采用减振、温控风扇，在侧护板及发动机周边配置吸音材料以及对司机室进行密封等。这些措施在一定程度上降低了推土机的噪声水平，但是应该看到，差距依然较大，减振降噪的道路漫长而曲折。

b)安全标准应用缺失严重

推土机的安全设计缺失严重，制造商往往只重视与产品标准的符合性，而忽略对安全标准的研究。从对部分制造商产品的测试来看，涉及的众多安全项目均不同程度存在问题。从通道装置的测试来看，大部分制造商未按照相关国家标准进行设计制造，尺寸和位置不合乎人机工效学。此外大多数制造商将滚翻保护结构和落物保护结构作为标配进行销售，但是对于保护结构能否在滚翻和有落物危险时真正保护乘员的人身安全却不能给出明确的答复，原因在于制造商设计的保护结构并未经过实验室的试验验证，与相关标准的符合性更是无从知道。在这方面山推、彭浦的部分机型走在前面，送交保护结构样品进行了材料低温冲击和实验室加载测试，取得了相关的测试报告，这对制造商的产品走向国际市场也是必不可少的环节之一。还有安全项目中的司机视野、电磁兼容、安全标志等，都未能引起主机厂技术人员的关注。推土机的电气和电子系统越来越复杂，土方机械电磁兼容性标准的出台实施，对推土机的电磁干扰和电磁抗扰度均提出了要求，制造商应密切关注标准的规定，在设计之初就应选择经过电磁兼容测试的电气元器件，这样才能使整机电磁兼容性达到标准。对司机的视野要求也有很大的变化，增加了主机1m远处的视野要求，并对12m远处的视野测试的遮影要求进行了调整，还包括直接视野不足时，应提供相应的辅助视野，如可调后视镜、外部监视装置等。相关设计人员应及时跟踪安全要求的变化，在设计时引用相关安全标准，使推土机在安全、人机环境等方面尽可能消除隐患。

c)产品缺乏一致性，早期故障率偏高

产品质量通过可靠性和寿命指标来评价，其前提是产品具有一致性。由于部分国内推土机制造商缺乏精密的制造装备，在过程控制中又不能确保技术文件的完整、正确、统一，质量保证体系运行不通畅，未能建立起一支训练有素的团队，直接导致过程控制能力较差，对主要配套件的控制缺乏有效措施，产品不具备一致性，使产品的早期故障率偏高。

d)缺乏自主创新能力，节能技术研究不足

“节能减排”是通过人为控制减少能耗和净化

环境的有效措施。在工程机械"十一五"发展规划中,对工程机械产品的节能、降耗、减排提出了明确的要求。加强节能减排技术研究和提高产品的自主创新能力是工程机械行业未来工作的重中之重。推土机行业应认真研究国外发达国家的能耗测试和评价方法,建立完善的能耗技术指标评价体系,引导企业研究和推广节能技术;从液压系统和发动机控制入手,使发动机根据传动系统和工作装置液压系统的实际工况自动调整输出功率,以期最大限度地利用发动机功率,减少功率损失,达到节能目的。

综上分析,国内推土机制造商要正视和国外产品的差距,加大技术研发和资金投入力度,加快新产品、新技术的开发应用,重视节能、降噪、减振技术的研究,注重外观造型和司机室的内部装饰,营造人机和谐、安全舒适的操作环境,尽量缩小与国外先进产品的差距。

(2)推土机行业标准化现状

推土机产品标准目前仍沿用20世纪90年代制定的技术条件和试验方法等标准。这些标准对推土机行业的发展曾起到积极的作用。2009年有关推土机的几个国家强制性标准的出台和实施,推动和引导推土机行业向低噪、环保型发展。首先是GB 20891-2007非道路移动机械用柴油机排气污染物排放限值及测量方法(中国Ⅰ、Ⅱ阶段)从2009年10月1日起开始实施国Ⅱ阶段要求,所有制造和销售的非道路机械用柴油机的排气污染物必须符合标准要求。推土机保有量增加对环境破坏日益严重,应及时对排放进行限制,欧盟目前已经执行欧Ⅲ阶段排放要求,这与环保要求越来越严格的趋势相一致。

此外,土方机械标委会从2002年立项至今报批,历经数载,几易其稿,对GB 16710.1—1996工程机械噪声限值标准进行了修订,将推土机司机耳边噪声限值从不大于97dB,调整至新标准的95dB(2011年7月1日起实施)和92dB(2014年7月1日起实施),将机外辐射噪声限值由原来以功率区间给定规定限值的方式,改为采用类似欧盟噪声法规的计算公式,也是分机种、分阶段执行噪声限值。在计算公式中与欧盟法规有所区别,欧盟法规中采用"常数+11lg$P$",对Ⅰ阶段和Ⅱ阶段的限值改变的是常数,两阶段限值的差值固定不变,不随功率变化。本公式中采用"常数+系数lg$P$",即同时调整常数和系数,所以Ⅰ阶段和Ⅱ阶段是随着功率的增大,各阶段限值的差值随之也增大,这样更符合发动机按功率降噪的原理。以机型235kW(320马力)履带式推土机为例,1996年强标的限值为122dB(A),而按新标准限值为117dB(A),减少了5dB(A),这对部分推土机制造商是个不小的考验。新标准的出台不仅对保护乘员以及暴露人群的身心健康,提高行业对环境保护的认识,强化推土机产品的噪声控制,具有积极的作用,同时也促进了推土机的技术进步,提高了产品质量,加快了与国际惯例的接轨,增强了我国推土机产品的国际竞争力。推土机机外辐射噪声标准及实施阶段见表2。

表2 推土机机外辐射噪声标准及实施阶段

机器类型	发动机净功率(Pab/kW)	辐射声功率级限值/dB(A)	
		Ⅰ阶段(2011年1月1日起实施)	Ⅱ阶段(2014年1月1日起实施)
履带式推土机	$P \leqslant 40$	108	106
	$40 < P \leqslant 500$	$87+13\lg P$	$87+11\lg P$
轮胎式推土机	$P \leqslant 40$	107	104
	$40 < P \leqslant 500$	$88+12.5\lg P$	$86+12\lg P$

备注:1. 公式计算的噪声限值圆整至最接近的整数(尾数<0.5时,圆整到较小的整数,尾数≥0.5时,圆整到较大的整数)。

2. 发动机净功率P按GB/T 16936确定。

3. 发动机净功率是机器安装发动机净功率的总和。

ISO 20474 系列标准即将出台。该系列标准共计13个标准,包含1个通用要求和12个土方机械产品类型特殊要求,主要对土方机械产品的通道装置、司机位置(有司机室的司机位置、滚翻保护结构、落物保护结构、倾翻保护结构)、座椅、司机的操纵装置和指示器、转向系统、制动系统、能见度、噪声、电磁兼容性、救援、运输、起吊和牵引、防火、电气和电子系统、压力系统等安全要求和措施进行了规定,以及使用信息如安全标志和危险图示、操作保养说明书等提出了详细要求。该标准的制定和实施,必将对行业的制造商产生压力,不符合一般标准的产品将难以占据国内市场和国际市场,不符合强制性标准的产品不能在国内市场销售。推土机制造商应尽快了解和掌握标准的具体内容,通过分析和检验,确定本企业主导产品的性能与标准要求的差距,及早做出应对方案和改进措施。

5. 起重机行业

我国工程起重机行业经过对国外先进技术的消化吸收和市场经济的锤炼,产品结构不断优化,经济和社会效益显著提高。汽车起重机向智能化、大型化发展;随车起重机往中大吨位渗透;全地面起重机和履带起重机朝高附加值、特大型发展;拥有自主知识产权的全地面起重机已实现大批量生产。

近两年,我国随车起重机行业呈现快速发展的势头,年增长速度一直在20%以上,主要代表企业有:徐州徐工随车起重机有限公司、石家庄煤矿机械有限责任公司、牡丹江专用汽车制造有限公司、长沙中联重科专用车有限责任公司、长治清华机械厂等企业。新崛起的沈阳广成重工有限公司等企业发展势头良好。目前、国内随车起重机产品规格系列比较齐全,产品系列有:2t、3.2t、5t、6t、6.3t、8t、12t、16t、25t。

随着国家城镇化建设的突飞猛进,小型轮胎起重机市场需求旺盛,这里主要指在自制底盘或农用车底盘上改装的轮胎起重机。代表性企业有:济宁市鲁星工程机械有限责任公司和山东大禹建工机械有限公司等。规格型号一般为3t、4t、5t和8t,2009年小型轮胎起重机产品销量在3 000台左右。

随着石油、化工、能源等行业的生产设施建设和市政建设的快速发展,使大型吊装设备市场兴起,极大推动了对履带式起重机的需求。履带式起重机成为工程起重机行业一个新兴热门产品,销量增长幅度最大。我国履带式起重机市场曾长期依赖进口,自2004年国内首台200t履带式起重机顺利下线后,履带式起重机进口量才逐年减少。

目前,国内生产企业已能生产35t、50t、70t、80t、100t、150t、160t、200t、260t、300t、350t、400t、450t、600t、650t、900t、1 000t、1 250t共18个系列产品。以抚顺挖掘机制造有限责任公司、徐州重型机械有限公司、三一重工科技发展有限公司和长沙中联重工科技发展股份有限公司为代表的优势企业,已开始向中大吨位履带式起重机发起强攻。长沙中联重工科技发展股份有限公司自主研发50~1 000t两大系列12个型号的履带式起重机,实现性能吨位阶梯系列化,并在专项技术研究的基础上形成了一个稳定的履带式起重机制造平台。三一重工科技发展股份有限公司在BICES2009展会上推出SCC11800型1 180吨级履带式起重机,抚顺重工挖掘机制造有限责任公司2010年5月生产的1 250t履带式起重机交付用户,超越三一重工科技发展有限公司的1 180t,成为目前国内最大的履带式起重机。而且各厂家还在不断推出新产品,产品吨位越来越大,技术水平越来越高,产品竞争力也越来越强。我国大型液压履带式起重机完全依赖进口的历史将被彻底改写。更为可喜的是,国产大型履带式起重机具有多项自主知识产权,整机性能与国际先进机型保持一致,某些指标参数甚至优于国际先进水平。而国产大型履带式起重机价格比国外同类产品低约20%。2010年上半年履带式起重机的销售近805台,同比增长达61.0%,国产大型履带式起重机市场占有率达90%以上,市场的竞争力越来越强,市场空间十分广阔。

国产全路面起重机的技术不断成熟,具有良好的发展前景。众所周知,在工程机械行业,技术复杂系数最高、难度最大的当属全地面起重机，每跃升一个台阶，设计难度就会增加数倍。全地面起重机在国外已有30多年的发展历史，由于它综合了汽车起重机快速转移和越野轮胎式起重机能越野与负载行驶等主要特点，具有高技术、高性能和多用途等优势，20世纪90年代后期，全路面起重机在欧洲起重机市场的占有率突破80%，成为备受欧洲用户欢迎的主流产品，代表着起重机的未来发展趋势。虽然全路面起重机与汽车起重机相比，具有不可比拟的优势，但由于市场售价较高，一直未能在我国普及。但自2002年徐州重型机械有限公司推出我国第一台拥有自主知识产权的25t全地面起重机开始，又经过多年的技术攻关，重点解决了多节吊臂、单缸插销伸缩臂技术、底盘多桥转向等百余项难题；拥有全地面起重机核心技术授权专利近百项；形成50t、130t、160t、200t、240t、300t、400t、500t的完备型谱，掌握了全地面起重机的核心技术，具备了产业化生产能力。与此同时，长沙中联重工科技发展股份有限公司、四川长虹工程起重机有限公司等企业也纷纷推出全路面起重机，而且研制吨位开始向大型化发展。2005年我国首次向国外出口5台规格为50t＜最大起重质量≤100t的全路面起重机，分别出口到莫桑比克、利比里亚、苏丹和哈萨克斯坦。国产全地面起重机经过短短几年的发展，进步迅速，缩小了同国际先进水平的差距，大大增强了与国外企业同台竞技的实力。

（1）技术状况

近年来，国内工程起重机行业发展迅猛，经过不断的技术引进和自主创新，开发的新一代工程起重机产品外观造型有很大改进，起重性能和可靠性有较大幅度的提高。大吨位、新技术、结构新颖的工程起重机产品不断推向市场，令国际同行叹服发展速度之快。主要表现在如下几个方面：

a）注重造型设计，突出企业特色。徐州重型机械有限公司在行业内率先推出现代流线型的全头驾驶室、全覆盖走台板、大圆弧操纵室和下悬板式圆弧配重的K系列汽车起重机，在用户心中树立了徐工特色。这种车型不仅提高了产品的档次，同时提高了产品的使用性能、操作舒适性和维护方便性。北起多田野起重机有限公司和长沙中联重工科技发展股份有限公司推出的新型起重机，整体造型也得到用户的认可，体现了各企业特色。

b）结构方面。多边形吊臂、“U”形吊臂的成型技术、多桥底盘技术、配重自装卸技术、单缸插销式全自动伸缩臂机构、履带式起重机的超起装置结构等先进技术，已广泛应用于中、大吨位起重机，推动了国产工程起重机产品的技术进步，为我国大吨位起重机抢占国内外市场奠定了基础。

c）控制系统。目前大、中吨位起重机的车上作业操作控制方式，较多地采用先导比例控制，通过先导比例手柄实现比例输出和多种复合动作的无级调速，具有很好的微调性能，并可减小操作力及操作行程，大大降低了操作人员的劳动强度，有效地提高了起重机作业的安全性、可靠性和效率。

d）安全装置。目前起重机一般均配备高度限位器、重量限制器或力矩限制器、防臂架后倾翻装置等安全装置，有效地确保了起重机的正确使用，预防了因操作失误或其他非正常使用引发的灾害，极大地提高了使用安全性。

e）人机对话功能。目前大吨位起重机车上操作室多采用大屏幕彩屏，可显示更多信息，包括各工况下的吊装状态参数、机构工作参数、故障诊断、报警提示，并同时具有吊装工况选择与模拟演示功能，较好地实现了人机对话，更方便操作者作业。

f）摄像监控系统。目前大吨位起重机尤其是大吨位履带式起重机较多地采用摄像监控系统，在操作室通过监视器进行实时监控。如对卷扬机构、回转机构尾部等主要机构进行实时监控，提高了作业安全性。

（2）质量状况

近几年，国内工程起重机行业进行了制造系统整体升级，产品质量大幅提升。徐州重型机械有限公司累计投资约6亿元在全球范围内引进大型和高、精、尖设备近百台（套），生产制造系统和管理模式按国际最先进标准进行了改进，产品品质发生了质的飞跃，其故障（所有故障）反馈率由“九五”末的40%降为目前的18%，平均无故障工作时间由"九五"末的300h提升至520h，使徐州重型机械有限公司在同质化竞争中脱颖而出。在徐州重型机械有限公司的带动下，配套厂家也进行了全面的系统升级，其中徐州液压件厂投资约3亿元完成了厂区搬迁和制造系统再造，温州圣邦液压件厂也斥巨资对制造系统进行升级等。与此同时，长沙中联重工科技发展股份有限公司采用国内外先进的涂装、装配等流水线，新增国内外各种新型设备超亿元，制造工艺居国内领先水平，产品科技含量得以大幅提升，产品质量达到国际领先水平。2009年，长沙中联重工科技发展股份有限公司又通过流程再造和管理变革，强调创新观念谋求更大发展。目前，长沙中联重工科技发展股份有限公司将从战略、人才、技术、管理等方面酝酿实现新的突破。

抚顺挖掘机制造有限责任公司通过对企业厂房、设备、生产条件进行改造和完善，集中精力开发大吨位液压履带式起重机，使企业的生产能力不断攀升。三一重工科技发展有限公司自2004年初进入履带式起重机的研发和生产领域，已成功开发出10个型号的全系列产品，并全部实现销售，其150吨级以上产品的市场占有率2007年以来一直稳居国内第一位。

近年来，为适应市场需求、国内工程起重机企业致力于调整产品结构，不断提升履带式起重机产品的设计和制造工艺水平，国产工程起重机质量不断提高，使用户享受到质优价廉产品的实惠，但产品的质量还未能达到欧洲及美国、日本等国的起重机产品水平，这应是引起行业重视的。目前我国工程起重机与国外工程起重机相比主要差距体现在：

a)性能差距。由于起步较晚，国产品牌起重机的性能与国外尚有差距，应加快核心技术的研制、应用，并坚持国际化配套，更快地提升产品的质量和性能。

b)外观涂装质量。国产工程起重机主要覆盖件的平整度、主要结构件的焊缝质量与国外名牌产品相比有一定的差距。表现为制造和装配技术水平不高，焊缝外表粗糙不整齐，涂漆质量不过关，油漆附着力及抗腐蚀性差等。

c)可靠性和稳定性。其差距主要表现为：液压系统渗漏、电气组件老化、接触不良和失灵等问题。

6. 民航地面设备行业

民航地面设备是在民用机场区域内直接或间接为飞机提供服务的专用设备。

根据2009年7月1日起施行的国务院第553号令《民用机场管理条例》，民航地面设备行业隶属中国民航局机场司监督管理。

民航地面设备根据用途可分为载客类、运送货物类、飞机保障类、应急救援类四大产品类别。载客类产品主要有旅客登机桥、客梯车、机场摆渡车；运送货物类产品主要有食品车、集装箱/集装板装载机、行李牵引车、垃圾车、行李传送车；飞机保障类产品主要有飞机牵引车、飞机清水车、飞机污水车、飞机加油车、管线加油车、机场除雪车、飞机除冰车、飞机空调车、飞机气源车、充氧车、电源车；应急救援类产品主要有飞机救援顶升气囊、飞机救援搬移拖车、飞机救援吊装设备、活动道面。

民航地面设备行业起步较晚，民航地面设备原来依靠进口。随着基础工业的快速发展，国内企业自主研发能力和管理水平不断提高，近10余年来，我国机场地面设备制造业发展迅猛。截至目前，国内企业已能设计生产上述四大类别中的绝大多数产品，国产民航地面设备占有率达75%以上，形成了以国产设备为主、进口设备为辅的格局。

受世界经济危机影响，2009年全球民航业遭遇第二次世界大战以来最严重的衰退，全球民航业的客运量下降3.5%，客运市场倒退了2.5年；货运量下降10.1%，货运市场倒退了3.5年。但中国民航却在一片哀鸿之中异军突起，一举取代日本成为亚太民航市场的领袖。2009年中国民航业完成运输总周转量、旅客运输量和货邮运输量分别为427.1亿t·km、2.3亿人和445.5万t，分别比上年增长13.4%、19.7%和9.3%。

面对全球市场的萎缩，国外民航地面设备生产厂普遍经营艰难、成本压力剧增，为分羹中国市场，4个国外厂家正加速在中国进行生产布局。

随着核心技术的掌握以及生产管理水平的提高，凭借廉价的设计生产成本，国内民航地面设备的龙头企业开始威胁到国外生产厂家的生存。国产旅客登机桥、有杆飞机牵引车产品的质量、性能接近或超过国外产品，旅客登机桥、有杆飞机牵引车、集装箱/集装板装载机、行李牵引车、飞机食品车、客梯车、行李传送车、清水车、污水车和机场摆渡车等产品正陆续进入国际市场。与此同时，中国大机场使用的载重27t以上大型货运集装箱/集装板装载机和无拖杆式飞机牵引车类高技术、高风险的设备还需进口。

旅客登机桥、有杆飞机牵引车、机场除雪车、集装箱/集装板装载机是国内民航地面设备的代表机种，其专业设计水准、制造能力、销售市场如下：2009年国内有4家企业生产登机桥，共销售登机桥211台，占国内市场份额的95%；国际市场占有率稳居全球第二，法国戴高乐国际机场签订了39条桥的总包合同，在欧洲其他地区也获得100条订单。其他公司2010年也与葡萄牙里斯本机场签订了20台登机桥订单，国内企业已经把登机桥的产品出口到欧洲、亚洲、非洲等地。

无论从产品技术、质量，还是市场占有率，我国登机桥产品是具有强大竞争力的。国内龙头企业在研发方面投入的人力、物力比较多，技术储备充分，设计水平和质量控制跟国外FMT等老牌公司处在同一个起跑线上，某些方面甚至走到了前列。除推出A380大型旅客登机桥外，还研发了T型桥、大型港口桥、低温桥等。国内企业已把远程监视管理系统运用到登机桥上，即管理部门可监视登机桥的运转状况、位置、每个航班作业的时间、发生故障等情况，方便管理、维修。

已有一家著名国外登机桥生产商在中国建立工厂，生产包括A380登机桥在内的全系列产品。但其在国内市场的中标成功机会目前极少，产品主要出口外销。另一家国外登机桥生产商正在中国建立生产工厂。

有杆飞机牵引车通过与飞机起落架的刚性连接，拖拉、顶推飞机至指定位置，按挂钩最大牵引力的不同，可划分为大、中、小型飞机牵引车。小型飞机牵引车指最大牵引力12t及以下的；中型飞机牵引车指最大牵引力大于12t且小于35t的；大型飞机牵引车指最大牵引力大于35t的。飞机牵引车可实现四种转向（四轮、前轮、后轮和蟹行）、全桥驱动、前后驾驶和前驾驶室升降等功能，具有高可靠性的安全保护功能，避免启动和停止瞬间惯性过大冲撞损坏飞机，能安全地与飞机对接和控制飞机精确到位。飞机牵引车设计关键在于整车的匹配设计和转向模式的控制，近年来出现的新技术包括自动集中润滑系统、应急电动液压系统、CAN总线控制技术、基于GPRS的远程监控诊断技术；其关键件发动机、液力变矩器、车桥均依赖进口。国内一款大型飞机牵引车整车总质量70t，最大牵引力为495kN，可牵引含A380在内的质量不大于700t的飞机，代表了国际先进技术。

国内生产飞机牵引车的企业有五家，其中两家企业大、中、小系列飞机牵引车均能生产，并实现外销。

除雪车有堆积式除雪车、高速吹风式除雪车、搬雪车、复合式除雪车和化学溶剂除雪车等类型。近两年，国内五家企业新开发的机场除雪车不约而同地采用复合式：除雪车在二类越野底盘基础上，前部安装推雪板装置，车腹下部装辊扫装置，车尾配置吹雪机构。该产品在扫雪过程中连续完成积雪扫、收、压、抛，联合作业速度≥20km/h，一次清扫雪宽度≥2 300mm，扫抛积雪能力≥2 500m^3/h，可一次把厚度达200mm的积雪清扫干净。其中一款机场除雪车配置559kW发动机及高压离心风机，具备冷风吹雪作业功能，可吹散跑道外边的障碍灯上积雪。

由于近几年极端异常气候不断出现，南至湖南、贵州、广西等省份都发生过雨雪、冰冻灾害，预计今后几年机场除雪车的国内市场需求较大。但是要强调除雪车辊扫装置安装的毛刷耐磨性应满足实际作业要求，即清扫5条3 000m×45m（积雪厚超过50mm）跑道的积雪毛刷不必更换，目前不是每个生产企业配置的毛刷都能满足要求。国内相关企业还应健全系统安全评价体系，机场除雪车作业经过的道面绝不能遗留对飞机有威胁的杂物，特别应预防除雪车自身结冰物之坠落，若大块结冰物遗留在飞机跑道上易引发严重的安全事故。

集装箱/集装板装载机是一种全液压转向、全液压前桥驱动、全液压制动的自行走车辆，用于货机及宽体客机下舱集装箱/集装板的装卸作业。装载机底架为刚性框架结构，升降装置采用剪叉式支撑结构，主、桥平台分别装有驱动轮及万向轮用来向飞机传送集装箱/集装板。集装箱/集装板装载机属于集机电液于一体的大型举升机械，结构和控制系统复杂，技术含量高、制造和装配调试难度大，国内只有三家企业生产。

国内一家龙头企业起步较早，7t 和 14t 集装箱/集装板装载机生产工艺成熟并形成批量生产能力，可与国外如 FMC 公司产品一争高低。前些年，通过引进法国索瓦姆技术的另一家企业，经过消化吸收，也已初步具备生产集装箱/集装板装载机的能力。还有一家著名国外生产商在中国建立工厂，生产 7t 集装箱/集装板装载机。该机采用模块式液压系统、CAN 总线电气系统，使用 Boggie 轮调整离地间隙，蚱蜢腿式液压举升结构实现主平台升降动作，主、桥平台分别装有 4 个、2 个 PDU 驱动轮及 MDW 万向轮，实际工作过程中集装板不易变形，其设计先进且内外销均旺。

国内集装箱/集装板装载机生产商目前在新结构设计及有限元计算上和国际大公司相比还有差距，尚不具备研制大机场使用的载重 27t 以上大型货运装载机的能力。

除上述代表机种外，民航特种车辆自制底盘技术较重要。在机场行驶的车辆速度被限定不超过 45km/h，靠近飞机时车速不得超过 3km/h。目前国内大多民航特种车辆采用货车类底盘来改装，从动力匹配上讲，这些底盘是适合高速运货，用户使用时要封闭高挡位，使用起来不方便，而且经济性比较差，同时改装后容易使底盘载荷超重，且车身较高易碰触飞机机翼，驾驶员心理负担较大，存在安全隐患。民航特种车辆采用自制专用底盘是今后的发展方向。自制专用底盘车身一般由刚性梁和钢横柱焊接而成，主驱动系统安装在中部的一个支撑结构上，通过刚性轴和减速器驱动后轮，液压助力转向系统转动前轮，所有四个车轮上都有液压制动（前轮盘刹，后轮鼓刹，前后回路独立）；通常配置自动变速器、空调、应急保障设备。该整车重心低，与飞机对接时驾驶员视野良好，同时适配客梯车、清水车、污水车、垃圾车和行李传输车等机种。目前国内有三家企业生产自制专用底盘，业内采购客梯车也首选自制底盘，但采用自制专用底盘的特种车辆均属附加值中、低端的产品。

7. 装载机行业

2009 年，受国际金融危机的影响，我国装载机行业结束了自 2001 年以来连续 8 年的高速增长态势，产销量首次出现下降，且降幅高达 12.8%；出口降幅更大，接近 40%。但我国装载机制造业的整体水平与世界（欧、美、日等）先进水平的差距不仅没有被拉大，反而进一步缩小。以广西柳工股份有限公司、徐工集团工程机械股份有限公司等为首的行业骨干企业相继在海外（美洲、欧洲、非洲、亚洲）设立办事处、营销中心。2009 年 8 月，广西柳工股份有限公司在印度设立的第一个海外工厂正式开业，年产能力为 3 000 台装载机。行业骨干企业不断学习国外先进的管理理论，应用先进的管理办公自动化软件和设计开发软件，引进国内外专门的管理、开发、营销人才，企业的创新能力和管理水平显著提高，全方位与国际接轨。近几年，国外知名的装载机制造企业相继在国内建立独资、合资公司，一方面给国产装载机行业增添了强劲的对手，另一方面也带来了先进的管理理念和先进制造技术，尤其是带来了优秀的配套件生产企业，这必将促进我国装载机配套件行业整体水平的提升。

随着装载机行业研发能力逐步提高，研发周期进一步缩短，新产品推出的速度紧跟市场的需求。根据国内外不同的消费需求，国产装载机正逐步摆脱过去单纯以额定载重量 5t、3t 为主的局面，产品规格向大吨位、小吨位两极发展。广西柳工股份有限公司、厦工机械股份有限公司和徐工集团工程机械股份有限公司相继研制出额定载重量 8t 到 12t 的中型以上装载机，打破了国外企业在这一领域的长期垄断地位。目前国产产品已形成规格从大到小，档次高、中、低端系列化。同时，装载机产品多样化、多功能、多用途的趋势日益明显，工作装置由过去单一属具（铲斗）、单一功能（铲装）向一机配多种属具，实现多功能（如夹木、除雪、破碎、叉装等）方向快速发展。以广西柳工股份有限公司为首的一批装载机企业生产的小型滑移转向装载机成为行业发展的又一亮点。滑移装载机作为小型多功能装载机的代表，特点是普遍采用静液压传动，技术含量高，制造工艺复杂，可配十多种属具，一机多能。我国的小型多功能装载机（滑移装载机为主）起点高，技术质量与国际同步或接近国际先进水平，产品已远销北美、欧洲市场。

为达到节能减排要求，广西柳工股份有限公司、山东临工工程机械有限公司、徐工集团工程机械股份有限公司等骨干企业进一步加大与大学、科研院所和发动机制造企业的合作力度，并学习、借鉴国外企业的成功经验，分别研制出了低转速经济型装载机、低排放低噪声装载机和新能源装载机。其中，低转速经济型装载机采用额定转速为 2 000r/min的低转速发动机，充分适应装载机低速大扭矩的工作特点，使发动机尽可能在经济油耗区域运行，再配以相匹配的全新传动系统，实现节能和提高了效能。随着新一代满足国Ⅱ排放国产发动机的推出，以及在国产装载机上配置美国、日本等国采用的电控高压共轨技术、涡轮增压技术的高端发动机，我国装载机产品的废气排放和噪声明显减少。在技术上，国产大型装载机产品已能够满足国Ⅱ排放标准，以及欧Ⅲ排放标准的要求，配置进口发动机的高端出口产品已接近或达到欧盟噪声指令要求。

发动机、液压件等装载机关键零部件技术质量水平落后长期制约整机技术质量的提升，已成为装载机行业发展的瓶颈，国家和企业也充分认识到，提升发动机和液压件制造技术和质量水平是当前行业技术攻关的重点。广西柳工股份有限公司、常林股份有限公司和湖南山河智能机械股份有限公司等企业均投入巨资（国家企业共同出资）建立液压件研发、生产基地，采用人才引进、借鉴学习成熟技术、自主创新等多种手段，多途径突破关键技术，研制为工程机械配套的高精度液压组件，大幅度提升了我国工程机械液压件的技术和质量水平。

二、特种设备制造许可检验和鉴定评审

2009 年，国家质量监督检验检疫总局对特种设备目录进行了重大调整，多次征求国务院相关部委、行业协会、企业等各方面的意见，并经过认真的论证，国家质检总局特种设备安全监察局于 2010 年 1 月 14 日颁布了《关于增补特种设备目录的通知》国质检特〔2010〕22 号文件，将叉车由原来的起重机械类调整到厂（场）内专用机动车辆类，观光车由原来的大型游乐设施类调整到厂（场）内专用机动车辆类。其许可的条件、程序等继续按照《机电类特种设备制造许可规则（试行）》（国质检锅〔2003〕174 号）等相关文件或安全技术规范实施，鉴定评审机构和型式试验机构不做调整。挖掘机、装载机、铲运机和挖掘装载机不列入特种设备，不再实施特种设备制造许可。

国家工程机械质量监督检验中心（简称质检中心）授权范围的产品是厂（场）内专用机动车辆类、流动式起重机类、铁路起重机类等，2009 年中心完成特种设备检验试验 546 项，投入了 948 人日完成了 170 家次企业的评审工作，其中 33 家为场内机动车辆补充确认评审，评审范围覆盖了 19 个省市，确保了机电类特种设备的安全性能和制造质量得到有效保障。

三、专用汽车产品检验和“3C”强制性认证检验

2009 年，国家对汽车公告管理的政策发生了重大变化，着重加强了对车辆产品检测机构的资产、人员和设备能力的要求。为持续满足国家工业和信息化部对车辆产品检测机构的要求，质检中心领导高度重视，进一步提高了汽车产品检测能力和信息化检验设施水平；进一步提升了检测人员的检测能力和技术水平，进一步细化了质量管理。在 2009 年工信部组织的车辆检测机构能力核定中，工信部的领导和专家组对质检中心所申报的检测能力全部予以认可。长期以来,质检中心一直从事专用汽车等产品整车定型试验、强制性项目检验和零部件试验等工作,指定专门人员搜集整理工信部和中机车辆技术服务中心发布的一系列关于汽车公告产品的行政法规、实施规则和有关规定,及时组织相关人员进行学习领会,提高了相关人员的综合能力和素质。充分利用与国内专用汽车整车和零部件生产企业业务联系密切的优势,定期开展汽车公告政策培训,及时纠正产品试验和申报过程中出现的问题。按照工信部[2009]第26号文件要求,制定实施了操作性很强的检验过程控制系列文件,进一步规范了管理,确保了检验工作质量不断提高。2009年,质检中心完成汽车产品公告检验1 177项;汽车CCC认证检验127项,工厂条件审查国内企业126家、国外企业50家;汽车进口产品特殊认证模式检验25项。

四、CE认证和GOST认证

随着我国经济与国际接轨速度的加快,工程机械产品的性能质量不断提高,与国外先进国家的差距不断缩小。尽管2009年受国际金融危机的影响,出口量暂时下滑,但工程机械行业对出口产品的信心依然不减,蓄势待发,各企业已不再满足出口到第三世界,工程机械出口到欧盟市场的份额在迅速增大。而且,由于“CE”认证在世界范围的影响力越来越大,一些非欧盟国家进口的产品也要求通过“CE”认证,用以证实该产品符合欧盟技术和安全标准,因而工程机械要求通过CE认证的日益增多。质检中心积极开展叉车、挖掘机、压路机、推土机、平地机和专用汽车等产品的“CE”认证检验。“CE”认证检验工作和业务量增长较快,质检中心利用行业优势和国际影响力,与意大利Eco公司合资成立了意中公司,并成为欧盟官方认可的实验室,2009年共完成“CE”认证43项。

为了进一步扩大认证领域,质检中心积极与俄罗斯认证机构联系洽谈,开展GOST认证。俄罗斯认证检测机构的建筑及道路科学试验场代表ALEXEY PLAVELSKIY和俄罗斯汽车测试研究中心动态刹车试验室汽车委员会专家VLADIMIR PETUSHKOV专程到质检中心交流,双方依据两国标准差异和起重机产品进入俄罗斯市场的要求进行了详尽的交流,从整机性能到零部件试验所涉及的检测方法、试验场地及其他相关要求进行了富有成效的沟通。俄方代表对中方的硬件试验能力及标准方法的掌握给予高度评价,对中方资质能力给予认可。GOST认证的开展,标志着质检中心技术合作平台的扩大,是继CCC认证、CE认证之后的进一步拓展,是认证检测工作走向世界的又一个重要里程碑,旨在为推动中国工程机械产品的出口做出新贡献。

五、标准化工作

落实科学发展观,实施标准化战略,实现跨越式发展,是“十一五”期间我国标准化发展的指导思想。标准化工作的重要性已备受政府、企业和行业人士的高度重视。为了不断扩大质检中心在行业中的影响力,充分发挥在行业中的作用,质检中心积极推进标准化工作。几年来,质检中心积极与国家标准委员会、机械工业联合会、机械院标准化行业处及相关标委会进行联系和沟通,申请成立与质检中心业务相关的标准化技术委员会或分技术委员会。2009年7月,国家标准化管理委员会以国标委综合函〔2009〕110号文正式批复,国家工程机械质量监督检验中心作为秘书处的主要承担单位,负责筹建全国土方机械标准化技术委员会机器性能试验方法分技术委员会(SAC/TC334/SC1),对口ISO/TC127/SC1。10月27日ISO/TC127主席丹·罗列先生应邀到质检中心访问,并召开标准技术交流会。丹·罗列先生介绍了《合格评定在全球的执行情况》、《ISO20474在世界的转化情况》,随后还就我国的SAC/TC334/SC1标准化工作提出了建设性意见和建议。

随着质检中心业务的拓展和对标准化重视程度的提高,中心2009年参加行业标准化活动和参与标准制修订工作越来越多。据统计,各类标委会副主任委员、委员、行业专家及相关技术人员参加标准审查、标准项目讨论、国内外标准技术交流等标准化活动22人次，标准制修订15项，全年完成了80余项涉及汽车、起重机、土方机械、工业车辆等标准制修订的函审工作。

尤其在土方机械标准化领域，质检中心从1990年开始作为中国工程机械标准化网的会员单位、机械工业工程机械标准化技术委员会的委员单位、全国土方机械标准化技术委员会的副主任委员单位，开展了大量的土方机械标准研究与制修订工作，为行业做出了突出的贡献，2009年荣获了全国土方机械标委会颁发的“中国土方机械标准化贡献奖”。

六、可靠性试验

2009年，检验中心进行的各类检验试验类型有型式试验、部分性能试验、单项试验、强制性项目试验、特种设备制造许可型式试验、“3C”认证检验、零部件试验、可靠性（工业性）试验、司法鉴定、CE认证检验等。

可靠性试验比较能反映产品的质量状况，质检中心对2009年各工程机械机种的可靠性试验指标作了统计，供业内人士对工程机械质量状况有更进一步的了解。

1. 工业车辆类

内燃平衡重式叉车54台，强化可靠性是400h，平均无故障时间313.66h，作业有效度98.98%，首次故障时间143.6h，试验中出现严重故障0次，一般故障47次，轻微故障39次。

蓄电池平衡重式叉车12台，强化可靠性是200h，平均无故障时间143.79h，作业有效度97.95%，首次故障时间29.5h，试验中出现严重故障0次，一般故障11次，轻微故障4次。

蓄电池观光车21台，可靠性试验时间150h，平均无故障时间150h，作业有效度99.58%，试验中出现严重故障0次，一般故障0次，轻微故障8次。

托盘搬运车7台，可靠性试验时间600h，强化可靠性试验200h，平均无故障时间分别为600h和200h，作业有效度98.75%，首次故障时间11h，试验中出现严重故障0次，一般故障1次，轻微故障0次。

托盘堆垛车9台，可靠性试验时间200h，平均无故障时间441.2h，作业有效度97.9%，首次故障时间294h，试验中出现严重故障0次，一般故障2次，轻微故障14次。

拣选车5台，可靠性试验时间200h，平均无故障时间200h，作业有效度97.84%，试验中出现严重故障0次，一般故障0次，轻微故障1次。

内燃观光车6台，可靠性试验时间150h，平均无故障时间150h，作业有效度99.4%，首次故障时间84.5h，试验中出现严重故障0次，一般故障1次，轻微故障4次。

2. 土方机械与路面机械

挖掘机10t以上（含10t）72台，可靠性试验时间800h，平均无故障时间756.08h，作业有效度99.96%，首次故障时间329.0h，试验中出现严重故障0次，一般故障6次，轻微故障9次。

挖掘机10t以下（不含10t）30台，可靠性试验时间400h，平均无故障时间383.4h，作业有效度99.88%，首次故障时间165.33h，试验中出现严重故障0次，一般故障5次，轻微故障7次。

轮式装载机98台，可靠性试验时间1 000h，平均无故障时间473.9h，作业有效度97.25%，首次故障时间257.6h，试验中出现严重故障0次，一般故障261次，轻微故障75次。

压路机12台，可靠性试验时间400h，平均无故障时间400h，作业有效度100%，试验中出现严重故障0次，一般故障0次，轻微故障0次。

平地机2台，可靠性试验时间1 000h，平均无故障时间565h，作业有效度99.85%，试验中出现严重故障0次，一般故障0次，轻微故障3次。

旋挖钻机4台，可靠性试验时间250h，平均无故障时间250h，作业有效度99.9%，试验中出现严重故障0次，一般故障0次，轻微故障1次。

混凝土输送泵2台，可靠性试验时间300h，平均无故障时间300h，作业有效度100%，试验中出现严重故障0次，一般故障0次，轻微故障0次。

挖掘装载机7台，可靠性试验时间1 000h，平均无故障时间320.2h，作业有效度96.2%，首次故障时间224.6h，试验中出现严重故障0次，一般故障21次,轻微故障10次。

七、2009年工程机械产品检验情况

企业名称	商　标	检验产品名称及型号	检验类型	检验结论	证书编号
广西柳工机械股份有限公司	柳工	CLG2100H内燃平衡重式叉车	型式试验	达到设计要求,符合相关标准	TX4000-05-090001
日立建机(中国)有限公司	HITACHT	ZX870H—3履带式挖掘机	型式试验	达到设计要求,符合相关标准	TX5000-05-090002
北京宏联工程机械制造中心		Q45A内燃牵引车	型式试验	达到设计要求,符合相关标准	TX5000-05-090003
莱州市珠峰工程机械有限公司	珠峰	ZL30轮胎式装载机	型式试验	达到设计要求,符合相关标准	TX5000-05-090004
济宁市鲁星工程机械有限责任公司	鲁星	LXQLY—8.0轮胎起重机	型式试验	达到设计要求,符合相关标准	TX4000-05-090005
林德(中国)叉车有限公司	DM	XD30—01内燃平衡重式叉车	型式试验	达到设计要求,符合相关标准	TX4000-05-090006
林德(中国)叉车有限公司	DM	XG30—01内燃平衡重式叉车	型式试验	达到设计要求,符合相关标准	TX4000-05-090007
合肥搬易通科技发展有限公司		TG6.0蓄电池牵引车	型式试验	达到设计要求,符合相关标准	TX5000-05-090009
厦门市装载机有限公司	厦装	XZ667轮胎式装载机	型式试验	达到设计要求,符合相关标准	TX5000-05-090010
山东泰山建能集团泰安泰装工程机械有限公司	亚洲象	QJ310T内燃牵引车	型式试验	达到设计要求,符合相关标准	TX5000-05-090011
山东鲁能光大重型机械设备有限公司	拓能	PR型250t履带起重机	型式试验	达到设计要求,符合相关标准	TX4000-05-090012
苏州朗格电动车有限公司	朗格	G6T14AR蓄电池观光车	型式试验	达到设计要求,符合相关标准	TX6000-05-090013
龙工(上海)叉车有限公司	Lonking	LG35B蓄电池平衡重式叉车	型式试验	达到设计要求,符合相关标准	TX4000-05-090014
龙工(上海)叉车有限公司	Lonking	CDM100DT内燃平衡重式叉车	型式试验	达到设计要求,符合相关标准	TX4000-05-090015
龙工(上海)叉车有限公司	Lonking	CDM35B蓄电池平衡重式叉车	型式试验	达到设计要求,符合相关标准	TX4000-05-090016
龙工(上海)叉车有限公司	Lonking	LG100DT内燃平衡重式叉车	型式试验	达到设计要求,符合相关标准	TX4000-05-090017
山东常林机械集团股份有限公司	常林德宝	CL956轮胎式装载机	型式试验	达到设计要求,符合相关标准	TX5000-05-090018
福建永定法拉特工业有限公司	法拉特	FT—G140蓄电池观光车	型式试验	达到设计要求,符合相关标准	TX6000-05-090019
无锡汇丰机器有限公司	利洲	CPD—15蓄电池平衡重式叉车	型式试验	达到设计要求,符合相关标准	TX4000-05-090020

（续）

企业名称	商　标	检验产品名称及型号	检验类型	检验结论	证书编号
无锡汇丰机器有限公司	利洲	CDD—15 托盘堆垛车	型式试验	达到设计要求，符合相关标准	TX4000－05－090021
无锡汇丰机器有限公司	利洲	CBE—20 托盘搬运车	型式试验	达到设计要求，符合相关标准	TX5000－05－090022
无锡开普机械有限公司	KIPOR	KEF15E 蓄电池平衡重式叉车	型式试验	达到设计要求，符合相关标准	TX4000－05－090023
无锡开普机械有限公司	KIPOR	KDF50 内燃平衡重式叉车	型式试验	达到设计要求，符合相关标准	TX4000－05－090024
龙工（上海）挖掘机制造有限公司	龙工	LG6235 履带式挖掘机	型式试验	达到设计要求，符合相关标准	TX5000－05－090025
固安永丰北叉京工工程机械有限公司	北叉京工	CPCD50 内燃平衡重式叉车	型式试验	达到设计要求，符合相关标准	TX4000－05－090026
固安永丰北叉京工工程机械有限公司	北叉京工	CPC30 内燃平衡重式叉车	型式试验	达到设计要求，符合相关标准	TX4000－05－090027
河南龙工机械制造有限公司	龙工	LG855 轮胎式装载机	型式试验	达到设计要求，符合相关标准	TX5000－05－090028
福田雷沃国际重工股份有限公司青岛雷沃工厂	LOVOL	FR75—7 履带式挖掘机	型式试验	达到设计要求，符合相关标准	TX5000－05－090029
福田雷沃国际重工股份有限公司青岛雷沃工厂	LOVOL	FR150—7 履带式挖掘机	型式试验	达到设计要求，符合相关标准	TX5000－05－090030
青岛克拉克物流机械有限公司	克拉克	HPWX40 托盘搬运车	型式试验	达到设计要求，符合相关标准	TX5000－05－090031
青岛克拉克物流机械有限公司	克拉克	EPX30 蓄电池平衡重式叉车	型式试验	达到设计要求，符合相关标准	TX4000－05－090032
斗山工程机械（中国）有限公司	DOOSAN	DX60W 轮胎式挖掘机	型式试验	达到设计要求，符合相关标准	TX5000－05－090033
上海三一科技有限公司	三一	SCC1250 型 125t 履带起重机	型式试验	达到设计要求，符合相关标准	TX4000－05－090034
上海三一科技有限公司	三一	SCC1000C 型 100t 履带起重机	型式试验	达到设计要求，符合相关标准	TX4000－05－090035
石家庄煤矿机械有限责任公司	石煤	QYS—1.0Ⅱ随车起重机	型式试验	达到设计要求，符合相关标准	TX4000－05－090036
石家庄煤矿机械有限责任公司	石煤	QYS—1ZⅡ随车起重机	型式试验	达到设计要求，符合相关标准	TX4000－05－090037
浙江美科斯叉车有限公司	maximal	FB30 蓄电池平衡重式叉车	型式试验	达到设计要求，符合相关标准	TX4000－05－090038
衡阳市美力电瓶车有限公司	美尔力	BD20 蓄电池固定平台搬运车	型式试验	达到设计要求，符合相关标准	TX5000－05－090039
衡阳市美力电瓶车有限公司	美尔力	YDB8 蓄电池观光车	型式试验	达到设计要求，符合相关标准	TX6000－05－090040

（续）

企业名称	商　标	检验产品名称及型号	检验类型	检验结论	证书编号
郑州宇通重工有限公司	宇通	YTQU 型 80t 履带起重机	型式试验	达到设计要求，符合相关标准	TX4000－05－090041
郑州宇通重工有限公司	宇通	YTQU 型 160t 履带起重机	型式试验	达到设计要求，符合相关标准	TX4000－05－090042
浙江朗汇科技有限公司	朗汇	EVL140T 蓄电池观光车	型式试验	达到设计要求，符合相关标准	TX6000－05－090043
上海三一科技有限公司	三一	SCC2500C 型 250t 履带起重机	型式试验	达到设计要求，符合相关标准	TX4000－05－090044
上海三一科技有限公司	三一	SCC4000C 型 400t 履带起重机	型式试验	达到设计要求，符合相关标准	TX4000－05－090045
三菱重工业株式会社通用机械和特种车辆事业总部	MITSUBISHI	FD35ANT 内燃平衡重式叉车	型式试验	达到设计要求，符合相关标准	TX4000－05－090046
三菱重工业株式会社通用机械和特种车辆事业总部	MITSUBISHI	FD30ND 内燃平衡重式叉车	型式试验	达到设计要求，符合相关标准	TX4000－05－090047
三菱重工业株式会社通用机械和特种车辆事业总部	MITSUBISHI	FD30NT 内燃平衡重式叉车	型式试验	达到设计要求，符合相关标准	TX4000－05－090048
三菱重工业株式会社通用机械和特种车辆事业总部	MITSUBISHI	FG30NT 内燃平衡重式叉车	型式试验	达到设计要求，符合相关标准	TX4000－05－090049
三菱重工业株式会社通用机械和特种车辆事业总部	MITSUBISHI	DP35NT 内燃平衡重式叉车	型式试验	达到设计要求，符合相关标准	TX4000－05－090050
三菱重工业株式会社通用机械和特种车辆事业总部	MITSUBISHI	FD160AN 内燃平衡重式叉车	型式试验	达到设计要求，符合相关标准	TX4000－05－090051
三菱重工业株式会社通用机械和特种车辆事业总部	MITSUBISHI	FD135N 内燃平衡重式叉车	型式试验	达到设计要求，符合相关标准	TX4000－05－090052
三菱重工业株式会社通用机械和特种车辆事业总部	MITSUBISHI	FD70 内燃平衡重式叉车	型式试验	达到设计要求，符合相关标准	TX4000－05－090053
三菱重工业株式会社通用机械和特种车辆事业总部	MITSUBISHI	DP160N 内燃平衡重式叉车	型式试验	达到设计要求，符合相关标准	TX4000－05－090054
斗山工程机械（中国）有限公司	DOOSAN	DH258LC—7Plus 履带式挖掘机	型式试验	达到设计要求，符合相关标准	TX5000－05－090055
日立建机（中国）有限公司	HITACHI	ZX210W—3 轮胎式挖掘机	型式试验	达到设计要求，符合相关标准	TX5000－05－090056
湖南山河智能机械股份有限公司	SUINWARD	SWFE25AC 蓄电池平衡重式叉车	型式试验	达到设计要求，符合相关标准	TX4000－05－090057
湖南山河智能机械股份有限公司	SUINWARD	SWFD30H 内燃平衡重式叉车	型式试验	达到设计要求，符合相关标准	TX5000－05－090058
方城县宛北环保设备有限公司	宛北	DZCC—30 内燃平衡重式叉车	型式试验	达到设计要求，符合相关标准	TX5000－05－090059
莱阳莱动实业有限公司	LD[R]	ZL15 轮胎式装载机	型式试验	达到设计要求，符合相关标准	TX4000－05－090060

（续）

企业名称	商　标	检验产品名称及型号	检验类型	检验结论	证书编号
CATERPILLAR Japan Ltd.	CATERPILLAR	328DLCR 履带式挖掘机	型式试验	达到设计要求，符合相关标准	TX5000－05－090061
浙江美科斯叉车有限公司	maximal	FBR20 前移式叉车	型式试验	达到设计要求，符合相关标准	TX5000－05－090062
浙江美科斯叉车有限公司	maximal	PS15 托盘堆垛车	型式试验	达到设计要求，符合相关标准	TX5000－05－090063
秦皇岛天业通联重工股份有限公司	TOLIAN	TTA45 内燃固定平台搬运车	型式试验	达到设计要求，符合相关标准	TX5000－05－090064
泰安市金星工程机械有限责任公司	金星	QY12 轮胎起重机	型式试验	达到设计要求，符合相关标准	TX4000－05－090065
杭州华宇电瓶车有限公司	华宇	LD4C5B(W)蓄电池观光车	型式试验	达到设计要求，符合相关标准	TX5000－05－090066
上海宝钢设备检修有限公司	BAOSTEEL	BGXL—18　140.14.6 内燃固定平台搬运车	型式试验	达到设计要求，符合相关标准	TX4000－05－090067
广西开元机器制造有限责任公司	KYM	KY60—7 履带式挖掘机	型式试验	达到设计要求，符合相关标准	TX4000－05－090068
广西开元机器制造有限责任公司	KYM	KY70—7 履带式挖掘机	型式试验	达到设计要求，符合相关标准	TX5000－05－090069
广西开元机器制造有限责任公司	KYM	KY85—7 履带式挖掘机	型式试验	达到设计要求，符合相关标准	TX5000－05－090070
浙江朗汇科技有限公司	朗汇	EVL020F 蓄电池固定平台搬运车	型式试验	达到设计要求，符合相关标准	TX4000－05－090071
福田雷沃国际重工股份有限公司	LOVOL	FL955F 轮胎式装载机	型式试验	达到设计要求，符合相关标准	TX5000－05－090072
卡尔玛工业(上海)有限公司	HIAB	HIAB ST 173—063 随车起重机	型式试验	达到设计要求，符合相关标准	TX5000－05－090073
山东山工机械有限公司	山工	SEM616B 轮胎式装载机	型式试验	达到设计要求，符合相关标准	TX5000－05－090074
山东山工机械有限公司	山工	SEM630B 轮胎式装载机	型式试验	达到设计要求，符合相关标准	TX4000－05－090075
浙江美科斯叉车有限公司	maximal	FD100T 内燃平衡重式叉车	型式试验	达到设计要求，符合相关标准	TX4000－05－090076
Bobcat Company（山猫公司）	Bobcat	S160 轮胎式滑移装载机	型式试验	达到设计要求，符合相关标准	TX5000－05－090077
Bobcat Company（山猫公司）	Bobcat	S330 轮胎式滑移装载机	型式试验	达到设计要求，符合相关标准	TX5000－05－090078
Bobcat Company（山猫公司）	Bobcat	S250 轮胎式滑移装载机	型式试验	达到设计要求，符合相关标准	TX5000－05－090079
Bobcat Company（山猫公司）	Bobcat	S220 轮胎式滑移装载机	型式试验	达到设计要求，符合相关标准	TX5000－05－090080

（续）

企业名称	商　标	检验产品名称及型号	检验类型	检验结论	证书编号
Bobcat Company（山猫公司）	Bobcat	S185 轮胎式滑移装载机	型式试验	达到设计要求，符合相关标准	TX5000－05－090081
Bobcat Company（山猫公司）	Bobcat	S300 轮胎式滑移装载机	型式试验	达到设计要求，符合相关标准	TX5000－05－090082
山东时风（集团）有限责任公司	时风	GD04A 蓄电池观光车	型式试验	达到设计要求，符合相关标准	TX5000－05－090083
山东时风（集团）有限责任公司	时风	GD04B 蓄电池观光车	型式试验	达到设计要求，符合相关标准	TX5000－05－090084
安徽梯佑叉车股份有限公司	TEU	FD70T 内燃平衡重式叉车	型式试验	达到设计要求，符合相关标准	TX5000－05－090085
安徽梯佑叉车股份有限公司	TEU	FB25 蓄电池平衡重式叉车	型式试验	达到设计要求，符合相关标准	TX5000－05－090086
Doosan Infracore Co.,Ltd.	DOOSAN	BR25S—5 前移式叉车	型式试验	达到设计要求，符合相关标准	TX5000－05－090087
日立建机（中国）有限公司	HITACHI	UCX350 轮胎起重机	型式试验	达到设计要求，符合相关标准	TX6000－05－090088
徐州天地重型机械制造有限公司		SQ12ZA2 型 12t 随车起重机	型式试验	达到设计要求，符合相关标准	TX6000－05－090089
山推工程机械股份有限公司	SHANTUI	SF20D 蓄电池平衡重式叉车	型式试验	达到设计要求，符合相关标准	TX5000－05－090090
斗山工程机械（中国）有限公司	DOOSAN	BR18S—5 前移式叉车	型式试验	达到设计要求，符合相关标准	TX5000－05－090091
Doosan Infracore Co.,Ltd.	DOOSAN	D160S—5 内燃平衡重式叉车	型式试验	达到设计要求，符合相关标准	TX5000－05－090092
龙工（上海）叉车有限公司	Longking	LG260EC8 内燃平衡重式叉车	型式试验	达到设计要求，符合相关标准	TX5000－05－090093
龙工（上海）叉车有限公司	Longking	CDM260EC8 内燃平衡重式叉车	型式试验	达到设计要求，符合相关标准	TX5000－05－090094
江苏靖江叉车有限公司	JJCC	CPQD35 内燃平衡重式叉车	型式试验	达到设计要求，符合相关标准	TX5000－05－090095
江苏靖江叉车有限公司	JJCC	CPC40 内燃平衡重式叉车	型式试验	达到设计要求，符合相关标准	TX5000－05－090096
山东福临机械制造有限公司	福临	QLY8A 轮胎起重机	型式试验	达到设计要求，符合相关标准	TX5000－05－090097
合肥振宇工程机械股份有限公司	振宇牌	QUY50A 型 50t 履带起重机	型式试验	达到设计要求，符合相关标准	TX5000－05－090098
苏州福科莱起重工程机械有限公司	苏叉	CPD25 蓄电池平衡重式叉车	型式试验	达到设计要求，符合相关标准	TX4000－05－090099
苏州市德高电动车辆制造有限公司		DG6153 蓄电池观光车	型式试验	达到设计要求，符合相关标准	TX4000－05－090100

（续）

企业名称	商　标	检验产品名称及型号	检验类型	检验结论	证书编号
Caterpillar Inc.（Decatur，Illinois Facility）	CATERPILLAR	613G 自行式铲运机	型式试验	达到设计要求，符合相关标准	TX6000－05－090101
Caterpillar Inc.（Decatur，Illinois Facility）	CATERPILLAR	657G 自行式铲运机	型式试验	达到设计要求，符合相关标准	TX4000－05－090102
重庆勤牛工程机械有限责任公司	生龙	QNL220 轮胎式挖掘机	型式试验	达到设计要求，符合相关标准	TX4000－05－090103
齐齐哈尔轨道交通装备有限责任公司		NS1601C 铁路起重机	型式试验	达到设计要求，符合相关标准	TX5000－05－090104
Caterpillar Japan Ltd.	CATERPILLAR	980H 轮胎式装载机	型式试验	达到设计要求，符合相关标准	TX5000－05－090105
Caterpillar Inc.（Aurora，Illinois Facility）	CATERPILLAR	988H 轮胎式装载机	型式试验	达到设计要求，符合相关标准	TX4000－05－090106
广东仪强科技有限公司	GYD	GYD—7390 蓄电池观光车	型式试验	达到设计要求，符合相关标准	TX4000－05－090107
四川眉山市新筑建设机械有限公司	XZ	XZ60—8 履带式挖掘机	型式试验	达到设计要求，符合相关标准	TX4000－05－090108
河北宣化工程机械股份有限公司	宣工	SR060 履带式挖掘机	型式试验	达到设计要求，符合相关标准	TX4000－05－090109
河北宣化工程机械股份有限公司	宣工	SR050 履带式挖掘机	型式试验	达到设计要求，符合相关标准	TX4000－05－090110
日立建机株式会社	HITACHI	ZX330—3 履带式挖掘机	型式试验	达到设计要求，符合相关标准	TX5000－05－090111
日立建机株式会社	HITACHI	ZX350H—3 履带式挖掘机	型式试验	达到设计要求，符合相关标准	TX5000－05－090112
青岛荣晋机械制造有限公司	荣晋	ZL30F 轮胎式装载机	型式试验	达到设计要求，符合相关标准	TX5000－05－090113
青岛荣晋机械制造有限公司	荣晋	ZL20E 轮胎式装载机	型式试验	达到设计要求，符合相关标准	TX5000－05－090114
抚顺起重机制造有限责任公司	抚起	QLY—8 轮胎起重机	型式试验	达到设计要求，符合相关标准	TX4000－05－090115
安徽合力股份有限公司	HELI	CPCD320 内燃平衡重式叉车	型式试验	达到设计要求，符合相关标准	TX4000－05－090116
杭州曼尼通机械设备有限公司	Maniton	ME430 蓄电池平衡重式叉车	型式试验	达到设计要求，符合相关标准	TX4000－05－090117
浙江杭叉工程机械集团股份有限公司	HC	CCCD60 内燃侧面叉车	型式试验	达到设计要求，符合相关标准	TX4000－05－090118
成都勋迪电动车辆制造有限公司	勋迪	SQR—190 内燃观光车	型式试验	达到设计要求，符合相关标准	TX5000－05－090119
徐州工程机械科技股份有限公司	徐工	ZL50G 轮胎式装载机	型式试验	达到设计要求，符合相关标准	TX5000－05－090120

（续）

企业名称	商 标	检验产品名称及型号	检验类型	检验结论	证书编号
三一重机有限公司	SANY	SY700C 履带式挖掘机	型式试验	达到设计要求，符合相关标准	TX5000－05－090121
河北华北石油工程建设有限公司	利象	DGY—70 型 70t 履带起重机	型式试验	达到设计要求，符合相关标准	TX4000－05－090122
河南新鸽摩托车有限公司	新鸽	XG—GD14 蓄电池观光车	型式试验	达到设计要求，符合相关标准	TX4000－05－090123
河南新鸽摩托车有限公司	新鸽	XG—GQ14 内燃观光车	型式试验	达到设计要求，符合相关标准	TX4000－05－090124
山西天脊山电动车船有限公司	天脊山	GD14A 蓄电池观光车	型式试验	达到设计要求，符合相关标准	TX4000－05－090125
江苏省欧瑞斯汽车有限公司	欧瑞斯	AS5043W 蓄电池观光车	型式试验	达到设计要求，符合相关标准	TX6000－05－090126
江苏省欧瑞斯汽车有限公司	欧瑞斯	AS6103R 蓄电池观光车	型式试验	达到设计要求，符合相关标准	TX4000－05－090127
日立建机（中国）有限公司	HITACHI	ZX250H—3 履带式挖掘机	型式试验	达到设计要求，符合相关标准	TX4000－05－090128
日立建机（中国）有限公司	HITACHI	ZX250LC—3 履带式挖掘机	型式试验	达到设计要求，符合相关标准	TX4000－05－090129
河南龙工机械制造有限公司	龙工	LG855B 轮胎式装载机	型式试验	达到设计要求，符合相关标准	TX4000－05－090130
龙工（福建）机械制造有限公司	龙工	LG856B 轮胎式装载机	型式试验	达到设计要求，符合相关标准	TX4000－05－090131
龙工（福建）机械制造有限公司	龙工	LG855B 轮胎式装载机	型式试验	达到设计要求，符合相关标准	TX5000－05－090132
山东大禹建工机械有限公司	大禹	QLY10K 轮胎起重机	型式试验	达到设计要求，符合相关标准	TX5000－05－090133
龙工（上海）机械制造有限公司	Lonking	LG856B 轮胎式装载机	型式试验	达到设计要求，符合相关标准	TX5000－05－090134
山东山工机械有限公司	山工	SEM636B 轮胎式装载机	型式试验	达到设计要求，符合相关标准	TX5000－05－090135
山东山工机械有限公司	山工	SEM652B 轮胎式装载机	型式试验	达到设计要求，符合相关标准	TX5000－05－090136
广州市欧港工程机械有限公司	欧港	OG15 履带式挖掘机	型式试验	达到设计要求，符合相关标准	TX5000－05－090137
广州市欧港工程机械有限公司	欧港	OG22 履带式挖掘机	型式试验	达到设计要求，符合相关标准	TX5000－05－090138
广州市欧港工程机械有限公司	欧港	OG30 履带式挖掘机	型式试验	达到设计要求，符合相关标准	TX5000－05－090139
上海三一科技有限公司	三一	SCC2800WE 型 280t 履带起重机	型式试验	达到设计要求，符合相关标准	TX5000－05－090140

（续）

企业名称	商　标	检验产品名称及型号	检验类型	检验结论	证书编号
上海三一科技有限公司	三一	SCC1000C 型 100t 履带起重机	型式试验	达到设计要求，符合相关标准	TX5000－05－090141
山东昌佳电动车有限公司	昌佳	CJGQD4A 蓄电池观光车	型式试验	达到设计要求，符合相关标准	TX5000－05－090142
山东昌佳电动车有限公司	昌佳	CJGQQ4A 内燃观光车	型式试验	达到设计要求，符合相关标准	TX5000－05－090143
LAMPSON INTERNATIONAL LLC	LAMPSON	LTL—2600B 履带起重机	型式试验	达到设计要求，符合相关标准	TX5000－05－090144
柳州五菱专用汽车制造有限公司	五菱	WLQ3180K 内燃观光车	型式试验	达到设计要求，符合相关标准	TX5000－05－090145
小松优特力（中国）机械有限公司	KOMATSU	FD30T—16 内燃平衡重式叉车	型式试验	达到设计要求，符合相关标准	TX5000－05－090146
江苏八达重工机械有限公司	八达	QLYS35HZ 型 35t 轮胎起重机	型式试验	达到设计要求，符合相关标准	TX5000－05－090147
中国一拖集团有限公司	东方红	ZL30F 轮胎式装载机	型式试验	达到设计要求，符合相关标准	TX5000－05－090148
汶上弘德工程机械有限公司	力士泰	WHD—18 内燃固定平台搬运车	型式试验	达到设计要求，符合相关标准	TX4000－05－090149
上海彭浦机器厂有限公司	巨力牌	SW60E 履带式挖掘机	型式试验	达到设计要求，符合相关标准	TX4000－05－090150
上海彭浦机器厂有限公司	巨力牌	SW210E 履带式挖掘机	型式试验	达到设计要求，符合相关标准	TX4000－05－090151
上海彭浦机器厂有限公司	巨力牌	SW240E 履带式挖掘机	型式试验	达到设计要求，符合相关标准	TX5000－05－090152
上海彭浦机器厂有限公司	巨力牌	SW230LC—5 履带式挖掘机	型式试验	达到设计要求，符合相关标准	TX5000－05－090153
卡特彼勒（徐州）有限公司	CATERPILLAR	323DL 履带式挖掘机	型式试验	达到设计要求，符合相关标准	TX5000－05－090154
特雷克斯（三河）工程机械有限公司	TEREX	TC85 履带式挖掘机	型式试验	达到设计要求，符合相关标准	TX5000－05－090155
福田雷沃国际重工股份有限公司	福田	FQUY 型 320t 履带起重机	型式试验	达到设计要求，符合相关标准	TX5000－05－090156
TCM 株式会社滋贺工厂	TCM	FD35T3 内燃平衡重式叉车	型式试验	达到设计要求，符合相关标准	TX4000－05－090157
TCM 株式会社滋贺工厂	TCM	FB35—7 蓄电池平衡重式叉车	型式试验	达到设计要求，符合相关标准	TX4000－05－090158
TCM 株式会社滋贺工厂	TCM	FRB30—8 前移式叉车	型式试验	达到设计要求，符合相关标准	TX5000－05－090159
苏州先锋物流装备科技有限公司	卓一	XR15 前移式叉车	型式试验	达到设计要求，符合相关标准	TX5000－05－090161

（续）

企业名称	商 标	检验产品名称及型号	检验类型	检验结论	证书编号
苏州先锋物流装备科技有限公司	卓一	XP25 托盘搬运车	型式试验	达到设计要求，符合相关标准	TX4000－05－090162
苏州先锋物流装备科技有限公司	卓一	XE15 托盘堆垛车	型式试验	达到设计要求，符合相关标准	TX4000－05－090163
英格索兰（中国）工业设备制造有限公司	CLUB CAR	L8 蓄电池观光车	型式试验	达到设计要求，符合相关标准	TX4000－05－090164
杭州华宇电瓶车有限公司	华宇	XF5000 蓄电池固定平台搬运车	型式试验	达到设计要求，符合相关标准	TX4000－05－090165
东莞市绿通高尔夫观光车有限公司	LVTONG	A11 蓄电池观光车	型式试验	达到设计要求，符合相关标准	TX4000－05－090166
江苏省欧瑞斯汽车有限公司	欧瑞斯	AS6143Y 蓄电池观光车	型式试验	达到设计要求，符合相关标准	TX4000－05－090167
武汉科荣车业有限公司	科荣	KRGQ14 内燃观光车	型式试验	达到设计要求，符合相关标准	TX4000－05－090168
武汉科荣车业有限公司	科荣	KRGD14 蓄电池观光车	型式试验	达到设计要求，符合相关标准	TX4000－05－090169
徐州重型机械有限公司	徐工	QUY 型 350t 履带起重机	型式试验	达到设计要求，符合相关标准	TX4000－05－090170
徐州重型机械有限公司	徐工	QUY 型 650t 履带起重机	型式试验	达到设计要求，符合相关标准	TX5000－05－090171
徐州海格力斯机械制造有限公司	海格力斯	SQ3Z 随车起重机	型式试验	达到设计要求，符合相关标准	TX5000－05－090172
徐州海格力斯机械制造有限公司	海格力斯	SQ5S 随车起重机	型式试验	达到设计要求，符合相关标准	TX6000－05－090173
上海三一科技有限公司	三一	SCC500E 型 50t 履带起重机	型式试验	达到设计要求，符合相关标准	TX5000－05－090174
广西玉柴重工有限公司	YUCHAI	YC255LC—8 履带式挖掘机	型式试验	达到设计要求，符合相关标准	TX4000－05－090175
广西玉柴重工有限公司	YUCHAI	YC75SR 履带式挖掘机	型式试验	达到设计要求，符合相关标准	TX5000－05－090176
广西玉柴重工有限公司	YUCHAI	YC230LC—8 履带式挖掘机	型式试验	达到设计要求，符合相关标准	TX4000－05－090177
广西玉柴重工有限公司	YUCHAI	YC55SR 履带式挖掘机	型式试验	达到设计要求，符合相关标准	TX4000－05－090178
广西玉柴重工有限公司	YUCHAI	YC155—8 履带式挖掘机	型式试验	达到设计要求，符合相关标准	TX4000－05－090179
马尼托瓦克起重设备（中国）有限公司	马尼托瓦克	MLC 型 100t 履带起重机	型式试验	达到设计要求，符合相关标准	TX5000－05－090180
日立建机（中国）有限公司	HITACHI	ZX250K—3 履带式挖掘机	型式试验	达到设计要求，符合相关标准	TX5000－05－090181

（续）

企业名称	商　标	检验产品名称及型号	检验类型	检验结论	证书编号
日立建机（中国）有限公司	HITACHI	ZX210LCK—3 履带式挖掘机	型式试验	达到设计要求，符合相关标准	TX4000－05－090182
日立建机株式会社	HITACHI	ZX470LCH—3 履带式挖掘机	型式试验	达到设计要求，符合相关标准	TX5000－05－090183
四川省宜宾普什重机有限公司	普什	PQUY 型 80t 履带起重机	型式试验	达到设计要求，符合相关标准	TX4000－05－090184
NACCO Materials HandLing Group, Inc. Greenville Plant	HYSTER	R30XM 拣选车	型式试验	达到设计要求，符合相关标准	TX4000－05－090185
TAYLOR－DUNN MANUFACTURING COMPANY	TAYLOR－DUNN	B2—10 蓄电池固定平台搬运车	型式试验	达到设计要求，符合相关标准	TX4000－05－090186
TAYLOR－DUNN MANUFACTURING COMPANY	TAYLOR－DUNN	SC—100 蓄电池固定平台搬运车	型式试验	达到设计要求，符合相关标准	TX5000－05－090187
抚顺挖掘机制造有限责任公司	抚挖	QUY 型 400t 履带起重机	型式试验	达到设计要求，符合相关标准	TX4000－05－090188
徐州徐工特种工程机械有限公司	徐工	XT876 轮胎式挖掘装载机	型式试验	达到设计要求，符合相关标准	TX5000－05－090189
合肥振宇工程机械股份有限公司	振宇牌	ZY330 履带式挖掘机	型式试验	达到设计要求，符合相关标准	TX4000－05－090190
合肥振宇工程机械股份有限公司	振宇牌	ZYL210 轮胎式挖掘机	型式试验	达到设计要求，符合相关标准	TX4000－05－090191
竹内工程机械（青岛）有限公司	TAKEUCHI	TB1135C 履带式挖掘机	型式试验	达到设计要求，符合相关标准	TX4000－05－090192
现代（江苏）工程机械有限公司	HYUNDAI	R225LC—9 履带式挖掘机	型式试验	达到设计要求，符合相关标准	TX4000－05－090193
北京现代京城工程机械有限公司	HYUNDAI	CPCD70F 内燃平衡重式叉车	型式试验	达到设计要求，符合相关标准	TX5000－05－090194
北京现代京城工程机械有限公司	HYUNDAI	HBR25 前移式叉车	型式试验	达到设计要求，符合相关标准	TX5000－05－090195
中国一拖集团有限公司	东方红	E140 履带式挖掘机	型式试验	达到设计要求，符合相关标准	TX5000－05－090196
江苏柳工机械有限公司	柳工	CLG325 轮胎式滑移装载机	型式试验	达到设计要求，符合相关标准	TX4000－05－090197
江苏柳工机械有限公司	柳工	CLG385A 轮胎式滑移装载机	型式试验	达到设计要求，符合相关标准	TX4000－05－090198
河南龙工机械制造有限公司	龙工	LG856B 轮胎式装载机	型式试验	达到设计要求，符合相关标准	TX4000－05－090199
河南龙工机械制造有限公司	龙工	LG853B 轮胎式装载机	型式试验	达到设计要求，符合相关标准	TX5000－05－090200
龙工（上海）机械制造有限公司	龙工	LG853B 轮胎式装载机	型式试验	达到设计要求，符合相关标准	TX5000－05－090201

（续）

企业名称	商 标	检验产品名称及型号	检验类型	检验结论	证书编号
龙工（福建）机械制造有限公司	龙工	LG853B 轮胎式装载机	型式试验	达到设计要求，符合相关标准	TX5000－05－090202
长春市神骏专用车制造有限公司	尚俊	SQ 型 12t 随车起重机	型式试验	达到设计要求，符合相关标准	TX5000－05－090203
日立建机株式会社	HITACHI	ZX350K—3 履带式挖掘机	型式试验	达到设计要求，符合相关标准	TX5000－05－090204
日立建机株式会社	HITACHI	ZX470H—3 履带式挖掘机	型式试验	达到设计要求，符合相关标准	TX4000－05－090205
东莞小桥工程机械有限公司	KOHASHI	KS200 履带式挖掘机	型式试验	达到设计要求，符合相关标准	TX4000－05－090206
抚顺挖掘机制造有限责任公司	抚挖	QUY500—1 型 500t 履带起重机	型式试验	达到设计要求，符合相关标准	TX4000－05－090207
现代（江苏）工程机械有限公司	HYUNDAI	R215—9C 履带式挖掘机	型式试验	达到设计要求，符合相关标准	TX4000－05－090208
汶上弘德工程机械有限公司	力士泰	WHD—18 内燃固定平台搬运车	型式试验	达到设计要求，符合相关标准	TX4000－05－090209
江苏柳工机械有限公司	柳工	CLG328 履带式滑移装载机	型式试验	达到设计要求，符合相关标准	TX4000－05－090210
徐州工程机械科技股份有限公司	徐工	LW300F 轮胎式装载机	型式试验	达到设计要求，符合相关标准	TX4000－05－090211
福田雷沃国际重工股份有限公司	LOVOL	ZT804—200 轮胎式装载机	型式试验	达到设计要求，符合相关标准	TX4000－05－090212
贵州詹阳动力重工有限公司	Jonyang	JY630 履带式挖掘机	型式试验	达到设计要求，符合相关标准	TX5000－05－090213
贵州詹阳动力重工有限公司	Jonyang	JY640 履带式挖掘机	型式试验	达到设计要求，符合相关标准	TX5000－05－090214
雷州市雷宝机械厂	雷宝	ZL12 轮胎式装载机	型式试验	达到设计要求，符合相关标准	TX5000－05－090215
雷州市雷宝机械厂	雷宝	ZL30 轮胎式装载机	型式试验	达到设计要求，符合相关标准	TX5000－05－090216
雷州市雷宝机械厂	雷宝	ZL18 轮胎式装载机	型式试验	达到设计要求，符合相关标准	TX5000－05－090217
BT PRODUCTS AB	BT	SPE200L 托盘堆垛车	型式试验	达到设计要求，符合相关标准	TX5000－05－090218
BT PRODUCTS AB	BT	SWE200D 托盘堆垛车	型式试验	达到设计要求，符合相关标准	TX4000－05－090219
BT PRODUCTS AB	BT	SWE140 托盘堆垛车	型式试验	达到设计要求，符合相关标准	TX4000－05－090220
BT PRODUCTS AB	BT	SPE200D 托盘堆垛车	型式试验	达到设计要求，符合相关标准	TX4000－05－090221

（续）

企业名称	商　标	检验产品名称及型号	检验类型	检验结论	证书编号
BT PRODUCTS AB	BT	SWE140L 托盘堆垛车	型式试验	达到设计要求，符合相关标准	TX4000－05－090222
安徽合叉叉车有限公司	HECHA	CPD35 蓄电池平衡重式叉车	型式试验	达到设计要求，符合相关标准	TX5000－05－090223
安徽合叉叉车有限公司	HECHA	CPCD100 内燃平衡重式叉车	型式试验	达到设计要求，符合相关标准	TX5000－05－090224
郑州嘉骏电动车有限公司	嘉骏	ZJGQ11A 内燃观光车	型式试验	达到设计要求，符合相关标准	TX4000－05－090225
郑州嘉骏电动车有限公司	嘉骏	ZJ6151K 蓄电池观光车	型式试验	达到设计要求，符合相关标准	TX4000－05－090226
徐州华东森田重型机械制造有限公司	TCK	HD1533LC—8H 履带式挖掘机	型式试验	达到设计要求，符合相关标准	TX4000－05－090227
济宁市鲁星挖掘机有限公司	鲁星	LX9136 履带式挖掘机	型式试验	达到设计要求，符合相关标准	TX4000－05－090228
济宁市鲁星挖掘机有限公司	鲁星	LXL9136 轮胎式挖掘机	型式试验	达到设计要求，符合相关标准	TX5000－05－090229
四川成都成工工程机械股份有限公司	成工	CG990H 轮胎式装载机	型式试验	达到设计要求，符合相关标准	TX4000－05－090230
山东冠县鲁牛工程机械有限公司	鲁牛	WZ20—15 轮胎式挖掘装载机	型式试验	达到设计要求，符合相关标准	TX4000－05－090231
上海三一科技有限公司	三一	SCC9000 型 900t 履带起重机	型式试验	达到设计要求，符合相关标准	TX4000－05－090232
上海三一科技有限公司	三一	SCC6300 型 630t 履带起重机	型式试验	达到设计要求，符合相关标准	TX4000－05－090233
福田雷沃国际重工股份有限公司	LOVOL	WT1200—70 轮胎式挖掘机	型式试验	达到设计要求，符合相关标准	TX4000－05－090234
山东冠县鲁牛工程机械有限公司	鲁牛	LNW88180 轮胎式挖掘机	型式试验	达到设计要求，符合相关标准	TX4000－05－090235
浙江佳力科技股份有限公司	佳力	CPDYJ30—FB 防爆叉车	型式试验	达到设计要求，符合相关标准	TX4000－05－090236
阿特拉斯工程机械有限公司	ATLAS	3306LC 履带式挖掘机	型式试验	达到设计要求，符合相关标准	TX4000－05－090237
阿特拉斯工程机械有限公司	ATLAS	2306LC 履带式挖掘机	型式试验	达到设计要求，符合相关标准	TX5000－05－090238
阿特拉斯工程机械有限公司	ATLAS	2006LC 履带式挖掘机	型式试验	达到设计要求，符合相关标准	TX6000－05－090239
上海三一科技有限公司	三一	SCC3200 型 320t 履带起重机	型式试验	达到设计要求，符合相关标准	TX5000－05－090240
Jungheinrich Moosburg GmbH	Jungheinrich	DFG550 内燃平衡重式叉车	型式试验	达到设计要求，符合相关标准	TX4000－05－090241

（续）

企业名称	商　标	检验产品名称及型号	检验类型	检验结论	证书编号
永恒力叉车制造（上海）有限公司	Jungheinrich	EJE120 托盘搬运车	型式试验	达到设计要求，符合相关标准	TX5000－05－090242
永恒力叉车制造（上海）有限公司	Jungheinrich	ERE120 托盘搬运车	型式试验	达到设计要求，符合相关标准	TX5000－05－090243
泰安龙泰机械有限公司	龙泰	ZLY08F 轮胎式装载机	型式试验	达到设计要求，符合相关标准	TX5000－05－090244
泰安龙泰机械有限公司	龙泰	ZLY10F 轮胎式装载机	型式试验	达到设计要求，符合相关标准	TX5000－05－090245
BT PRODUCTS AB	BT	OSE250 拣选车	型式试验	达到设计要求，符合相关标准	TX5000－05－090246
赣州江环汽车制造有限公司	江环	SQ 型 12.0t 随车起重机	型式试验	达到设计要求，符合相关标准	TX5000－05－090247
捷成（佛冈）机械制造有限公司		BS15Z 随车起重机	型式试验	达到设计要求，符合相关标准	TX5000－05－090248
山东山工机械有限公司	山工	SEM650B 轮胎式装载机	型式试验	达到设计要求，符合相关标准	TX4000－05－090249
江苏柳工机械有限公司	柳工	CLG816C 轮胎式装载机	型式试验	达到设计要求，符合相关标准	TX4000－05－090250
龙工（上海）机械制造有限公司	Lonking	LG855B 轮胎式装载机	型式试验	达到设计要求，符合相关标准	TX4000－05－090251
山东蒙凌工程机械股份有限公司	蒙凌	ML856 轮胎式装载机	型式试验	达到设计要求，符合相关标准	TX4000－05－090252
泰安鲁岳现代农业装备有限公司	MONKEY	JC60 轮胎式装载机	型式试验	达到设计要求，符合相关标准	TX4000－05－090253
河北省邢台北方建筑机械有限公司	北方星	BF928 轮胎式装载机	型式试验	达到设计要求，符合相关标准	TX4000－05－090254
重庆长安新能源汽车有限公司	长安	EV1. R1 蓄电池观光车	型式试验	达到设计要求，符合相关标准	TX4000－05－090255
东莞小桥工程机械有限公司	KOHASHI	KS40 履带式挖掘机	型式试验	达到设计要求，符合相关标准	TX4000－05－090256
文登喜特恩特电动车有限公司	CT&T	C—ZONE GOLF（UTILITY）CAR 8P 蓄电池观光车	型式试验	达到设计要求，符合相关标准	TX4000－05－090257
文登喜特恩特电动车有限公司	CT&T	E—ZONE UTILITY CAR 2P 蓄电池观光车	型式试验	达到设计要求，符合相关标准	TX4000－05－090258
Hitachi Construction Machinery Tierra Co.,Ltd.	Hitachi	ZX70 履带式挖掘机	型式试验	达到设计要求，符合相关标准	TX4000－05－090259
Hitachi Construction Machinery Tierra Co.,Ltd.	Hitachi	ZX60USB—3 履带式挖掘机	型式试验	达到设计要求，符合相关标准	TX4000－05－090260

（续）

企业名称	商　标	检验产品名称及型号	检验类型	检验结论	证书编号
Hitachi Construction Machinery Tierra Co., Ltd.	Hitachi	ZX50U—2 履带式挖掘机	型式试验	达到设计要求，符合相关标准	TX5000－05－090261
日立建机株式会社	HITACHI	ZX120 履带式挖掘机	型式试验	达到设计要求，符合相关标准	TX5000－05－090262
日立建机株式会社	HITACHI	ZX35U—2 履带式挖掘机	型式试验	达到设计要求，符合相关标准	TX5000－05－090263
日立建机株式会社	HITACHI	ZX210W—3 轮胎式挖掘机	型式试验	达到设计要求，符合相关标准	TX5000－05－090264
徐州金正公路工程机械有限公司	金正神力	WZ30—32 轮胎式装载机	型式试验	达到设计要求，符合相关标准	TX5000－05－090265
Jungheinrich Norderstedt AG & Co. KG	Jungheinrich	ECE225 拣选车	型式试验	达到设计要求，符合相关标准	TX5000－05－090266
Jungheinrich Norderstedt AG & Co. KG	Jungheinrich	EJE235 托盘搬运车	型式试验	达到设计要求，符合相关标准	TX4000－05－090267
Jungheinrich Moosburg GmbH	Jungheinrich	EKS312 拣选车	型式试验	达到设计要求，符合相关标准	TX5000－05－090268
Jungheinrich Moosburg GmbH	Jungheinrich	EFX413 三向堆垛叉车	型式试验	达到设计要求，符合相关标准	TX5000－05－090269
贵州詹阳动力重工有限公司	Jonyang	JYL615 轮胎式挖掘机	型式试验	达到设计要求，符合相关标准	TX5000－05－090270
贵州詹阳动力重工有限公司	Jonyang	JY642 履带式挖掘机	型式试验	达到设计要求，符合相关标准	TX5000－05－090271
贵州詹阳动力重工有限公司	Jonyang	JY628 履带式挖掘机	型式试验	达到设计要求，符合相关标准	TX5000－05－090272
贵州詹阳动力重工有限公司	Jonyang	JY632 履带式挖掘机	型式试验	达到设计要求，符合相关标准	TX5000－05－090273
贵州詹阳动力重工有限公司	Jonyang	JY644 履带式挖掘机	型式试验	达到设计要求，符合相关标准	TX5000－05－090274
湖南省鹏翔车架有限公司	农旺	PXQLY—5.0 轮胎起重机	型式试验	达到设计要求，符合相关标准	TX4000－05－090275
广东力士通机械股份有限公司	奥工	QLY9 轮胎起重机	型式试验	达到设计要求，符合相关标准	TX4000－05－090276
徐州徐工随车起重机有限公司	徐随	SQ3.2ZK2 随车起重机	型式试验	达到设计要求，符合相关标准	TX5000－05－090277
徐州徐工随车起重机有限公司	徐随	SQ5ZK2 随车起重机	型式试验	达到设计要求，符合相关标准	TX6000－05－090278
山东蒙凌工程机械股份有限公司	蒙凌	ML858 轮胎式装载机	型式试验	达到设计要求，符合相关标准	TX4000－05－090279
斗山工程机械（山东）有限公司	BOBCAT	DL505 轮胎式装载机	型式试验	达到设计要求，符合相关标准	TX4000－05－090280

（续）

企业名称	商　标	检验产品名称及型号	检验类型	检验结论	证书编号
斗山工程机械（山东）有限公司	BOBCAT	DL305 轮胎式装载机	型式试验	达到设计要求，符合相关标准	TX6000－05－090281
泰安凯特电动车有限公司	泰山盛凯	GD11 蓄电池观光车	型式试验	达到设计要求，符合相关标准	TX5000－05－090282
北京现代京城工程机械有限公司	HYUNDAI	CPC35G 内燃平衡重式叉车	型式试验	达到设计要求，符合相关标准	TX5000－05－090283
北京现代京城工程机械有限公司	HYUNDAI	HD35G 内燃平衡重式叉车	型式试验	达到设计要求，符合相关标准	TX4000－05－090284
北京现代京城工程机械有限公司	HYUNDAI	HC35G 内燃平衡重式叉车	型式试验	达到设计要求，符合相关标准	TX4000－05－090285
抚顺挖掘机制造有限责任公司	抚挖	QUY 型 500t 履带起重机	型式试验	达到设计要求，符合相关标准	TX5000－05－090286
北京南车时代重工机械有限责任公司	南车时代	QUY 型 80t 履带起重机	型式试验	达到设计要求，符合相关标准	TX5000－05－090287
常林股份有限公司	长龄	WZC20 轮胎式挖掘装载机	型式试验	达到设计要求，符合相关标准	TX5000－05－090288
常林股份有限公司	长龄	955 轮胎式装载机	型式试验	达到设计要求，符合相关标准	TX5000－05－090289
沃得重工（中国）有限公司	沃得	W136 轮胎式装载机	型式试验	达到设计要求，符合相关标准	TX4000－05－090290
沃得重工（中国）有限公司	沃得	W156 轮胎式装载机	型式试验	达到设计要求，符合相关标准	TX4000－05－090291
莱州市金工机械有限公司	远工	ZL20 轮胎式装载机	型式试验	达到设计要求，符合相关标准	TX6000－05－090292
青岛鑫峰建筑机械有限公司	青工圣福	ZL30 轮胎式装载机	型式试验	达到设计要求，符合相关标准	TX4000－05－090293
（株）克拉克物流机械亚细亚有限公司	克拉克	TMX25 蓄电池平衡重式叉车	型式试验	达到设计要求，符合相关标准	TX4000－05－090294
（株）克拉克物流机械亚细亚有限公司	克拉克	C80D 内燃平衡重式叉车	型式试验	达到设计要求，符合相关标准	TX4000－05－090295
河南东方特种车辆制造有限公司		YQ 型—12t 随车起重机	型式试验	达到设计要求，符合相关标准	TX5000－05－090296
卡尔玛工业（上海）有限公司	HIAB	HIAB XS 型 9.8t 随车起重机	型式试验	达到设计要求，符合相关标准	TX5000－05－090297
潍坊广海叉车制造有限公司	广海	CPCD3 内燃平衡重式叉车	型式试验	达到设计要求，符合相关标准	TX5000－05－090298
北京现代京城工程机械有限公司	HYUNDAI	CPCD35G 内燃平衡重式叉车	型式试验	达到设计要求，符合相关标准	TX5000－05－090299
北京现代京城工程机械有限公司	HYUNDAI	CPQD35G 内燃平衡重式叉车	型式试验	达到设计要求，符合相关标准	TX5000－05－090300

（续）

企业名称	商 标	检验产品名称及型号	检验类型	检验结论	证书编号
日本输送机株式会社	NICHIYU	FBR25 前移式叉车	型式试验	达到设计要求，符合相关标准	TX5000－05－090301
日本输送机株式会社	NICHIYU	FBRF20 前移式叉车	型式试验	达到设计要求，符合相关标准	TX5000－05－090302
日本输送机株式会社	NICHIYU	FB30 蓄电池平衡重式叉车	型式试验	达到设计要求，符合相关标准	TX5000－05－090303
日本输送机株式会社	NICHIYU	RB15 拣选车	型式试验	达到设计要求，符合相关标准	TX5000－05－090304
斗山机械制造（江苏）有限公司	BOBCAT	S330 轮胎式装载机	型式试验	达到设计要求，符合相关标准	TX4000－05－090305
TCM 株式会社滋贺工厂	TCM	FD100Z8 内燃平衡重式叉车	型式试验	达到设计要求，符合相关标准	TX4000－05－090306
沃得重工（中国）有限公司	WORLD	W2329—7 履带式挖掘机	型式试验	达到设计要求，符合相关标准	TX4000－05－090307
沃得重工（中国）有限公司	WORLD	W2239—7 履带式挖掘机	型式试验	达到设计要求，符合相关标准	TX5000－05－090308
沃得重工（中国）有限公司	WORLD	W2139—7 履带式挖掘机	型式试验	达到设计要求，符合相关标准	TX4000－05－090309
沃得重工（中国）有限公司	WORLD	W218—7 履带式挖掘机	型式试验	达到设计要求，符合相关标准	TX4000－05－090310
三菱重工叉车（大连）有限公司	MITSUBISHI	FD35NT 内燃平衡重式叉车	型式试验	达到设计要求，符合相关标准	TX4000－05－090311
三菱重工叉车（大连）有限公司	MITSUBISHI	FD35ND 内燃平衡重式叉车	型式试验	达到设计要求，符合相关标准	TX5000－05－090312
三菱重工叉车（大连）有限公司	MITSUBISHI	DP35NT 内燃平衡重式叉车	型式试验	达到设计要求，符合相关标准	TX4000－05－090313
三菱重工叉车（大连）有限公司	MITSUBISHI	DP35ND 内燃平衡重式叉车	型式试验	达到设计要求，符合相关标准	TX4000－05－090314
三菱重工叉车（大连）有限公司	MITSUBISHI	GP35ND 内燃平衡重式叉车	型式试验	达到设计要求，符合相关标准	TX5000－05－090315
三菱重工叉车（大连）有限公司	MITSUBISHI	FG35NT 内燃平衡重式叉车	型式试验	达到设计要求，符合相关标准	TX5000－05－090316
三菱重工叉车（大连）有限公司	MITSUBISHI	GP35NT 内燃平衡重式叉车	型式试验	达到设计要求，符合相关标准	TX5000－05－090317
三菱重工叉车（大连）有限公司	MITSUBISHI	FG35ND 内燃平衡重式叉车	型式试验	达到设计要求，符合相关标准	TX5000－05－090318
山东常林机械集团股份有限公司	力士德	CW85 履带式挖掘机	型式试验	达到设计要求，符合相关标准	TX5000－05－090319
山东亿达机械有限公司	沙工	ZL30 轮胎式装载机	型式试验	达到设计要求，符合相关标准	TX6000－05－090320

（续）

企业名称	商　标	检验产品名称及型号	检验类型	检验结论	证书编号
开封金瑞达机械制造有限公司	金瑞达	YQ 型 8t 随车起重机	型式试验	达到设计要求，符合相关标准	TX5000－05－090321
郑州宇通重工有限公司	宇通重工	WZ30—25 挖掘装载机	型式试验	达到设计要求，符合相关标准	TX5000－05－090322
宁波如意股份有限公司	西林	CPD20EX 防爆叉车	型式试验	达到设计要求，符合相关标准	TX4000－05－090323
宁波如意股份有限公司	西林	CQD20EX 防爆叉车	型式试验	达到设计要求，符合相关标准	TX4000－05－090324
泰安凯特电动车有限公司	泰山盛凯	BD05 蓄电池固定平台搬运车	型式试验	达到设计要求，符合相关标准	TX4000－05－090325
莘县鲁雁机械有限公司	鲁雁	LDY151 蓄电池观光车	型式试验	达到设计要求，符合相关标准	TX6000－05－090326
东莞迈卡电动车科技有限公司	迈卡	CV.2 蓄电池观光车	型式试验	达到设计要求，符合相关标准	TX6000－05－090327
山东利达工程机械有限公司	禹工	QLY—8T 轮胎起重机	型式试验	达到设计要求，符合相关标准	TX4000－05－090328
小松(常州)工程机械有限公司	KOMATSU	PC650LC—8 履带式挖掘机	型式试验	达到设计要求，符合相关标准	TX4000－05－090329
日立建机株式会社	HITACHI	ZX870H—3 履带式挖掘机	型式试验	达到设计要求，符合相关标准	TX6000－05－090330
日立建机株式会社	HITACHI	ZX240—3 履带式挖掘机	型式试验	达到设计要求，符合相关标准	TX5000－05－090331
日立建机株式会社	HITACHI	ZX200—3 履带式挖掘机	型式试验	达到设计要求，符合相关标准	TX5000－05－090332
日立建机株式会社	HITACHI	ZX190W—3 轮胎式挖掘机	型式试验	达到设计要求，符合相关标准	TX4000－05－090333
日立建机株式会社	HITACHI	ZX170W—3 轮胎式挖掘机	型式试验	达到设计要求，符合相关标准	TX4000－05－090334
日立建机株式会社	HITACHI	ZX140W—3 轮胎式挖掘机	型式试验	达到设计要求，符合相关标准	TX4000－05－090335
日立建机株式会社	HITACHI	ZX250H—3 履带式挖掘机	型式试验	达到设计要求，符合相关标准	TX5000－05－090336
Crown Equipment Corporation	Crown	SP3 拣选车	型式试验	达到设计要求，符合相关标准	TX5000－05－090337
枣庄市高晟实业公司	韵度	GSG6004 蓄电池观光车	型式试验	达到设计要求，符合相关标准	TX5000－05－090338
BT PRODUCTS AB	BT	RRE160M 前移式叉车	型式试验	达到设计要求，符合相关标准	TX5000－05－090339
BT PRODUCTS AB	BT	RRE250 前移式叉车	型式试验	达到设计要求，符合相关标准	TX5000－05－090340

（续）

企业名称	商　标	检验产品名称及型号	检验类型	检验结论	证书编号
BT PRODUCTS AB	BT	LWE250 托盘搬运车	型式试验	达到设计要求，符合相关标准	TX5000－05－090341
山东众友工程机械有限公司	JCM	936F 履带式挖掘机	型式试验	达到设计要求，符合相关标准	TX5000－05－090342
山东众友工程机械有限公司	JCM	927F 履带式挖掘机	型式试验	达到设计要求，符合相关标准	TX5000－05－090343
山东众友工程机械有限公司	JCM	924F 履带式挖掘机	型式试验	达到设计要求，符合相关标准	TX5000－05－090344
山东众友工程机械有限公司	JCM	924C 履带式挖掘机	型式试验	达到设计要求，符合相关标准	TX5000－05－090345
山东众友工程机械有限公司	JCM	908F 履带式挖掘机	型式试验	达到设计要求，符合相关标准	TX5000－05－090346
山东众友工程机械有限公司	JCM	906C 履带式挖掘机	型式试验	达到设计要求，符合相关标准	TX5000－05－090347
卡特彼勒（徐州）有限公司	CATERPILLAR	324D 履带式挖掘机	型式试验	达到设计要求，符合相关标准	TX5000－05－090348
卡特彼勒（徐州）有限公司	CATERPILLAR	324DL 履带式挖掘机	型式试验	达到设计要求，符合相关标准	TX5000－05－090349
卡特彼勒（徐州）有限公司	CATERPILLAR	306 履带式挖掘机	型式试验	达到设计要求，符合相关标准	TX5000－05－090350
CATERPILLAR JAPAN LTD.	CATERPILLAR	307D 履带式挖掘机	型式试验	达到设计要求，符合相关标准	TX5000－05－090351
小松山推工程机械有限公司	KOMATSU	PC200—8E0 履带式挖掘机	型式试验	达到设计要求，符合相关标准	TX5000－05－090352
PALFINGER AG	PALFINGER	PK8500 随车起重机	型式试验	达到设计要求，符合相关标准	TX4000－05－090353
PALFINGER AG	PALFINGER	PK15500 随车起重机	型式试验	达到设计要求，符合相关标准	TX5000－05－090354
山东伟隆机械有限公司	伟隆重工	ZL30 轮胎式装载机	型式试验	达到设计要求，符合相关标准	TX5000－05－090355
福田雷沃国际重工股份有限公司	雷沃重工	FL953F 轮胎式装载机	型式试验	达到设计要求，符合相关标准	TX5000－05－090356
日立建机株式会社	HITACHI	EX1200—6 履带式挖掘机	型式试验	达到设计要求，符合相关标准	TX5000－05－090357
无锡合力叉车制造有限公司	锡合	CPCD100 内燃平衡重式叉车	型式试验	达到设计要求，符合相关标准	TX4000－05－090358
现代（江苏）工程机械有限公司	HYUNDAI	R215—9 履带式挖掘机	型式试验	达到设计要求，符合相关标准	TX5000－05－090359
Jungheinrich Norderstedt AG & Co. KG	Jungheinrich	ESC216 托盘堆垛车	型式试验	达到设计要求，符合相关标准	TX5000－05－090360

（续）

企业名称	商　标	检验产品名称及型号	检验类型	检验结论	证书编号
合肥神马科技股份有限公司	神马	SMQ500A 型 50t 履带起重机	型式试验	达到设计要求，符合相关标准	TX6000－05－090361
沃尔沃建筑设备(中国)有限公司	VOLVO	EC360BLC 履带式挖掘机	型式试验	达到设计要求，符合相关标准	TX4000－05－090362
上海三一科技有限公司	三一	SCC7500 型 750t 履带起重机	型式试验	达到设计要求，符合相关标准	TX4000－05－090363
上海三一科技有限公司	三一	SCC6500WE 型 650t 履带起重机	型式试验	达到设计要求，符合相关标准	TX6000－05－090364
DOOSAN INFRACORE CO.,LTD.	DOOSAN	M400—V 轮胎式装载机	型式试验	达到设计要求，符合相关标准	TX4000－05－090365
DOOSAN INFRACORE CO.,LTD.	DOOSAN	M500—V 轮胎式装载机	型式试验	达到设计要求，符合相关标准	TX4000－05－090366
天津柳工机械有限公司	柳工	CLG855 轮胎式装载机	型式试验	达到设计要求，符合相关标准	TX5000－05－090367
TCM 株式会社滋贺工厂	TCM	FD50T9 内燃平衡重式叉车	型式试验	达到设计要求，符合相关标准	TX5000－05－090368
牡丹江专用汽车制造有限公司	全运	SQ 型 12t 随车起重机	型式试验	达到设计要求，符合相关标准	TX5000－05－090369
枣庄市高晟实业公司	韵度	GSH5003 蓄电池固定平台搬运车	型式试验	达到设计要求，符合相关标准	TX4000－05－090370
莱州市凯悦工程机械制造有限公司	悦工	ZL30 轮胎式装载机	型式试验	达到设计要求，符合相关标准	TX5000－05－090371
莱州市金顺元机械有限公司	富凯	ZL30 轮胎式装载机	型式试验	达到设计要求，符合相关标准	TX5000－05－090372
莱州海滨工程机械有限公司		ZL30 轮胎式装载机	型式试验	达到设计要求，符合相关标准	TX4000－05－090373
山东临工工程机械有限公司	SDLG	LG952 轮胎式装载机	型式试验	达到设计要求，符合相关标准	TX4000－05－090374
山东临工工程机械有限公司	SDLG	ZL40F 轮胎式装载机	型式试验	达到设计要求，符合相关标准	TX4000－05－090375
中国一拖集团有限公司	东方红	ZL50F 轮胎式装载机	型式试验	达到设计要求，符合相关标准	TX5000－05－090376
中国一拖集团有限公司	东方红	ZL50D—Ⅱ 轮胎式装载机	型式试验	达到设计要求，符合相关标准	TX5000－05－090377
中国一拖集团有限公司	东方红	ZL30—Ⅱ 轮胎式装载机	型式试验	达到设计要求，符合相关标准	TX5000－05－090378
山东山工机械有限公司	山工	SEM660B 轮胎式装载机	型式试验	达到设计要求，符合相关标准	TX5000－05－090379
唐山利军机械制造有限公司	利军	ZL20 轮胎式装载机	型式试验	达到设计要求，符合相关标准	TX5000－05－090380

《中国工程机械工业年鉴》
创刊10周年专栏

办好行业年鉴
服务工程企业

纪念《中国工程机械工业年鉴》创刊十周年

敬贺

创刊10周年

创年鉴十年品牌

谱工程机械新篇章

中国工程机械工业年鉴出版十周年

刘贽平

二〇一〇·十月

全面反映工程机械產業振兴发展的百科全书，真实传播行業国内外信息的权威媒体，有效服务政府—行業—企業体系的中枢桥梁。

纪念《中国工程机械工業年鉴》創刊十周年

杨红旗 敬贺

二〇一〇年九月十五日

创刊10周年

展工程机械十年成长路
录民族工业辉煌腾飞史

纪念《中国工程机械工业年鉴》创刊十周年
韩子松 敬贺

发挥年鉴窗口作用

展示工程机械风采

纪念《中国工程机械工业年鉴》创刊十周年

敬贺

创刊10周年

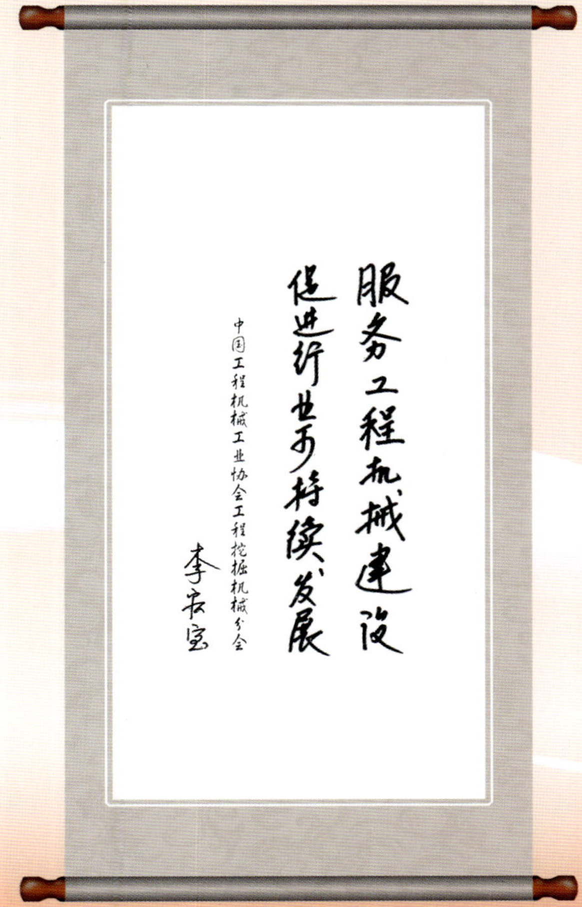

服务工程机械建设
促进行业可持续发展

中国工程机械工业协会工程挖掘机械分会
李宏宝

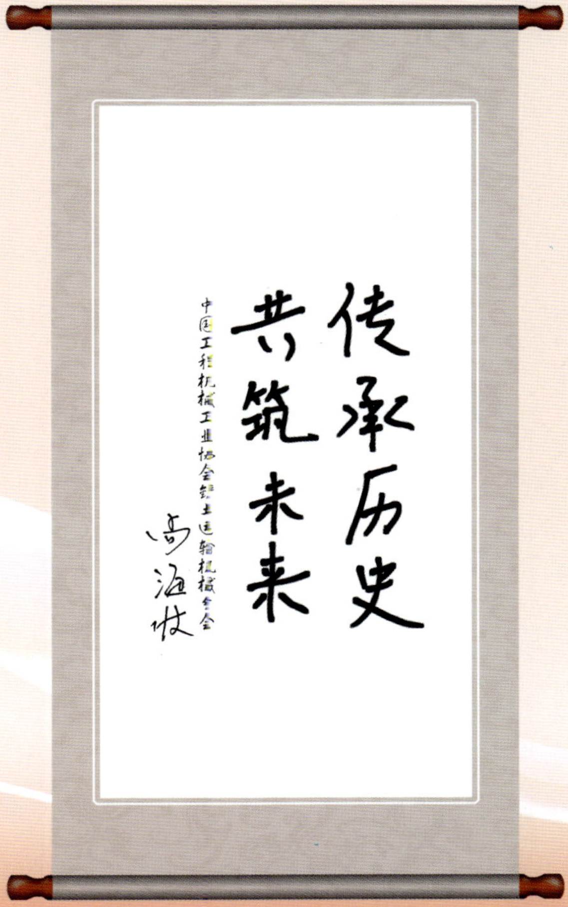

传承历史
共筑未来

中国工程机械工业协会铲土运输机械分会
高海妆

《中国工程机械工业年鉴》

年鉴是解读工程机械
行业的金钥匙

中国工程机械工业协会工程起重机分会
沈永明

记载、行业振兴足迹
书写盛世历史华章

中国工程机械工业协会工业车辆分会
张洁

创刊10周年

行业历程之史册
专业信息之宝库

中国工程机械工业协会路面与压实机械分会
吴竟吾

工程机械史记
留予后人鉴赏

中国工程机械工业协会混凝土机械分会
陆志芳

《中国工程机械工业年鉴》

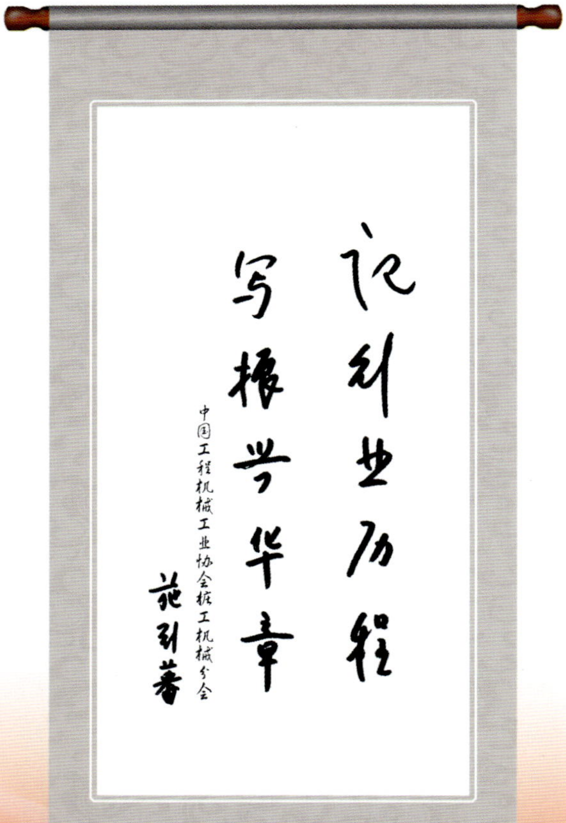

记行业历程
写振兴华章

中国工程机械工业协会桩工机械分会
范引蕃

创年鉴品牌
谱行业篇章

中国工程机械工业协会工程机械配套件分会
贾晓雯

创刊10周年

磨砺十年鉴证行业进步

真诚携手助力企业成功

徐工集团 董事长、党委书记：王民

记录行业历史

总结行业经验

增进行业交流

广西柳工机械股份有限公司 董事长：

《中国工程机械工业年鉴》

真实记录，客观分析；
十年峥嵘，良师益友。

长沙中联重工科技发展股份有限公司 董事长：詹纯新

十年辛勤耕耘，鉴证行业发展

三一重工股份有限公司 总裁：向文波

创刊10周年

记载行业十年辉煌
再展百年宏图

成都神钢工程机械（集团）有限公司 总经理：

磨鉴十载浓缩行業精華
傳承百年精鑄廈工品質

厦门厦工机械股份有限公司 总裁：

《中国工程机械工业年鉴》

耕耘辉煌，鉴证行业发展
继往开来，再展独家风采

中国福马机械集团有限公司 总经理、
常林股份有限公司 董事长：吴培国

继往开来，再创辉煌

河北宣化工程机械股份有限公司 董事长：

创刊10周年

沟通行业
共赢未来

方圆集团董事局 主席：

我们与建设者
共筑坚实基础
同创百年工程

上海金泰工程机械有限公司 总经理：林坚

《中国工程机械工业年鉴》

启力谱新篇
年鉴展风采

安徽叉车集团有限责任公司
安徽合力股份有限公司　　董事长：张德进

十年辛苦不寻常
采得佳酿百家尝

浙江杭叉工程机械集团股份有限公司　董事长：赵礼敏

创刊10周年

十载光阴，风雨兼程，
走出特色，走向成熟！

林德（中国）叉车有限公司 CEO

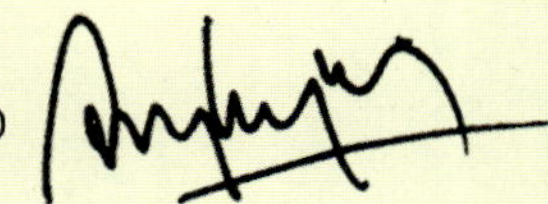

创新生机 无限可能
坚持品质 永续经营

台励福机器设备（青岛）有限公司 董事长：Steve Lin

《中国工程机械工业年鉴》

理念·创新 文化传承

宁波如意股份有限公司 董事长：

发展壮大民族产业

打造中国矿车生产基地

北京首钢重型汽车制造股份有限公司 总经理：

创刊10周年

聚行业成就之精华

筑企业交流之桥梁

日立建机(中国)有限公司 总经理：金原王起

中国工程机械工业年鉴真实记录中国工程机械的成长历程，对提升行业的整体竞争力贡献卓著

住重中骏（厦门）建机有限公司 董事总经理：

《中国工程机械工业年鉴》

勤耕耘、知冷暖、越十年、共辉煌

湖南山河智能机械股份有限公司 董事长：

信诺如山 品鉴优重

山重建机有限公司 总经理：

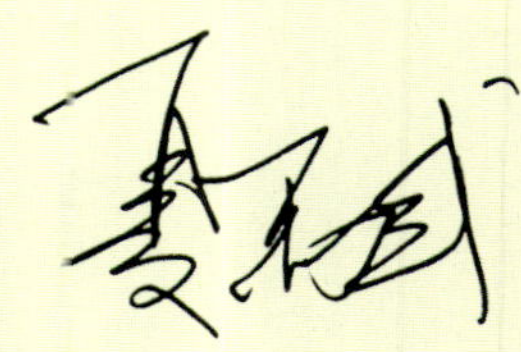

创刊10周年

工程机械数十载

岁月风雨踏辉煌

广西玉柴重工有限公司 董事长：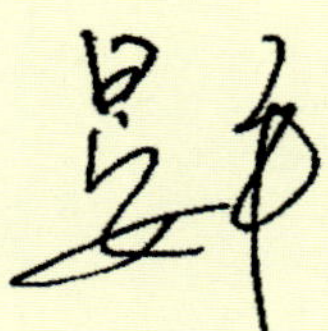

热烈祝贺《中国工程机械工业年鉴》创刊十周年！

八达重工作为中国工程机械行业中的一枝奇葩，坚持自主创新，努力为中国机电"双动力"及特种工程机械的产业发展做贡献。

江苏八达重工机械有限公司 董事长：陈利明

《中国工程机械工业年鉴》

专于产品精耕细作、

提升用户使用价值。

福建南方路面机械有限公司 董事长：方庆熙

坚持自主创新

铸就民族品牌

中交西安筑路机械有限公司 总经理：李世坤

创刊10周年

创品牌刊物，服务
工程机械市场！

北京华德液压工业集团有限责任公司 总经理：

展现工程机械发展历程，
打造齿轮制造业著名品牌。

杭州前进齿轮箱集团股份有限公司 总经理：

引领行业发展　促进企业进步

——《中国工程机械工业年鉴》出版10周年

中国机械工业年鉴社 王亚水

“十年磨一剑（鉴）”，生动地印证了《中国工程机械工业年鉴》（以下简称：《工程年鉴》）创刊以来的辉煌历程。《工程年鉴》自始至终致力于服务政府机构、引领行业发展、展示企业品牌和为企业与用户搭建沟通的平台。

《工程年鉴》成长的10年也是我国工程机械行业飞速发展的10年。翻开《工程年鉴》，你会清晰地看到我国工程机械行业发生的巨大变化和日新月异的成长历程。《工程年鉴》作为资料性文献工具书，通过其连续、准确、翔实的记录，使读者能深切地感受到工程行业蓬勃发展的脉动。

一、服务行业发展 展示企业风貌

2010年是《中国工程机械工业年鉴》创刊10周年。10年来，《工程年鉴》在机械工业相关部门的大力支持下，尤其经中国机械工业联合会组织牵头，组建了中国工程机械工业年鉴执行编辑委员会，同时在国家统计局信息中心、海关总署、机械工业信息统计部门的大力协助下，确保了数据的时效性和准确性。《工程年鉴》始终坚持“立足服务行业，促进企业进步”的宗旨。为此，一直以来把面向企业，服务行业作为她的基点，系统报道国内外工程机械产品技术发展动向、国内工程机械企业生产和销售概况、产品和技术研发、企业和质量管理以及市场拓展情况。积极参与一系列行业活动并与企业联手举办各种活动。每年定期参加中国工程机械工业协会和各分行业协会举办的理事大会、会员大会和历届bauma China（中国国际工程机械、建材机械、工程车辆及设备博览会）等行业重大展会，参与由业内主流媒体发起组织的“TOP50”等评选活动，并与广西柳工机械股份有限公司、成都神钢建设机械（集团）有限公司等行业知名企业共同举办新书首发式及赠书仪式。自创刊以来，包括徐工集团、三一重工股份有限公司、长沙中联重工科技发展股份有限公司、广西柳工机械股份有限公司、厦门厦工机械股份有限公司及成都神钢建设机械（集团）有限公司等150多家行业主要企业连续多年与《工程年鉴》合作，共同打造企业成长历程的展示窗口，为业内读者和用户了解行业发展和企业成长提供了丰富、全面、权威的信息内容。2010年，《工程年鉴》在整理多年行业数据的基础上，评选出“首届中国工程机械50强”等。10年来，在中国工程机械工业飞速发展的同时，《工程年鉴》也在不断成长壮大，时刻与中国工程机械工业同呼吸、共命运，与行业脉博共同跳跃。

二、强化创新 共建双赢

10年来，《工程年鉴》在内容和形式上不断创新，与时俱进，随时跟踪行业的重要事件和热点话题。比如，2008年，我国经历了一场人类历史上罕见的、异常惨烈的“5．12”汶川大地震。这是新中国成立以来破坏性最强、波及范围最广、救

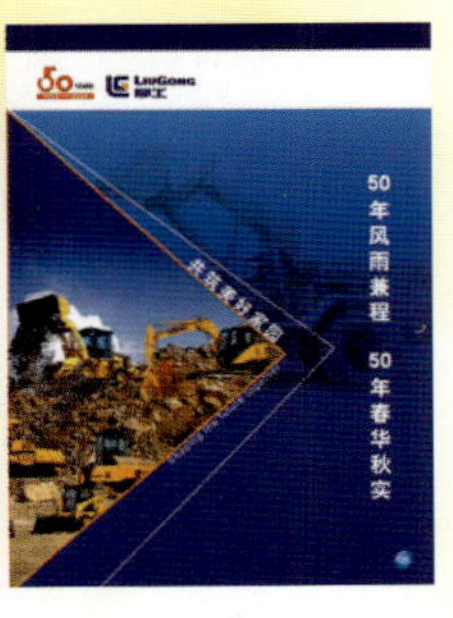

灾难度最大的一次地震。全国工程机械行业以实际行动与全国人民一起携手抗震救灾，谱写了一曲可歌可泣的新篇章！《工程年鉴》对此进行了专题报道——《工程机械行业抗震救灾特别专题》，将这一事件载入工程机械的史册。2009年，新中国诞辰60周年，是中国人民值得骄傲的日子，为了展示60年来我国工程机械行业所取得的巨大成就，《工程年鉴》特别设立了《中国工程机械工业辉煌60年专题》。针对由行业主流媒体发起和组织的中国工程机械年度产品评选活动，《工程年鉴》设立了《TOP50中国工程机械年度产品专栏》，对业内创新产品进行了报道。《工程年鉴》还以广西柳工机械股份有限公司等行业内知名企业几十年的发展历程为视点，回顾报道他们的成长历程，以此折射出今天我国工程机械行业飞速发展的面貌。

此外，编辑部深入行业举办各种活动，2009年，在《工程年鉴》与中国工程机械工业协会铲土运输机械分会联合举办的新书与企业见面会及赠书活动中，中国工程机械工业协会苏子孟秘书长和中国工程机械工业协会铲土运输机械分会李鹤鹏会长分别向广西柳工机械股份有限公司、中国龙工控股有限公司、山推工程机械股份有限公司、厦门厦工机械股份有限公司、河北宣工机械发展有限公司、广西玉柴机器股份有限公司、卡特比勒（中国）有限公司、徐州徐工筑路机械有限公司等8家企业代表颁赠了《中国工程机械工业年鉴》2009年刊新书；2008年，在中国工程机械工业协会三届四次理事会暨第七届中国工程机械发展高层论坛上与众多行业内相关企业见面，同时举办了新书首发仪式，成都神钢建设机械有限公司朱文彪总经理、卡特彼勒中国投资有限公司周伟先生、马鞍山方圆回转支承股份有限公司钱森力董事长、广西玉林玉柴工程机械有限公司夏禹武总经理、浙江诺力机械股份有限公司姚大申副总经理等接受了中国工程机械工业协会韩学松理事长、机械工业出版社郭锐副社长、中国工程机械工业协会俞据秘书长的赠书；2007年在与成都神钢建设机械（集团）有限公司举办的新书发布仪式上，原政协常委、机械工业联合会会长于珍同志莅临现场，上百家企业代表及读者参加了整个活动过程；2006年在与广西柳工机械股份有限公司共同举行的新书见面会上分别向6家企业进行了赠书。正如柳工集团副总裁闭海东在柳工的新书发布会上十分感慨地表示："参加《工程年鉴》新书首发式，是我们工程机械行业的一件大事，也是让所有工程机械企业、所有工程机械用户都感到高兴的好消息！作为工程机械行业的专

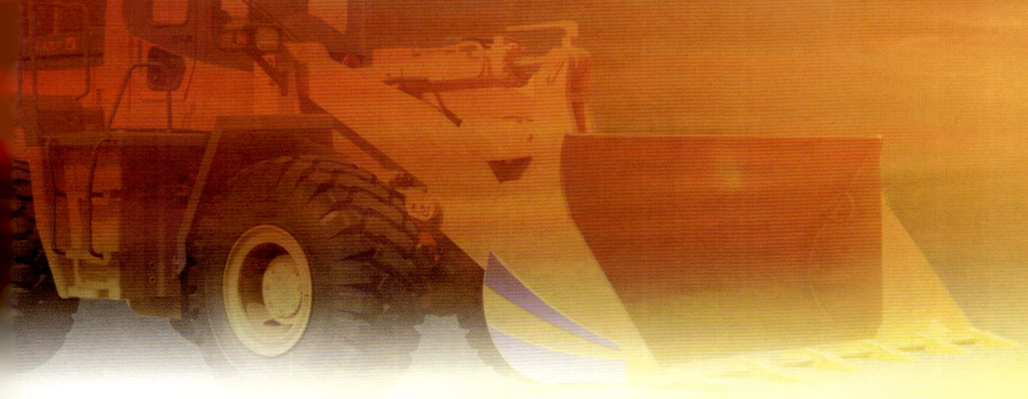

业出版物，《工程年鉴》见证了新世纪以来中国工程机械行业的发展历程。经过多年的积淀，到今天，《工程年鉴》已形成了自己鲜明的特色，她的内涵不断丰富，建立了非常具有号召力的优势品牌；《工程年鉴》凭借其特有的系统性、实用性，对工程机械行业各个领域的发展状况给予了客观、公正地记录和分析，为我们分析市场形势、制定发展战略、开拓经营思路提供了重要信息来源和参考依据。关注《工程年鉴》，就是关注行业的发展方向，就是关注企业自身的发展方向，《工程年鉴》已经成为企业与用户之间最重要的桥梁和纽带之一。”这些读者和客户的评价是对工程年鉴的充分肯定与鞭策，《工程年鉴》因此也承载了行业领导及专家、企业与读者的热切希望！这些活动的举办真正实现了媒体与企业的双赢局面。

三、创精品年鉴 走品牌之路

《工程年鉴》的发展离不开企业的支持，但媒体自身发展必须有坚实的内容和强大的团队做支撑。《工程年鉴》依托机械工业信息研究院（机械工业出版社）的强大资源优势，与中国工程机械工业协会携手共进，在内容上强调“全、特、准、深、活”，紧跟时代步伐，不断创新，强化数据来源的权威性、准确性、全面性，瞄准行业发展的重要阶段增加了各种专题报道。为了更加直观、及时和全方位地服务于广大企业，我们建立具有强大服务功能的网络平台——中国机电产品网上展览馆（易览网），通过“易览网（www.mepfair.com）”向广大关心中国工程机械工业发展的读者及时发布行业数据和企业信息。

《工程年鉴》还将不断加强质量建设。内容上坚持全面、权威、公正、客观，进一步突出行业特点，全面记录工程机械企业成长和行业发展历程，为中国工程机械工业的蓬勃发展作出更大贡献。

《中国工程机械工业年鉴》创刊10周年回顾

中国工程机械工业协会　茅仲文

《中国工程机械工业年鉴》已连续出版10年，她记载了工程机械行业十年来的发展历程，准确、全面、系统地反映了工程机械行业的发展动向，是引导行业发展的重要宣传窗口。内容包括综述篇、行业篇、企业篇、市场篇、行业统计资料、政策法规及行业大事记等。其中综述篇包含我国工程机械主要产品社会保有量分析、当年的行业经济运行情况和产品质量分析，新产品新技术介绍及科学技术奖评审情况等。在行业篇中，对工程机械主要机种当年的发展情况进行了系统的分析和总结；在企业篇中介绍了企业发展成功之路，为各企业改革、创新、发展提供了宝贵经验；在行业统计资料篇中，准确记载了当年行业和主要企业的经济指标数据、产品产销量和进出口情况；在政策法规篇中介绍了引导行业发展的国家相关政策、法规，结合企业需求，为企业提供良好的发展环境，促进行业健康发展。总之，该年鉴一方面见证了中国工程机械工业发展的辉煌历程，另一方面为企业发展提供了内涵丰富的文献宝库。

表1　1999～2009年工程机械行业经济指标对比

序号	指　标	1999年	2009年	2009年比1999年增长(%)
1	固定资产原价（亿元）	217	668	209
2	固定资产净值（亿元）	150	485	223
3	职工人数（万人）	33	34	
4	销售额（亿元）	384	3157	722
5	利润总额（亿元）	10	237	2 395
6	主要产品销售量（台）			
	液压挖掘机	6 109	101 559	1 563
	装载机	18 807	149 355	694
	推土机	2 992	8 599	187
	平地机	1 011	3 608	257
	塔式起重机	5 914	29 300	296
	轮式起重机	2 776	28 494	926
	履带起重机	11	1 043	9 382
	压路机	5 584	19 852	256
	摊铺机	332	1 678	405
	叉车	12 666	138 908	997
	旋挖钻机		1 194	
	商品混凝土机械	837	39 225	4 587
	电梯及自动扶梯	29 800	260 000	773
	非道路自卸翻斗车	385	2 650	588
	全断面掘进机		71	
	小计	87 224	785 516	801

回顾这十年，我国工程机械行业发生了翻天覆地的变化，从机械工业中的小行业上升为经济总量排行第四位的大产业，由世界工程机械制造小国一跃成为工程机械的制造大国和出口大国。1999～2009年工程机械行业经济指标对比见表1。

从上表数据可见，十年来销售额增长7.22倍，利润总额增长23.95倍。主要产品合计销量增长8.01倍，其中液压挖掘机增长15.62倍，轮式起重机增长9.26倍，叉车增长9.97倍，履带起重机增长93.82倍，商品混凝土机械（混凝土搅拌楼、拖式泵、泵车、搅拌运输车）增长45.86倍。有些产品从无到有，已形成规模生产能力，如旋挖钻机（桩工机械）、全地面轮式起重机、地下水平定向钻机、全断面掘进机等。值得可喜的是，大型工程机械过去一直依赖进口，如今机重200t液压挖掘机，386kW（525马力）大型推土机，额定载重10t装载机，最大起重量1 000吨级全地面起重机，最大起重量1 250t履带起重机，5 000吨米级大型塔式起重机，用于高铁建设的混凝土箱梁900吨级起重，运输，安装成套设备，直径12m全断面掘进机等重大装备已基本做到替代进口。2008年工程机械出口额从1999年的4.2亿美元，上升到134亿美元，增长31.90倍，其中有15种机型成为主力出口产品，其出口额占销售额的20%以上。

从企业规模分析，行业旗舰型企业已逐步形成，有7家企业进入国际工程机械行业50强，并进入中国企业500强的前100位。1999年销售额10亿元以上企业只有徐工集团一家，年销售额33.7亿元。2009年销售额10亿元以上企业发展到50家，其中4家企业超百亿元大关。徐工集团达到505亿元，出口额达到8亿美元，成为国际知名企业。

十年来，我国工程机械行业发展取得的辉煌业绩，以及存在的问题、经验和教训，在年鉴中都有分析和记载。认真查阅年鉴资料，对行业和企业发展有积极的指导意义。十多年来，为年鉴撰稿的作者付出了艰辛的劳动，提供了丰富的信息资料。希望业内专业人士和广大企业继续发扬热情支持、积极供稿、认真负责的一贯精神，依靠全行业的力量把年鉴编辑好，丰富年鉴的内容和拓展年鉴的深度。把历年行业发展情况、成功经验、存在问题、行业发展趋势如实地载入工程机械年鉴，使其成为行业满意的年鉴刊物。广大企业和读者能通过、也一定会通过年鉴提供的丰富内容而受益匪浅。

2000～2010年的我国工程机械

刘良臣

2010年是《中国工程机械工业年鉴》10年华诞。2000～2010年也是我国工程机械行业呈井喷式超高速发展的10年，工程机械行业销售额增长5.6倍，主要工程机械销售量增长5.7倍，这样的速度在全世界是绝无仅有的。历经10年，我国已成为响当当的世界工程机械第一产销大国。回顾《中国工程机械工业年鉴》诞生的10年，我国工程机械行业涌现出“七大品牌”、“七大基地”，实现了质的飞跃。主要表现在以下五个方面。

一、这10年我国工程机械行业呈井喷式超高速发展

2000～2009年我国工程机械行业销售额见表1。2000～2009年我国工程机械行业销售额走势见图1。2000～2009年我国市场主要工程机械销售量统计见表2，为便于与北美、欧洲、日本市场对比分析，表2的上半部分只列12种主要工程机械机种。因叉车、塔式起重机及商品混凝土机械这3大市场未列入，因此表2的下部分单独列出。

表1 2000～2009我国工程机械行业年销售额

项目＼年	2000	2001	2002	2003	2004	2005	2006	2007	2008	2009
出口额(亿元)	480	560	773	1036	1154	1262	1620	2223	2773	3150
增长率（%）		16.7	38.0	34.0	11.4	9.4	28.4	37.2	24.7	13.6

图1　2000～2009年我国工程机械行业销售额走势

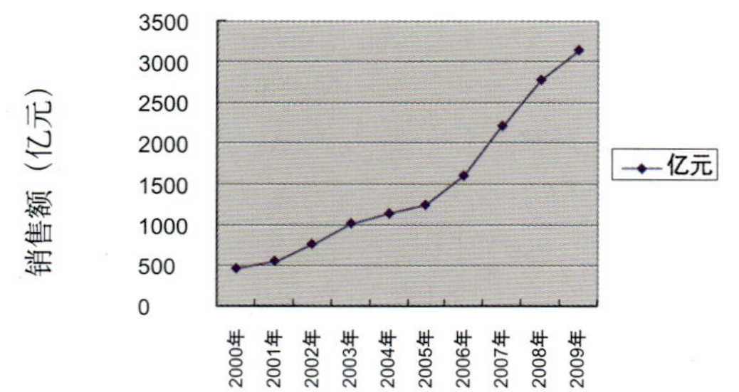

表2 2000～2009年我国市场主要工程机械销售量统计（单位：台）

项目＼年	2000	2001	2002	2003	2004	2005	2006	2007	2008	2009
液压挖掘机	7837	12569	20147	35946	33367	33862	51791	72976	82765	96646
装载机	23277	33295	50902	81311	103858	112527	129793	165684	172999	150879
履带式推土机	2941	3170	4798	7475	5611	5096	6005	7324	8776	8468
压路机	5592	6031	8591	12308	10702	8113	8740	9408	10885	16194
工程起重机	3368	4049	6418	9591	11645	11012	14465	20862	20858	28244
平地机	834	707	1120	1727	1788	1754	2245	3736	4239	3257
摊铺机	420	450	978	1306	1363	906	1136	1284	1165	1586
铲运机	518	335	139	24	37	83	57	18	38	2640*
自卸车	417	351	376	435	465	535	496	723	1850	
挖掘装载机	141	133	183	350	382	330	386	550	693	
滑移式装载机	54	55	92	103	127	162	257	204	382	
伸缩臂叉装机		12	16	9	15	16	27		37	
以上12项合计	45399	61157	93760	150585	169360	174396	215398	282769	304687	305274
12项同比增长率(%)		34.7	53.3	60.6	12.5	3.0	23.5	31.3	7.8	0.2
叉车	17162	18092	23730	43520	51393	59852	97520	146978	133951	138908
塔式起重机	5197	6753	8637	10375	8255	12693	12025	13910	21450	24667*
混凝土机械	3130	4670	9632	14406	11858	10739	12527	19552	23247	29058*
以上3项合计	25489	29515	41999	68301	71506	83284	122072	180440	178648	138908
全行业总合计	70888	90672	135759	218886	240866	257680	337470	463209	483335	444182
全行业同比增长率(%)		27.9	49.7	61.2	10.0	7.0	31.0	37.3	4.3	-8.1

注：*为大约数据。

从表1、图1及表2看出，2000～2009年我国工程机械销售额从480亿元攀升至3 150亿元，10年间销售额增长5.6倍。年均增幅达23.2%，最高年增幅达38.0%；销售量从70 888台攀升至444 182台，10年间销售量同样增长5.3倍，销售量年均增幅达22.6%，最高年增幅达61.2%。特别是2007年，在基数很大的情况下，销售额及销售量均呈37%以上的超高速增长，被业内人士喻为井喷式超高速发展。

二、这10年我国已经成为响当当的世界第一工程机械产销大国

2000～2009年世界4大市场12大类主要工程机械销售量见表3。2000～2009年世界4大市场12大类主要工程机械销售量走势见图2。

表3　2000～2009年世界4大市场12大类主要工程机械销售量

（单位：台）

项目＼年	2000	2001	2002	2003	2004	2005	2006	2007	2008	2009
中国	45399	61157	93760	150585	169360	174396	215398	282769	304687	305274
北美	179760	156827	144175	157586	201665	233330	222995	192160	166532	76189
欧洲	151458	147915	115500	117500	137000	149300	176400	211743	176199	86471
日本	131336	113681	103062	138707	173984	194373	221376	213798	185313	58276
合计	507953	479580	456497	564378	682009	751399	836169	900470	832731	526210
中国占合计比重（%）	8.9	12.8	20.5	26.7	24.8	23.2	25.8	31.4	36.6	58.0

图2 2000～2009年世界4大市场12大类主要工程机械销售量走势

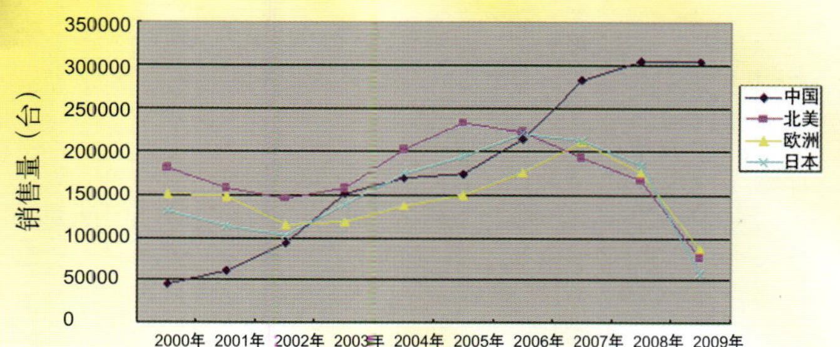

从表3、特别是图2中可以十分清楚地看出，中国、北美、欧洲、日本世界最主要的工程机械市场中，2000年我国工程机械市场仅占合计销量8.9%的市场份额，远远低于其他三大市场的份额。从2001年开始，我国工程机械市场占有份额一路快速上升，2003年首次超过欧洲和日本，2004年再次超过欧洲，市场占有率已接近25%。2007～2009年连续3年我国工程机械市场居四大市场之首，我国已经成为响当当的世界第一工程机械产销大国。特别是2009年，我国工程机械已占到四大市场一半以上的份额，达58%。

三、这10年我国工程机械基本实现国际化

2000～2009年我国工程机械行业产品出口额见表4。2000～2009年我国工程机械行业产品出口额走势见图3。

表4　2000～2009年我国工程机械行业产品出口额

项目＼年	2000	2001	2002	2003	2004	2005	2006	2007	2008	2009
出口额(亿美元)	5	7	7	11	19	29	50	87	134	77
增长率(%)		32.2	7 7	41.5	76.5	58.5	70.5	73.7	54.1	−42.6

图3　2000～2009年我国工程机械行业产品出口额走势

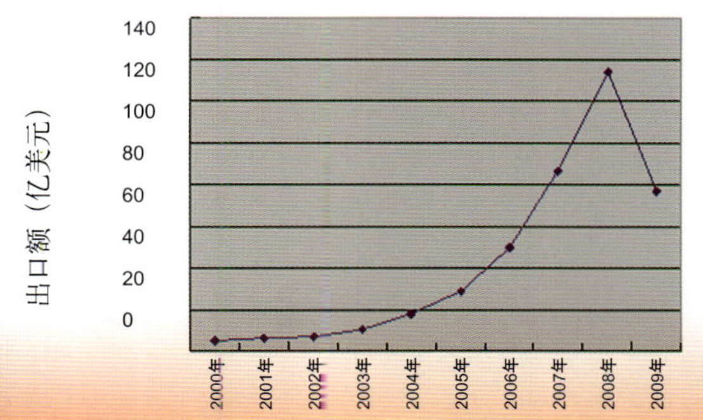

从表4，特别是图3可以十分清楚地看出，我国工程机械行业2000～2009年出口额，除2009年遇世界经济危机呈大幅度下降和2002年增幅低于10%外，其他各年一直呈连续超高速增长，增幅最少的年份也在30%以上，有3年竟高达70%以上，10年间年均增幅达34.9%，远远高于井喷式超高速增长的国内市场增幅。

20世纪90年代末到21世纪初，柳工、徐工、三一、山推等我国主要工程机械制造企业都逐步实施了国际化发展战略。柳工、徐工、三一、山推、厦工、龙工等已在全世界建立了强大的国际营销网络系统，服务网点基本上覆盖了全球各大洲100多个国家和地区。徐工是我国工程机械行业运作国际市场最早、国际营销网络最全的企业之一，率先通过了欧盟的“CE”认证，获得了通往工程机械最主要市场之一的欧盟的通行证。率先进入南北美洲市场，还在阿联酋迪拜建立了强大的备件库，有力地支持了向阿拉伯国家的出口。徐工出口扶摇直上，多年来出口额一直位居行业第一，出口额远远超过其他企业。山推长期致力于国际化发展战略，多年来出口额处于全行业的前茅。2010年5月18日、6月1日山推分别在南非和俄罗斯成立了“山推（南非）有限公司”和“山推（俄罗斯）有限公司”，加快了国际化步伐。柳工、三一、徐工等在建立众多国外办事处、分公司的基础上，进一步投资建厂，逐步实现国际化制造。柳工在印度建了第一个海外工程机械制造企业，并已投入批量生产。三一先后在印度、德国、美国和巴西等投资几千万到几亿美元组建制造企业，拉开了全球化制造的序幕。总之，我国工程机械实现国际化制造的目标不会太远。

四、10年来我国工程机械行业涌现了七大最具价值品牌

这七大品牌分别是徐工、中联、三一、柳工、山推、龙工、厦工牌。中国工程机械行业七大品牌企业2000～2009年销售额统计见表5，2000～2009年我国工程机械行业七大品牌企业销售额走势见图4。

表5　中国工程机械行业七大品牌企业2000～2009年销售额统计

（单位：亿元）

年＼企业	徐工	中联	三一	柳工	龙工	厦工	山推
2000	41	2	8	10	6	11	6
2001	53	5	10	13	8	14	6
2002	77	9	13	23	15	23	8
2003	122	28	21	36	27	41	13
2004	136	44	27	49	44	42	18
2005	131	40	44	56	38	43	19
2006	202	72	60	73	37	47	29
2007	308	146	131	92	53	48	43
2008	408	243	209	103	61	59	66
2009	505	337	306	110	70	55	70

图4　2000～2009年我国工程机械行业七大品牌企业销售额走势

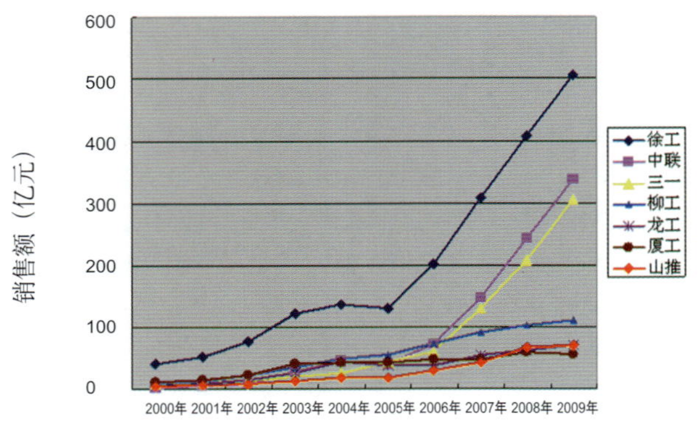

这七大品牌企业是我国最大的工程机械主机制造企业，2009年销售额均在50亿元以上。前4名年销售额在100亿元以上。特别是排头兵徐工，2009年销售额已突破500亿元。位居2、3名的中联、三一，2009年销售额也在300亿元以上，分别为2000年的146.5倍和37.8倍，生产集中度达到相当的高度。这7家企业2009年共实现销售收入1 453亿元，占全行业销售收入的46.1%，发展速度惊人。

“世界品牌实验室”评出的“中国500最具价值品牌”中，这7家企业连续几届均位列其中。因此，徐工、中联、三一、柳工、山推、龙工、厦工这七大品牌是我国工程机械主机最具价值的品牌，这7家企业也是我国工程机械主机行业中最具价值的7家企业。品牌价值最高的徐工，其品牌价值已达83亿元以上，最低的山推，其品牌价值也达13亿元以上。这七大品牌均被“中国名牌战略推进委员会”确认为中国名牌。

《国际建筑》杂志刊登的世界工程机械50强中，徐工、中联、三一、柳工、山推、龙工、厦工连续多届名列其中，且一届比一届排名都有很大的提升。2009年我国工程机械行业共有9家企业进入世界工程机械50强。其中徐工排名比2008年上升7位，首次进入世界工程机械50强的前10名之列。徐工战略规划，到2015年进入世界工程机械50强的前3甲之列。中联、三一分别比2008年上升10位和9位，进入世界工程机械50强的前15名之列，规划到2015年进入世界工程机械50强的前几名。柳工上升5位。山推上升了11位，上升位次居7家之首。龙工、厦工排名比2008年均有提升。我国工程机械行业在世界工程机械中已占据举足轻重的地位。

五、这10年我国工程机械行业形成了七大生产基地

2000～2009年10年间，在我国工程机械行业呈井喷式超高速发展的带动下，在主要品牌企业所在地，出现了七大重要工程机械生产基地，分别是徐州、长沙、济宁、常州、柳州、合肥、厦门生产基地。

1．我国工程机械最大的生产基地——江苏徐州

徐州目前无论从产值、产量、利税、出口，还是企业数量（无论从内企、外企还是主机制造企业、配套件制造企业数量），均居全国工程机械行业第一位。徐州现有工程机械集聚性极强的金山桥及铜山两大经济开发区，聚集了我国最大的工程机械制造企业“徐工集团”及其几十家子、分公司，加上卡特彼勒（徐州）有限公司、徐州利勃海尔有限公司、徐州徐挖约翰迪尔制造有限公司、徐州罗特艾德回转支承有限公司、徐州美驰车桥有限公司等10多家有实力的独、合资工程机械制造企业等，工程机械制造企业总数已逾1 000家，有一定规模的已达300多家。2009年，徐州工程机械生产基地销售额已达700亿元以上，占据2009年工程机械全行业市场22%以上的份额。

2．我国最大的新兴工程机械生产基地——湖南长沙

长沙是因为最近几年处于行业第二位、第三位的中联、三一超高速发展带动而形成的最大的新兴工程机械生产基地。2009年，中联、三一两家的合计销售额已超过600亿元，加上山河智能等近100家主机及配套件企业，2009年合计销售额也超过700亿元，基本上与徐州基地平起平坐，成为我国中部地区最大的新兴工程机械生产基地。

目前长沙已有规模宏大的星沙经济开发区，正在大规模兴建宁乡经济开发区，两大开发区正在引进和发展配套件企业，以解决主机产能强大，而配套件产能不足的问题。

3．目前我国工程机械第三大生产基地——山东济宁

10年前的山东济宁工程机械行业规模还非常小，在我国工程机械行业根本排不上号。可是从2000年以来，我国推土机行业的排头兵企业——山推工程机械股份有限公司（山推）及世界二号工程机械企业小松株式会社（小松），以及世界上最大的液压件企业之一的伊顿流体动力有限公司（伊顿）等在济宁的高速发展，带动了配套件企业在济宁的同步高速发展，使济宁成为目前我国举足轻重的新兴工程机械生产基地。2009年工

程机械销售额大约在350亿元以上，约占2009年全行业总销售额的11%以上，是目前我国工程机械第三大生产基地。

山东济宁工程机械生产基地最大的特点是产业集群效应强，产业链齐全，主机及配套件同步高速发展。济宁高新区目前占地169km^2,15万人，是济宁工程机械最集中的园区。在山东济宁有我国最大的推土机制造企业——山推工程机械股份有限公司及我国最大的挖掘机制造企业——小松山推工程机械有限公司（“小松山推”）等主要主机企业。最近山东重工集团有限公司所属山重建机有限公司，在济宁高新区举行了建万台挖掘机生产基地的奠基仪式，又一个大规模挖掘机制造企业在济宁安家落户。在主机企业，特别是主要主机企业的带动下，聚集了国内外众多著名配套件企业落户济宁，在济宁投资的世界500强企业就达15家之多。由山推与小松合办的，2003年开园的山推国际事业园，由山推与中国香港合资的山东山推欧亚陀机械有限公司、山推与日本小松合资的山东山推工程机械结构件有限公司、山推与日本小松及日本大京株式会社合资的山东彩桥驾驶室有限公司等众多三资配套件企业，以及多家中资企业入园。这些配套件企业其产品除为山推、小松山推配套外，还为国内多家外资企业配套，同时远出口世界各地，为世界多家著名工程机械企业配套。目前整个济宁市，已拥有150多个规模化的配套件企业。2008年小松联合其他11家日本企业，对小松工业园区进行大规模投资，欲将济宁高新区打造成全球最大的挖掘机、推土机制造基地。因此，中国济宁工程机械生产基地极具发展潜力，极有可能发展成我国最大的工程机械生产基地之一。

4．我国工程机械第四大生产基地——江苏常州

常州处于我国制造业最发达的江苏省“苏锡常”产业带的最北端，有非常好的工程机械投资环境，吸引了国内外大量工程机械制造企业落户。其中有我国工程机械行业主要骨干企业和外资企业常林集团、小松（常州）工程机械有限公司（小松(中国)投资有限公司在常州生产基地）、现代（江苏）工程机械有限公司等多家主机企业及大量配套件企业。2009年工程机械销售额大约在300亿元以上，约占2009年全行业总销售额的10%，是目前我国工程机械第四大生产基地。

常州基地的最大特点，一是常州市政府把工程机械行业作为最大的支柱产业之一，加以重点支持，因此常州有非常好的工程机械投资环境。二是工程机械配套件行业比较发达，特别是工程机械结构件制造实力非常强，已经成为我国工程机械最大的结构件制造基地。

5．我国工程机械第五大生产基地——广西柳州

柳州是我国最大的装载机生产基地，也是全国最大的锚具生产基地。柳州有最知名的品牌柳工集团以及柳州欧维姆建筑机械有限公司（原柳州建筑机械总厂）和英国吉凯恩车轮有限公司等工程建筑机械企业。从2000年开始，随着柳工的高速发展，在柳州阳和工业新区、柳州高新技术产业开发区、柳江工业园区及柳工周围集聚了一大批为工程机械及汽车配套的配套件企业。2009年工程机械及其相关产业的销售额约200亿元，已成为我国工程机械第五大生产基地。

6．我国工程机械第六大生产基地——安徽合肥

安徽合肥有我国叉车行业的排头兵企业安徽叉车集团有限责任公司及合资企业合肥日立挖掘机有限公司（日立建机(中国)有限公司在我国的挖掘机生产基地）、安徽TCM叉车有限公司，还有生产叉车的安徽江淮银联重型工程机械有限公司、安徽丰华有限公司以及配套件企业合肥长源液压件有限责任公司等。产品覆盖了叉车、挖掘机、破碎设备等。合肥是我国最大的叉车生产基地，年产能已达5万～6万台，2009年销售量已突破4万台，销售额已突破40亿元。合肥目前还是我国挖掘机最重要的生产基地之一，除合肥日立挖掘机有限公司外，还有合肥振宇工程机械有限责任公司、合肥鑫龙工程机械有限公司、合肥万方矿山机器股份有限公司等挖掘机制造企业，挖掘机年产能已达2万～3万台，2009年产销挖掘机达1.2万台以上。2009年，合肥工程机械的销售额已接近200亿元，与柳州基本持平。因此，合肥也是我国工程机械行业具有相当规模的生产基地，且有很好的发展前景。

7．我国工程机械第七大生产基地——福建厦门

厦门是我国装载机龙头企业“厦工”的所在地，以厦工为依托，厦门以装载机为主的工程机械配套件生产非常发达，已有厦门齿轮有限公司、夏门银华机械有限公司、厦门亿统机械有限公司、厦门劲龙工程机械有限公司、靠普（厦门）叉车属具有限公司等大大小小的配套件企业数十家。因厦门装载机的配套件生产特别发达，品种齐全、数量充足，促成了厦门装载机行业象雨后春笋般成长起来。形成了厦门市装载机有限公司、厦门市鑫永铭工程机械有限公司、厦门市嘉盛工程机械有限公司和厦门市盖克工程机械有限公司等20多家大大小小的装载机制造企业，使厦门成为我国以装载机为龙头的重要工程机

械生产及出口基地。同时，厦门还有著名的合资企业——林德（厦门）叉车有限公司及厦门叉车有限公司等，因此，叉车在厦门也占有相当份量。

厦门除厦工外，其他装载机企业近几年来基本上没有太快的发展，在这几年我国装载机行业集中度大幅度提高的情况下，厦门这些中小装载机企业生存已成问题。因此，2008～2009年，厦门有接近一半的装载机制造企业基本停产或退出了装载机行业。在这种情况下，厦门工程机械如果仍然没有大的发展，将难以保住我国主要工程机械生产基地的地位。

8. 我国其他工程机械生产基地

我国工程机械生产基地还有内蒙古包头、四川成都、山东临沂等，也已具备相当规模。

值得关注的是，我国西部崛起了一个新兴的工程机械生产基地，这就是内蒙古包头市。包头市有我国最大的军工企业民品化的包头一机集团、包头二机集团，以其雄厚的技术及制造基础构筑的工程机械制造业，吸引了世界排名第三的特雷克斯（Terek）公司及排名第四的沃尔沃（VOLVO）建筑设备公司入驻，以及德国、西班牙等世界多家著名工程建设机械公司投资合作建立合资和独资公司等。因此包头市有可能发展成我国西部最大的工程机械生产及出口基地。

再有一个值得关注的是成都市。成都市不仅拥有我国装载机骨干企业“成工”及世界著名企业“成都神钢”，还有成都市新筑路桥机械股份有限公司、成都市大华路面机械有限公司等主机企业及一大批配套件企业，2009年销售额已突破100亿，将是我国西部未来又一个大的工程机械生产及出口基地。

还有一个很值得关注的是“临工”所在地山东临沂。由世界第四大工程机械制造商——瑞典沃尔沃（VOLVO）建筑设备公司收购我国第四大装载机骨干企业“临工”后而组建的（沃尔沃）临工，目前是沃尔沃在世界上发展最快、唯一盈利的企业，因此沃尔沃已把工程机械制造重心移师至临沂。目前已有装载机、挖掘机、路面机械三大业务板块，以及相应的配套件业务，产品业务还在继续扩大。沃尔沃对旗下的临工还在不断进行大规模投入，因此沃尔沃欲把临沂打造成其在世界上最大的工程机械制造基地。2010年5月10～11日，山东重工集团有限公司所属山重建机有限公司在临沂经济开发区数十万平方米土地上举行了建万台挖掘机生产基地的奠基仪式，加上（沃尔沃）临工万台以上的挖掘机以及山东常林机械集团的挖掘机等，挖掘机在临沂将有大的发展。同时，临沂所属的临沭，还有另一个正在成长的大型骨干工程机械制造企业——山东常林机械集团股份有限公司。其已在267万m^2土地上建成了山东常林工程机械工业园。因此，山东临沂工程机械行业发展潜力巨大，将来很有可能发展成为我国工程机械最大的生产基地之一。

回顾《中国工程机械工业年鉴》诞生的10年，年鉴对促进我国工程机械行业超高速发展以及推进我国成为世界工程机械第一强国功不可没。《中国工程机械工业年鉴》是目前我国工程机械行业唯一向政府、行业、企业提供大量详实的、极有价值的工程机械专业信息的资料文库，为政府、行业、企业的正确决策提供了重要的科学依据。对我国工程机械业内人士来说，《中国工程机械工业年鉴》也是唯一汇聚各方面大量资料的宝库，是业内人士极其宝贵的、不可多得的工具书。

首届中国工程机械50强企业名单

中国工程机械行业经过数十年特别是近十年的高速发展，目前全行业已拥有工程机械制造企业近3 000家，规模以上生产企业（包括专业零部件企业）约1 400家。2009年超过百亿元的有5家。一大批优势企业坚持科学发展，重视自主创新，规模和效益均实现快速增长，综合实力明显增强。

2010年是《中国工程机械工业年鉴》创刊10周年，10年来，《中国工程机械工业年鉴》通过连续的数据积累和分析，比较充分系统地反映了我国工程机械行业的最新进展，客观地描述了我国工程机械企业的真实状况。值此《中国工程机械工业年鉴》创刊10周年和规划行业“十二五”之际，我们主要以近3年企业平均利润为基础，参考相关指标，评选出“首届中国工程机械50强企业”，以准确反映工程机械行业大型企业的发展趋势，推动工程机械企业逐步建立起了自己强大的品牌竞争力，促进更多的工程机械企业向百亿和千亿的目标迈进。

本次评选是以近几年企业年报的相关统计数据和《中国工程机械工业年鉴》公布的相关数据为依据，充分征求了行业专家和业内人士的意见，以确保评选结果的客观性和公正性。

企业名单：

三一集团有限公司
长沙中联重工科技发展股份有限公司
徐州工程机械集团有限公司
小松（中国）投资有限公司
中国龙工控股有限公司
广西柳工机械股份有限公司
山推工程机械股份有限公司
成都神钢工程机械（集团）有限公司
安徽叉车集团有限责任公司
沈阳北方交通重工集团有限公司
现代（江苏）工程机械有限公司
广西玉柴重工有限公司
厦门厦工机械股份有限公司
方圆集团
浙江杭叉工程机械集团股份有限公司
山东临工工程机械有限公司
抚挖重工机械股份有限公司
湖南山河智能机械股份有限公司
抚顺永茂建筑机械有限公司
山东鸿达建工集团有限公司
马鞍山方圆回转支承股份有限公司
山东山工机械有限公司
安徽星马汽车股份有限公司
泰安泰山工程机械股份有限公司
宁波大港意宁液压有限公司
浙江临海海宏集团
山东常林机械集团股份有限公司
四川长江工程起重机有限责任公司
内蒙古北方重型汽车股份有限公司
山东华夏集团有限公司
浙江诺力机械股份有限公司
江苏恒立高压油缸有限公司
浙江银轮机械股份有限公司
江麓机电科技有限公司
常林股份有限公司
宁波广天赛克思液压有限公司
中航力源液压股份有限公司
北京现代京城工程机械有限公司
福建晋工机械有限公司
杭州爱知工程车辆有限公司
贵州詹阳动力重工有限公司
合肥长源液压件有限责任公司
天水风动机械有限责任公司
北起多田野(北京)起重机有限公司
福田雷沃国际重工股份有限公司
宁波如意股份有限公司
四川邦立重机有限责任公司
四川建设机械（集团）股份有限公司
山东卡特重工有限公司
大连叉车有限责任公司

《中国工程机械工业年鉴》创刊10周年获奖企业名单

2010年是“十一五”的最后一年，也是《中国工程机械工业年鉴》创刊10周年。10年来，《中国工程机械工业年鉴》得到中国机械工业联合会、中国工程机械工业协会及各级编委的支持和关心。有数百家工程机械主要企业，借助《中国工程机械工业年鉴》这个平台宣传展示企业形象和品牌，有些企业已成长为我国机械工业500强，2009年又有5家企业跨入百亿级行列。《中国工程机械工业年鉴》成为服务于我国工程机械行业的重要窗口。

为庆贺《中国工程机械工业年鉴》创刊10周年，经中国机械工业年鉴编辑委员会研究决定：对10年来的工作进行回顾总结；表彰10年来为《中国工程机械工业年鉴》成长发展出谋划策、做出贡献的企业，希望受表彰的单位和行业内广大优秀企业共同努力，为更好地服务行业、建立行业品牌宣传平台做出更大的贡献。

获突出贡献奖的企业：

徐工集团
广西柳工机械股份有限公司
长沙中联重工科技发展股份有限公司
厦门厦工机械股份有限公司
成都神钢工程机械（集团）有限公司
方圆集团有限公司
山东临工工程机械有限公司
潍柴动力股份有限公司
福田雷沃国际重工股份有限公司
广西玉柴重工有限公司

获优秀特约顾问奖的企业：

贵州詹阳动力重工有限公司
北京华德液压工业集团有限责任公司
杭州爱知工程车辆有限公司
湖南山河智能机械股份有限公司
青岛新型建设机械有限公司
山推工程机械股份有限公司
小松(中国)投资有限公司
杭州前进齿轮箱集团股份有限公司
江苏骏马压路机械有限公司
上海彭浦机器厂有限公司
一汽解放汽车有限公司无锡柴油机厂
浙江银轮机械股份有限公司
珠海仕高玛机械设备有限公司
常林股份有限公司
福建晋工机械有限公司
宁波如意股份有限公司
上海华东建筑机械厂有限公司
芜湖盛力制动有限责任公司
住重中骏（厦门）建机有限公司
江麓机电科技有限公司
江苏八达重工机械有限公司
宁波大港意宁液压有限公司
日立建机(上海)有限公司
涌镇液压机械（上海）有限公司
安徽叉车集团有限公司

企业概况

安徽叉车集团有限责任公司（以下简称“叉车集团”）始建于1958年，1992年正式组建安徽叉车集团公司，系安徽省人民政府国有资产监督管理委员会所属国有独资公司，公司位于安徽省合肥市望江西路15号，注册资本1.3亿元，主营业务为工业车辆、工程机械及工程机械变速箱、驱动桥、转向桥、高品质铸件、工程油缸、变矩器等关键部件的研发、制造与销售，是目前我国规模最大、产业链条最完整、综合实力和经济效益最好的工业车辆研发、制造与出口基地；1996年，公司核心企业安徽合力股份有限公司在上海证券交易所上市（股票简称“安徽合力”、证券代码“600761”），是目前我国叉车行业唯一的上市公司。截止2010年6月30日，叉车集团资产总额40亿元，净资产26亿元。

人员与组织

叉车集团以产权关系为纽带，以上市公司安徽合力为核心，拥有二级全资子公司1家、控股子公司3家（其中上市公司1家）、参股子公司2家。叉车集团对各分子公司行使出资人职责，进行股权投资与管理，各子公司、分公司在集团公司的统一政策指导下，自主经营、自负盈亏、产权清晰、治理规范。叉车集团目前共有在岗职工约6 000人，其中：研究生学历79人，本科学历627人，大专学历1 045人。国家级企业技术中心专业从事研究开发人员651人，其中正高级工程师 5人，高级工程师70多人，工程师280多人，硕士以上学位70人。叉车集团具有行业中最强的一线技能人才，其科技研发能力也代表了国内同行业的最先进水平。

产业与经营布局

叉车集团目前占地约153.3万m²,形成了以安徽合肥合力工业园总部为中心，宝鸡合力叉车厂、衡阳合力工业车辆有限公司两个整机厂为两翼，合肥铸造工厂、安庆车桥厂、蚌埠液力机械厂三个部件厂为支撑的百亿产业平台，具有年产叉车整机8万台、铸件13.5万t、油缸30万根、转向桥10万台套及相应的下料、金加工、涂装、装配和试验检测能力。其中：公司合力工业园系安徽省政府重点工业项目，占地面积100余万m²，计划总投资20亿元，截止2009年底，通过自有资金和资本市场融资已经完成投资16亿元，产品内容涵盖0.5~46t全系列中高档内燃叉车，0.5~4.5t交流、直流电动叉车，集装箱空箱堆高机、集装箱重箱正面吊、牵引车等完整的工业车辆研发、制造与试验检测能力。上市公司主要生产企业基本情况：

序号	分子公司	主　业	企业性质	地　址
1	合肥工厂	叉车整机及变速箱、门架、覆盖件车架的研发、制造与销售	分公司	合肥合力工业园
2	重装工厂	重型叉车、装载机、配件中心等	分公司	合肥合力工业园
3	铸造工厂	V法、静压、消失模铸件等	分公司	合肥合力工业园
4	蚌埠液力机械厂	油缸、变矩器等	分公司	安徽蚌埠市
5	安庆车桥厂 安庆月山工厂	叉车转向桥、侧移器、属具等	分公司	安徽安庆市
6	宝鸡合力叉车厂 宝鸡渭滨工厂	经济型叉车、特种车辆等	分公司	陕西宝鸡市
7	配件总公司	配件营销与服务等	分公司	安徽合肥市
8	衡阳合力工业车辆公司	叉车、防爆叉车等	子公司	湖南衡阳市

1-3.5t G系列叉车

5-10t大吨位叉车

4-5t交流蓄电池叉车

3-3.5t交流蓄电池叉车

正面吊

10-46t内燃重装叉车

堆高机

国内外市场销售

公司主导产品是“合力、HELI”牌系列叉车，在线生产的1700多种型号、512类产品全部具有自主知识产权，产品的综合性能处于国内领先、国际先进水平，公司在国内拥有自主的营销网络，在国内建立了22个省级营销网络和200多家二级代理销售服务网点，是国内叉车行业最完善，最健全的服务体系。在海外72个国家或地区建立了海外代理网络，产品销往世界130个国家和地区，其中欧美发达国家或地区占公司出口量的60%。

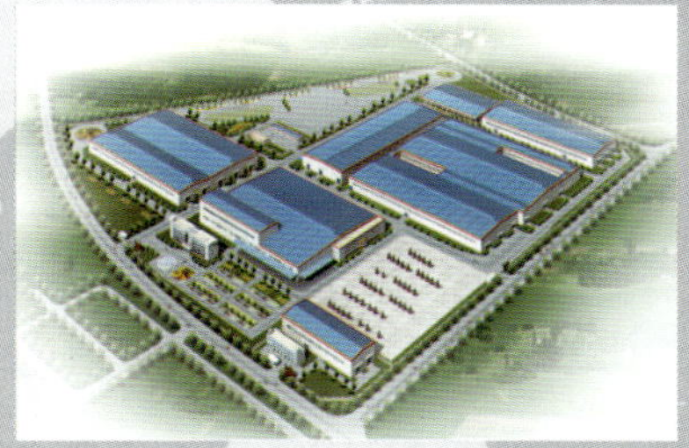

战略与规划

发展战略：在全球工业车辆领域，树立一流品牌；在国内工程机械及建设机械领域，占有一席之地；由物流产品制造商转变为物流解决方案供应商。

中期规划：按照国家《装备制造业调整和振兴规划》，实施“12345”振兴规划：紧盯一个目标，即巩固并提升国内行业龙头地位绝对优势，力争到2020年进入世界工业车辆行业前五；推进两项改革，即上层产权制度改革和内部组织机制改革；做强三大主业，即工业车辆、工程机械、关键零部件；统筹四个发展，即统筹国内与国际市场发展、统筹整机与部件发展、统筹总部与分子公司发展、统筹物质文明与精神文明发展；落实五项措施，即夯基础、抓创新、调结构、上水平、促和谐，努力实现公司全面协调可持续发展，建设一流的现代企业集团。

企业荣誉与资质

公司是安徽省首批国家级创新型企业之一，国家火炬计划重点高新技术企业，安徽省工程机械建设（合肥）基地龙头企业；公司是机械工业500强企业、全国520户重点企业、安徽省18家重点企业集团之一。公司技术中心是全国首批、叉车行业唯一的国家级企业技术中心，并连续3年被评为“优秀企业技术中心”。公司被评为“中国叉车市场第一品牌”、“安徽省名牌产品”、“安徽省著名商标”、“HELI”商标是全国驰名商标。

公司获国家质检总局“检验检疫绿色通道制度管理企业”、“商务部重点培育和发展的中国出口名牌”、总后勤部“军事后勤装备定点生产企业”等。

公司主导产品通过欧盟CE安全认证、美国EPA环保认证，公司通过了ISO9001、ISO14001认证，并是全国首批安全质量标准化一级企业。

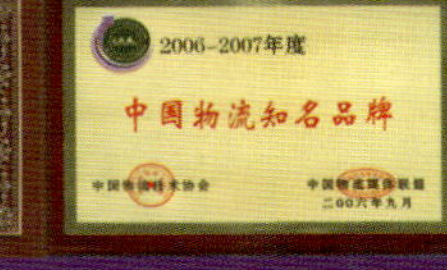

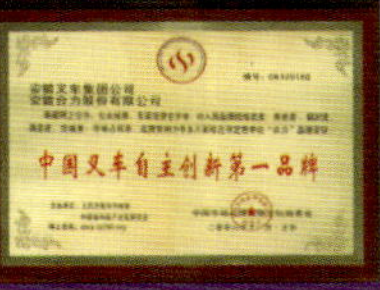

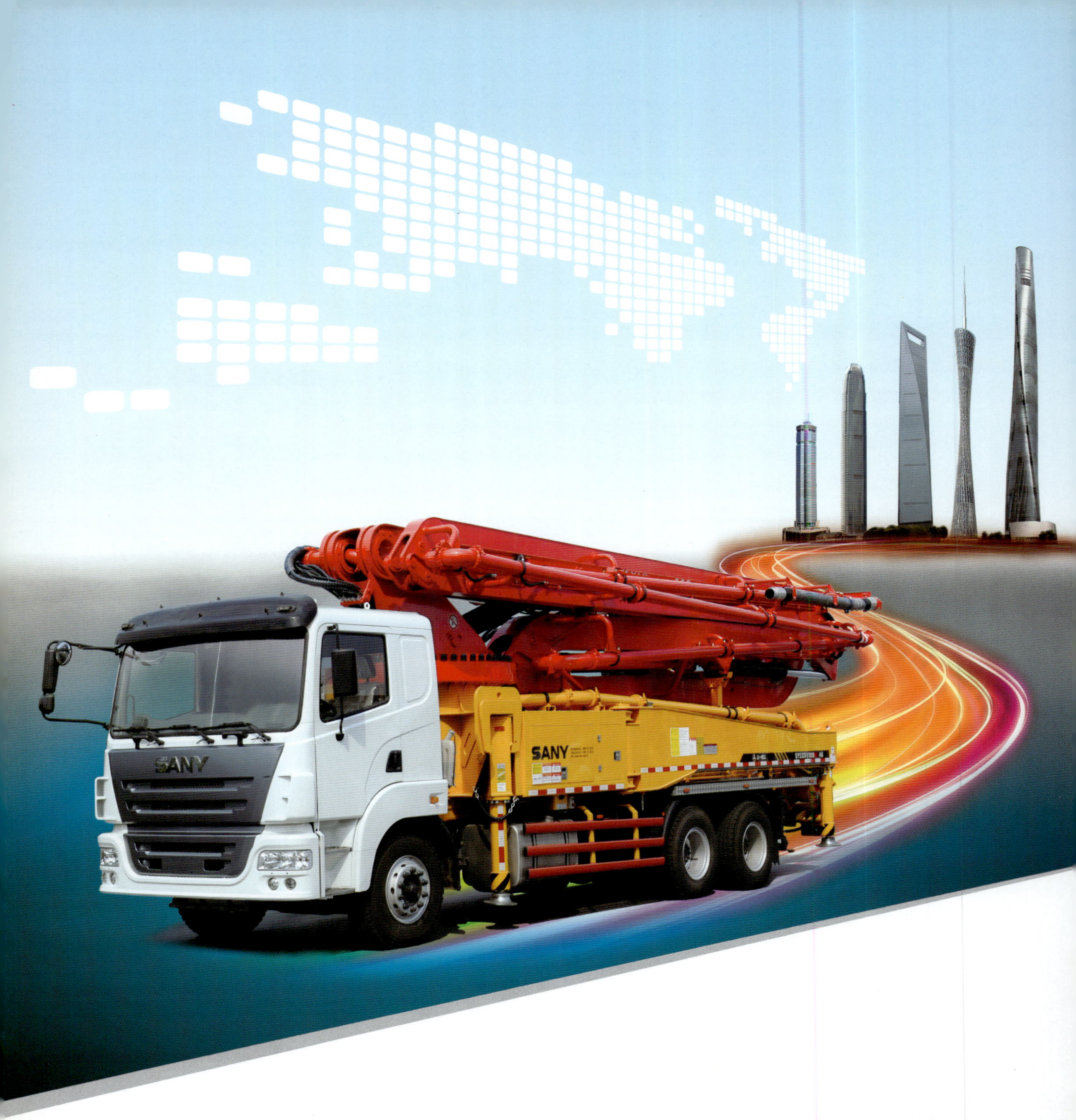

三一底盘泵车　世界品质　中国创造

历经多年研发，传承三一产品一如既往的优异品质，带给您高性价比的体验

- 独有的底盘与上装一体化设计，整机性能卓越；
- 已拥有25m、37m、40m、43m、46m、50m、52m、56m全系列产品；
- 已通过1500万km的里程测试，安全可靠；
- 集成式服务，配件齐全，维护成本低。

品 质 改 变 世 界

率先将国产千吨级履带起重机应用于核电建设领域

SCC10000型履带起重机顺利完成核电穹顶吊装任务

产品型谱:

SYDC400	SCC500E	SCC800D	SCC1000C	SCC1000HD
SCC1250	SCC1500D	SCC1800	SCC2500D	SCC3000WE
SCC3000	SCC3200	SCC4000D	SCC6500	SCC6500WE
SCC7500	SCC10000D	SCC16000	SCC60000TM	

品 质 改 变 世 界

2010年8月18日，福建。上海三一科技研制的SCC10000履带起重机顺利完成福建福清核电站1号机组核岛穹顶吊装。率先将国产千吨级履带起重机应用于核电建设领域。

■ 最大起重量1 000t，最大额定起重力矩137 284kN• m ■ 牵引力强劲，可100%带载行走 ■ 适用于核电、风电、火电、石化、桥梁、大型场馆等建设 ■ 控制系统可在高寒、高温、高原以及大风沙恶劣环境中稳定运行 ■ 模块化组合可迅速拆装，解决超大、超重构件的运输困难

《中国工程机械工业年鉴》
创刊10周年
“十年磨一剑（鉴）”，生动地印证了《中国工程机械工业年鉴》创刊以来的辉煌历程。《工程年鉴》自始至终致力于服务政府机构、引领行业发展、展示企业品牌和为用户搭建沟通的平台。
《工程年鉴》成长的10年也是我国工程行业飞速发展的10年。翻开《工程年鉴》，你会清晰地发现我国工程机械行业发生的巨大变化和日新月异的成长历程。《工程年鉴》作为资料性文献工具书，通过其连续、准确、翔实的记录，使读者能深切地感受到工程行业蓬勃发展的脉动。

（续）

企业名称	商标	检验产品名称及型号	检验类型	检验结论	证书编号
大信重工有限公司	DASIN	DS35—7 履带式挖掘机	型式试验	达到设计要求，符合相关标准	TX5000－05－090381
大信重工有限公司	DASIN	DS90—7 履带式挖掘机	型式试验	达到设计要求，符合相关标准	TX5000－05－090382
大信重工有限公司	DASIN	DS15—7 履带式挖掘机	型式试验	达到设计要求，符合相关标准	TX5000－05－090383
广西柳工机械股份有限公司	柳工	CLG925LL 履带式挖掘机	型式试验	达到设计要求，符合相关标准	TX5000－05－090384
广西柳工机械股份有限公司	柳工	CLG935C 履带式挖掘机	型式试验	达到设计要求，符合相关标准	TX5000－05－090385
广西柳工机械股份有限公司	柳工	CLG225 履带式挖掘机	型式试验	达到设计要求，符合相关标准	TX5000－05－090386
青岛电瓶车厂	双航	BDW2 蓄电池固定平台搬运车	型式试验	达到设计要求，符合相关标准	TX5000－05－090387
常林股份有限公司	长龄	ZLM40E 轮胎式装载机	型式试验	达到设计要求，符合相关标准	TX5000－05－090388
株式会社小松制作所		PC200—8E0 履带式挖掘机	型式试验	达到设计要求，符合相关标准	TX5000－05－090389
Aichi Corporation	TOYOTA	30—5SDK11 轮胎式装载机	型式试验	达到设计要求，符合相关标准	TX4000－05－090390
Aichi Corporation	TOYOTA	30—5SDK8 轮胎式装载机	型式试验	达到设计要求，符合相关标准	TX5000－05－090391
Komatsu Utility Co.，Ltd.		PC35MR—2 履带式挖掘机	型式试验	达到设计要求，符合相关标准	TX5000－05－090392
NACCO Materials Handling Group，Inc. Greenville Plant	HYSTER	T7 蓄电池牵引车	型式试验	达到设计要求，符合相关标准	TX5000－05－090393
龙工（上海）叉车有限公司	Lonking	LG45Q 内燃牵引车	型式试验	达到设计要求，符合相关标准	TX5000－05－090394
长沙中联重工科技发展股份有限公司	中联	SQ450H 型 16t 随车起重机	型式试验	达到设计要求，符合相关标准	TX5000－05－090395
郑州郑通工程车有限公司		YQ 型—8t 随车起重机	型式试验	达到设计要求，符合相关标准	TX5000－05－090396
贵州詹阳动力重工有限公司	Jonyang	JYL621 轮胎式挖掘机	型式试验	达到设计要求，符合相关标准	TX5000－05－090397
广西柳工机械股份有限公司	柳工	CLG856D 轮胎式装载机	型式试验	达到设计要求，符合相关标准	TX5000－05－090398
PALFINGER AG	PALFINGER	PK24502 随车起重机	型式试验	达到设计要求，符合相关标准	TX5000－05－090399
日本神钢起重机株式会社	神钢	BM900HD—2 型 90t 履带起重机	型式试验	达到设计要求，符合相关标准	TX5000－05－090400

（续）

企业名称	商　标	检验产品名称及型号	检验类型	检验结论	证书编号
日本神钢起重机株式会社	神钢	CKE1800—1F 型 180t 履带起重机	型式试验	达到设计要求，符合相关标准	TX5000－05－090401
日本神钢起重机株式会社	神钢	CKE2500—2 型 250t 履带起重机	型式试验	达到设计要求，符合相关标准	TX5000－05－090402
日本神钢起重机株式会社	神钢	7250—2F 型 250t 履带起重机	型式试验	达到设计要求，符合相关标准	TX5000－05－090403
斗山机械制造（江苏）有限公司	BOBCAT	DH70 履带式挖掘机	型式试验	达到设计要求，符合相关标准	TX5000－05－090404
山东山工机械有限公司	山工	SEM669B 轮胎式装载机	型式试验	达到设计要求，符合相关标准	TX5000－05－090405
山东山工机械有限公司	山工	SEM639B 轮胎式装载机	型式试验	达到设计要求，符合相关标准	TX5000－05－090406
泰安市东岳搬运机械有限公司	黎东	ZLY20 轮胎式装载机	型式试验	达到设计要求，符合相关标准	TX5000－05－090407
卡特彼勒（苏州）有限公司	CATERPIKKAR	972H 轮胎式装载机	型式试验	达到设计要求，符合相关标准	TX5000－05－090408
小松（常州）工程机械有限公司	KOMATSU	WA320—5 轮胎式装载机	型式试验	达到设计要求，符合相关标准	TX5000－05－090409
徐州市久发工程机械有限责任公司	徐州久发	QRY 型 30t 轮胎起重机	型式试验	达到设计要求，符合相关标准	TX5000－05－090410
四川眉山市新筑建设机械有限公司	XZ	XZ90—8 履带式挖掘机	型式试验	达到设计要求，符合相关标准	TX5000－05－090411
德州宝鼎液压机械有限公司	德宝鼎	WY120 履带式挖掘机	型式试验	达到设计要求，符合相关标准	TX5000－05－090412
德州宝鼎液压机械有限公司	德宝鼎	WYL80 轮胎式挖掘机	型式试验	达到设计要求，符合相关标准	TX5000－05－090413
韶关市起重机厂有限责任公司	安泰	SQ20ZB4 型 20t 随车起重机	型式试验	达到设计要求，符合相关标准	TX5000－05－090414
山东新大洋机电科技有限公司	新大洋	XDYCRL4A 蓄电池观光车	型式试验	达到设计要求，符合相关标准	TX5000－05－090415
福建福大机械有限公司	FUDA	FDM880 内燃平衡重式叉车	型式试验	达到设计要求，符合相关标准	TX5000－05－090416
Jungheinrich Moosburg GmbH	Jungheinrich	EFG430 蓄电池平衡重式叉车	型式试验	达到设计要求，符合相关标准	TX4000－05－090417
Jungheinrich Norderstedt AG & Co. KG	Jungheinrich	ETV116 前移式叉车	型式试验	达到设计要求，符合相关标准	TX4000－05－090418
Jungheinrich Norderstedt AG & Co. KG	Jungheinrich	ETV216 前移式叉车	型式试验	达到设计要求，符合相关标准	TX4000－05－090419
山东临工工程机械有限公司	SDLG	LG660—1 履带式挖掘机	型式试验	达到设计要求，符合相关标准	TX5000－05－090420

（续）

企业名称	商　标	检验产品名称及型号	检验类型	检验结论	证书编号
山东临工工程机械有限公司	SDLG	LG660 履带式挖掘机	型式试验	达到设计要求，符合相关标准	TX5000－05－090421
山东临工工程机械有限公司	SDLG	LG6220 履带式挖掘机	型式试验	达到设计要求，符合相关标准	TX5000－05－090422
浙江军联机械电子控股有限公司	军联	JL70 履带式挖掘机	型式试验	达到设计要求，符合相关标准	TX5000－05－090423
浙江军联机械电子控股有限公司	军联	JL55W 履带式挖掘机	型式试验	达到设计要求，符合相关标准	TX5000－05－090424
衡阳市利美电瓶车制造有限责任公司	利美	QSD40 蓄电池牵引车	型式试验	达到设计要求，符合相关标准	TX5000－05－090425
卡特彼勒（中国）投资有限公司	CATERPILLAR	385C FS 履带式挖掘机	型式试验	达到设计要求，符合相关标准	TX5000－05－090426
SUMITOMO NACCO MATERIALS HANDLING CO. LTD	SHINKO	8FB35 蓄电池平衡重式叉车	型式试验	达到设计要求，符合相关标准	TX4000－05－090427
SUMITOMO NACCO MATERIALS HANDLING CO. LTD	SHINKO	8FBR30 前移式叉车	型式试验	达到设计要求，符合相关标准	TX4000－05－090428
浙江杭叉工程机械集团股份有限公司	HC	CPYD70 内燃平衡重式叉车	型式试验	达到设计要求，符合相关标准	TX4000－05－090429
廊坊市管道人机械设备有限公司	管道人	GY 型 70t 履带起重机	型式试验	达到设计要求，符合相关标准	TX4000－05－090430
鞍山海虹农机科技股份有限公司	海虹	ZL16H 轮胎式装载机	型式试验	达到设计要求，符合相关标准	TX5000－05－090431
鞍山海虹农机科技股份有限公司	海虹	H960 轮胎式装载机	型式试验	达到设计要求，符合相关标准	TX5000－05－090432
安徽合力股份有限公司	HELI	CPCD250EC 内燃平衡重式叉车	型式试验	达到设计要求，符合相关标准	TX4000－05－090433
浙江军联机械电子控股有限公司	军联	JL833 轮胎式装载机	型式试验	达到设计要求，符合相关标准	TX5000－05－090434
浙江军联机械电子控股有限公司	军联	JY900 轮胎式装载机	型式试验	达到设计要求，符合相关标准	TX5000－05－090435
浙江军联机械电子控股有限公司	军联	ZL30EFB 轮胎式装载机	型式试验	达到设计要求，符合相关标准	TX5000－05－090436
长葛市金山工程机械制造有限公司	豫能	YN930 轮胎式装载机	型式试验	达到设计要求，符合相关标准	TX5000－05－090437
长葛市金山工程机械制造有限公司	豫能	YN906 轮胎式装载机	型式试验	达到设计要求，符合相关标准	TX5000－05－090438
德州德工机械有限公司	德工	DG956 轮胎式装载机	型式试验	达到设计要求，符合相关标准	TX5000－05－090439
德州德工机械有限公司	德工	DG938 轮胎式装载机	型式试验	达到设计要求，符合相关标准	TX5000－05－090440

（续）

企业名称	商　标	检验产品名称及型号	检验类型	检验结论	证书编号
山东山工机械有限公司	山工	SEM658B 轮胎式装载机	型式试验	达到设计要求，符合相关标准	TX5000－05－090441
山东山工机械有限公司	山工	SEM659B 轮胎式装载机	型式试验	达到设计要求，符合相关标准	TX5000－05－090442
鞍山海虹农机科技股份有限公司	海虹	H760 轮胎式装载机	型式试验	达到设计要求，符合相关标准	TX5000－05－090443
鞍山海虹农机科技股份有限公司	海虹	WZ100 挖掘装载机	型式试验	达到设计要求，符合相关标准	TX5000－05－090444
徐州徐工特种工程机械有限公司	徐工	LW188 轮胎式装载机	型式试验	达到设计要求，符合相关标准	TX5000－05－090445
小松（常州）工程机械有限公司	KOMATSU	WA380—6 轮胎式装载机	型式试验	达到设计要求，符合相关标准	TX5000－05－090446
徐州威克特重工科技有限公司	VICTOR	V333 履带式挖掘机	型式试验	达到设计要求，符合相关标准	TX5000－05－090447
现代（江苏）工程机械有限公司	HYUNDAI	R265LC—9 履带式挖掘机	型式试验	达到设计要求，符合相关标准	TX5000－05－090448
青岛鲁达工程机械制造有限公司	鲁达	ZL30 轮胎式装载机	型式试验	达到设计要求，符合相关标准	TX5000－05－090449
青岛鲁达工程机械制造有限公司	鲁达	ZL18 轮胎式装载机	型式试验	达到设计要求，符合相关标准	TX5000－05－090450
长沙中联重工科技发展股份有限公司	中联	QUY 型 350t 履带起重机	型式试验	达到设计要求，符合相关标准	TX4000－05－090451
杭州友高精密机械有限公司	FEELER	FD160 内燃平衡重式叉车	型式试验	达到设计要求，符合相关标准	TX4000－05－090452
抚顺东跃工程机械制造有限公司	东跃牌	QUY 型 70t 履带起重机	型式试验	达到设计要求，符合相关标准	TX4000－05－090453
徐州华东森田重型机械制造有限公司	TCK	HD1225LC—8H 履带式挖掘机	型式试验	达到设计要求，符合相关标准	TX5000－05－090454
兰考县韶峰机械机电制造有限公司	韶峰	YQ 型—8t 随车起重机	型式试验	达到设计要求，符合相关标准	TX4000－05－090455
山东沃尔华工程机械有限公司	VOLWA	DLS895—7A 轮胎式挖掘机	型式试验	达到设计要求，符合相关标准	TX5000－05－090456
长沙中联重工科技发展股份有限公司	中联	ZE60E 履带式挖掘机	型式试验	达到设计要求，符合相关标准	TX5000－05－090457
长沙中联重工科技发展股份有限公司	中联	ZE80E 履带式挖掘机	型式试验	达到设计要求，符合相关标准	TX5000－05－090458
河南鸿马实业有限公司	鸿马	HMDC—20 蓄电池观光车	型式试验	达到设计要求，符合相关标准	TX6000－05－090459
河南鸿马实业有限公司	鸿马	HMYC—20 内燃观光车	型式试验	达到设计要求，符合相关标准	TX6000－05－090460

（续）

企业名称	商　标	检验产品名称及型号	检验类型	检验结论	证书编号
四川省宜宾普什重机有限公司	普什	PZ85—7 履带式挖掘机	型式试验	达到设计要求，符合相关标准	TX5000－05－090461
四川省宜宾普什重机有限公司	普什	PZ210—7 履带式挖掘机	型式试验	达到设计要求，符合相关标准	TX5000－05－090462
济宁锦发工程机械制造有限公司		QLY 型 5t 轮胎起重机	型式试验	达到设计要求，符合相关标准	TX4000－05－090463
长沙中联重工科技发展股份有限公司	中联	SQ320 型 12t 随车起重机	型式试验	达到设计要求，符合相关标准	TX4000－05－090464
长沙中联重工科技发展股份有限公司	中联	SQ240 型 8t 随车起重机	型式试验	达到设计要求，符合相关标准	TX4000－05－090465
上海三一科技有限公司	三一	SCC500C 型 50t 履带起重机	型式试验	达到设计要求，符合相关标准	TX4000－05－090466
上海三一科技有限公司	三一	SCC800C 型 80t 履带起重机	型式试验	达到设计要求，符合相关标准	TX4000－05－090467
上海宝冶建设有限公司		ZGC60 内燃固定平台搬运车	型式试验	达到设计要求，符合相关标准	TX5000－05－090468
厦门市桥箱机械工业有限公司	YH	YH70D 内燃平衡重式叉车	型式试验	达到设计要求，符合相关标准	TX4000－05－090469
长沙凯瑞重工机械有限公司	CARRIE	PT260 内燃固定平台搬运车	型式试验	达到设计要求，符合相关标准	TX5000－05－090470
浙江绿源电动车有限公司	绿源	DYC—14 蓄电池观光车	型式试验	达到设计要求，符合相关标准	TX6000－05－090471
山东常林机械集团股份有限公司	常林德宝	CL951 轮胎式装载机	型式试验	达到设计要求，符合相关标准	TX5000－05－090472
卡特彼勒（苏州）有限公司	CATERPILLAR	950H 轮胎式装载机	型式试验	达到设计要求，符合相关标准	TX5000－05－090473
河南龙工机械制造有限公司	龙工	ZL50C 轮胎式装载机	型式试验	达到设计要求，符合相关标准	TX5000－05－090474
河南龙工机械制造有限公司	龙工	LG833B 轮胎式装载机	型式试验	达到设计要求，符合相关标准	TX5000－05－090475
重庆宏川机械制造有限责任公司	渝工	ZL15 轮胎式装载机	型式试验	达到设计要求，符合相关标准	TX5000－05－090476
重庆宏川机械制造有限责任公司	渝工	ZL30 轮胎式装载机	型式试验	达到设计要求，符合相关标准	TX5000－05－090477
四川成都成工工程机械股份有限公司	成工	ZL50E—3 轮胎式装载机	型式试验	达到设计要求，符合相关标准	TX5000－05－090478
四川成都成工工程机械股份有限公司	成工	CG932H 轮胎式装载机	型式试验	达到设计要求，符合相关标准	TX5000－05－090479
三一重工股份有限公司	三一	QLY 型 35t 轮胎起重机	型式试验	达到设计要求，符合相关标准	TX4000－05－090480

（续）

企业名称	商　标	检验产品名称及型号	检验类型	检验结论	证书编号
山东力士德机械有限公司	LISHIDE	SC230.8 履带式挖掘机	型式试验	达到设计要求，符合相关标准	TX5000－05－090481
山东力士德机械有限公司	LISHIDE	SC360.7 履带式挖掘机	型式试验	达到设计要求，符合相关标准	TX5000－05－090482
山东力士德机械有限公司	LISHIDE	SC330.7 履带式挖掘机	型式试验	达到设计要求，符合相关标准	TX5000－05－090483
The Raymond Corporation		8600 蓄电池牵引车	型式试验	达到设计要求，符合相关标准	TX5000－05－090484
鞍山海虹农机科技股份有限公司	海虹	WYH60—8 履带式挖掘机	型式试验	达到设计要求，符合相关标准	TX5000－05－090485
鞍山海虹农机科技股份有限公司	海虹	WYH88—8 履带式挖掘机	型式试验	达到设计要求，符合相关标准	TX5000－05－090486
鞍山海虹农机科技股份有限公司	海虹	WYL50 轮胎式挖掘机	型式试验	达到设计要求，符合相关标准	TX5000－05－090487
四川成都成工工程机械股份有限公司	成工	866H 挖掘装载机	型式试验	达到设计要求，符合相关标准	TX5000－05－090488
四川成都成工工程机械股份有限公司	成工	866HTC 挖掘装载机	型式试验	达到设计要求，符合相关标准	TX5000－05－090489
北京万桥兴业机械有限公司		TE900—16 内燃固定平台搬运车	型式试验	达到设计要求，符合相关标准	TX5000－05－090490
哈尔滨工程机械制造有限责任公司	哈工	QLY40H 轮胎起重机	型式试验	达到设计要求，符合相关标准	TX4000－05－090491
长治清华机械厂	沃达特	QHSQ12Z2A 型 12t 随车起重机	型式试验	达到设计要求，符合相关标准	TX4000－05－090492
长治清华机械厂	沃达特	QHSQ10S3B 型 10t 随车起重机	型式试验	达到设计要求，符合相关标准	TX4000－05－090493
厦门市桥箱机械工业有限公司	YH	SZF35 内燃平衡重式叉车	型式试验	达到设计要求，符合相关标准	TX4000－05－090494
铁岭运达汽车起重机有限公司	铁运	SQ 型 12t 随车起重机	型式试验	达到设计要求，符合相关标准	TX4000－05－090495
长沙中联重工科技发展股份有限公司	中联	SQ300H 型 12t 随车起重机	型式试验	达到设计要求，符合相关标准	TX4000－05－090496

〔供稿单位：国家工程机械质量监督检验中心柳林、张正杰、李隽、史文辉、许炜、李晓飞、刘中星、陆晓科、王青松〕

2009 年中国工程机械行业十大新闻

由中国工程机械工业协会主办、工程机械与维修杂志和慧聪工程机械网等 8 家行业媒体联合承办的“中国工程机械十大新闻”评选活动，至今已逾 14 届(1996 ~ 2009 年)。多年的坚持不懈，使该活动已经成为整个产业和市场最为重要的年度事件之一，成为业内人士梳理和总结过去一年产业和市场发展脉络的重要渠道。

1.“成就辉煌——新中国成立 60 周年工程机械行业成就展”与 BICES 2009 同期举行

为向新中国 60 华诞献礼、展现中国工程机械行业 60 年的发展历程和取得的突出成就，由中国机械工业联合会、中国工程机械工业协会联合主办，中国工程机械成套有限公司、中国国际贸易促进委员会机械行业分会联合承办的“成就辉煌——新中国成立 60 周年工程机械行业成就展”于 2009 年 11 月 3 ~ 6 日在北京与 BICES 2009 同期举行。2009 年 11 月 4 日上午，中共中央政治局常委、全国政协主席贾庆林在中国机械工业联合会会长王瑞祥、原机械工业部部长何光远、中国工程机械工业协会会长祁俊等的陪同下专程参观成就展。贾庆林对工程机械行业 60 年来所取得的辉煌成就给予了高度肯定，并鼓励行业企业做强做大。

同期举办的 BICES 2009 展览总面积达 15 万 m^2，近 900 家展商参展，观众超过 78 600 人，展会规模以及展品的技术水平都要高于往届。BICES 2009 无疑成为 2009 年全球金融危机形势下唯一的一场工程机械盛宴。

2.《工程机械制造业三年振兴规划》出台

2009 年 2 月 4 日，国务院审议并原则通过《装备制造业调整和振兴规划》。根据《装备制造业调整和振兴规划》纲要精神，由中国工程机械工业协会组织制定的《工程机械制造业三年振兴规划》随之出台。

三年振兴规划指出工程机械行业振兴的重点在于提高原始创新能力，加强基础技术研究，发展配套用的关键功能部件，进一步延伸产品链和服务链。行业部分产品领域自主研发能力、部分功能部件技术水平要接近国际先进水平，整机产品平均无故障工作时间指标有明显提高；大型施工机械市场需求做到基本自给；外贸出口额占总销售额的比例由 2008 年的 32% 提高到 35% 以上。三年振兴规划同时指出，企业要提高对当前市场和后市场的开发能力，延伸服务链，积极开展再制造工程项目，达到节能降耗的目标。

3. 中国工程机械企业研发逆市上台阶，高技术含量产品层出不穷

2009 年，国际金融危机并没有阻止我国工程机械企业自主创新的步伐，高技术含量的工程机械产品层出不穷。广西柳工机械股份有限公司研制的额定载重量达 11.5t 的 CLG899Ⅲ型轮式装载机，山推工程机械股份有限公司研制的最大功率为 392kW 的 SD52—5 型履带式推土机，徐工集团徐州重型机械有限公司研制的最大起吊质量 500t 的 QAY500 型全地面起重机，上海三一科技有限公司及长沙中联重工科技发展股份有限公司分别研制的国内最大起吊质量 1 000t 级的 SCC11800 型履带式起重机和 QUY1000 型履带式起重机，一拖(洛阳)建筑机械有限公司研制的最大工作质量分别为 28t 和 14t 的 LSD228H 型全液压单钢轮压路机和 LDD314 型全液压双钢轮压路机，安徽合力叉车股份有限公司研制的额定起重量达 46t 的 CPCD460 型内燃平衡重式叉车以及加隆工程机械有限公司研制的生产率达 600t/h 的 CL—7500 型沥青混合料搅拌设备等，这些产品都从一定程度上体现了

2009 年我国工程机械行业技术发展的最新成就。

此外,25 项工程机械产品及技术荣获 2009 年度中国机械工业科学技术奖,其中沈阳重型机械集团有限责任公司的 QJRN—112 型泥水平衡盾构机荣获一等奖。

4. 中国工程机械企业加快海外市场布局的步伐

2009 年,我国工程机械出口急剧下滑,但我国工程机械企业国际化的脚步并没有放缓,反而加快了海外市场布局的步伐。2009 年 1 月 29 日,三一集团有限公司与德国北威州政府签署投资协议,意在在欧洲设立研发及制造基地。2009 年 7 月 8 日,广西柳工机械股份有限公司在印度设立的第一个海外工厂正式开业,该工厂年生产能力可达到 3 000 台装载机。伴随着海外设厂,中国工程机械在产品适应性、服务保障、融资租赁等方面都有了突破。如 2009 年长沙中联重工科技发展股份有限公司分别在澳大利亚、俄罗斯、意大利和美国等国家成立融资租赁公司,并于 5 月底成功操作中国工程机械融资租赁公司海外融资租赁第一单业务。这些都为我国工程机械进一步开拓国际市场开辟了通道。

5. 4 万亿元投资成效显现,全球工程机械市场中国一枝独秀

2008 年年底,我国政府为抗击全球金融危机出台的 4 万亿元投资规划在 2009 年成效显现。尽管 2009 年我国工程机械出口额约为 75 亿美元,同比下降超过 40%,但在投资拉动下的我国工程机械市场呈现出了一枝独秀的活力,2009 年我国工程机械市场再创历史新高,销售收入达 3 100 亿元,同比增长 12% 左右。压路机、摊铺机、旋挖钻机等机种销量同比大幅增加,挖掘机、汽车起重机等机种亦有良好表现。高速铁路建设拉动工程机械市场增长是 2009 年市场的一大亮点。

6. 向上游产业链延伸,工程机械制造商涉足高端液压元件制造领域

我国工程机械产业的发展深受诸如高端液压元件等上游产业链发展落后的制约。2009 年,我国工程机械企业纷纷加大对高端液压件配套领域的投入。

2009 年 3 月,山河智能投资的无锡河山液压机械制造有限公司新生产基地在江阴市正式开工建设,总投资 1.5 亿元,主要研制和生产工程机械配套用的高精度液压元件。2009 年 10 月,柳工董事会审议通过了成立液压元件研发制造基地的投资规划,并计划在柳州设立柳工液压件公司,投资总额约为 4.6 亿元。此外,徐工工程机械科技股份有限公司、长沙中联重工科技发展股份有限公司、三一重工股份有限公司和山推工程机械股份有限公司等企业在高端液压件的研制方面亦有相关动作。

7. 中国工程机械工业协会第四届会员代表大会召开,选举产生新一届理事会

2009 年 10 月 21 日,中国工程机械工业协会第四届会员代表大会在北京召开。按照协会章程规定程序,选举产生了新一届理事会。选举祁俊为协会会长,苏子孟为协会秘书长。聘请刘赞平、许溶烈、杨红旗和韩学松为中国工程机械工业协会第四届理事会名誉会长,韩学松为中国工程机械工业协会第四届理事会首席顾问,陈润余、刘伟为中国工程机械工业协会第四届理事会顾问。

在中国工程机械工业协会第四届会员代表大会前后,中国工程机械工业协会下属分支机构相继召开 2009 年年会,工程机械配套件分会、挖掘机械分会和铲土运输机械分会等分会进行了换届。

8. 徐工集团资产重组上市方案获批

2009 年 6 月 23 日,徐工集团资产重组上市工作得到了中国证监会的批准。该次徐工集团资产重组上市通过将徐工机械所属的徐工重型以及其他工程机械核心业务、优质资产注入到上市公司徐州工程机械科技股份有限公司,从而实现徐工集团工程机械核心业务的整体上市。通过业务和资产的整合以及管理流程的再造,提升上市公司核心竞争力和可持续发展能力,推进体制、机制创新,进而实现徐工集团做强做大的战略目标。

徐工集团工程机械核心业务的整体上市是徐工集团发展历程中的一次重大转折。徐工集团表示,公司将充分利用资本市场平台,加快做强做大的发展步伐，实现2015年1 000亿元的战略目标。

9. 山东重工集团成立

2009年6月13日，山东重工集团在济南揭牌成立。山东重工集团由潍柴控股集团有限公司、山东工程机械集团有限公司和山东汽车集团有限公司等企业全部国有产权组建。

近年来，随着全球经济一体化进程的不断加快，装备制造企业之间的竞争越来越表现为产业链之间的竞争。加快调整装备制造业结构、优化配置各种资源已成为我国装备制造产业升级发展的战略思路。3家企业在产业和产品上具有较强的关联性，重组后的集团公司在产品、技术、市场销售和服务、采购等方面的协同效应将更加突出，将实现存量资产的优化组合，推动增量投入的合理配置。

10. 三一商标之战海外告捷

三一与戴姆勒奔驰的商标之战耗时多年。2009年10月23日，英国伦敦高等法院判决书裁定，驳回戴姆勒奔驰有关三一商标侵权其三叉星商标的诉讼。至此，三一与戴姆勒奔驰的商标之战取得了实质性的胜利。

近年来，我国工程机械行业投入巨资重视自主创新，在构筑核心竞争力的同时，往往忽视了对自身成果的保护。三一商标之战的胜利不仅扫清了三一国际化进程中的一大障碍，同时对国内工程机械企业保护企业无形资产具有一定的借鉴意义。

〔供稿单位：中国工程机械工业协会〕

2009年度和2010年度中国机械工业科学技术奖工程机械行业评审情况

2009年度工程机械行业申报的机械工业科学技术奖项目共43个。其中申报和推荐特等奖项目1个，申报一等奖项目有32个。近几年工程机械行业发展得到了国家有关部门的大力支持，加大了自主创新力度，涌现出一大批新技术、新产品项目。此次申报的43个项目，总体技术水平都比较高，因此获奖比例较高。

现将评审结果公布如下：

获一等奖1项，获二等奖10项，获三等奖14项，获奖项目共计25项，占申报项目数的58.14%。

2009年度中国机械工业科学技术奖工程机械行业获奖项目名单见表1。

表1　2009年度中国机械工业科学技术奖工程机械行业获奖项目名单

项目编号	项目名称	申报单位	获奖等级
0910019	QJRN—112泥水平衡盾构机	沈阳重型机械集团有限责任公司	一等
0910030	DG68登高平台消防车及核心技术的研究应用	徐州重型机械有限公司	二等
0910002	大型工程机械巨型全钢工程子午胎	山东时风(集团)有限责任公司	二等
0910032	大吨位履带起重机关键技术研究及产业化	徐州重型机械有限公司	二等
0910038	ARC300E沥青混合料冷再生搅拌设备	镇江华晨华通路面机械有限公司	二等
0910029	XR280旋挖钻机	徐州徐工筑路机械有限公司	二等
0910016	QAY180全地面起重机	长沙中联重工科技发展股份有限公司	二等
0910012	SM2000路面铣刨机设备研究开发与应用	三一重工股份有限公司	二等
0910001	AMP5000—C型在线自控沥青混合料搅拌设备	无锡雪桃集团有限公司	二等
0910028	XZ320水平定向钻机	徐州徐工筑路机械有限公司	二等

（续）

项目编号	项目名称	申报单位	获奖等级
0910017	YZC12B 双钢轮振动压路机	长沙中联重工科技发展股份有限公司	二等
0910034	挖掘装载机 WZ30—25	常林股份有限公司	三等
0910014	液压承载设备研制及立体施工体系的研究应用	中国电力科学研究院	三等
0910023	XZJ5250ZYS 压缩式垃圾车	徐州徐工随车起重机有限公司	三等
0910025	提高混凝土泵送可靠性关键技术研究及应用	徐州天地重型机械制造有限公司中国矿业大学	三等
0910027	XM130 型铣刨机	徐州徐工筑路机械有限公司	三等
0910004	CLG766 挖掘装载机	广西柳工机械股份有限公司	三等
0910041	碾压混凝土仓面配套设备	中国葛洲坝集团股份有限公司三峡大学	三等
0910006	3304 矿用自卸汽车	内蒙古北方重型汽车股份有限公司	三等
0910009	SD32 履带式推土机	山推工程机械股份有限公司	三等
0910003	YC60 系列液压挖掘机	广西玉柴重工有限公司	三等
0910024	XZJ5310JJH 计量检衡车	徐州徐工随车起重机有限公司	三等
0910042	YZC12 智能化振动压路机	厦工（三明）重型机器有限公司	三等
0910035	RP802 型多功能摊铺机	徐州工程机械科技股份有限公司	三等
0910022	XZJ5082JGK 高空作业车	徐州徐工随车起重机有限公司	三等

2010 年度共推荐一等奖项目 2 个，二等奖项目 8 个；三等奖项目 14 个，推荐获奖项目占申报项目的 57%。这些获奖项目都是经用户使用并得到验证的、可靠的、具有自主创新的产品，代表了我国工程机械行业的发展水平，并且产生了良好的经济效益和社会效益。

2010 年度中国机械工业科学技术奖工程机械行业获奖项目名单见表 2。

表 2　2010 年度中国机械工业科学技术奖工程机械行业获奖项目名单

项目编号	项目名称	申报单位	初评等级
1010039	QAY500 全地面起重机	徐州重型机械有限公司	一等奖
1010016	超高压泵送混凝土成套设备及施工技术	长沙中联重工科技发展股份有限公司	一等奖
1010003	高速铁路板式无碴轨道施工关键设备与技术	三一重工股份有限公司	二等奖
1010014	Ⅰ/Ⅱ—S—L—800 水泥沥青砂浆搅拌车	长沙中联重工科技发展股份有限公司	二等奖
1010002	三桥 46m 混凝土输送泵车	三一重工股份有限公司	二等奖
1010035	RP952 型多功能摊铺机	徐工集团工程机械股份有限公司科技分公司	二等奖
1010021	QUY650 履带起重机	徐工集团工程机械股份有限公司建设机械分公司	二等奖
1010030	GH215 全液压平地机	徐州徐工筑路机械有限公司	二等奖
1010025	特种电动双钢轮双振动压路夯实机	武汉科技大学 泰山泰安工程机械股份有限公司 南海南洋电机电器有限公司 荆州市群力金属制品有限公司	二等奖
1010011	14m 自走式高空作业车	沈阳北方交通重工集团有限公司	二等奖
1010038	XR360 旋挖钻机	徐州徐工基础工程机械有限公司	三等奖
1010034	LSQ066 林业起重机	徐州徐工随车起重机有限公司	三等奖
1010015	TCR6055—32 大型动臂塔机研究与产业化开发	长沙中联重工科技发展股份有限公司	三等奖
1010007	SR33YR 垃圾压实机	山推工程机械股份有限公司	三等奖

（续）

项目编号	项目名称	申报单位	初评等级
1010010	GD2800 水平定向钻机技术	中国建筑科学研究院建筑机械化研究分院 上海谷登建筑机械制造有限公司	三等奖
1010012	J系列沥青混合料搅拌设备研制	中交西安筑路机械有限公司	三等奖
1010041	XZ680 水平定向钻机	徐州徐工基础工程机械有限公司	三等奖
1010018	ZR250 旋挖钻机	长沙中联重工科技发展股份有限公司	三等奖
1010027	XM50 路面铣刨机	徐州徐工筑路机械有限公司	三等奖
1010028	XLZ250 路面冷再生机	徐州徐工筑路机械有限公司	三等奖
1010005	剪切乳化机	太仓液压元件有限公司	三等奖
1010042	陶瓷超大超薄板材冷加工装备	广东科达机电股份有限公司	三等奖
1010019	电解槽集中大修转运系统	株洲天桥起重机股份有限公司 沈阳铝镁设计研究院	三等奖
1010031	XZJ5060JGK 高空作业车	徐州徐工随车起重机有限公司	三等奖

〔供稿单位：中国工程机械工业协会〕

综述篇

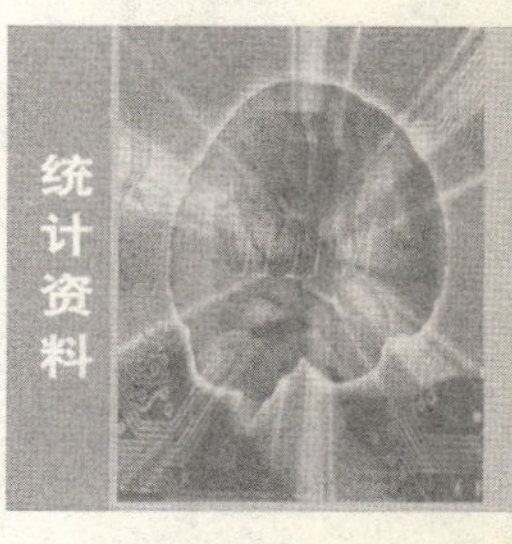

中国工程机械工业年鉴2010

以生产发展情况、市场及销售、产品进出口情况、科技成果及新产品等方面为重点，阐述工程机械行业各分行业2009年的发展状况

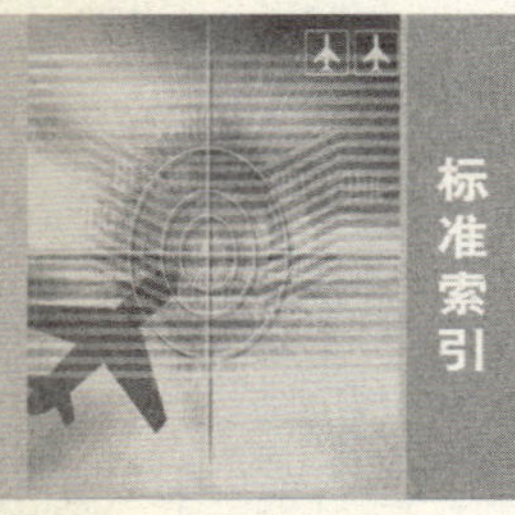

行业篇

挖掘机械
铲土运输机械
工程起重机
工业车辆
路面与压实机械
混凝土机械
凿岩机械与气动工具
桩工机械
工程机械零部件

挖掘机械

生产发展情况

截至2009年底，生产挖掘机的企业有43家，共生产200种以上不同型号和规格的挖掘机产品，单台整机质量为1.3～160t。

2008年全国共生产液压挖掘机87 650台(不包括经济型农用挖掘机)，销售71 476台，其中出口5 275台。2009年全国共销售液压挖掘机(不包括经济型农用挖掘机)92 183台，其中出口1 681台(不包括挖掘装载机)。我国挖掘机产品分类及主要生产企业见表1。

表1　我国挖掘机产品分类及主要生产企业

产品分类	主要生产企业
履带式液压挖掘机	小松山推机械有限公司、小松常州工程机械有限公司、小松优特力机械有限公司、日立建机(中国)有限公司、成都神钢建设机械有限公司、杭州神钢建设机械有限公司、卡特彼勒(徐州)有限公司、斗山工程机械(中国)有限公司、现代(江苏)工程有限公司、现代京城工程机械有限公司、利勃海尔(大连)有限公司、阿特拉斯工程机械有限公司、沃尔沃建筑设备(中国)有限公司、贵州詹阳动力科技有限公司、四川邦立重机有限公司、特雷克斯三河工程机械有限公司、柳州工程机械股份有限公司、厦门工程机械股份有限公司、徐州徐挖约翰迪尔机械制造有限公司、三一重机有限公司、上海彭浦机器厂有限公司、湖南山河智能工程机械有限公司、玉柴工程机械有限责任公司、山东卡特重工有限公司、一拖(洛阳)神通工程机械有限公司、合肥振宇工程机械有限公司、江西南特工程机械有限公司、山重建机有限公司(山东众友工程机械有限公司)、厦门藤田工程机械有限公司、福田雷沃国际重工股份有限公司、住重中骏(厦门)建机有限公司、石川岛中俊(厦门)建机有限公司、竹内工程机械(青岛)有限公司、浙江军联机械电子控股有限公司、久保田(中国)有限公司、山东力士德机械有限公司、徐州恒天德尔重工科技有限公司、广西玉林开元机械有限公司、成都神钢小型挖掘机有限公司、徐州徐工特种工程机械有限公司、上海龙工机械有限公司、长沙中联重工科技发展股份有限公司、徐工集团工程机械股份有限公司
轮胎式液压挖掘机	贵州詹阳动力科技有限公司、斗山工程机械(中国)有限公司、现代(江苏)工程有限公司、成都神钢建设机械有限公司、日立建机(中国)有限公司、合肥振宇工程机械有限公司、山东卡特重工有限公司、沃尔沃建筑设备(中国)有限公司
挖掘装载机	贵州詹阳动力科技有限公司等
水陆两用挖掘机	柳州工程机械股份有限公司、特雷克斯三河工程机械有限公司、常林股份有限公司

市场与销售

20世纪90年代以来，全世界每年挖掘机产量虽然有较大波动(最高年产量20余万台，最低年产量也超过15万台)，但挖掘机的年产量总是远远大于装载机和推土机的年产量。据有关专家估算，全世界各种施工作业场所65%～70%的土方工作量是由挖掘机来完成的。从经济方面考虑，完成同样的土石方施工量(有的土石方施工用装载机、推土机无法完成)，采用挖掘机作业消耗的能量最少，装载机次之，推土机最大。购买一台挖掘机虽然一次性投资比装载机、推土机要大，但投资回收期短，是资金回报率较高的设备。因此，液压挖掘机在各种工程建设领域，特别是在基础设施建设中得到广泛的应用。

自2006年开始，由于国家宏观调控以及主机制造商、代理商促销活动等的刺激，我国挖掘机的内销量以及销售额出现“疯狂”增长的态势。2006年我国国内全部挖掘机企业共内销挖掘机49 625台，2007年内销71 241台，2008年内销71 476台。

2008 年末至 2009 年全年虽受世界金融危机的影响，但我国挖掘机市场 2009 年依然呈现增长态势，内销达 92 183 台，同比增长 28.97%，约为 2006 年的 1.9 倍之多。

挖掘机市场依 2009 年各省、自治区、直辖市销量的不同分为一、二、三级。其中销量突破 4 000 台的省、自治区、直辖市共有 7 个，分别是四川、江苏、安徽、山东、湖北、湖南、云南省，总共销售各类型挖掘机 42 970 台，约占内销总量的 45.94%，为第一级市场；销量 2 000 ~ 4 000 台的省、自治区、直辖市总共有 15 个，分别是河南、内蒙古、陕西、广西、江西、辽宁、浙江、黑龙江、重庆、山西、贵州、河北、吉林、北京、新疆，共计销售各类型挖掘机 41 595 台，占内销总量的 44.47%，为第二级市场；销售量低于 2 000 台的总共有 10 个省、自治区、直辖市以及港澳地区，分别是福建、甘肃、宁夏、上海、广东、青海、海南、天津、西藏、港澳地区，共计销售各类型挖掘机 8 964 台，占内销总量的 9.59%，为第三级市场。2008 ~ 2009 年各省、自治区、直辖市以及港澳地区挖掘机新购数量见表 2。

表 2　2008 ~ 2009 年各省、自治区、直辖市以及港澳地区挖掘机新购数量

（单位：台）

省市名称	2008 年	2009 年	同比增长（%）
北京	1 871	2 093	11.87
天津	587	572	-2.56
河北	3 085	2 455	-20.42
山西	2 618	2 484	-5.12
内蒙古	3 208	3 581	11.63
黑龙江	1 239	2 622	111.62
辽宁	3 054	2 921	-4.36
吉林	1 433	2 156	50.45
上海	947	1 312	38.54
江苏	6 155	7 794	26.63
山东	5 359	5 974	11.48
安徽	5 156	6 383	23.80
浙江	2 096	2 864	36.64
江西	2 343	2 926	24.88
福建	1 231	1 745	41.76

（续）

省市名称	2008 年	2009 年	同比增长（%）
广东	896	1 077	20.20
广西	2 699	3 082	14.20
湖南	2 520	4 031	59.96
湖北	3 228	4 765	47.61
河南	3 428	3 938	14.88
海南	330	584	76.70
四川	5 752	8 654	50.45
云南	2 671	4 023	50.62
贵州	1 535	2 479	61.50
重庆	1 772	2 501	41.14
西藏	81	126	55.56
陕西	1 805	3 425	89.75
宁夏	1 078	1 335	23.84
甘肃	949	1 559	64.28
新疆	1 397	2 068	48.03
青海	356	653	83.43
港澳地区	5	1	-80.00

在挖掘机销量中，履带式挖掘机占绝对主导地位，大大高于轮胎式挖掘机。2008 ~ 2009 年履带式挖掘机与轮胎式挖掘机的市场占有率见表 3。

表 3　2008 ~ 2009 年履带式挖掘机与轮胎式挖掘机的市场占有率

产品名称	市场占有率（%）	
	2008 年	2009 年
履带式挖掘机	95.0	97.8
轮胎式挖掘机	4.0	1.2

从挖掘机吨位细分销量上来看，2009 年，我国挖掘机市场以 20 ~ 30t 挖掘机销量最高，达到 43 064台，比上年增长 32.87%，占比为 46.72%；其次为 6 ~ 10t 挖掘机，市场销量为 24 631 台，比上年增长 61.56%，占比为 26.72%；目前，各机型中占比最小的仍然是 40 吨级以上产品，市场销量为1 951 台，占比仅为 2.12%，同比增长 20.14%。2008 ~ 2009 年我国不同吨位挖掘机新购数量见表 4。

（1）斗山工程机械（中国）有限公司生产的挖掘机产品有近 20 种不同型号规格，品种系列齐全，主要型号有 SI010、SI015、SI018、SI030、SI035，产品

表4 2008～2009年我国不同吨位挖掘机新购数量

（单位：台）

机型吨位	2008年	2009年	同比增长（%）
<6t	8 703	5 312	-38.96
6～10t	15 246	24 631	61.56
10～20t	4 141	6 534	57.79
20～30t	32 411	43 064	32.87
30～40t	9 351	10 691	14.33
>40t	1 624	1 951	20.14
合　计	71 476	92 183	28.97

以出口为主。2003～2008年该公司液压挖掘机销售量连续7年保持同行业第一。2003年销售量为6 116台，2004年销售量为6 310台，2005年销售量为6 085台，2006年销售量为8 350台，2007年销售量为11 594台，2008年销售量为12 745台，2009年销售量为14 829台，同比每年（2005年除外）都在增长。

（2）日立建机（中国）有限公司（原合肥日立挖掘机有限公司）2004年销售液压挖掘机4 580台，2005年为4 219台，2006年为5 675台，2007年为9 022台，2008年为10 520台（包括原装进口机销售量），而2009年达到11 374台，产值、利润均位于全行业前列。

（3）玉柴工程机械有限责任公司是我国生产全系列小型挖掘机的企业之一，其主要产品有：YC13、YC18、YC25、YC35、YC55、YC65、YC85、YC135等多功能全液压挖掘机，2005年玉柴陆川小型液压挖掘机生产基地建成，已形成年产销小型挖掘机5 000台的能力，2008年中型挖掘机投入市场。1991年玉柴即开始出口小型液压挖掘机，畅销欧洲、北美等20多个国家和地区，至今累计创汇超过1亿美元，2004年出口小型液压挖掘机577台，2005年出口量又有新的增长；2009年出口量略有下降，这与国际金融危机导致国际市场需求锐减有直接的关系。自1991年至今，玉柴小型液压挖掘机已累计出口创汇超过1亿美元。

（4）贵州詹阳动力科技有限公司（原贵州矿山机器厂）是我国最早生产液压挖掘机的大型企业之一。该公司生产的轮胎式液压挖掘机数量、品种和市场占有率均居全行业首位。该公司每年均推出新的机型和品种，前几年刚刚研制成功的高速挖掘机，其行驶速度超过50km/h；2004年研制成功的集多项最新技术的高速挖掘机，其行驶速度已达100km/h，现均已批量生产。

（5）小松（中国）投资有限公司下属有小松山推工程机械有限公司、小松常州工程机械有限公司以及生产小型挖掘机的小松优特力机械有限公司。小松山推工程机械有限公司主要生产整机质量为20～22t的履带式液压挖掘机以及各种变型产品。该公司近年推出的新一代配备GPS定位、监控系统的PC-8系列液压挖掘机，国内市场占有率居同行业、同类产品前列；小松常州工程机械有限公司主要生产较大型的PC270—8、PC300—8、PC360—7等规格的液压挖掘机；小松优特力机械有限公司则生产PC35、PC55、PC60、PC65等小型液压挖掘机。

（6）三一重机有限公司生产的“SY”系列挖掘机经过几轮改进和技术攻关，从2004年正式以崭新的面貌参与中国挖掘机市场的竞争。2004年国内销售量为400余台，2005年销售量为489台，2006年销售量为873台，2007年达到1 853台，2008年为3 217台，2009年为6 205台，短短5年的时间取得了不俗的成绩。三一重机昆山挖掘机生产基地建成，为“三一”挖掘机产销超万台奠定了坚实的基础。

（7）现代（江苏）工程机械有限公司和现代京城工程机械有限公司均生产“现代”品牌的液压挖掘机。现代京城工程机械有限公司还生产“现代”品牌的叉车。现代（江苏）工程机械有限公司是韩国现代公司与江苏常林股份有限公司的合资企业，以生产重型液压挖掘机为主。现代京城工程机械有限公司则是韩国现代公司与北京京城控股有限公司共同出资建立的合资企业，以生产小型液压挖掘机为主，也生产叉车，叉车的年产量高达数千台，该公司的小型挖掘机与叉车的发展速度都很快。

（8）成都神钢建设机械有限公司是日本神钢公司与成工集团双方出资建立的合资公司，杭州神钢建设机械有限公司则是以日本神钢公司与日本丰田公司为主要出资方建立的建设机械（主要为液压挖掘机）生产企业。成都神钢建设机械有限公司近年来发展速度平稳，“SK”系列液压挖掘机的质量和服务水平处于行业前列。

（9）柳州工程机械股份有限公司生产中国品牌的液压挖掘机。由于产品起点高，价格合理，重视产品售后服务，销售量不断扩大。2007 年柳州工程机械股份有限公司挖掘机销量达到 2 114 台，2008 年为 2 579 台，2009 年为 3 005 台，成为本土企业的佼佼者。2006～2009 年连续 5 年先后中标国家采购项目，并有较大批量的液压挖掘机出口。

（10）卡特彼勒（徐州）有限公司 2007 年生产近 30 个型号的履带式液压挖掘机，其产品通过 4 个外资代理商销售，区域划分明确，运作正规。该公司 2006 年销售量为 4 477 台（包括出口量），2007 年则达到 5 471 台（包括出口量），2008 年为 5 370台，2009 年达到 6 112 台。

（11）四川邦立重机有限公司是由原来的长江挖掘机厂改制后组建的股份公司，主要生产大型液压挖掘机。挖掘机采用柴油机驱动和电动机驱动两种方式，最近先后开发成功的整机质量为 100t、120t 和 165t 的全液压挖掘机填补了国内空白，可以替代进口。2009 年国内主要企业挖掘机销售量见表 5。

表 5　2009 年国内主要企业挖掘机销售量

（单位：台）

公司名称	销量
斗山工程机械（中国）有限公司	14 829
小松（中国）投资有限公司	14 782
日立建机（中国）有限公司	11 374
成都神钢建设机械有限公司	7 690
三一重机有限公司	6 205
卡特彼勒（徐州）有限公司	6 112
现代（江苏）工程机械有限公司	5 899
玉柴工程机械有限公司	4 470
现代京城工程机械有限公司	4 202
沃尔沃建筑设备（中国）有限公司	3 357
福田雷沃国际重工股份有限公司	3 099
柳州工程机械股份有限公司	3 005
湖南山河智能工程机械有限公司	2 932
住重中骏（厦门）建机有限公司	1 587
厦工机械股份有限公司	1 215
广西开元机器制造有限公司	826
山东众友工程机械有限公司	780
山东力士德机械有限公司	652
山东卡特重工有限公司	624
徐州徐挖约翰·迪尔机械制造有限公司	472
上海彭浦机器厂有限公司	433
利勃海尔机械（大连）有限公司	212
阿特拉斯工程机械有限公司	203

产品进出口情况

2005 年全行业出口挖掘机 3 839 台，2006 年出口达 8 004 台，比上年增长 108%；2007 年出口 8 709台，比上年增长 8.8%；2008 年出口 5 275 台，比上年下降 39.4%。2009 年受世界金融危机的影响，各机型吨位出口量均下滑，仅出口 1 681 台，同比下降 68.13%。但逐月下滑的程度越来越小，说明经济形势转好。2009 年各机型吨位进口量除 6t 以下吨位进口量为负增长外，其他机型均为正增长。2008～2009 年我国挖掘机按吨位计进出口量见表 6。

科技成果及新产品

2009 年我国挖掘机主要生产企业推出的新产品有：

（1）斗山工程机械（中国）有限公司新推出 DH370LC—7、DH420LC—7、DH500LC—7、DX225LC、DX300LC、DH80—7、DH215—7 等新机型挖掘机。

（2）日立建机（中国）有限公司推出 ZAXIS60、ZX360H—3BE 等新型挖掘机。

（3）卡特彼勒（徐州）有限公司推出 320D 系列中型液压挖掘机，共有三款：标准回转半径的 320DL、小回转半径的 320D LRR 以及紧凑型的 321D LCR。新的 D 系列产品的特点是高性能和多功能。新款的挖掘机配有带 ACERT 技术的 C6.4

表6 2008~2009年我国挖掘机按吨位计进出口量

机型吨位	出口量			进口量		
	2008年	2009年	同比增长(%)	2008年	2009年	同比增长(%)
<6t	1 934	728	-62.36	213	124	-41.78
6~10t	402	114	-71.64	733	1 070	45.98
10~20t	95	34	-64.21	345	710	105.80
20~30t	2 257	557	-75.32	1 740	2 609	49.94
30~40t	560	237	-57.68	692	878	26.88
>40t	27	11	-59.26	292	395	35.27
合　计	5 275	1 681	-68.13	4 015	5 786	44.11

发动机，可提高燃油效率并减少排放。320D L、320D LRR和321D LCR的驾驶室作了新的设计，更加宽敞、安静、舒适，座椅和扶手都可调整，并提供选装的带加热器和气垫的座椅，以及全自动气候控制装置，可调节温度和空气流通，挖掘机发动机功率增加7%以上，提高了铲斗的起掘力、提升力和牵引力，并减少了工作循环时间，设备的效率得到大幅提高，举升增强模式在新的D系列机型中成为标准配置。

(4)成都神钢建设机械有限公司推出SK350LC液压挖掘机、SK480LC液压挖掘机及系列小型挖掘机等产品。

(5)小松(中国)投资有限公司推出PC650LC履带式液压挖掘机及PC200—8混合动力履带式液压挖掘机，并在中国地区推出首台油电混合动力挖掘机PC200—8Hybrid。小松PC200—8Hybrid油电混合动力挖掘机采用电驱动回转技术，挖掘机的回转由一台电动机驱动，能将挖掘机回转时的惯性动能收集利用，减少油压的损耗，同时配备4缸低速发动机，减速时发动机运转速度自动降低，比同等型号的一般挖掘机减少20%左右的燃油消耗，并可减少25%的二氧化碳排放量。

(6)现代京城工程机械有限公司新推出现代ROBEX60-9小型挖掘机、ROBEX-9系列中小型及轮胎式挖掘机、ROBEX-9系列中大型挖掘机及加长臂挖掘机。这些新型挖掘机代表了公司的最新研发技术。

(7)三一重机有限公司推出SY55C、SY75C、SY135C、SY330C、SY700C等型号的挖掘机，并且推出了一款混合动力挖掘机SY215C。SY215C-9履带式液压挖掘机获得2009年第十届北京国际工程机械展览会“工程机械造型及外观质量评比”特等奖。

(8)贵州詹阳动力科技有限公司推出JY670履带式液压挖掘机、JY608G高速履带式挖掘机、JYL621H混合动力挖掘机。这三种机型均为公司2009年新研制的产品。

(9)厦工机械股份有限公司推出XG833、XG825LC、XG822LC、XG815、XG808等系列挖掘机。

〔撰稿人:中国工程机械工业协会挖掘机械分会李宏宝〕

铲土运输机械

铲土运输机械包括装载机、推土机、平地机、铲运机、翻斗自卸车等几大类产品。其中装载机产量多，规模大，其次是推土机、平地机、翻斗自卸车。

2009年铲运机械行业受国际金融危机影响最大，装载机销量同比下降11.9%，推土机下降1.3%。其中以平地机最为突出，2009年销量由2008年的4 239台锐减到3 242台，下降25.5%。关键是出口量减少太多，由2008年的2 327台降到

1 130 台，减少 1 197 台，下降 51.4%；出口量占总销量的比重由 2008 年的 53.8% 下降至 34.9%。

国家投入 4 万亿元应对国际金融危机的政策措施在 2009 年作用凸显，装载机从 2008 年第四季度月销量不足万台(11 月份仅销 6 859 台)，逐渐回升到月销量过万台，2009 年 12 月份月销量达15 279台，恢复到正常水平，年销量虽仍保持144 965台，但同比仍下降两位数。推土机由于年销量不足 9 000台，同比略低于 2008 年水平；2008 ~ 2009 年铲土运输机械分类产品产、销、出口情况见表 1。

表 1　2008 ~ 2009 年铲土运输机械分类产品产、销、出口情况

指标名称		产量(台)	销量(台)	出口量(台)	出口额(台)
装载机	2009 年	143 346	144 965	13 701	50 382
	2008 年	163 968	164 620	15 294	58 704
	比上年增长(%)	−12.6	−11.9	−10.4	−14.2
推土机	2009 年	8 836	8 610	2 281	22 941
	2008 年	8 846	8 722	2 911	29 832
	比上年增长(%)	−0.1	−1.3	−21.6	−23.1
平地机	2009 年	3 181	3 242	1 130	6 181
	2008 年	4 259	4 329	2 327	12 768
	比上年增长(%)	−25.3	−25.5	−51.4	−51.6

注：本表数据产量、销量来源于行业协会；出口量及出口金额来源于海关数据。

2009 年，工程机械行业积极应对国际金融危机和出口量骤减的影响，加大了技术创新活动，厦工开发的 XG955Ⅲ型天然气轮式装载机属于新能源创新产品；柳工开发的 CLG856 型装载机市场销量好，获得市场表现金奖。经业内专家评议，万邦重科的 MG185E 智能化平地机、彭浦的 PD320Y—1 型推土机、山猫的 S300 型轮胎滑移装载机、厦工的 XG904 微型净液压 CG955—50PER 型轮式装载机、雷沃的 ETX956 轮式装载机、临工的 LG953Ⅰ节能型装载机、常林的 718 平地机、山推的 SD52—5 型履带式推土机都属于行业内的优秀产品。2009 年铲土运输机械企业主营业务收入、利润总额情况见表 2。2008 ~ 2009 年铲土运输机械企业主要产品销量情况见表 3。

表 2　2009 年铲土运输机械企业主营业务收入、利润总额情况

序号	企业名称	主营业务收入(万元)	利润总额(万元)	综合指数(%)
1	广西柳工机械股份有限公司	1 018 296.0	103 229.0	246.9
2	成都神钢工程机械(集团)有限公司	878 755.0	75 795.0	144.1
3	山推工程机械股份有限公司	699 441.0	48 991.0	276.2
4	中国龙工控股有限公司	690 100.0	90 588.0	124.4
5	厦门厦工机械股份有限公司	531 666.0	14 044.0	168.7
6	山东临工工程机械有限公司	360 825.0	29 335.0	217.8
7	山东常林机械集团股份有限公司	328 358.0	7 272.0	131.6
8	山东山工机械有限公司	186 648.0	3 722.0	196.7
9	内蒙古北方重型汽车股份有限公司	186 311.0	6 387.0	243.3
10	郑州宇通重工有限公司	165 909.0	4 273.0	186.3
11	常林股份有限公司	161 158.0	6 775.0	147.0
12	徐州华东机械厂	71 298.7	1 252.5	172.5
13	上海彭浦机器厂有限公司	63 273.2	47.4	42.6

（续）

序号	企业名称	主营业务收入（万元）	利润总额（万元）	综合指数（%）
14	福建晋工机械有限公司	60 298.6	3 696.5	196.6
15	河北宣化工程机械股份有限公司	57 869.0	1 523.0	91.1
16	湘电集团有限公司	46 622.0		
17	天津建筑机械厂	43 513.0	472.0	140.2
18	山东德工机械有限公司	36 100.0	2 018.0	146.4
19	鼎盛天工工程机械股份有限公司	25 379.0		
20	本溪北方机械重汽有限责任公司	22 752.8		81.3
21	杭州武林机器有限公司	20 156.1	11.2	84.7
22	北京首钢重型汽车制造股份有限公司	17 020.2	2 091.5	
23	内蒙古一机集团大地工程机械有限公司	15 196.0	204.0	66.3
24	中环动力（北京）重型汽车有限公司	14 241.2	10.0	71.1
25	浙江军联机械电子控股有限公司	12 559.0	403.0	132.5
26	厦门市装载机有限公司	12 507.0	506.0	271.0
27	徐州金正公路工程机械有限公司	7 169.2	113.1	52.0
28	鞍山强力重工有限公司	6 084.0		
29	烟台工程机械有限公司	1 952.7		-90.1
30	鞍山海虹农机科技有限公司	1 883.0	55.0	153.9
		5 743 341.7	402 814.2	

表3　2008～2009年铲土运输机械企业主要产品销量情况

序号	企业名称	2009年（台）	2008年（台）	同比增长（%）
1	成都神钢工程机械（集团）有限公司	38 969	10 218	281.4
2	广西柳工机械股份有限公司	29 754	29 126	2.2
3	中国龙工控股有限公司	25 230	29 087	-13.3
4	厦门厦工机械股份有限公司	22 058	25 016	-11.8
5	山东临工工程机械有限公司	16 737	18 299	-8.5
6	山推工程机械股份有限公司	9 215	4 602	100.2
7	常林股份有限公司	5 630	6 988	-19.4
8	山东常林机械集团股份有限公司	1 409	2 260	-37.7
9	山东山工机械有限公司	7 425	11 867	-37.4
10	内蒙古北方重型汽车股份有限公司	400		
11	郑州宇通重工有限公司	1 664	2 504	-33.5
12	徐州华东机械厂	117		
13	上海彭浦机器厂有限公司	476	672	-29.2
14	福建晋工机械有限公司	3 543	2 983	18.8
15	河北宣化工程机械股份有限公司	1 205	1 303	-7.5
16	湘电集团有限公司	59		
17	天津建筑机械厂	833	853	-2.3
18	山东德工机械有限公司	1 820		
19	鼎盛天工工程机械股份有限公司	635	921	-31.1
20	本溪北方机械重汽有限责任公司	10		

（续）

序号	企业名称	2009 年(台)	2008 年(台)	同比增长(%)
21	杭州武林机器有限公司	162	174	-6.9
22	北京首钢重型汽车制造股份有限公司	90		
23	内蒙古一机集团大地工程机械有限公司	221	247	-10.5
24	中环动力(北京)重型汽车有限公司	197		
25	浙江军联机械电子控股有限公司	21	344	-93.9
26	厦门市装载机有限公司	902	906	-0.4
27	徐州金正公路工程机械有限公司	268	195	37.4
28	鞍山强力重工有限公司	29	62	-53.2
29	烟台工程机械有限公司	234	311	-24.8
30	鞍山海虹农机科技有限公司	141		

〔撰稿人:中国工程机械工业协会杨宝德〕

工程起重机

我国工程起重机主要指流动式起重机:包括汽车起重机、全路面起重机、履带起重机、随车起重机、越野轮胎起重机和轮胎起重机。从 2003 年起,全行业已经经历连续 7 年的高速发展。2003 ~ 2006 年工程起重机年销量突破万台,2007 ~ 2008 年销量突破 2 万台,2009 年销量又突破 3 万台,又登上一个新台阶。

2008 年,全行业上半年经历了超高速发展,下半年随着世界金融危机的爆发和蔓延,对中国经济的影响逐步显现,我国起重机市场从增速放缓,到严重下滑,但受益于上半年销量的高速增长,全年销量仍保持正增长。2009 年,在国家拉动内需政策的引领下,行业企业挑战危机,抓住机遇,从下半年全行业逐步走出低谷,企稳回升。

据工程起重机分会统计,2009 年,销售收入 311.3 亿元,同比增长 14.2%;利润总额 29.1 亿元,同比增长 11.6%。四大类起重机(汽车起重机、履带起重机、随车起重机和轮胎起重机)共销售 3 万多台,同比增长 19.2%。2008 ~ 2009 年我国工程起重机行业主要经济指标见表 1。

表 1　2008 ~ 2009 年工程起重机行业主要经济指标

	产品销售收入(万元)	工业总产值(万元)	工业增加值(万元)	利润总额(万元)	产品销量(台)
2009 年	3 113 184	3 151 313	548 150	291 220	33 367
2008 年	2 726 616	2 774 187	438 409	260 943	27 999
同比增长(%)	14.2	13.6	25	11.6	19.2

主机生产企业概况

2009 年,龙头企业徐工集团徐州重型机械厂的销售收入同比增长 19.5%,占全行业销售收入的 57.6%;利润总额同比增长 28.5%,占全行业利润总额的 70.7%。稳居行业第二位的长沙中联重工科技发展股份有限公司起重机分公司的销售收入同比增长 26.2%,利润总额同比下降了 8.4%。履带起重机生产厂上海三一科技有限公司、抚顺挖掘机制造有限公司销售收入和利润总额同比都略有下降。徐州徐工随车起重机有限公司是国内第一大随车起重机生产企业，2009 年销售收入同比仅增长 0.2%，利润总额增长高达 30%。

2008 年，柳工机械股份有限公司并购蚌埠振冲工程机械有限公司，抚顺挖掘机制造有限公司并购锦州华元重型机械股份有限公司，产业结构调整的效应在 2009 年得到充分显现。并购后组建的安徽柳工起重机有限公司 2009 年销售收入同比增长 72.7%，汽车起重机销售量同比增长 62%；辽宁抚挖锦重机械有限公司迅速恢复生产，销售汽车起重机 297 台，同比增长 234.0%。三一汽车起重机械有限公司 2009 年销量全面提升，销售收入跃居汽车起重机生产企业的第三位。京城重工恢复汽车起重机整机生产，当年就取得销售 83 台的好成绩。另一方面，仍有一些企业举步维艰，这些企业的产业结构和产品结构调整迫在眉睫。2008～2009 年工程起重机行业销售收入前 10 位企业的主要经济指标见表 2。

表 2　2008～2009 年工程起重机行业销售收入前 10 位企业的主要经济指标

序号	生产企业	产品销售收入（万元）		工业总产值（万元）		工业增加值（万元）		利润总额（万元）	
		2009 年	2008 年	2009 年	2008 年	2009 年	2008 年	2009 年	2008 年
1	徐州重型机械有限公司	1 792 933	1 500 251	1 789 531	1 513 027	228 753	165 006	205 783	160 107
2	中联重科浦沅分公司	722 518	572 321	747 307	543 559	166 104	105 361	72 886	79 590
3	上海三一科技有限公司	170 804	184 502	215 019	218 000	76 866	52 246	6 726	6 904
4	三一汽车起重机械有限公司	141 930	75 498	150 116	76 330	46 533	23 743	12 472	3 335
5	抚顺挖掘机制造有限公司	106 250	119 224	98 350	171 599	34 325	61 907	10 770	11 921
6	四川长江起重机有限责任公司	75 063	104 320	50 584	83 589	11 783	22 356	1 358	7 116
7	安徽柳工起重机有限公司	49 190	28 489	57 588	29 721	3 420	465	2 507	140
8	徐州徐工随车起重机有限公司	30 822	30 759	34 171	31 219	8 212	6 521	1 639	1259
9	马尼托瓦克东岳重工有限公司	25 369	30 714	24 171	29 486	1 869	2 590	－3 911	－4 555
10	北起多田野（北京）起重机有限公司	22 580	36 520	21 902	35 997	771	5 198	－1 155	2 355

市场销售情况

据工程起重机分会对会员单位的统计，2009 年，销售各类移动式起重机 33 367 台，同比增长 19.2%。受国际、国内市场的影响，五大类起重机的销量很不平衡。2009 年汽车起重机销售 27 062 台，同比增长 26.4%；全地面起重机销售 202 台，同比增长高达 96.1%；随车起重机销售 4 945 台，同比增长 7.3%；履带起重机销售 1 047 台，同比下降 36.5%；轮胎起重机销量仅 111 台，同比下降 51.7%。2009 年工程起重机销售情况见表 3。

表 3　2009 年工程起重机销售情况

产品名称	销售量（台）			各类产品占比（%）	
	2009 年	2008 年	同比增长（%）	2009 年	2008 年
汽车起重机	27 062	21 409	26.4	79.5	76.4
全地面起重机	202	103	96.1	0.7	0.4
随车起重机	4 945	4 609	7.3	16.0	16.5
履带起重机	1 047	1 648	－36.5	3.4	5.9
轮胎起重机	111	230	－51.7	0.4	0.8
合计	33 367	27 999	19.2	100.0	100.0

注：表 3 数据包括出口量。

1. 汽车起重机和全地面起重机

我国工程起重机的主导产品汽车起重机，连续 5 年销售超过万台，其中 2008 年和 2009 年销售超过 2 万台。2009 年，汽车起重机出口减少，但国内销量增长幅度较大，除 1、2 月外，每月销量均超过 2 100台，其中峰值出现在 3 月，销量达到 3 095 台。从 5 月份起累计销量已达到上年同期水平，带领全行业走出谷底；下半年销量一路攀升，全年增长幅度达到 26.4%。由于国内高铁建设和城镇化建设的有力拉动，25t 以下的汽车起重机销量增幅高于平均增幅成为一大特点。8t、12t、20t、25t 汽车起重机同比增长分别为 28.0%、34.3%、78.9% 和 34.3%，而 50t 同比下降 38.7%。其产品销售结构与往年有所不同。

2009 年，130 ~ 500t 全地面起重机共销售 202 台，同比增长 96.1%。大型全地面起重机的迅速发展成为我国起重机行业的一大亮点。徐工集团徐州重型机械有限公司已开发出 25t、50t、130t、160t、200t、240t、300t、400t、500t 全地面起重机产品，巩固并扩大了国内市场，而且有一定数量的出口。中联起重机分公司也成功地将 180t 和 220t 全地面起重机推向市场。

汽车起重机的生产集中度较高，目前我国汽车起重机的生产企业虽有十几家，但排在前四位企业的产品销售量之和占全行业的 89.4%，比 2008 年提高 2.3 个百分点。徐州重型机械有限公司的销售量占比已连续 4 年占全行业的 1/2，2009 年达到 57.2%，比上年又提高 0.9 个百分点。2009 年销量 1 000 台以上企业的汽车起重机销售量和市场占有率（按销售台数）见表 4。

表 4　2009 年销量 1 000 台以上企业的汽车起重机销售量和市场占有率

企业名称	销售量（台）			市场占有率（%）	
	2009 年	2008 年	同比增长（%）	2009 年	2008 年
徐州重型机械有限公司	15 596	12 116	21.7	57.2	56.3
中联重科工程起重机分公司	6 286	4 713	20.4	23.0	21.9
三一汽车起重机械有限公司	1 300	801	62.3	4.8	3.7
安徽柳工起重机有限公司	1 199	888	35.0	4.4	4.1
四川长江工程起重机有限责任公司	1 066	1 102	-3.3	3.9	5.1
其他企业	1 817	2 608	-30.3	6.7	9.2
合　　计	27 264	21 512	26.7	100.0	100.0

注：表中数据包括全地面起重机。

汽车起重机国内销售区域

汽车起重机国内销售区域覆盖 30 个省、自治区、直辖市。2009 年，销售量最大的省份是山东，其次是江苏、河北、广东、四川等省。销售量较少的省份仍然是贵州、青海、海南等省。山东、江苏、广东、四川、北京、陕西、河南等省市的销售量有大幅度的提高。2009 年汽车起重机国内市场占有率前 10 位省市见表 5。

表 5　2009 年汽车起重机国内市场占有率前 10 位省市

名次	2009 年		2008 年	
	区域	占有率（%）	区域	占有率（%）
1	山东	8.1	山东	8.8
2	江苏	8.0	江苏	8.1
3	河北	6.0	河北	6.9
4	广东	5.0	辽宁	5.5
5	四川	4.8	广东	4.7
6	河南	4.7	新疆	4.6
7	陕西	4.6	安徽	4.1
8	北京	4.3	陕西、河南、四川黑龙江	4.0
9	辽宁	4.2	山西	3.6
10	安徽	3.7	浙江	3.4

注：表中数据包括全地面起重机。

2. 履带起重机

由于石油、化工、能源等行业以及大型市政建设的持续快速发展，极大地刺激了我国履带起重机市场。从 2006 年开始，履带起重机的产销量增长非常快。

2008 年，销售履带起重机 1 648 台，比上年增长 68.9%，创历史最高纪录。2008 年，履带起重机出口台数占总销售量的50%。而2009年履带起重机出口量大大减少，致使全年仅销售履带起重机1 047台，同比下降36.5%。但是，特别引人关注的是，2009年我国企业进一步加大了对大吨位履带起重机的研发和生产力度，产品系列进一步完善，又增加了260t、280t、500t、650t和750t几个新系列产品，国内市场对大吨位履带起重机的进口依赖进一步减弱。由于我国风电、核电设备行业的快速发展和大型一体化吊装模式的应用，对大吨位履带起重机的需求进一步增加。2009年，260t至500t履带起重机共销售139台，同比增长297%。我国履带起重机主要生产企业有抚顺挖掘机制造有限责任公司、上海三一科技有限公司、徐州重型机械有限公司、中联重科起重机分公司等。2009年履带起重机销售量前4家生产企业见表6。

表6　2009年履带起重机销售量前4家生产企业

企业名称	销售量(台)		
	2009年	2008年	同比增长(%)
抚顺挖掘机制造有限公司	314	530	-40.8
上海三一科技有限公司	298	436	-31.7
徐州重型机械有限公司	181	405	-55.3
中联重科起重机分公司	171	239	-28.4

3. 随车起重机

2009年，受世界金融危机的影响，随车起重机共计销售量4 945台，同比增长仅7.3%，是增速最低的一年。龙头企业徐州徐工随车起重机有限公司在行业销售量中继续保持第一位，2009年销售量同比增长11.8%。湖南中联重科专用车有限公司逆势而上，发展迅速，销售量同比增长117%。2009年随车起重机主要生产企业的销售量见表7。

表7　2009年随车起重机主要生产企业的销售量

生产企业	销售量(台)	
	2009年	2008年
徐州徐工随车起重机有限公司	2 348	2 100
石家庄煤矿机械有限责任公司	1 322	1 401
牡丹江专用汽车制造有限公司起重机厂	548	600
湖南中联重科专用车有限公司	540	249

产品出口情况

2008年，我国工程起重机产品出口大幅度增长，创历史最高纪录，而进口呈下降的态势。2008年，全行业出口各类工程起重机5 008台，比上年增长58%；出口总额超过82亿元，同比增长88.0%，已占行业销售收入的30%，出口成为行业重要的经济增长点。2009年，世界经济的衰退对我国工程起重机的出口产生重大的负面影响，出口明显下滑，出口量同比下降64.8%，出口额同比下降67.0%，全年无复苏迹象。2009年工程起重机产品出口情况见表8。

表8　2009年工程起重机产品出口情况

	台数		同比增长(%)
	2009年	2008年	
总　　计	1 762	5 008	-64.8
汽车起重机	1 289	3 434	-62.5
随车起重机	228	678	-66.4
履带起重机	165	825	-80.0
其他工程起重机	80	71	12.7

科技成果及新产品

2009年，工程起重机行业推出了众多新产品：中联重科工程起重机分公司推出我国最大吨位的75t越野轮胎起重机、350t全地面起重机和1 000t履带起重机成功下线，260t盾构吊装专用履带起重机投放市场；徐工重型机械有限公司的400t、500t全地面起重机投放市场；上海三一科技有限公司研发成功1 180t的履带起重机，并生产和销售了我国第一台280t专门针对风力发电设备吊装的履带起重机。全行业在发展大型履带起重机和大型全地面起重机领域中取得了丰硕的科技成果。

〔撰稿人：中国工程机械工业协会工程起重机分会沈永明〕

工业车辆

工业车辆包括内燃(柴、汽油机)叉车、电动(蓄电池-电动机)叉车、混合动力(汽油机+液化气)叉车和无动力搬运装卸车辆,是物流行业中最基本的重要装备。在我国经济持续稳定快速发展和全行业的共同努力下,2009年我国不仅已成为世界第一大工业车辆消费国,同时也成为世界第一大工业车辆的生产和制造基地。

一、生产发展情况

随着我国物流业越来越受到各行各业的重视,物流装备产品产量和技术水平得到快速提升,工业车辆行业也成为各行业关注的焦点。2009年,虽然受世界金融危机的影响,但国内外企业对工业车辆行业的投资热情依然高涨,目前包括17家独、合资企业在内共100多家企业从事工业车辆产品的生产、制造。工业车辆产品分类及主要生产企业见表1。

表1　工业车辆产品分类及主要生产企业

产品分类	企业名称
内燃叉车	安徽叉车集团有限责任公司
	浙江杭叉工程机械集团股份有限公司
	大连叉车有限责任公司
	台励福机器设备(青岛)有限公司
	龙工(上海)叉车有限公司
	广西柳工机械股份有限公司
	凯傲宝骊(江苏)叉车有限公司
	厦门厦工叉车有限公司
	江苏靖江叉车有限公司
	浙江省美科斯叉车有限公司
	安徽江淮银联重型工程机械有限公司
	上海上力叉车有限公司
	山推工程机械股份有限公司
	杭州友高精密机械有限公司

(续)

产品分类	企业名称
内燃叉车	一拖(洛阳)搬运机械有限公司
	山东光明机器制造有限公司
	安徽合叉叉车有限公司
	湖南山河智能机械股份有限公司
	林德(中国)叉车有限公司
	丰田产业车辆(上海)有限公司
	小松叉车(上海)有限公司
	上海海斯特叉车制造有限公司
	梯西埃姆(安徽)机械有限公司
	北京现代京城工程机械有限公司
	斗山工程机械(中国)有限公司
电动叉车(包括电动平衡重乘驾式叉车、电动乘驾式仓储叉车、电动步行式仓储叉车)	林德(中国)叉车有限公司
	浙江杭叉工程机械集团股份有限公司
	安徽叉车集团有限责任公司
	上海力至优叉车制造有限公司
	丰田产业车辆(上海)有限公司
	永恒力叉车(上海)有限公司
	上海海斯特叉车制造有限公司
	小松叉车(上海)有限公司
	安徽江淮银联重型工程机械有限公司
	浙江诺力机械股份有限公司
	宁波如意股份有限公司
	宁波力达物料搬运设备厂
	杭州友高精密机械有限公司
	无锡大隆电工机械厂
	无锡汇丰机器有限公司
轻小型搬运车辆(包括手动叉车)	浙江诺力机械股份有限公司
	宁波如意股份有限公司
	宁波力达物料搬运设备厂
	常州博力搬运机械有限公司
	湖北金茂机械科技有限公司

2008~2009年工业车辆行业主要产品产销存情况见表2。

2008~2009年工业车辆行业主要生产企业经济指标完成情况见表3。2007~2009年部分重点企业主要经济指标变化情况见表4。

表2　2008～2009年工业车辆行业主要产品产销存情况　（单位:台）

产品名称	产量		销量		库存量	
	2008年	2009年	2008年	2009年	2008年	2009年
电动平衡重乘驾式叉车	20 557	14 148	20 731	14 642	1 063	949
电动乘驾式仓储叉车	3 879	3 653	4 186	3 960	137	221
电动步行式仓储叉车	20 021	14 381	20 772	14 605	42	10
内燃平衡重式叉车	122 851	104 919	122 430	105 701	5 334	5 135

表3　2008～2009年工业车辆行业主要生产企业经济指标完成情况　（单位:万元）

序号	企业名称	工业总产值（当年价）		工业增加值		产品销售收入		利润总额	
		2008年	2009年	2008年	2009年	2008年	2009年	2008年	2009年
1	浙江杭叉工程机械集团股份有限公司	273 415	354 285	24 616	38 677	278 253	352 093	16 361	17 328
2	安徽叉车集团有限责任公司	373 900	345 665	85 268	68 355	360 441	330 574	21 481	10 053
3	浙江诺力机械股份有限公司	86 642	72 611	20 957	19 012	97 077	66 920	5 488	2 768
4	大连叉车有限责任公司	76 862	49 393	12 607	14 528	76 667	47 961	2 567	2 381
5	宁波如意股份有限公司	65 028	37 942	10 545	6 263	63 941	38 188	1 254	1 297
6	江苏靖江叉车有限公司	24 457	13 121	3 913	1 969	24 596	13 227	168	68
7	宁波力达物料搬运设备厂	17 939	13 745	1 308	4 811	17 903	13 745	148	
8	常州博力搬运机械有限公司	12 898	4 302	2 314	971	11 024		1 317	464
9	湖北宏力液压科技有限公司	1 888	2 830	575	865	1 071	2 950	36	122

表4　2007～2009年部分重点企业主要经济指标变化情况

单位名称	年份	工业总产值（当年价）（万元）	工业增加值（万元）	产品销售收入（万元）	利润总额（万元）	从业人员平均人数（人）	工资总额（万元）	资产合计（万元）
安徽叉车集团公司	2007年	418 306.0	83 661.0	341 800.0	44 311.0	5 658	21 468.0	331 241.0
	2008年	373 900.0	85 268.0	360 441.0	21 481.0	5 841	21 184.0	354 595.0
	2009年	345 665.0	68 355.0	330 574.0	10 053.0	6 102	19 597.0	365 199.0
浙江杭叉工程机械集团股份有限公司	2007年	267 107.0	30 711.0	282 290.0	16 786.0	1 038	3 688.0	79 127.0
	2008年	273 415.0	24 616.0	278 253.0	16 361.0	1 076	3 803.0	88 857.0
	2009年	354 285.0	38 676.8	352 093.0	17 327.7	2 033	7 187.0	197 251.6
大连叉车有限责任公司	2007年	75 963.0	17 769.0	72 277.0	2 192.0	995	2 277.0	46 550.0
	2008年	76 862.0	12 607.0	76 667.0	2 567.5	944	2 024.0	52 813.9
	2009年	49 393.0	14 527.5	47 961.0	2 380.8	807	1 717.0	49 670.3
浙江诺力机械股份有限公司	2007年	85 900.0	18 631.0	91 718.0	6 155.0	1 654	3 680.0	69 153.0
	2008年	96 642.0	20 957.0	97 077.0	5 488.0	1 558	3 836.0	48 436.0
	2009年	72 611.0	19 012.0	66 920.0	2 768.0	1 512	2 889.0	56 582.0
宁波如意股份有限公司	2007年	67 590.0	12 295.0	64 912.0	6 126.0	1 132	5 073.0	33 636.0
	2008年	65 028.0	10 545.0	63 941.0	1 254.0	950	4 139.0	32 900.0
	2009年	37 942.0	6 262.6	38 188.0	1 297.2	893	3 076.0	31 299.4

二、市场销售情况

2006～2009年工业车辆产品销售情况见表5。

2006～2009年工业车辆产品出口情况见表6。

表5　2006～2009年工业车辆产品销售情况　（单位:台）

类别名称 \ 年份		2006年	2007年	2008年	2009年
Ⅰ类	电动平衡重乘驾式叉车	14 447	20 138	20 731	14 642
Ⅱ类	电动乘驾式仓储叉车	12 981	3 984	4 186	3 960
Ⅲ类	电动步行式仓储叉车	5 446	12 172	20 772	14 605
Ⅳ类＋Ⅴ类	内燃平衡重式叉车（实心、充气轮胎）	83 795	126 121	122 430	105 701
合　计		106 669	152 415	168 119	138 908

表6　2006～2009年工业车辆产品出口情况　（单位:台）

类别名称 \ 年份	2006年	2007年	2008年	2009年
电动工业车辆（Ⅰ～Ⅲ）	9 434	18 238	21 990	12 009
内燃平衡重式叉车（Ⅳ＋Ⅴ）	17 154	30 633	38 343	12 780
合计	26 588	48 871	60 333	24 789

2009年机动工业车辆按类型各月销售情况见表7。

1. 内燃叉车的销售情况

2009年，共销售（含出口）内燃平衡重乘驾式叉车105 701台，比上年的122 430台下降13.66%。2009年内燃叉车各月销售情况见图1。

由图1可见，3月以后市场开始恢复，虽然而后各月销量略有起伏，但总体上呈增长态势，9月销量达到最高，年底销量居全年第二。

表7　2009年机动工业车辆按类型各月销售情况　（单位:台）

类别名称 \ 月份	Ⅰ类 电动平衡重乘驾式叉车	Ⅱ类 电动乘驾式仓储叉车	Ⅲ类 电动步行式仓储叉车	Ⅳ类＋Ⅴ类 内燃平衡重式叉车（实心、充气轮胎）	Ⅰ～Ⅲ类 电动叉车	Ⅰ＋Ⅳ＋Ⅴ类 平衡重式叉车	Ⅰ～Ⅴ类 工业车辆
1	991	229	986	4 517	2 206	5 508	6 723
2	906	278	975	6 426	2 159	7 332	8 585
3	1 001	277	1 240	8 708	2 518	9 709	11 226
4	827	261	1 129	8 144	2 217	8 971	10 361
5	954	308	1 011	7 827	2 273	8 781	10 100
6	1 394	363	1 201	9 460	2 958	10 854	12 418
7	1 182	268	1 135	8 885	2 585	10 067	11 470
8	1 347	332	1 372	10 093	3 051	11 440	13 144
9	1 634	449	1 469	10 895	3 552	12 529	14 447
10	1 347	343	1 165	9 659	2 855	11 006	12 514
11	1 537	405	1 226	10 486	3 168	12 023	13 654
12	1 522	447	1 696	10 601	3 665	12 123	14 266
合计	14 642	3 960	14 605	105 701	33 207	120 343	138 908

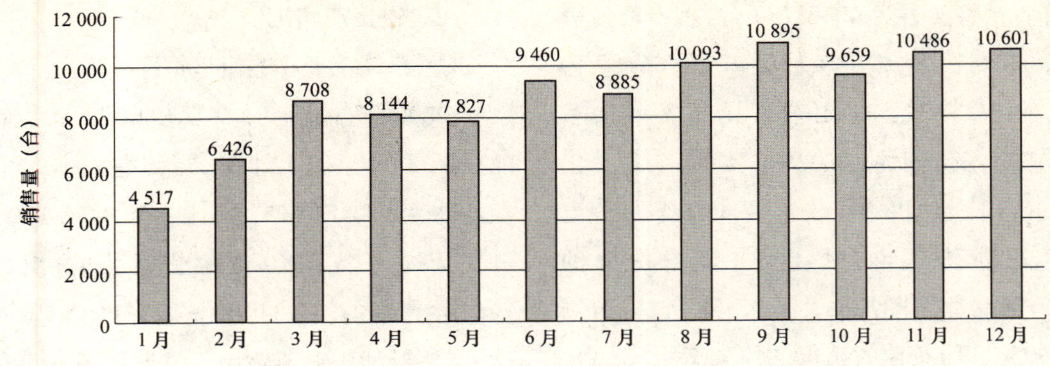

图1　2009年内燃叉车各月销售情况

在内燃平衡重乘驾式叉车的销售量105 701台中，按起重量吨位级分：

0.0～1.199吨位级198台，占总销量的0.19%；1.2～1.999吨位级3 053台，占总销量的2.89%；2.0～2.999吨位级12 781台，占总销量的12.09%；3.0～4.999吨位级79 159台，占总销量的74.89%；5.0～9.999吨位级8 871台，占总销量的8.39%；10.0～42.0吨位级（含正面吊）1 639台，占总销量的1.55%。

在内燃平衡重乘驾式叉车的（国内）销售量92 921台中，按起重量吨位级分：0.0～1.199吨位级196台，占总销量的0.21%；1.2～1.999吨位级1 770台，占总销量的1.90%；2.0～2.999吨位级8 684台，占总销量的9.35%；3.0～4.999吨位级73 284台，占总销量的78.87%；5.0～9.999吨位级7 687台，占总销量的8.27%；10.0～42.0吨位级（含正面吊）1 300台，占总销量的1.40%。

销售量（含出口）超过2 000台的企业是安徽叉车集团有限责任公司、浙江杭叉工程机械集团股份有限公司、龙工（上海）叉车有限公司、台励福机器设备（青岛）有限公司、大连叉车有限责任公司、广西柳工机械股份有限公司、安徽江淮银联重型工程机械有限公司、凯傲宝骊（江苏）叉车有限公司、林德（中国）叉车有限公司和北京现代京城工程机械有限公司。排在前五位企业的合计销售量为75 419台，占内燃平衡重乘驾式叉车销售量的71.35%；排在前十位企业的合计销售量为87 202台，占内燃平衡重乘驾式叉车销售量的82.50%。由上可见行业的集中度仍然很高。

2. 电动平衡重乘驾式叉车

2009年，全国共销售（含出口）电动平衡重乘驾式叉车14 642台，比上年的20 731台，下降29.37%。按销售量（含出口）排在前六位企业是浙江杭叉工程机械集团股份有限公司、安徽叉车集团公司、林德（中国）叉车有限公司、安徽江淮银联重型工程机械有限公司、上海力至优叉车制造有限公司和台励福机器设备（青岛）有限公司，合计销售量为10 271台，占电动平衡重乘驾式叉车销售量的71.15%。排在前三位企业的销售量合计为8 254台，占电动平衡重乘驾式叉车销售量的56.37%。

3. 电动仓储叉车

2009年，全国共销售（含出口）电动仓储叉车18 565台，比上年的24 958台，下降25.62%。按销售量排在前六位企业是宁波力达物料搬运设备厂、浙江诺力机械股份有限公司、林德（中国）叉车有限公司、宁波如意股份有限公司、浙江杭叉工程机械集团股份有限公司和永恒力叉车（上海）有限公司，合计销售量为14 837台，占电动仓储叉车销售量的79.92%。排在前三位企业的销售量为11 575台，占电动仓储叉车销售量的62.35%。

4. 全国各地区叉车销售情况

在2009年国内销售的114 119台机动工业车辆中，沿海地区和经济发达地区一直是主流市场，边远地区和经济欠发达地区叉车销售市场逐年向好。2009年叉车销售1 000台以上的省、自治区、直辖市有26个，合计销售各种叉车114 119台，占全国市场份额的98.18%。这26个省、自治区、直辖市各种叉车销售量和市场占有份额的顺序依次是:1)江苏省销售各种叉车 13 750 台,占市场份额的 12.05%。2)广东省销售各种叉车 12 906 台,占市场份额的 11.31%。3)山东省销售各种叉车 12 459台,占市场份额的 10.92%。4)浙江省销售各种叉车 10 109 台,占市场份额的 8.86%。5)上海市销售各种叉车 8 491 台,占市场份额的 7.44%。6)河北省销售各种叉车 4 551 台,占市场份额的 3.99%。7)福建省销售各种叉车 4 522 台,占市场份额的 3.96%。8)北京市销售各种叉车 4 216台,占市场份额的 3.69%。9)辽宁省销售各种叉车3 945台,占市场份额的 3.46%。10)天津市销售各种叉车 3 709 台,占市场份额的 3.25%。11)河南省销售各种叉车 3 340 台,占市场份额的 2.93%。12)安徽省销售各种叉车 3 276 台,占市场份额的 2.87%。13)湖北省销售各种叉车 3 001 台,占市场份额的 2.63%。14)四川省销售各种叉车 2 982 台,占市场份额的 2.61%。15)陕西省销售各种叉车2 427台,占市场份额的 2.13%。16)湖南省销售各种叉车 2 369 台,占市场份额的 2.08%。17)山西省销售各种叉车 2 038 台,占市场份额的 1.79%。18)吉林省销售各种叉车 1 926 台,占市场份额的 1.69%。19)广西销售各种叉车 1 862 台,占市场份额的 1.63%。20)江西省销售各种叉车 1 811 台,占市场份额的 1.59%。21)黑龙江省销售各种叉车 1 797 台,占市场份额的 1.57%。22)新疆销售各种叉车 1 599 台,占市场份额的 1.40%。23)重庆市销售各种叉车 1 568 台,占市场份额的 1.37%。24)云南省销售各种叉车 1 309 台,占市场份额的 1.15%。25)内蒙古销售各种叉车 1 057 台,占市场份额的 0.93%。26)甘肃省销售各种叉车1 003台,占市场份额的 0.88%。

按地区销售情况是:东北地区销售 7 668 台,占市场份额的 6.72%;华北地区销售 15 571 台,占市场份额的 13.64%;华东地区销售 54 418 台,占市场份额的 47.69%;中南地区销售 23 889 台,占市场份额的 20.93%;西南地区销售 6 556 台,占市场份额的 5.74%;西北地区销售 6 017 台,占市场份额的 5.28%。

三、进出口情况

1. 机动工业车辆出口情况

2009 年,机动工业车辆出口 27 558 台,比上年的 60 333 台,下降 54.32%;其中电动叉车(含巷道堆垛机)出口 12 695 台,比上年的 21 990 台,下降 42.27%;内燃叉车(含集装箱叉车)出口 14 863 台,比上年的 38 343 台,下降 61.24%。2001 ~ 2009 年机动工业车辆出口情况见表 8,2007 ~ 2009 年机动工业车辆出口构成变化情况见表 9。

表 8　2001 ~ 2009 年机动工业车辆出口情况

年份	出口量		出口额	
	台数	同比增长(%)	金额(美元)	同比增长(%)
2001	3 208		41 384 357	
2002	3 775	17.67	43 922 723	6.13
2003	4 772	26.41	53 985 851	22.91
2004	9 696	103.19	102 061 755	89.05
2005	16 462	69.78	178 385 261	74.78
2006	26 588	61.51	290 735 210	62.98
2007	48 871	83.81	529 515 401	82.13
2008	60 333	23.45	722 682 384	36.48
2009	27 558	-54.32	309 421 396	-57.18

表 9　2007 ~ 2009 年机动工业车辆出口构成变化情况

年份	机动工业车辆合计(台)	电动叉车		内燃叉车	
		出口量(台)	占比(%)	出口量(台)	占比(%)
2007	48 871	18 238	37.32	30 633	62.68
2008	60 333	21 990	36.45	38 343	63.55
2009	27 558	12 695	46.07	14 863	53.93

由上表可以看出,2009 年机动工业车辆出口构成中电动叉车的占比有所上升。

2. 非机动工业车辆出口情况

2009 年,非机动工业车辆(轻小型搬运车辆)出口量为 914 684 台,比上年的 1 606 078 台,下降 43.05%。

3. 进口情况

2009 年,叉车及装有升降或搬运装置的工业车辆共进口 9 652 台,比上年的 13 807 台,下降 30.09%;进口额为 29 362.8 万美元,比上年的 34 323.4万美元,下降 14.45%。其中电动叉车(含巷道堆垛机)进口 4 310 台,比上年的 6 978 台,下降 38.23%;内燃叉车(含集装箱叉车)进口为 1 525 台(其中集装箱叉车 18 台),比上年的 3 723台,下降 59.04%;未列名叉车 3 817 台,比上年的 3 106 台,增长 22.89%。我国工业车辆进口来自 26 个国家和地区。2001～2009 年工业车辆进口情况见表 10。

表 10　2001～2009 年工业车辆进口情况

年度	进口量		进口额	
	台数	同比增长(%)	金额(美元)	同比增长(%)
2001	17 316		124 705 165	
2002	17 128	－1.09	141 886 156	13.78
2003	15 630	－8.75	183 873 569	29.59
2004	15 103	－3.37	208 570 176	13.43
2005	14 920	－1.21	238 796 519	14.49
2006	14 938	0.12	285 835 052	19.70
2007	16 549	10.78	347 486 220	21.57
2008	13 807	－16.57	343 233 710	－1.22
2009	9 652	－30.09	293 627 560	－14.45

四、科研成果及新产品

2009 年,加强技术创新,加快产品优化升级,提升企业综合竞争力成为全行业的未来发展模式。各企业在经济不景气时期,除了抓市场、抓销售,更加注重加大自主研发力度,积极开发节能、减排、环保、安全等方面的新产品。2009 年工业车辆部分新产品见表 11。

表 11　2009 年工业车辆部分新产品

企业名称	新产品名称
安徽叉车集团公司	G 系列 CPD30、CPD35 型交流蓄电池叉车
	CPCD280～320－Vo 型内燃平衡重式叉车
	20～25t 电动牵引车
	1～2t G 系列交流三支点蓄电池叉车
	45t 集装箱正面吊运机
	QYCD60-WX 型 6t 内燃牵引车
安徽叉车集团公司	G 系列 3t 环保型内燃平衡重式叉车 CPCD30
	2t 内燃平衡重式叉车 CPCD20
	2.5t 内燃平衡重式叉车　CPCD25
	3t 内燃平衡重式叉车　CPCD30
	3.5t 内燃平衡重式叉车　CPCD35
	2t 蓄电池平衡重式叉车 CPD20
	2.5t 蓄电池平衡重式叉车 CPD25
	3t 蓄电池平衡重式叉车 CPD30
	3.5t 蓄电池平衡重式叉车 CPD35
浙江杭叉工程机械集团股份有限公司	20～25t 内燃平衡重叉车 CPCD20/25-W36
	1～3t 新系列内燃平衡重叉车 CPCD1.5/2.5/30-XW30
	1～2t 电动平板搬运车 BD10/20
	2t 电动防爆牵引车 QDD2-C1/Z1-Ex
	3t J 系列步行式搬运车 CBD30-J/JC1
	1～1.6t 站驾式堆垛车 CDD10/12/14/16
	2～2.5t 双轴牵引车 QC20/25,QCD20/25
	8t 内燃双轴牵引车 QCD80-JG35
大连叉车有限责任公司	CPQD20FC 叉车
	CPQD25FC 叉车
	CPQD30FC 叉车
	CPCD80CC 叉车
	CPCD90CC 叉车
	CPCD100CC 叉车
	QD80 牵引车
	CPD20HC 蓄电池叉车
	CPD25HC 蓄电池叉车
	CRS450CCZ5 正面吊运机
	CPD20SA 三支点叉车
浙江诺力机械股份有限公司	RT16AC 系列驱动蓄电池前移式堆高车产业化开发
	剪叉前移式堆高车的研制
	FE3R08AC 三支点后驱平衡重式叉车
	PT20 型快起升液压托盘搬运车
	BTF50 电动平台车
	LPD1008 步行式双提升搬运车
	FHE10 经济款手动堆高车
	经济款宽腿半电动堆高车(SPN07 SPN09 SPN12)

（续）

企业名称	新产品名称
宁波如意股份有限公司	WA3000 型，手动托盘车，额定载荷 3 000kg
	WB5000 型，手动托盘车，额定载荷 5 000kg
	BGC6G 型，全不锈钢秤重手动托盘车，额定载荷 2 000kg
	CBD25T 型，全电动托盘车，额定载荷 2 500kg
	CBD20S 型，双托盘电动托盘堆高车，额定载荷 2 000kg
	CDD15C 型，侧站式电动堆高车，额定载荷 1 500kg
	CQDH15 型，步行式剪叉前移电动堆高车，额定载荷 1 500kg
	QDD60 型，三支点 6t 电动牵引车
	DT60 型，低平板 6t 工业挂车
	QSD100 型，蓄电池 10t 牵引车
	CPD20EX 型，蓄电池平衡重防爆叉车，额定载荷 2 000kg
	CQD20EX 型，前移式蓄电池防爆叉车

五、面对世界金融危机，努力提高行业综合竞争力

2009 年是世界经济遭遇严峻考验的一年，受全球经济疲软影响，工业车辆产品销量明显下降，2009 年 1 ~ 2 月销售量创 2005 年以来的月最低。随着我国政府一系列经济刺激方案的出台，国内市场销售量 2 月开始止跌回升，随后市场信心不断恢复，工业车辆产品销售量不断提升。

2008 ~ 2009 年工业车辆产品销售情况见图 2。

2009 年，工业车辆产品出口复苏稍滞后于国内市场，于 4 月开始止跌回升。2009 年工业车辆出口情况见图 3。

与前几年产销高速增长相比，2009 年国内外工业车辆市场呈现一些新的特点：1）在全球金融危机影响下，需求明显下降。国内工业车辆市场销售量在 2009 年 1 月达到最低点。随后在国家宏观经济调控和扩内需、保增长等一系列政策拉动下，市场形势逐渐好转。在严峻的经济形势下，2009 年，工业车辆国内市场销售量不跌反增，实现 3.6% 的小幅增长。这说明我国经济的持续稳定发展是推动物流装备需求的根本保证。2）工业车辆出口受到巨大影响。相比 2005 ~ 2007 年每年 60% 以上和 2008 年 23% 的增长，2009 年出口同比下降 54%，反差巨大。这也是自 2001 年以来首次出现出口的负增长。3）市场销售竞争激烈。前些年工业车辆销售的高速增长刺激了各方力量加入到行业中来，产能不断扩张。但随着出口受阻，很多企业转战国内市场，供大于求的现象逐渐加剧，销售难度加大，多数企业采取各种措施积极应对，但效果不同，有些企业增加了国内市场的份额，有些企业竞争不力退出了市场。4）企业利润同比下降。国内市场竞争激烈和利润较好的外销市场的疲软局面是利润下降的主要原因。5）各类型产品销量占比基本未变。内燃叉车与电动叉车的销量占比多年来基本维持分别占 75% 和 25% 的局面，没有明显的改变。从各省市销售市场份额来看，广东、上海、北京等省市有所下降，中西部省市份额略有上升。6）受全球

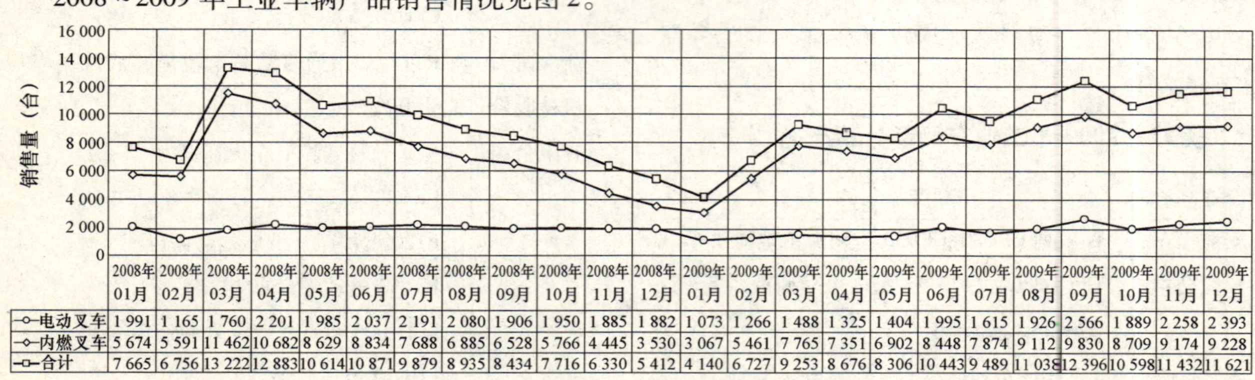

	2008年01月	2008年02月	2008年03月	2008年04月	2008年05月	2008年06月	2008年07月	2008年08月	2008年09月	2008年10月	2008年11月	2008年12月
电动叉车	1 991	1 165	1 760	2 201	1 985	2 037	2 191	2 080	1 906	1 950	1 885	1 882
内燃叉车	5 674	5 591	11 462	10 682	8 629	8 834	7 688	6 885	6 528	5 766	4 445	3 530
合计	7 665	6 756	13 222	12 883	10 614	10 871	9 879	8 935	8 434	7 716	6 330	5 412

	2009年01月	2009年02月	2009年03月	2009年04月	2009年05月	2009年06月	2009年07月	2009年08月	2009年09月	2009年10月	2009年11月	2009年12月
电动叉车	1 073	1 266	1 488	1 325	1 404	1 995	1 615	1 926	2 566	1 889	2 258	2 393
内燃叉车	3 067	5 461	7 765	7 351	6 902	8 448	7 874	9 112	9 830	8 709	9 174	9 228
合计	4 140	6 727	9 253	8 676	8 306	10 443	9 489	11 038	12 396	10 598	11 432	11 621

图 2　2008 ~ 2009 年工业车辆产品销售情况

经济疲软影响，2009 年世界工业车辆总销售量同比下降 39.21%，欧洲、美洲、大洋洲、非洲下跌均超过 40%，亚洲下降最少，为 22.55%。7）工业车辆几大主要市场中，美国、德国、法国、日本等国家销售量跌幅均超过 30%，俄罗斯跌幅最大，达到 84%。8）2009年中国首次超过美国成为世界第一大工业车辆销售市场。在世界各国中，中国市场恢复得最快、最好。

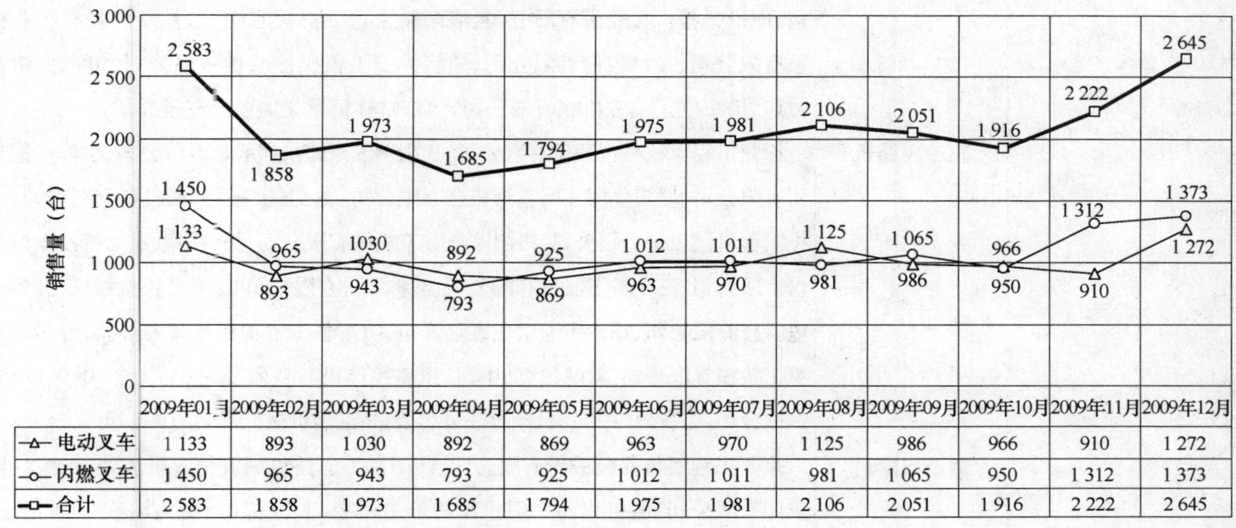

	2009年01月	2009年02月	2009年03月	2009年04月	2009年05月	2009年06月	2009年07月	2009年08月	2009年09月	2009年10月	2009年11月	2009年12月
电动叉车	1 133	893	1 030	892	869	963	970	1 125	986	966	910	1 272
内燃叉车	1 450	965	943	793	925	1 012	1 011	981	1 065	950	1 312	1 373
合计	2 583	1 858	1 973	1 685	1 794	1 975	1 981	2 106	2 051	1 916	2 222	2 645

图 3　2009 年工业车辆出口情况

〔撰稿人：中国二程机械工业协会工业车辆分会张洁〕

路面与压实机械

为了应对世界经济危机，我国政府及时调整宏观经济政策，启动 4 万亿元资金投入，制定了促进经济增长的十项措施。我国政府刺激经济的举措拉动了公路、铁路和机场等重大基础设施建设，为路面与压实机械行业提供了巨大的商机。2009 年，我国路面与压实机械行业很快走出了低谷，全行业出现了多年难见的产销两旺的局面，压路机、沥青摊铺机和路面铣刨机的销量都创下历史最高纪录。但由于国际市场仍然笼罩在国际金融风暴的阴影中，压路机、沥青摊铺机的出口量大幅下降。2009 年，在强劲的国内市场推动下，我国路面与压实机械许多骨干生产企业，积极提高自主创新能力，大力开发新产品，产品整体技术水平进一步提高，产品质量不断提升，核心竞争能力逐步增强，主要产品开始挤进国际先进行列，加快了我国由路面与压实机械制造大国向路面与压实机械制造强国的转变。

压　路　机

1. 生产发展情况

（1）行业产品构成及生产企业。压实机械包括压路机、回填压实机（又称垃圾压实机）和夯实机械三大类机械。我国压实机械以压路机为主。压路机分为静碾压路机、轮胎压路机、振动压路机和冲击压路机四类产品。目前我国生产压路机的主要生产企业有 20 多家，2009 年我国销售的压路机产品中，静碾压路机占 4% 左右，轮胎压路机约占 7%，振动压路机约占 80%。振动压路机按驱动方式分为机械式和液压式，机械式振动压路机约占压路机总销量的 60%，占比比上年有较大增加。2009 年压路机和回填压实机分类产品及主要生产企业见表 1。

表1　2009年压路机和回填压实机分类产品及主要生产企业

产品分类		企业名称
压路机	静碾压路机	徐州工程机械科技股份有限公司、江阴柳工道路机械股份有限公司、中国一拖集团有限公司、厦工集团三明重型机器有限公司、龙工(上海)路面机械制造公司、山推工程机械股份有限公司、洛阳路通重工机械有限公司、江苏骏马压路机械有限公司、常林股份有限公司、鼎盛天工工程机械股份有限公司、山东公路机械厂、山东临工工程机械有限公司、山东常林机械集团股份有限公司
	轮胎压路机	徐州工程机械科技股份有限公司、江阴柳工道路机械股份有限公司、中国一拖集团有限公司、厦工集团三明重型机器有限公司、龙工(上海)路面机械制造公司、山推工程机械股份有限公司、洛阳路通重工机械有限公司、长沙中联重工科技发展股份有限公司、三一重工股份有限公司、常林股份有限公司、山东公路机械厂、江麓机电科技有限公司、郑州宇通重工有限公司、山东临工工程机械有限公司、青岛科泰重工机械有限公司、戴纳派克(中国)压实摊铺设备有限公司、宝马格(中国)压实机械公司、维特根(中国)机械有限公司、酒井工程机械(上海)有限公司
	振动压路机	徐州工程机械科技股份有限公司、江阴柳工道路机械股分有限公司、中国一拖集团有限公司、厦工集团三明重型机器有限公司、龙工(上海)路面机械制造公司、山推工程机械股份有限公司、洛阳路通重工机械有限公司、江苏骏马压路机械有限公司、常林股份有限公司、长沙中联重工科技发展股份有限公司、三一重工股份有限公司、江麓机电科技有限公司、鼎盛天工工程机械股份有限公司、郑州宇通重工有限公司、山东公路机械厂、山东临工工程机械有限公司、山东常林机械集团股份有限公司、青岛科泰重工机械有限公司、邯郸市中大建筑机械有限公司、铁道部第二十局工程机械厂、卡特彼勒(中国)投资有限公司、沃尔沃建筑设备(中国)有限公司、宝马格(中国)压实机械公司、戴纳派克(中国)压实摊铺设备有限公司、维特根(中国)机械有限公司、酒井工程机械(上海)有限公司
	冲击压路机	厦工集团三明重型机器有限公司、郑州宇通重工有限公司、铁道部第二十局工程机械厂
	回填压实机(垃圾压实机)	厦工集团三明重型机器有限公司、中国一拖集团有限公司、江阴柳工道路机械有限公司、山推工程机械股份有限公司、长沙中联重工科技发展股份有限公司、江麓机电科技有限公司、郑州宇通重工有限公司

(2)压路机主要生产企业产品的产销存情况。2009年,压路机国内市场异常火爆,主要生产企业压路机产品的合计销量高达16 333台,超过了2003年销售12 372台的历史最高纪录。2009年主要生产企业压路机产品的产、销量比上年有很大增长,库存量略有增加。据中国工程机械工业协会路面与压实机械分会的统计,2008～2009年压路机主要生产企业产品产销存情况见表2。

2. 市场销售

(1)压路机主要生产企业月度销售情况。2009年压路机市场启动很早,2月份销量就快速上升,3月份以后一直保持高销售量状态,而且打破了下半年市场销售量开始下降的惯例,这种全年市场持续兴旺的态势是罕见的。9月份为全年销售最高峰,月销售量高达1 827台。2009年压路机主要生产企业月度销售走势见图1。

(2)压路机主要生产企业产品销售情况。据中国工程机械工业协会路面与压实机械分会的统计,2008～2009年压路机主要生产企业产品销售情况见表3。

表2　2008～2009年压路机主要生产企业产品产销存情况　（单位:台）

序号	企业名称	产量			销量			库存		
		2009年	2008年	比上年增长（%）	2009年	2008年	比上年增长（%）	2009年	2008年	比上年增长（%）
1	徐州工程机械科技股份有限公司	4 735	2 889	63.9	4 553	2 557	78.1	799	681	17.3
2	江阴柳工道路机械股份有限公司	1 893	1 106	71.2	1 893	1 052	79.9		64	
3	中国一拖集团有限公司	1 751	2 400	-27.0	1 742	2 472	-29.5	329	455	-27.7
4	厦工集团三明重型机器有限公司	1 549	909	70.4	1 551	979	58.4	226	172	31.4
5	龙工（上海）路面机械制造公司	1 513	649	133.1	1 321	556	137.6	479	285	68.1
6	山推工程机械股份有限公司	1 222	547	123.4	1 166	579	101.4	106	36	194.4
7	洛阳路通重工机械有限公司				1 080					
8	江苏靖江骏马压路机有限公司				762					
9	三一重工股份有限公司	598	484	23.6	463	484	-4.3			
10	常林股份有限公司	388	384	1.0	423	406	4.2	110	136	-19.1
11	戴纳派克（中国）压实摊铺设备有限公司				256	234	9.4			
12	长沙中联重工科技发展股份有限公司	224	209	7.2	224	209	7.2			
13	宝马格（中国）压实机械公司				195	219	-11.0			
14	维特根（中国）机械有限公司				148	70	111.4			
15	郑州宇通重工有限公司	173	104	66.4	116	181	-35.9	43	33	30.3
16	鼎盛天工工程机械股份有限公司	110	328	-66.5	107	298	-64.1		48	
17	江麓机电科技有限公司	94	65	44.6	106	47	125.5	52	64	-18.8
18	山东公路机械厂				92	60	53.3			
19	沃尔沃建筑设备（中国）有限公司				79	56	41.1			
20	卡特彼勒（中国）投资有限公司				36	32	12.5			
	合计	12 820	9 874	29.8	16 333	10 491	55.7	2 144	1 974	8.6

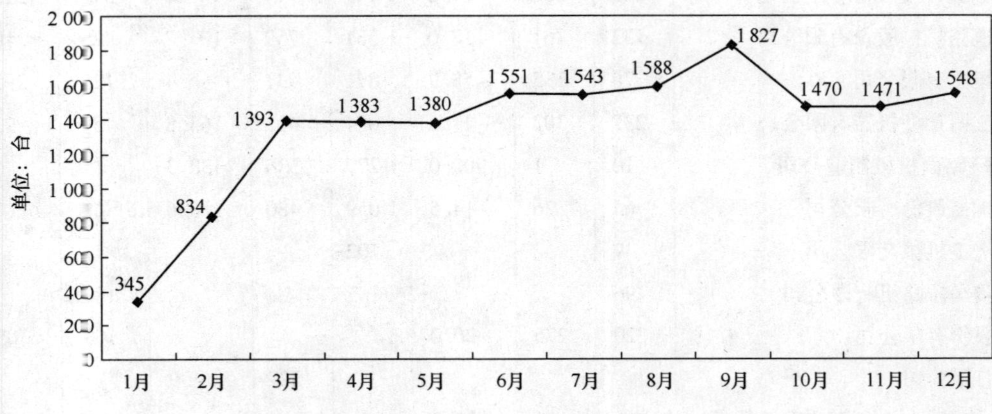

图1　2009年压路机主要生产企业月度销售走势

表3　2008～2009 年压路机主要生产企业产品销售情况　　（单位：台）

序号	企业名称	静碾压路机			轮胎压路机			其他压路机		
		2009 年	2008 年	比上年增长（%）	2009 年	2008 年	比上年增长（%）	2009 年	2008 年	比上年增长（%）
1	徐州工程机械科技股份有限公司	233	129	80.6	603	389	55.0			
2	江阴柳工道路机械股份有限公司	142	107	32.7	58	15	286.7			
3	中国一拖集团有限公司	65	126	-48.4	102	224	-54.5			
4	厦工集团三明重型机器有限公司		2	-100.0	52	72	-27.8	34	2	1 600
5	龙工（上海）路面机械制造公司	20	9	122.2	7	4	75.0			
6	山推工程机械股份有限公司	29	17	70.6	4	6	-33.3			
7	洛阳路通重工机械有限公司	2			127					
8	江苏靖江骏马压路机有限公司	160								
9	三一重工股份有限公司				83	104	-20.2			
10	常林股份有限公司	49	52	-5.8	31	27	14.8			
11	戴纳派克（中国）压实摊铺设备有限公司				4	1	300.0			
12	长沙中联重工科技发展股份有限公司				3					
13	宝马格（中国）压实机械公司				6	4	50.0			
14	维特根悍马机械廊坊有限公司				3					
15	郑州宇通重工有限公司				12	25	-52.0	88	107	-17.8
16	鼎盛天工工程机械股份有限公司					15	-100			
17	江麓机电科技有限公司				16	9	77.78			
18	山东公路机械厂	13	5	160.0	21	30	-30.0			
	合　计	713	447	59.5	1 132	419	170.2	131	109	20.2

序号	企业名称	全液压单钢轮振动压路机			机械式单钢轮振动压路机			双钢轮振动压路机		
		2009 年	2008 年	比上年增长（%）	2009 年	2008 年	比上年增长（%）	2009 年	2008 年	比上年增长（%）
1	徐州工程机械科技股份有限公司	469	528	-11.2	2 749	1 114	146.8	319	313	1.9
2	江阴柳工道路机械股份有限公司	132	161	-18.0	1 531	759	101.7	25	10	150.0
3	中国一拖集团有限公司	76	185	-58.9	871	931	-6.4	125	295	-57.6
4	厦工集团三明重型机器有限公司	237	302	-21.5	1 084	411	163.8	59	92	-35.9
5	龙工（上海）路面机械制造公司	10	1	900.0	1 277	536	138.3	7	6	16.7
6	山推工程机械股份有限公司	65	76	-14.5	1 059	480	120.6	1		
7	洛阳路通重工机械有限公司	39			702			73		
8	江苏靖江骏马压路机有限公司	96			135			187		
9	三一重工股份有限公司	220	275	-20.0				160	105	52.4
10	常林股份有限公司				343	327	4.9			
11	戴纳派克（中国）压实摊铺设备有限公司	46	59	-22.0				147	136	8.1
12	长沙中联重工科技发展股份有限公司	167	164	1.8				54	45	20.0
13	宝马格（中国）压实机械公司	34	68	-50.0				96	100	-4.0
14	维特根悍马机械廊坊有限公司	10	16	-37.5				120	50	140.0

（续）

序号	企业名称	全液压单钢轮振动压路机			机械式单钢轮振动压路机			双钢轮振动压路机		
		2009 年	2008 年	比上年增长（%）	2009 年	2008 年	比上年增长（%）	2009 年	2008 年	比上年增长（%）
15	郑州宇通重工有限公司	8	9	－11.1	5	34	－85.3	3	4	－25.0
16	鼎盛天工工程机械股份有限公司	32	106	－69.8	75	174	－56.9		3	－100.0
17	江麓机电科技有限公司	88	37	137.8		1	－100.0	1		
18	山东公路机械厂	3	2	50.0	18	6	200.0	28	16	75.0
19	沃尔沃建筑设备（中国）有限公司	8	9	－11.1				67	41	63.4
20	卡特彼勒路面机械有限公司	2						26	24	8.3
	合　计	1 742	1 998	－12.8	9 849	4 773	106.4	1 498	1 240	20.8

序号	企业名称	5t 以下压路机			垃圾压实机		
		2009 年	2008 年	比上年增长（%）	2009 年	2008 年	比上年增长（%）
1	徐州工程机械科技股份有限公司	180	84	114.3			
2	江阴柳工道路机械股份有限公司	5					
3	中国一拖集团有限公司	503	711	－29.3			
4	厦工集团三明重型机器有限公司	85	98	－13.3	19		
6	山推工程机械股份有限公司				8		
7	洛阳路通重工机械有限公司	137					
8	江苏靖江骏马压路机有限公司	204					
9	戴纳派克（中国）压实摊铺设备有限公司	59	38	55.3			
10	宝马格（中国）压实机械公司	59	47	25.5			
11	维特根悍马机械廊坊有限公司	15	4	275.0			
12	郑州宇通重工有限公司		2	－100.0	17	17	
13	江麓机电科技有限公司				1		
14	山东公路机械厂	9	1	800.0			
15	沃尔沃建筑设备（中国）有限公司	4	6	－33.3			
16	卡特彼勒路面机械有限公司	8	8				
	合　计	1 268	999	26.9	45	17	164.7

（3）压路机主要生产企业产品销量构成。2009 年，压路机主要生产企业产品销量构成与上年相比：静碾压路机的占比增加 0.11 个百分点，轮胎压路机的占比减少 1.89 个百分点，机械式单钢轮振动压路机的占比增加 14.8 个百分点，全液压单钢轮振动压路的占比减少 8.37 个百分点，双钢轮振动压路机的占比减少 2.65 个百分点，5t 以下压路机的占比减少 1.75 个百分点，其他压路机的占比减少 0.24 个百分点。2009 年压路机主要生产企业产品销量构成见图 2。

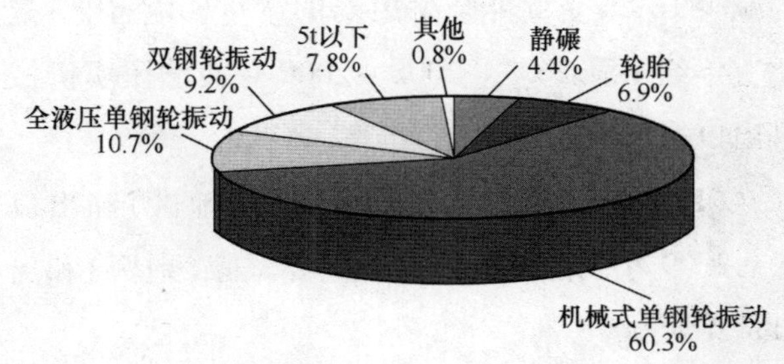

图 2　2009 年压路机主要生产企业产品销量构成

(4)压路机主要生产企业市场占有率情况。2009年,年销售1 000台以上压路机的企业有徐州工程机械科技股份有限公司、江阴柳工道路机械股份有限公司、中国一拖集团有限公司、厦工集团三明重型机器有限公司、龙工(上海)路面机械制造公司、山推工程机械股份有限公司和洛阳路通重工机械有限公司7个企业。与上年相比,压路机主要生产企业市场占有率有一些变化:徐州工程机械科技股份有限公司仍居行业之首,江阴柳工道路机械股份有限公司由上年第三上升为第二,中国一拖集团有限公司由于洛阳路通重工机械有限公司的分离而降为第三,龙工(上海)路面机械制造公司、厦工集团三明重型机器有限公司和山推工程机械股份有限公司依旧分别保持第四、第五和第六,洛阳路通重工机械有限公司居第七。外资企业的市场占有率略有所下降。2009年压路机主要生产企业市场占有率见图3。

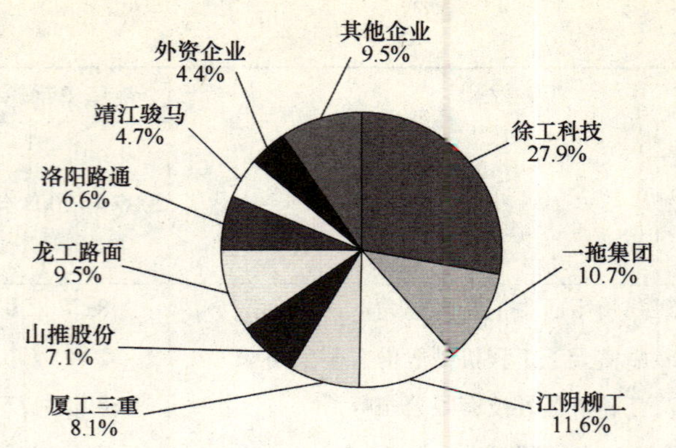

图3 2009年压路机主要生产企业市场占有率

(5)压路机主要生产企业产品销售区域分布情况。2009年,压路机主要生产企业产品的国内销量集中在中区、北区、华南区、西南区和西区五个区域,合计销量占总销量的83.76%。与上年相比,各区域的销量增幅均在60%以上,华南区、西区、东北区、中区和西南区的增幅逾100%,特别是西区销量的增长引人注目。2008~2009年压路机主要生产企业产品国内销售区域分布情况见表4。

表4 2008~2009年压路机主要生产企业产品国内销售区域分布情况

区 域	2009年		2008年		增加数量(台)	比上年增长(%)
	销量(台)	比重(%)	销量(台)	比重(%)		
中区(江苏、安徽、山东、河南)	2 666	16.3	1 290	12.3	1 376	106.7
北区(北京、天津、河北、山西、内蒙古)	2 486	15.2	1 544	14.7	942	61.0
东区(浙江、江西、福建、上海)	1 147	7.0	574	5.5	573	99.8
东北区(黑龙江、吉林、辽宁)	1 031	6.3	464	4.4	567	122.2
华南区(广西、广东、湖北、湖南、海南)	2 264	13.9	919	8.8	1 345	146.4
西南区(四川、重庆、云南、贵州)	1 919	11.8	950	9.1	969	102.0
西区(西藏、新疆、甘肃、青海、宁夏、陕西)	1 899	11.6	807	7.7	1 092	135.3

3. 进出口情况

据海关总署统计,2009年我国压实机械进口量约减少16%,受世界金融风暴的严重影响,出口量比上年约下降26%。2008~2009年我国压实机械进出口情况见表5。

(1)我国压路机出口主要国家(地区)和出口量。2009年我国压路机出口主要国家(地区)和出口量见表6。

(2)主要生产企业压路机产品出口量。2009年,受世界金融风暴的影响,主要生产企业压路机产品的出口量比上年大幅下降,但国内市场却异常火爆,所以压路机产品出口占总销量比例下降幅度更大。据中国工程机械工业协会路面与压实机械分会的统计,2008~2009年主要生产企业压路机产品出口量见表7。

(3)主要生产企业压路机出口产品构成。与上年相比,2009年,主要生产企业压路机出口产品中,机械驱动单钢轮振动压路机占比增长较大,静碾压路机和其他压路机占比略有增加,轮胎压路机、全液压驱动单钢轮振动压路机、双钢轮振动压路机和5t以下压路机占比都有所减少。2008~2009年主要生产企业压路机出口产品构成见表8。

表 5　2008～2009 年我国压实机械进出口情况

产品名称	进口						出口					
	数量(台)			金额(万美元)			数量(台)			金额(万美元)		
	2009年	2008年	比上年增长(%)	2009年	2008年	比上年增长(%)	2009年	2008年	比上年增长(%)	2009年	2008年	比上年增长(%)
机重 18t 及以上压路机	34	59	-42.4	273	534	-48.8	772	1 006	-23.3	4 890	6 089	-19.5
其他机动压路机	359	394	-8.9	1 325	1 109	19.5	4 805	6 025	-20.2	15 701	21 131	-25.7
未列名捣固机及压路机	1	15	-93.3		1 029	-100.0	19 629	26 899	-27.0	2 072	2 178	-4.9
压实机械合计	394	468	-15.8	1 597.9	2 671	-40.2	25 206	33 930	-25.7	22 672	29 378	-22.8

表 6　2009 年我国压路机出口主要国家(地区)和出口量

机重 18t 及以上压路机				其他机动压路机			
国家(地区)	数量(台)	国家(地区)	数量(台)	国家(地区)	数量(台)	国家(地区)	数量(台)
埃塞俄比亚	114	尼日利亚	98	越南	935	美国	350
阿尔及利亚	60	肯尼亚	47	阿尔及利亚	299	哈萨克斯坦	244
哈萨克斯坦	37	安哥拉	27	印度尼西亚	217	斯里兰卡	202
利比亚	24	吉尔吉斯斯坦	20	德国	144	巴西	137
				安哥拉	125	尼日利亚	107

表 7　2008～2009 年主要生产企业压路机产品出口量

2009 手		2008 年		增加数量(台)	比上年增长(%)
数量(台)	占总销量比重(%)	数量(台)	占总销量比重(%)		
3 022	18.5	3 943	37.6	-921	-23.4

表 8　2008～2009 年主要生产企业压路机出口产品构成

产品名称	2009 年		2008 年		比上年增长(%)
	出口量(台)	比重(%)	出口量(台)	比重(%)	
静碾压路机	104	3.4	89	2.3	16.9
轮胎压路机	285	9.4	419	10.6	-32.0
机械驱动单钢轮振动压路机	1 383	45.8	1 415	35.9	-2.3
全液压驱动单钢轮振动压路机	723	23.9	1 225	31.1	-41.0
双钢轮振动压路机	193	6.4	371	9.4	-48.0
5t 以下压路机	314	10.4	417	10.6	-24.7
其他压路机	20	0.7	7	0.2	185.7

4. 科技成果与新产品

(1)压路机生产企业产品鉴定情况。2009 年压路机生产企业产品鉴定情况见表 9。

(2)压路机产品获奖情况。2009 年压路机产品获奖情况见表 10。

表 9　2009 年压路机生产企业产品鉴定情况

企业名称	鉴定产品名称	鉴定时间	组织鉴定单位
徐州工程机械科技股份有限公司	XS122、XS142、XS142J、XS162、XS162J、XS182、XS182J、XS202、XS202J、XS222、XS222J、XS262 型液压单钢轮振动压路机 XDH80J、XSH060J 型手扶振动压路机	2009 年 8 月 19 日	徐州市科技局
合肥永安绿地工程机械有限公司	LSV200 型垂直振动压路机	2009 年 9 月 30 日	安徽省经济和信息化委员会
山推工程机械股份有限公司	SR14M 型机械式单钢轮振动压路机	2009 年 12 月 19 日	山东省经济和信息化委员会

表 10　2009 年压路机产品获奖情况

企业名称	产品名称	奖励项目名称	获奖等级
长沙中联重工科技发展股份有限公司	YZC12B 型双钢轮振动压路机	2009 年中国机械工业科学技术奖	二等奖
厦工集团三明重型机器有限公司	YZC12 型智能化振动压路机		三等奖

沥青混凝土摊铺机

1. 生产发展情况

(1)行业产品构成及主要生产企业。我国沥青混凝土摊铺机行业产品主要是自行式沥青混凝土摊铺机。自行式沥青混凝土摊铺机包括履带式沥青混凝土摊铺机和轮胎式沥青混凝土摊铺机两大类产品。履带式和轮胎式沥青混凝土摊铺机按行走传动方式又分为液压式和机械式。2009 年,我国有 10 多家企业生产沥青混凝土摊铺机,其产品绝大多数是履带式沥青混凝土摊铺机,轮胎式沥青混凝土摊铺机只占产销量的 1/10 左右;其中又以液压式沥青混凝土摊铺机为主,机械式沥青混凝土摊铺机占比也很少。2009 年沥青混凝土摊铺机分类产品及主要生产企业见表 11。

表 11　2009 年沥青混凝土摊铺机分类产品及主要生产企业

序号	主要生产企业名称	机械式							液压式								
		≤4.5m		4.5~6m(含)		6~8m(含)		8.5m以上	≤4.5m		4.5~6m(含)		6~8m(含)		8~9.5m(含)		9.5~12m(含)	12m以上
		轮胎式	履带式	轮胎式	履带式	轮胎式	履带式	履带式	轮胎式	履带式	轮胎式	履带式	轮胎式	履带式	轮胎式	履带式	履带式	履带式
1	徐州工程机械科技股份有限公司				●		●		●		●	●	●	●		●	●	●
2	江苏华通动力重工有限公司	●	●	●	●	●	●	●						●		●	●	●
3	三一重工股份有限公司								●				●	●		●	●	
4	长沙中联重工科技发展股份有限公司													●		●	●	●
5	维特根(中国)机械有限公司					●			●	●			●			●	●	●
6	戴纳派克(中国)压实摊铺设备有限公司									●					●	●		●
7	沃尔沃建筑设备(中国)有限公司									●				●		●	●	●
8	鼎盛天工工程机械股份有限公司						●		●			●		●		●	●	
9	成都市新筑路桥机械股份有限公司												●	●		●	●	●

（续）

序号	主要生产企业名称	机械式							液压式									
		≤4.5m		4.5～6m（含）		6～8m（含）		8.5m以上	≤4.5m		4.5～6m（含）		6～8m（含）		8～9.5m（含）		9.5～12m（含）	12m以上
		轮胎式	履带式	轮胎式	履带式	轮胎式	履带式	履带式	轮胎式	履带式	轮胎式	履带式	轮胎式	履带式	轮胎式	履带式	履带式	履带式
10	陕西建设机械股份有限公司									●						●	●	
11	中交西安筑路机械有限公司	●		●	●									●		●	●	
12	江阴柳工道路机械股份有限公司															●	●	
13	卡特彼勒路面机械有限公司								●							●		
14	住重中骏（厦门）建机有限公司											●				●		

注：有“●”的为企业2009年销售的产品。

（2）沥青混凝土摊铺机主要生产企业产品产销存情况。2009年，沥青混凝土摊铺机国内市场十分红火，主要生产企业沥青摊铺机产品的合计销量高达1 594台，超过了2004年销售1 363台的历史最高纪录。与上年相比，2009年主要生产企业沥青混凝土摊铺机产品的产量略有增加，销量和库存增长都很大。据中国工程机械工业协会路面与压实机械分会的统计，2008～2009年沥青混凝土摊铺机主要生产企业产品产销存情况见表12。

表12　2008～2009年沥青混凝土摊铺机主要生产企业产品产销存情况

序号	企业名称	产量（台）			销量（台）			库存（台）		
		2009年	2008年	比上年增长（%）	2009年	2008年	比上年增长（%）	2009年	2008年	比上年增长（%）
1	徐州工程机械科技股份有限公司	310	237	30.8	253	210	20.5	340	65	423.1
2	江苏华通动力重工有限公司		219		248	226	9.7		50	
3	三一重工股份有限公司	275	179	53.6	245	179	36.9			
4	长沙中联重工科技发展股份有限公司	193	149	29.5	193	149	29.5			
5	维特根（中国）机械有限公司				113	76	48.7			
6	戴纳派克（中国）压实摊铺设备有限公司				110	81	35.8			
7	沃尔沃建筑设备（中国）有限公司				106	40	165.0			
8	鼎盛天工工程机械股份有限公司	100	98	2.0	98	92	6.5		10	
9	成都市新筑路桥机械股份有限公司				91	63	44.4			
10	陕西建设机械股份有限公司	34			57			15		
11	中交西安筑路机械有限公司	43	61	-29.5	55	51	7.8	34	45	-24.4
12	江阴柳工道路机械股份有限公司	19			19	8	137.5			
13	卡特彼勒路面机械有限公司				3	1	200.0			
14	住重中骏（厦门）建机有限公司				3	3				
	合　计	974	943	3.3	1 594	1 179	35.2	389	170	128.8

2. 市场销售

(1)沥青混凝土摊铺机主要生产企业月度销售情况。2009年,沥青混凝土摊铺机市场启动比较早,4~8月份为销售高峰期,9月份销售量开始下降,12月份又略有回升。2009年沥青混凝土摊铺机主要生产企业月度销售走势见图4。

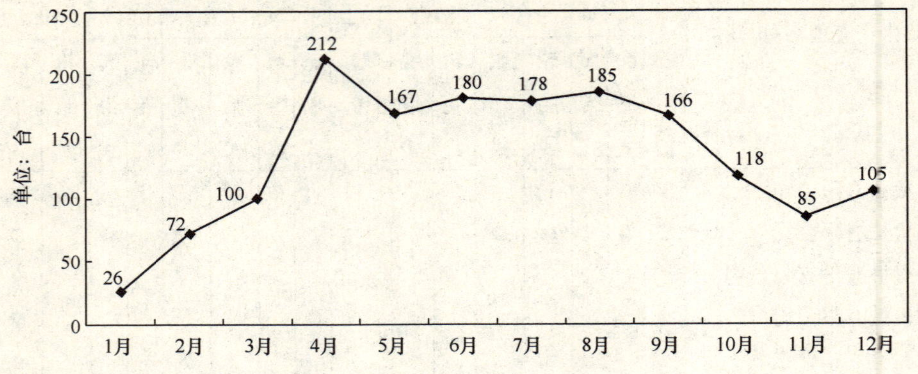

图4 2009年沥青混凝土摊铺机主要生产企业月度销售走势

(2)沥青混凝土摊铺机主要生产企业产品销售情况。据中国工程机械工业协会路面与压实机械分会的统计,2009年沥青混凝土摊铺机主要生产企业产品销售情况见表13。

表13 2009年沥青混凝土摊铺机主要生产企业产品销售情况 (单位:台)

序号	主要生产企业名称	机械式							液压式										
		≤4.5m		4.5~6m		6~8m		8.5m以上	≤4.5m		4.5~6m		6~8m		8~9.5m		9.5~12m	12m以上
		轮胎式	履带式	轮胎式	履带式	轮胎式	履带式	履带式	轮胎式	履带式	轮胎式	履带式	轮胎式	履带式	轮胎式	履带式	履带式	履带式
1	徐州工程机械科技股份有限公司	0	0	0	13	0	4	0	38	0	5	11	4	68	0	96	12	2
2	江苏华通动力重工有限公司	82	9	5	29	9	21	23	0	0	0	0	0	14	0	45	7	4
3	三一重工股份有限公司	0	0	0	0	0	0	0	1	0	0	0	2	3	0	208	31	0
4	长沙中联重工科技发展股份有限公司	0	0	0	0	0	0	0	0	0	0	0	0	16	0	115	61	1
5	维特根(中国)机械有限公司	0	0	0	0	1	0	0	3	1	0	0	4	0	0	60	1	43
6	戴纳派克(中国)压实摊铺设备有限公司	0	0	0	0	0	0	0	0	1	0	0	0	0	1	59	0	49
7	沃尔沃建筑设备(中国)有限公司	0	0	0	0	0	0	0	0	1	0	0	0	1	0	87	12	5
8	鼎盛天工工程机械股份有限公司	0	0	0	0	0	3	0	3	0	0	17	0	48	0	29	1	0
9	成都市新筑路桥机械股份有限公司	0	0	0	0	0	0	0	0	0	0	0	2	28	0	45	15	1
10	陕西建设机械股份有限公司	0	0	0	0	0	0	0	0	2	0	0	0	0	0	11	44	0
11	中交西安筑路机械有限公司	19	0	11	12	0	0	0	0	0	0	0	0	7	0	3	3	0
12	江阴柳工道路机械股份有限公司	0	0	0	0	0	0	0	0	0	0	0	0	0	0	15	4	0
13	卡特彼勒路面机械有限公司	0	0	0	0	0	0	0	1	0	0	0	0	0	0	2	0	0
14	住重中骏(厦门)建机有限公司	0	0	0	0	0	0	0	0	0	0	2	0	0	0	1	0	0
	合　　计	101	9	16	54	10	28	23	46	5	5	30	12	185	1	776	191	105

(3)沥青混凝土摊铺机主要生产企业产品销量构成。据中国工程机械工业协会路面与压实机械分会的统计数据分析,2009年,沥青混凝土摊铺机主要生产企业销售的履带式沥青混凝土摊铺机占总销量的88%,比上年约增加2个百分点;轮胎式沥青混凝土摊铺机占总销量的12%,比上年约减少2个百分

点;液压式沥青混凝土摊铺机约占总销量的85%,比上年约增加6个百分点;机械式沥青混凝土摊铺机约占总销量的15%,比上年约减少6个百分点。从销量构成看,销量最大的产品仍然是8~9.5m、6~8m和9.5~12m液压履带式沥青混凝土摊铺机。与上年相比:≤4.5m和>12m沥青混凝土摊铺机占比与上年接近,4.5~6m沥青混凝土摊铺机占比约减少1.4个百分点,6~8m沥青混凝土摊铺机占比约减少6个百分点,8~9.5m沥青混凝土摊铺机占比约增加5个百分点,9.5~12m沥青混凝土摊铺机占比约增加3个百分点。2009年沥青混凝土摊铺机主要生产企业产品销量构成见图5。

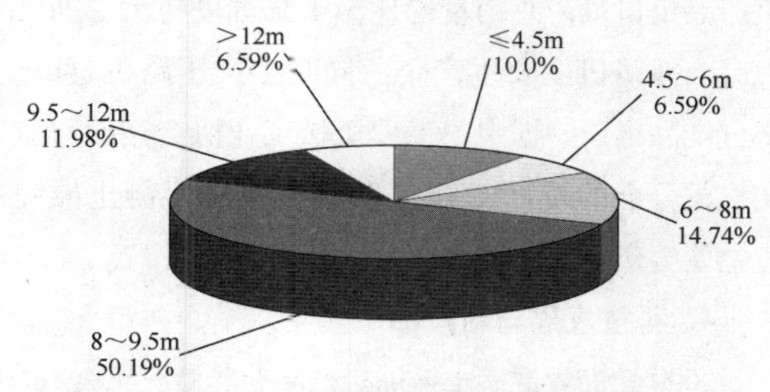

图5　2009年沥青混凝土摊铺机主要生产企业产品销量构成

(4)沥青混凝土摊铺机主要生产企业市场占有率情况。2009年,销售沥青混凝土摊铺机100台以上的企业有徐州工程机械科技股份有限公司、江苏华通动力重工有限公司、三一重工股份有限公司、长沙中联重工科技发展股份有限公司、维特根(中国)机械有限公司、戴纳派克(中国)压实摊铺设备有限公司和沃尔沃建筑设备(中国)有限公司7家企业。与上年相比,沥青混凝土摊铺机主要生产企业的市场占有率有所变化:徐州工程机械科技股份有限公司由上年第二上升为行业之首,江苏华通动力重工有限公司降为第二,三一重工股份有限公司、长沙中联重工科技发展股份有限公司和戴纳派克(中国)压实摊铺设备有限公司仍然分别保持第三、第四和第六,维特根(中国)机械有限公司由上年第七上升为第五,沃尔沃建筑设备(中国)有限公司由上年第十上升为第七。2009年沥青混凝土摊铺机主要生产企业市场占有率见图6。

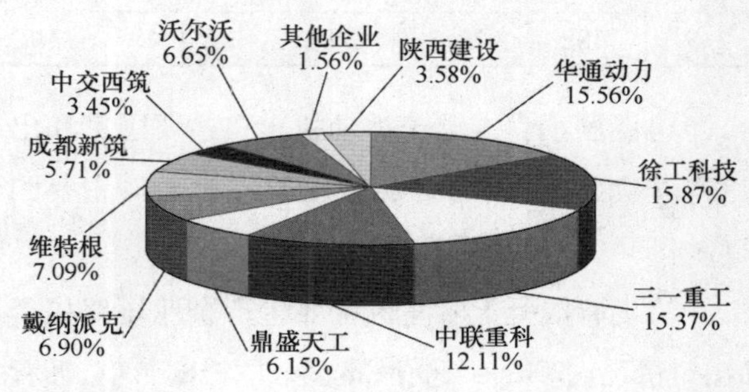

图6　2009年沥青混凝土摊铺机主要生产企业市场占有率

(5)沥青混凝土摊铺机主要生产企业产品销售区域分布情况。2009年,沥青混凝土摊铺机主要生产企业产品国内销量集中在中区、北区、华南区和西南区,这四个区的销量占总销量的68%。与上年相比,各区域的销量普遍增长,特别是华南区和西南区销量同比增长1倍以上,西区和东区的增长率也在40%以上。2008~2009年沥青混凝土摊铺机主要生产企业产品国内销售区域分布情况见表14。

表14　2008~2009年沥青混凝土摊铺机主要生产企业产品国内销售区域分布情况

区　域	2009年		2008年		比上年
	销量(台)	比重(%)	销量(台)	比重(%)	增长(%)
中区(江苏、安徽、山东、河南)	362	22.7	275	23.3	31.6
北区(北京、天津、河北、山西、内蒙古)	267	16.8	196	16.6	36.2
东区(浙江、江西、福建、上海)	153	9.6	108	9.2	41.7
东北区(黑龙江、吉林、辽宁)	97	6.1	78	6.6	24.4
华南区(广西、广东、湖北、湖南、海南)	237	14.9	106	9.0	123.6
西南区(四川、重庆、云南、贵州)	219	13.8	98	8.3	123.5
西区(西藏、新疆、甘肃、青海、宁夏、陕西)	146	9.2	94	8.0	55.3

3. 进出口情况

据海关总署统计,2009 年我国沥青混凝土摊铺机进出口量虽然均有所增加,且出口量的增长大于进口量的增长,但出口额同比下降,进口额同比增长,进出口贸易差额由上年的顺差 498.26 万美元,骤降至逆差 1 031.51 万美元。2008 ~ 2009 年我国沥青混凝土摊铺机进出口情况见表 15。

表 15　2008 ~ 2009 年我国沥青混凝土摊铺机进出口情况

进　口						出　口					
数量(台)			金额(万美元)			数量(台)			金额(万美元)		
2009 年	2008 年	比上年增长(%)	2009 年	2008 年	比上年增长(%)	2009 年	2008 年	比上年增长(%)	2009 年	2008 年	比上年增长(%)
236	182	29.7	3 939	3 494	12.7	611	383	59.5	2 908	3 992	-27.2

(1)我国沥青混凝土摊铺机出口主要国家和出口量。2009 年我国沥青混凝土摊铺机出口主要国家(地区)和出口量见表 16。

(2)沥青混凝土摊铺机主要生产企业压路机产品出口情况。2009 年,受世界金融危机的影响,沥青混凝土摊铺机主要生产企业产品的出口量比上年大幅下降,而国内市场非常兴旺,所以沥青混凝土摊铺机产品出口量占总销量的比重下降幅度更大。沥青混凝土摊铺机主要生产企业同时生产压路机,且有部分产品出口。据中国工程机械工业协会路面与压实机械分会的统计,2008 ~ 2009 年沥青混凝土摊铺机主要生产企业压路机产品出口情况见表 17。

4. 科技成果与新产品

2009 年沥青混凝土摊铺机产品获奖情况见表 18。

表 16　2009 年我国沥青混凝土摊铺机出口主要国家(地区)和出口量

国家(地区)	出口量(台)	国家(地区)	出口量(台)	国家(地区)	出口量(台)
澳大利亚	194	加拿大	50	利比亚	40
越南	32	秘鲁	30	阿拉伯联合酋长国	28
哈萨克斯坦	16	乌兹别克斯坦	16	尼日利亚	16

表 17　2008 ~ 2009 年沥青混凝土摊铺机主要生产企业压路机产品出口情况

2009 年		2008 年		增加数量(台)	比上年增长(%)
数量(台)	占总销量比重(%)	数量(台)	占总销量比重(%)		
113	7.1	224	19	-111	-49.6

表 18　2009 年沥青混凝土摊铺机产品获奖情况

企业名称	产品名称	奖励项目名称	获奖等级
徐州工程机械科技股份有限公司	RP802 型多功能摊铺机	2009 年中国机械工业科学技术奖	三等奖

路面铣刨机

1. 生产发展情况

(1)行业产品构成及生产企业。我国路面铣刨机行业产品主要是自行式路面铣刨机。自行式路面铣刨机包括轮胎式路面铣刨机和履带式路面铣刨机两大类产品。目前在我国生产路面铣刨机的主要生产企业有 10 多家,生产 40 多种规格、型号的轮胎式和履带式自行式路面铣刨机。2009 年,受国内市场的拉动，我国路面铣刨机行业取得进一步发展，产品品种、规格增加，产品技术水平和质量不断提高，产品销量有较大增长。2009 年路面铣刨机分类产品及主要生产企业见表 19。

表 19　2009 年路面铣刨机分类产品及主要生产企业

序号	主要生产企业名称	主要产品型号	
		轮胎式	履带式
1	徐州徐工筑路机械有限公司	XM50、XM100、XM101、XM100H、XM101H、XM103、XM130	XM200
2	江苏华通动力重工有限公司	LXZY500B、LXZ100D、LXH100D、LXH1300D、LXZY1000、LXZY1300	HM2100
3	长沙中联重工科技发展股份有限公司		BG1000B、BG2000D、BG2100C
4	三一重工股份有限公司		SM2000、SM2000C
5	卡特彼勒路面机械有限公司		PM102、PM200、PM201、PM565B
6	鼎盛天工工程机械股份有限公司	LXL100、LXL1200、LXL1300	LX1300、LX200
7	戴纳派克(中国)压实摊铺设备有限公司	PL350、PL500	PL2000、PL2100
8	江阴柳工道路机械股份有限公司	563	568
9	中交西安筑路机械有限公司	LX120、LXD120	LX200、XM200
10	沈阳北方交通重工集团	KFX500、KFX1000、KFX1000DB、KFX1000QDB	KFX2000E、KFX220、KFX2000、KFX1300Q、KFX1000Q
11	陕西建设机械股份有限公司	CM1000	CM2000
12	西安宏大交通科技有限公司	HD1000	HD2000、HD2200

(2)路面铣刨机产品的产销存情况。2009 年，路面铣刨机国内市场十分兴旺，主要生产企业共销售路面铣刨机 170 台，超过了 2008 年销售 139 台的历史最高纪录。与上年相比，2009 年主要生产企业路面铣刨机产品的产销量都有较大增长，库存量相近。据中国工程机械工业协会路面与压实机械分会的统计，2008～2009 年路面铣刨机主要生产企业产品产销存情况见表 20。

表 20　2008～2009 年路面铣刨机主要生产企业产品产销存情况

序号	企业名称	产量(台)			销量(台)			库存(台)		
		2009 年	2008 年	比上年增长(%)	2009 年	2008 年	比上年增长(%)	2009 年	2008 年	比上年增长(%)
1	徐州徐工筑路机械有限公司	82	64	28.1	86	55	56.4	11	15	-26.7
2	江苏华通动力重工有限公司				40	51	-21.6			
3	长沙中联重工科技发展股份有限公司	4	12	-66.7	9	10	-10.0	1	2	-100.0
4	三一重工股份有限公司	11	4	175.0	9	3	200.0	2	1	100.0
5	卡特彼勒路面机械有限公司				8	6	33.3			
6	鼎盛天工工程机械股份有限公司				7	7				
7	戴纳派克(中国)压实摊铺设备有限公司				6					
8	江阴柳工道路机械股份有限公司	4	2	100.0	4	2	100.0			
9	中交西安筑路机械有限公司	2	4	-100.0	1	5	-80.0	5		
	合　计	103	86	19.80	170	139	22.0	19	18	-5.6

2. 市场销售

(1)2009 年,铣路面铣刨机市场启动很早,全年除 1 月和 11 月两个月以外,其余每个月的销量都在 10 台以上,4 月份最高达 21 台。11 月份销量下降,12 月份又出现较大回升。2009 年路面铣刨机主要生产企业月度销量走势见图 7。

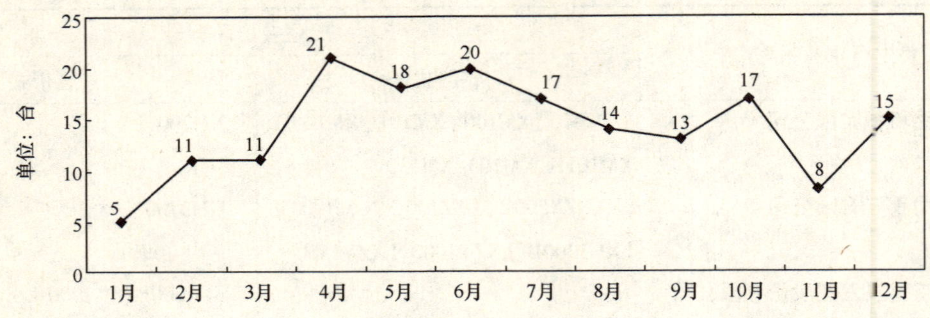

图 7　2009 年路面铣刨机主要生产企业月度销量走势

(2)路面铣刨机主要生产企业产品销售情况。据中国工程机械工业协会路面与压实机械分会的统计,2009 年路面铣刨机主要生产企业产品销售情况见表 21。

表 21　2009 年路面铣刨机主要生产企业产品销售情况　(单位:台)

序号	企业名称	销量				
		1m 以下	1m 及相当于 1m	1～1.5m(含)	1.5～2m(含)	2m 以上
1	徐州筑路机械有限公司	17	51	10		8
2	江苏华通动力重工有限公司	11	18	11		
3	长沙中联重工科技发展股份有限公司		1		8	
4	三一重工股份有限公司				9	
5	卡特彼勒路面机械有限公司		2		6	
6	鼎盛天工工程机械股份有限公司		5	2		
7	戴纳派克(中国)压实摊铺设备有限公司	4			2	
8	江阴柳工道路机械股份有限公司		4			
9	中交西安筑路机械有限公司			1		
	合　计	32	81	24	25	8

(3)路面铣刨机主要生产企业产品销量构成。据中国工程机械工业协会路面与压实机械分会的统计,2009 年路面铣刨机主要生产企业销售的铣刨机产品中,1m 及相当于 1m 铣刨机仍占绝大比例。与上年相比:1m 以下铣刨机占比约增加 5 个百分点,1m 及相当于 1m 铣刨机占比约减少 8 个百分点,1～1.5m(含)铣刨机占比约减少 4 个百分点,1.5～2m(含)铣刨机占比增加 2.5 个百分点,2m 以上铣刨机占比约增加 4 个百分点。2009 年路面铣刨机主要生产企业产品销量构成见图 8。

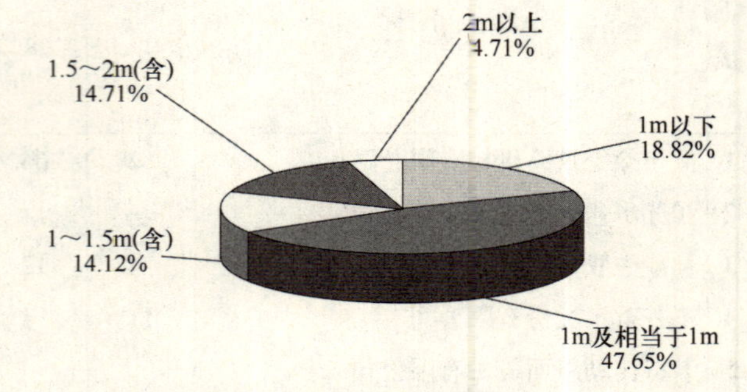

图 8　2009 年路面铣刨机主要生产企业产品销量构成

(4)路面铣刨机主要生产企业市场占有率情况。与上年相比,2009 年徐州筑路机械有限公司路面铣刨机的市场占有率又有较大提高,继续保持行业第一;江苏华通动力重工有限公司路面铣刨机的市场占有率下降较多,但仍居行业第二;长沙中联重工科技发展股份有限公司和三一重工股份有限公司同为行业第三；这四个企业合计的市场占有率高达84.7%，其他路面铣刨机生产企业的市场占有率都在5%以下。2009年路面铣刨机主要生产企业市场占有率情况见图9。

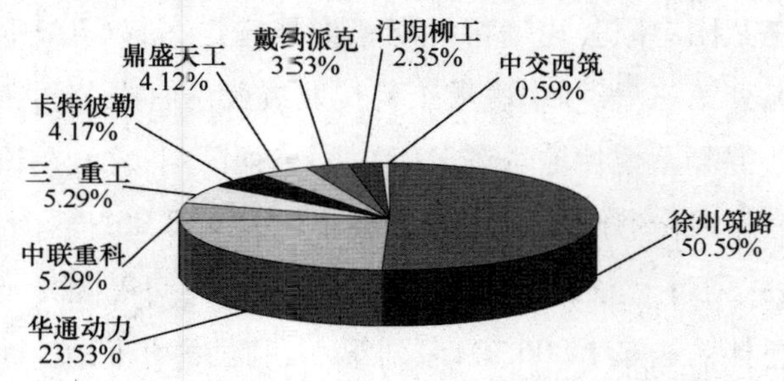

图9　2009年路面铣刨机主要生产企业市场占有率

3. 出口情况

2009年，受世界金融风暴的影响，路面铣刨机国外市场销量下滑比较大，路面铣刨机主要生产企业产品出口量比上年有所减少。据中国工程机械工业协会路面与压实机械分会统计，2008～2009年路面铣刨机主要生产企业产品出口情况见表22。

表22　2008～2009年路面铣刨机主要生产企业产品出口情况

项目	2009年	2008年	增加数量（台）	比上年增长（%）
数量	10	13	－3	－23.1

4. 科技成果与新产品

2009年路面铣刨机产品获奖情况见表23。

表23　2009年路面铣刨机产品获奖情况

企业名称	产品名称	奖励项目名称	获奖等级
三一重工股份有限公司	2000型路面铣刨机设备研究开发与应用	2009年中国机械工业科学技术奖	二等奖
徐州徐工筑路机械有限公司	XM130型铣刨机		三等奖

〔撰稿人：中国工程机械工业协会路面与压实机械分会吴竟吾〕

混凝土机械

2009年，混凝土机械行业和其他工程机械行业一样，1～2月份，受国际金融危机的波及，生产经营受到一些影响。从3月开始，由于国家4万亿元投资的拉动，混凝土机械行业生产销售节节攀升，就其产销量而言，2009年算是一个创历史纪录的一年。

据对37家提供相关资料企业的统计：

（1）混凝土搅拌机生产企业20家，生产混凝土搅拌机17 255台，销售15 589台，产销平衡。方圆集团销售混凝土搅拌机5 998台，名列第一；珠海仕高玛机械设备有限公司销售配套主机2 238台，名列第二；青岛新型建设机械有限公司生产混凝土搅拌机1 690台，销售1 782台，名列第三。

（2）混凝土配料机生产企业17家，生产混凝土配料机5 031台，销售混凝土配料机4 830台，产销平衡。方圆集团生产混凝土配料机931台，销售924台，名列第一；佛山市高永力建设机械有限公司生产混凝土配料机790台，销售770台，名列第二；浙江省建设机械集团有限公司生产混凝土配料机660台，销售626台，名列第三；长沙盛泓机械有限公司生产混凝土配料机520台，销售545台，名列第四；青岛新型建设机械有限公司生产混凝土配料机518台，销售513台，名列第五。

（3）混凝土搅拌楼站生产企业24家，生产混凝土搅拌楼站4 711台，销售4 561台，产销平衡。方圆集团销售混凝土搅拌楼站942台，名列第一；三一重工集团有限公司销售混凝土搅拌楼站680台，名列第二；佛山市高永力建设机械有限公司生产混凝土搅拌楼站680台，销售630台，名列第三；长沙中联重工科技发展股份有限公司混凝土机械公司销售混凝土搅拌楼站 395 台,名列第四;福建南方路面机械有限公司生产混凝土搅拌楼站 355 台,销售 345 台,名列第五。

(4)混凝土输送泵(拖泵)生产企业 14 家,生产混凝土输送泵 5 621 台,销售 5 252 台,产销平衡。三一重工集团有限公司生产混凝土输送泵 2 850台,销售 2 800 台,名列第一;长沙中联重工科技发展股份有限公司生产混凝土输送泵 1 342 台,销售 1 345 台,名列第二;上海鸿得利重工股份有限公司生产混凝土输送泵 370 台,销售 341 台,名列第三;方圆集团销售混凝土输送泵 260 台,名列第四。从统计数据来看,混凝土输送泵的集中度较高,三一重工集团有限公司和长沙中联重工科技发展股份有限公司两家企业 2009 年混凝土输送泵的合计销量为 4 145 台,占行业统计总销量的 78.92%。

(5)臂架式混凝土泵车生产企业 8 家,生产臂架式混凝土泵车 4 854 台,销售 4 893 台,产销平衡。三一重工集团有限公司销售臂架式混凝土泵车 2 450 台,名列第一;长沙中联重工科技发展股份有限公司销售臂架式混凝土泵车 1 845 台,名列第二;普茨迈斯特(上海)有限公司销售臂架式混凝土泵车 320 台,名列第三;上海鸿得利机械制造有限公司销售臂架式混凝土泵车 109 台,名列第四。从统计数据来看,臂架式混凝土泵车的集中度也较大,三一重工集团有限公司和长沙中联重工科技发展股份有限公司两家企业 2009 年臂架式混凝土泵车的销量之和为 4 295 台,占行业统计总销量的 87.8%。

(6)混凝土搅拌输送车生产企业 13 家,生产混凝土搅拌输送车 22 488 辆,销售 22 152 辆,产销平衡。安徽星马汽车股份有限公司销售混凝土搅拌输送车 5 034 辆,名列第一;中集车辆(集团)有限公司销售混凝土搅拌车 4 200 辆,名列第二;三一重工集团有限公司销售混凝土搅拌输送车 3 670 辆,名列第三;长沙中联重工科技发展股份有限公司销售混凝土搅拌输送车 3 170 辆,名列第四;北汽福田汽车股份有限公司销售混凝土搅拌车 2 062 辆,名列第五;上海华东建筑机械厂有限公司销售混凝土搅拌输送车 1 806 辆,名列第六;利勃海尔机械(徐州)有限公司销售混凝土搅拌输送车 882 辆,名列第七。2009 年混凝土搅拌车的产销量有很大增长,比 2008 年大约增长 1/3。

(7)散装水泥运输车只统计到 3 家企业,生产散装水泥运输车 6 118 辆,销售 6 141 辆,产销平衡。其中中集车辆(集团)有限公司销售散装水泥运输车 4 236 辆,名列第一;安徽星马汽车股份有限公司销售散装水泥运输车 1 860 辆,名列第二。

由于有很多企业还不是分会会员,因此没有相应的数据。根据分会平时掌握的情况和配套件供应商提供的数据估算,2009 年我国商品混凝土机械的产销量大约是:混凝土搅拌站(楼)6 000 套,臂架式混凝土泵车 5 000 辆,混凝土输送泵(包括拖式泵和车载泵)7 500 台,混凝土搅拌运输车 30 000 辆。2009 年混凝土及混凝土制品机械产销存情况见表 1。

表 1　2009 年混凝土及混凝土制品机械产销存情况

企业名称	产品型号	产量(台)	销量(台)	库存量(台)
方圆集团	混凝土搅拌机	5 998	5 858	180
韶关新宇建设机械有限公司	混凝土搅拌机	45	108	2
浙江省建设机械集团有限公司	混凝土搅拌机	1 548	1 392	
佛山市云雀振动器有限公司	混凝土振动器	28 665	25 606	3 259
重庆大江信达车辆股份有限公司专用车公司	液化气体运输车	50	50	
	东风运输车	50	50	
	东风自卸车	1	1	
	低温运输车	101	101	
	运输车	35	35	

（续）

企业名称	产品型号	产量（台）	销量（台）	库存量（台）
方圆集团	混凝土泵	260	260	
中船重工重庆液压机电有限公司	GP 系列泵	550	551	103
	A10V 系列泵	469	482	104
长沙中联重工科技发展股份有限公司	混凝土泵	947	952	
三一集团有限公司	混凝土拖泵	2 250	2 200	60
郑州宇通重工有限公司	混凝土拖泵	54	9	50
安徽星马汽车股份有限公司	混凝土泵车	42	28	9
长沙中联重工科技发展股份有限公司	混凝土泵车	1 812	1 845	
三一集团有限公司	混凝土泵车	2 240	2 450	70
徐工集团	混凝土泵车	158	182	
方圆集团	商品混凝土搅拌站	942	942	2
	稳定土厂拌站	76	76	
上海华东建筑机械厂有限公司	搅拌站	14	6	8
	搅拌站	32	26	2
	搅拌站	29	30	4
	搅拌站	10	10	
	搅拌站	6	8	
长沙中联重工科技发展股份有限公司	混凝土搅拌站	395	395	
三一集团有限公司	混凝土搅拌站	680	680	20
福建南方路面机械有限公司	水泥混凝土搅拌设备	588	588	
	沥青混凝土搅拌设备	25	25	
	干粉砂浆搅拌设备	28	28	
	板式无砟轨道水泥乳化沥青砂浆搅拌设备（高铁专用设备）	79	79	
韶关新宇建设机械有限公司	混凝土搅拌站	141	138	9
浙江省建设机械集团有限公司	混凝土搅拌站	118	102	198
利勃海尔机械（徐州）有限公司	搅拌站	45	43	2
浙江省建设机械集团有限公司	配料站	660	626	
方圆集团	混凝土搅拌输送车	596	596	
上海华东建筑机械厂有限公司	混凝土搅拌运输车	1 830	1 806	229
安徽星马汽车股份有限公司	混凝土搅拌车	5 088	5 034	184
长沙中联重工科技发展股份有限公司	混凝土搅拌车	3 199	3 170	
三一集团有限公司	混凝土搅拌输送车	3 670	3 670	70
广西玉柴专用汽车有限公司	中型混凝土搅拌车	44	39	16
中环动力（北京）重型汽车有限公司	搅拌车			2
韶关新宇建设机械有限公司	混凝土搅拌车	19	17	3
郑州宇通重工有限公司	混凝土搅拌车	445	442	6
利勃海尔机械（徐州）有限公司	搅拌车	902	902	
三一集团有限公司	混凝土布料杆	128	128	20
安徽星马汽车股份有限公司	散装水泥车	1837	1860	37

（续）

企业名称	产品型号	产量(台)	销量(台)	库存量(台)
三一集团有限公司	沥青水泥砂浆车	120	110	10
郑州宇通重工有限公司	散装水泥半挂车	385	308	83
	散装水泥运输车	242	245	1
长沙中联重工科技发展股份有限公司	车载泵	395	393	
三一集团有限公司	混凝土车载泵	600	600	10
广东力士通机械股份有限公司	车载泵	1	2	
中船重工重庆液压机电有限公司	泵站	88	95	2
安徽星马汽车股份有限公司	其他	31	460	29
郑州宇通重工有限公司	其他专用车	425	425	8
总计		69 188	66 265	4 792

注:该表由中国工程机械工业协会提供。由于统计口径不同,表中数据与文中统计结果有差异,因此只作为参考。

〔撰稿人:中国工程机械工业协会混凝土机械分会盛春芳〕

凿岩机械与气动工具

生产和发展情况

我国凿岩机械与气动工具行业产品分为凿岩机械和气动工具两大类,主要包括钻车,钻架,气动、液压、内燃、电动凿岩机类和回转式、冲击式气动工具类等产品。凿岩机械与气动工具产品的主要特性是以压缩空气为动力,产品服务于冶金、煤炭、铁路、公路、水电工程、国防建设及机械制造等领域。凿岩机械广泛应用于开采矿山、开山筑路、兴修水利、开凿隧道以及国防施工建设和其他土石方工程,在各种不同矿、岩石上钻凿炮孔。气动工具产品广泛用于汽车、飞机、船舶等各种机器的装配和修理。我国凿岩机械与气动工具产品分类及主要生产企业见表1。

表1　我国凿岩机械与气动工具产品分类及主要生产企业

产品分类		主要生产企业名称
凿岩机械	气腿式凿岩机	天水风动机械有限责任公司、衢州煤矿机械总厂有限公司、沈阳风动工具厂有限公司、湘潭飞钎风动机械有限公司、南京工程机械有限公司、洛阳风动工具有限公司、浙江红五环机械有限公司
	手持式凿岩机	天水风动机械有限责任公司、沈阳风动工具厂有限公司、衢州煤矿机械总厂有限公司、浙江红五环机械有限公司、湘潭飞钎风动机械有限公司
	内燃、电动凿岩机	洛阳风动工具有限公司、宜春风动工具有限公司
	凿岩钻架	天水风动机械有限责任公司、南京工程机械有限公司、宣化采掘机械集团有限公司
	凿岩钻车	天水风动机械有限责任公司、宣化采掘机械集团有限公司、南京工程机械有限公司、浙江红五环机械有限公司
	冲击器	天水风动机械有限责任公司、通化市风动工具有限责任公司、洛阳风动工具有限公司、宣化采掘机械集团有限公司
	气动绞车	烟台市石油机械厂、黄石市黄风机械有限公司

（续）

产品分类		主要生产企业名称
气动工具	回转类产品	青岛前哨精密机械公司、上海气动工具厂、上海约纳森工具制造有限公司、镇江市丹徒风电机械厂、天津市柏益风动工具有限公司、天水风动机械有限责任公司、镇江市京口气动工具有限公司、徐州信义风动工具有限公司、徐州三刃风动工具有限公司、上海民生电器有限公司、通化市风动工具有限责任公司
	冲击类产品	南京工程机械有限公司、义乌市风动工具有限公司、通化市风动工具有限责任公司、上海气动工具厂、上海约纳森工具制造有限公司、天水风动机械有限责任公司、徐州三刃风动工具有限公司、宜春风动工具有限公司、徐州信义风动工具有限公司、天水风动工具厂一分厂

2009 年，凿岩机械与气动工具行业生产凿岩机械 649 519 台（套），比上年的 588 100 台（套）增长 10.44%；销售凿岩机械 653 343 台（套），比上年的 559 704 台（套）增长 16.73%；年底凿岩机械库存 56 770 台（套），比上年的 64 875 台（套）下降 12.49%。

2009 年，生产气动工具 483 649 台，比上年的 416 160 台增长 16.22%；销售气动工具 431 270 台，比上年的 394 696 台增长 9.27%；年底气动工具库存 122 466 台，比上年 93 837 台增长 30.51%。

2009 年，在国家持续加大对基础设施建设投资的带动下，我国凿岩机械类产品市场需求稳定，保持增长态势；而气动工具类产品受全球金融危机造成的船舶等机械产品市场严重下滑的影响，全年产品销量明显减少，增长速度开始放缓，但仍保持正增长。目前，我国凿岩机械与气动工具行业除气腿式凿岩机外，存在的主要问题仍然是产品可靠性较差和赢利能力偏低，尤其是气动工具产品的低价位竞争，对我国凿岩机械与气动工具行业的发展有很大的影响。凿岩机械产品的更新换代，气动工具产品提高综合竞争力，并拓展海外市场，还需要全行业继续共同努力来实现。2009 年凿岩机械与气动工具行业主要产品产销存情况见表 2。2009 年凿岩机械与气动工具行业主要企业产销存情况见表 3。

表 2　2009 年凿岩机械与气动工具行业主要产品产销存情况

产品名称	单位	2009 年			2008 年	2009 年产量比 2008 年增长（%）
		产量	销售量	年末库存	产量	
总　计	台	1 133 168	1 084 613	179 236	1 004 260	12.84
一、凿岩机械	台	649 519	653 343	56 770	588 100	10.44
1. 凿岩机	台	134 666	137 248	22 855	133 281	1.04
（1）气动凿岩机	台	114 881	117 924	14 304	113 075	1.60
①手持式	台	23 961	23 441	2 436	29 232	-18.03
②气腿式	台	89 831	93 292	11 423	82 736	8.58
③向上式	台	425	405	108	450	-5.56
④导轨式	台	664	786	337	657	1.07
（2）内燃凿岩机	台	15 507	14 887	7 136	15 016	3.27
（3）电动凿岩机	台	4 278	4 437	1 415	5 190	-17.57
2. 凿岩钻车	台	27	21	14	25	8.00
3. 钻架	台	841	828	548	820	2.56
4. 气动绞车	台	439	611	45	455	-3.52

（续）

产品名称	单位	2009年			2008年	2009年产量比2008年
		产量	销售量	年末库存	产量	增长(%)
5. 冲击器	台	269	251	79	254	5.91
6. 气动马达	台	10 663	13 605	3 006	9 244	15.35
7. 其他	台	502 614	500 779	30 223	444 021	13.20
二、气动工具	台	483 649	431 270	122 466	416 160	16.22
1. 回转类产品	台	391 302	341 377	80 303	280 103	39.70
(1)气钻	台	5 432	5 056	2 672	6 058	-10.33
(2)气砂轮	台	299 293	252 692	55 560	183 916	62.73
(3)气扳机	台	61 822	62 068	18 869	85 686	-27.85
(4)搅拌机	台	2 600	1 995	613	2 793	-6.91
(5)抛光机	台	22 155	19 566	2 589	1 470	1 407.14
2. 冲击类产品	台	74 584	76 224	37 684	86 492	-13.77
(1)气镐	台	62 894	64 805	35 572	64 897	-3.09
(2)气铲	台	8 664	8 405	1 479	15 006	-42.26
(3)捣固机	台	3 026	3 014	633	6 589	-54.07
3. 其他	台	17 763	13 669	4 479	49 565	-64.16
三、配件	t	907	31 675	2 978	1 207	-24.92
空压机	台	73 129	69 224	4 214	72 838	0.40

表3　2009年凿岩机械与气动工具行业主要企业产销存情况

产品名称	生产企业名称	单位	产品入库量	销售量	年末库存量
凿岩机	总　计	台	134 666	137 248	22 855
1. 气动凿岩机	合　计	台	114 881	117 924	14 304
(1)气腿式	小　计	台	89 831	93 292	11 423
	天水风动机械有限责任公司	台	51 894	57 608	4 237
	衢州煤矿机械总厂有限公司	台	12 609	12 500	4 549
	洛阳风动工具有限公司	台	149	175	155
	湘潭飞钎风动机械有限公司	台	3 101	2 000	1 101
	浙江红五环机械有限公司	台	22 078	20 990	1 458
	宜春风动工具有限公司	台		19	-77
(2)手持式	小　计	台	23 961	23 441	2 436
	天水风动机械有限责任公司	台	753	1 453	877
	衢州煤矿机械总厂有限公司	台	1 130	998	841
	浙江红五环机械有限公司	台	22 078	20 990	718
(3)导轨式	小　计	台	664	786	337
	天水风动机械有限责任公司	台	306	311	128
	南京工程机械有限公司	台	358	475	209
(4)向上式	小　计	台	425	405	108
	天水风动机械有限责任公司	台	425	405	108
2. 内燃凿岩机	合　计	台	15 507	14 887	7 136
	洛阳风动工具有限公司	台	13 543	13 420	5 503

（续）

产品名称	生产企业名称	单位	产品入库量	销售量	年末库存量
	宜春风动工具有限公司	台	1 964	1 467	1 633
3. 电动凿岩机	合　计	台	4 278	4 437	1 415
	洛阳风动工具有限公司	台	4 128	4 348	987
	宜春风动工具有限公司	台	150	89	428
凿岩钻架	合　计	台	841	828	548
	天水风动机械有限责任公司	台	126	95	56
	南京工程机械有限公司	台	358	475	209
	黄石市黄风机械有限公司	台	357	258	283
	合　计	台	27	21	14
凿岩钻车	天水风动机械有限责任公司	台	27	21	14
冲击器	合　计	台	269	251	79
	天水风动机械有限责任公司	台	261	243	56
	洛阳风动工具有限公司	台	8	8	23
气动绞车	合　计	台	439	611	45
	烟台市石油机械有限公司	台	415	572	45
	黄石市黄风机械有限公司	台	24	39	
气动马达	合　计	台	10 663	13 605	3 006
	天水风动机械有限责任公司	台	10		25
	烟台市石油机械有限公司	台	9 213	11 750	937
	黄石市黄风机械有限公司	台	1 440	1 855	2 044
气镐	合　计	台	62 894	64 805	35 572
	天水风动机械有限责任公司	台	4 005	3 972	224
	南京工程机械有限公司	台	23 903	26 150	34 401
	义乌风动工具有限责任公司	台	32 825	32 825	8
	宜春风动工具有限公司	台	895	626	720
	徐州三刃风动工具有限公司	台	966	1 057	94
	上海约纳森工具制造有限公司	台	300	175	125
气铲	合　计	台	8 664	8 405	1 479
	天水风动机械有限责任公司	台	180	160	85
	上海气动工具厂	台	1 690	1 713	200
	义乌风动工具有限责任公司	台	1 794	1 794	6
	徐州三刃风动工具有限公司	台	2 900	3 323	503
	上海约纳森工具制造有限公司	台	900	466	434
	山东同力达智能机械有限公司	台	1 200	949	251
气钻	合　计	台	5 432	5 056	2 672
	天水风动机械有限责任公司	台	5 422	5 050	2 668
	山东同力达智能机械有限公司	台	10	6	4
气扳机	合　计	台	61 822	62 068	18 869
	天水风动机械有限责任公司	台	8 389	7 805	3 897
	山东同力达智能机械有限公司	台	2 140	1 986	154
	上海市民生电器有限公司	台	1 460	1 333	334

（续）

产品名称	生产企业名称	单位	产品入库量	销售量	年末库存量
	青岛前哨精密机械公司	台	44 833	45 944	14 484
	天津市柏益风动工具有限公司	台	5 000	5 000	
气砂轮	合　计	台	299 293	252 692	55 560
	天水风动机械有限责任公司	台	1 385	879	8 299
	上海气动工具厂	台	12 471	12 476	619
	徐州三刃风动工具有限公司	台	2 050	1 828	764
	镇江市丹徒风电机械厂	台	17 510	17 068	442
	上海约纳森工具制造有限公司	台	40 077	31 846	8 231
	山东同力达智能机械有限公司	台	800	595	205
	上海山研机械科技有限公司	台	220 000	183 000	37 000
	天津市柏益风动工具有限公司	台	5 000	5 000	
捣固机	合　计	台	3 026	3 014	633
	天水风动机械有限责任公司	台	105	57	77
	上海气动工具厂	台	949	976	127
	义乌风动工具有限责任公司	台	936	936	10
	徐州三刃风动工具有限公司	台	1 036	1 045	419
搅拌机	合　计	台	2 600	1 995	613
	天水风动机械有限责任公司	台	2 300	1 787	521
	上海约纳森工具制造有限公司	台	300	208	92
抛光机	合　计	台	22 155	19 566	2 589
	上海约纳森工具制造有限公司	台	520	310	210
	上海上船利富船舶工具有限公司	台	21 635	19 256	2 379
空压机	合　计	台	73 129	69 224	4 214
	衢州煤矿机械总厂有限公司	台	460	399	370
	浙江红五环机械有限公司	台	72 669	68 825	3 844
其他采掘设备	合　计	台	502 614	500 779	30 223
	洛阳风动工具有限公司	台	189	35	224
	衢州煤矿机械总厂有限公司	台	502 355	500 700	29 961
	黄石市黄风机械有限公司	台	42	16	38
	湘潭风动机械有限公司	台	28	28	
其他风动工具产品	合　计	台	17 763	13 669	4 479
	上海气动工具厂	台	1 208	1 219	137
	徐州三刃风动工具有限公司	台	115	169	81
	上海上船利富船舶工具有限公司	台	305	278	27
	烟台市石油机械有限公司	台	135	233	4
	上海约纳森工具制造有限公司	台	16 000	11 770	4 230
配件	合　计	t	906	31 675	2 978
	天水风动机械有限责任公司	t	408	270	1 235
	衢州煤矿机械总厂有限公司	t	57	31 002	1 292
	南京工程机械有限公司	t	165	160	313
	洛阳风动工具有限公司	t	270	237	137
	黄石市黄风机械有限公司	t	6	6	1

主要生产企业经济指标完成情况

2009年完成工业总产值(当年价)157 978万元,比上年的152 517万元增长3.58%;完成工业增加值39 490万元,比上年的44 047万元下降10.35%,完成产品销售收入153 965万元,比上年的153 227万元增长0.48%;全年实现利润总额9 781万元,比上年的11 098万元下降11.87%。2009年凿岩机械与气动工具行业主要生产企业经济指标完成情况见表4。

表4 2009年凿岩机械与气动工具行业主要生产企业经济指标完成情况 (单位:万元)

序号	单位名称	工业总产值(当年价)	主营业务收入	工业增加值(生产法)	利润总额
1	天水风动机械有限责任公司	23 108	21 853	11 095	3 295
2	南京工程机械有限公司	4 823	5 385	2 143	-328
3	宜春风动工具有限公司	511	511	280	-200
4	浙江衢州煤矿机械总厂有限公司	35 636	35 215	8 902	2 194
5	青岛前哨精密机械公司	5 674	6 504	1 846	252
6	湘潭飞钎风动机械有限公司	1 070	901	51	4
7	洛阳风动工具有限公司	9 564	9 341	3 486	1 020
8	黄石市黄风机械有限公司	856	1 016	570	-10
9	徐州三刃风动工具有限公司	398	374	18	-9
10	上海气动工具厂	983	1 902	343	9
11	上海民生电器有限公司	1 523	1 559	524	-1
12	烟台市石油机械有限公司	3 465	3 047	922	10
13	义乌市风动工具有限公司	1 196	1 144	718	24
14	镇江市丹徒风电机械厂	500	473		21
15	山东同力达智能机械有限公司	6 065	6 065	1 387	645
16	上海约纳森工具制造有限公司	3 964	1 178	74	116
17	天水风动工具厂一分厂	449	631	112	13
18	浙江红五环机械股份有限公司	48 294	44 556	7 019	660
19	上海上船利富船舶工具有限公司		2 978		221
20	天津市柏蓝风动工具有限公司	99	88		1
21	上海山研机械科技有限公司	9 600	9 124		1 825
22	广州市天諾精机机械有限公司	200	120		20
	合　计	157 978	153 965	39 490	9 782

企业产品出口情况

凿岩机械与气动工具行业有10个企业出口产品,2009年出口额为840.64万美元。2007～2009年产品出口情况见表5。

表5 2007～2009年产品出口情况

产品名称	2007年			2008年			2009年		
	出口量(台)	出口额(万美元)	占比(%)	出口量(台)	出口额(万美元)	占比(%)	出口量(台)	出口额(万美元)	占比(%)
凿岩机械	13 984	402	58.09	3 605	467.32	58.05	2 751	327.18	38.92
气动工具	14 728	79	11.42	793	76.60	9.52	50 647	315.06	37.48
配件及其他	433 099	211	30.49	566 280	261.09	32.43	289 363	198.40	23.60
合　计	461 811	692	100.00	570 678	805.01	100.00	342 761	840.64	100.00

〔撰稿人:中国工程机械工业协会凿岩机械与气动工具分会赵西营〕

桩 工 机 械

生产发展情况

桩工机械产品包括各种桩基础、地基改良加固、地下连续墙及其他特殊地基基础施工的机械设备。2009 年我国工程机械行业虽受国际金融危机影响，但桩工机械行业在国家交通运输业、能源、建筑业发展的带动下，仍然保持增长态势。据对桩工机械分会 29 家主要生产企业的统计，2009 年各类桩工机械生产 4 942 台，销售 4 615 台，同比分别增长 26.2% 和 26.6%；2009 年完成工业总产值 651 928.39万元，销售收入 576 637.21 万元，同比分别增长 38.3% 和 30.8%。桩工机械主要产品分类及主要生产企业见表 1。2009 年桩工机械主要产品产销存情况见表 2。

表 1　桩工机械主要产品分类及主要生产企业

产品分类	主要生产企业
柴油打桩锤	
D 系列筒式柴油打桩锤	上海工程机械厂有限公司、广东力源液压机械有限公司、湖南泰唐重工机械有限公司
DD 系列筒式柴油打桩锤	江苏东达工程机械有限公司、中国人民解放军六四〇九工厂建机公司、东台市巨力机械制造有限公司
液压打桩锤	
HHP 系列液压打桩锤	广东力源液压机械有限公司
振动桩锤	
DZ、DZS 系列振动桩锤	浙江振中工程机械有限公司、瑞安八达工程机械有限公司、兰州联合重工有限公司、江阴市振冲机械制造有限公司
DZJ 系列变矩振动桩锤	浙江振中工程机械有限公司
DZM 系列液压振动桩锤	广东力源液压机械有限公司
钻孔机	
步履式长螺旋钻孔机	河北新钻钻机有限公司、郑州勘察机械有限公司、文登市合力机械有限公司、威海海泰起重机械有限公司、方圆集团有限公司、徐州神宇重工有限公司(鹏达基桩)、浙江振中工程机械有限公司、瑞安八达工程机械有限公司、河北新河华泰桩工机械公司、郑州市鑫源桩工机械厂、河南三力机械制造有限公司
电动、液压履带式长螺旋钻孔机	文登市合力机械有限公司、方圆集团有限公司、威海海泰起重机械有限公司
旋挖钻孔机	北京市三一重机有限公司、湖南山河智能机械有限公司、长沙中联重工科技发展有限公司上海分公司、北京南车时代重工机械有限公司、徐州徐工基础工程机械有限公司、山东福田雷沃重工有限公司、内蒙古北方重型汽车有限公司、上海金泰工程机械有限公司、郑州富岛机械设备有限公司、郑州宇通重工有限公司、徐州博汇东明机械制造有限公司、湖南奥盛特重工科技有限公司、山东鑫国重机科技有限公司、北京德睿琪科技开发有限公司、山推工程机械股份有限公司、杭州杭重威施诺机械科技有限公司、河南三力机械制造有限公司、山东泰格重工机械有限公司
KP、GPS、QJ 系列钻孔机(转盘式)	上海金泰工程机械有限公司、郑州勘察机械有限公司
动力头式钻孔机	郑州勘察机械有限公司
MD 系列多功能钻孔机	浙江振中工程机械有限公司

（续）

产品分类	主要生产企业
液压压桩机	湖南山河智能机械有限公司、广东力源液压机械有限公司、武汉华威建筑桩工机械有限公司、浙江振中工程机械有限公司、湖南泰唐重工机械有限公司
桩架	
走管式桩架	瑞安八达工程机械有限公司、浙江振中工程机械有限公司、东台市巨力机械制造有限公司
轨道式桩架	江苏东达工程机械有限公司、郑州勘察机械有限公司
步履式桩架	上海工程机械厂有限公司、浙江振中工程机械有限公司、瑞安八达工程机械有限公司、徐州神宇重工有限公司（鹏达基桩）、江苏东达工程机械有限公司、东台市巨力机械制造有限公司、兰州联合重工有限公司
DH、SF系列履带式三支点桩架	上海工程机械厂有限公司、北京市三一重机有限公司
地下连续墙机械	
多轴连续墙钻孔机	上海金泰工程机械有限公司、上海工程机械厂有限公司、浙江振中工程机械有限公司
地下连续墙抓斗	上海金泰工程机械有限公司、北京市三一重机有限公司、长沙中联重工科技发展有限公司上海分公司、北京恒坤伟业工贸有限公司
地基加固机械	
振冲器	江阴市振冲机械制造有限公司
插板桩机	徐州神宇重工有限公司（鹏达基桩）
水平高压旋喷钻	北京市三一重机有限公司

表2　2009年桩工机械主要产品产销存情况

序号	产品名称	产量（台）	销售量（台）	库存量（台）
1	筒式柴油锤	300	294	90
2	导杆柴油锤	831	748	84
3	液压打桩锤	8	8	
4	振动桩锤	470	450	38
5	步履式长螺旋钻孔机	363	356	24
6	电动、液压履带式长螺旋钻孔机	178	162	16
7	旋挖钻孔机	1 407	1 264	210
8	转盘式反循环钻孔机	263	262	2
9	动力头式反循环钻孔机	3	2	1
10	MD系列多功能钻孔机	17	13	4
11	水井钻机	5	6	1
12	桩架	279	263	33
13	压桩机	234	240	11
14	软地基处理机械	241	235	52
15	地下连续墙三轴钻机	110	100	17
16	地下连续墙抓斗	67	67	1
17	全套管钻机	1	1	
18	钻车	1	1	
19	地热钻机	1	1	
20	潜孔钻孔机	163	142	34
	主机总计	4 942	4 615	618

市场销售情况

由于桩工机械必须依据工程的目的、规模，桩的品种、用途、施工工法以及地质条件来选择，因此桩工机械是一种多品种、多规格、批量不大、专用性较强的工程机械，由于涉及的基础工程不同，产品的销售情况也有差异。

1. 旋挖钻机

在桩工机械产品中，旋挖钻机是最引人注目的产品，其销售额占整个行业的2/3左右。2009年随着国家高速铁路建设等项目的展开，旋挖钻机得到快速发展，上半年的销售形势特别火爆，下半年虽然有所回落，但年销售量仍达到1 264台，同比增长28. 85%。2008年只有北京市三一重机有限公司的销售量超过100台，而2009年销售量超100台的又增加了湖南山河智能机械有限公司、长沙中联重工科技发展有限公司上海分公司、北京南车时代重工机械有限公司、郑州宇通重工有限公司4家企业。桩工机械行业在旋挖钻机的带动下，销售额每年都呈增长态势。

2. 地下连续墙机械

近年来，随着城市地铁和水利工程建设的加快，用于地下连续墙机械施工的多轴钻机和液压抓斗发展比较迅速，同比分别增长117.4%和59.5%。

3. 其他桩工机械产品

其他桩工机械产品的销售情况比较平稳，除筒式柴油锤和压桩机略有减少，同比分别下降2.97%和12.4%外，其他都呈增长态势，导杆式柴油打桩锤同比增长34.3%，振动锤同比增长6.6%，长螺旋钻机同比增长5.1%，反循环钻孔机同比增长74.8%。

进出口情况

在我国基础施工中，国产桩工机械产品完全可以满足施工要求，有的产品如筒式柴油锤、导杆式柴油锤、振动锤、压桩机等早已占领全部国内市场。

2009年，受国际金融危机的影响，桩工机械出口量下降比较明显。据不完全统计，2009年出口量为274台，出口额为5 919.41万美元，比2008年分别下降40.4%和53.3%，其中旋挖钻机出口75台，同比下降60.1%。2009年桩工机械产品出口情况见表3。

表3 2009年桩工机械产品出口情况

企业名称	产品名称及型号	出口量（台）	出口额（万美元）	销往国家及地区
上海工程机械厂有限公司	D系列筒式柴油锤	63	348	美国、新加坡、阿尔及利亚
	柴油锤配件		84	
广东力源液压机械有限公司	HD系列柴油锤	16	51	美国
	YZY系列压桩机	8	146	马来西亚
	SV系列液压振动锤	10	27	中国香港
	HHP系列液压锤	5	53	俄罗斯、中国香港
江苏东达工程机械有限公司	JDJ40走管式桩机	2	28	非洲
	JBY80步履式桩机	4	65	印度、印度尼西亚
东台市巨力机械制造有限公司	DD53导杆式柴油锤	8	28	印度尼西亚
	DD63导杆式柴油锤	8		
浙江振中工程机械有限公司	MD型钻孔机	13	51	日本
	EP(DZJ)系列振动锤	10	92	日本
	DZ系列振动锤	6	31	东南亚、西亚
	JZB系列步履桩架	5	52	俄罗斯、东南亚
北京南车时代重工机械有限公司	TR220旋挖钻机	2	110	新加坡
	TR360旋挖钻机	1	90	新加坡
湖南山河智能机械有限公司	ZYJ120～680压桩机	30	686	越南、印度尼西亚
	SWDM16～20旋挖钻机	4	183	印度
郑州富岛机械设备有限公司	CD856旋挖钻机	3	94	越南、印度、文莱
	FD1255旋挖钻机	1	33	越南
长沙中联重工科技发展有限公司	150A旋挖钻机	2	76	印度
郑州宇通重工有限公司	YTRD260旋挖钻机	4	293	伊朗
	YTRD300旋挖钻机	1	94	伊朗
徐州博汇东明机械制造有限公司	TRM140旋挖钻机	2	69	俄罗斯

（续）

企业名称	产品名称及型号	出口量（台）	出口额（万美元）	销往国家及地区
湖南奥盛特重工科技公司	OTR200D 旋挖钻机	2	99	俄罗斯
	OTR260D 旋挖钻机	1	61	德国
徐州徐工基础工程机械有限公司	XR280 旋挖钻机	1	57	越南
	XR360 旋挖钻机	1	67	越南
北京市三一重机有限公司	SR150 旋挖钻机	15	447	俄罗斯、马来西亚、墨西哥、埃及、德国
	SR220C 旋挖钻机	14	756	沙特阿拉伯、阿尔及利亚、俄罗斯、印度
	SR250 旋挖钻机	13	748	阿尔及利亚、德国、巴西
	SR280R 旋挖钻机	10	656	中国台湾
	SF558 电液桩机	5	159	伊拉克
	SRT150 全套管钻机	1	15	俄罗斯
威海海泰起重机械有限公司	步履式长螺旋钻机	2	43	塞尔维亚
	电动履带式长螺旋钻机	1	28	阿拉伯联合酋长国

科技成果与新产品

2009 年桩工机械行业加大自主创新力度，新产品不断涌现，其中旋挖钻机的新产品开发尤为突出，不少企业的产品逐步形成系列，大型旋挖钻机的扭矩已达 400kN · m、420kN · m、500kN · m，而小型的扭矩为 50kN · m；在地下连续墙机械新产品中有上海工程机械厂有限公司的 ZLD180CS 三轴超深钻机，长沙中联重工科技发展有限公司的 ZD50 液压抓斗等；其他新产品还有江苏东达工程机械有限公司的 DD132 导杆式柴油锤等。

〔撰稿人：中国工程机械工业协会桩工机械分会施引蕃〕

工程机械零部件

生产发展情况

据 2009 年对工程机械配套件行业中 42 家主要企业的统计，2009 年完成工业总产值 799 649.1 万元，工业销售产值 791 182.7 万元，主营业务收入 675 439.3 万元，利润总额 51 395.6 万元。由于 2009 年部分企业上市，所以上市企业未上报经济指标。2008 ~ 2009 年工程机械配套件行业主要经济指标完成情况见表 1。

表 1　2008 ~ 2009 年工程机械配套件行业主要经济指标完成情况

经济指标	2009 年（万元）	2008 年（45 家）
工业总产值（当年价）	799 649.1（41 家）	1 048 686
工业销售产值（当年价）	791 182.7（40 家）	1 016 627
主营业务收入	675 439.3（40 家）	1 001 553
工业增加值	199 031.0（42 家）	279 397
出口交货值	66 148.2（20 家）	90 828
利润总额	51 395.6（32 家）	68 896

工程机械配套件行业产品分类及主要生产企业见表 2。2008 ~ 2009 年工程机械配套件企业产品产销存情况见表 3。2008 ~ 2009 年工程机械配套件行业主要生产企业经济指标完成情况见表 4。

表2　工程机械配套件行业产品分类及主要生产企业

产品分类	企业名称
液压件及液压附件	徐州徐工液压件有限公司、四川长江液压件有限责任公司、榆次液压有限公司、派克汉尼汾液压(天津)有限公司、浙江临海海宏集团有限公司、济南液压泵有限责任公司、合肥长源液压件股份有限公司、贵州枫阳液压有限公司、江苏中也液压机械有限公司、苏州工业园区飞翔液压附件厂、伊顿流体动力(上海)有限公司、贵州力源液压股份有限公司、泊姆克(天津)液压有限公司、山东锐驰机械有限公司、安徽惊天液压智控股份有限公司、浙江苏强格液压有限公司、博世力士乐(北京)液压有限公司、上海纳博特斯克液压有限公司、黎明液压有限公司、厦门银华机械厂、上海年久流体控制设备有限公司、河北盛世集团有限公司、宁波恒通液压马达有限公司、江苏江阴市液压油管有限公司、徐州瑞隆机械工业发展有限公司、福州大学液压厂、宁波广天赛克思液压有限公司、宁波江北宇州液压设备厂、意大利海德液控股份公司上海代表处、宁波大港意宁液压有限公司、上海大众液压技术有限公司、北京华德液压工业集团有限公司、浙江圣邦机械有限公司、卡尔森精密机械(昆山)有限公司、烟台江山工贸有限公司、江阴长龄液压机具厂、江苏恒源液压有限公司、盐城华星液压机械有限公司、江西福事特液压有限公司、北京铸通液压机电制造有限公司、高邮市迅达工程机械有限公司
变速箱驱动桥	杭齿集团工程机械变速箱厂、徐州良羽科技有限公司、中南传动机械厂、江西分宜驱动桥有限公司、卡拉罗(青岛)传动系统有限公司、徐州美驰车桥有限公司、徐州市振兴车桥厂、福建晋工工程机械有限公司、青海华鼎实业股份有限公司齿轮箱分公司、肥城金城车桥有限公司、六安金霞齿轮有限公司
液力变矩器	浙江临海机械有限公司、山推股份有限公司液力变矩器厂、成工集团液力变矩器厂、安徽合力股份有限公司蚌埠液力机械厂、大连液力机械有限公司、陕西航天动力高科技股份有限公司、中国船舶重工集团公司第七一一研究所变矩器厂、厦门亿统机械有限公司
回转支承四轮一带等零部件	徐州罗特艾德回转支承有限公司、马鞍山方圆回转支承有限公司、烟台富野机械有限公司、亚实履带(天津)有限公司、山推工程机械股份有限公司履带底盘分公司、安徽宁国顺昌机械有限公司、山东省烟台市广兴履带厂、上海瑞吉机械传动技术有限公司、北京东山机械技术有限公司、艾迪姆履带(天津)有限公司、铁岭市机械橡胶密封附件厂、黄石赛福摩擦材料有限公司、浙江银轮机械股份有限公司、爱克奇换热技术(太仓)有限公司、莱州市莱索制品有限公司、山东彩桥驾驶室有限公司、徐州巴特工程机械制造有限公司、山东山推工程机械结构件有限公司、徐州徐工集团金属结构件有限公司、浙江天成座椅有限公司、芜湖盛力制动有限责任公司、宁波浙东精密有限公司、上海永信仪表有限公司、贵阳永青仪电科技、杭州中策橡胶有限公司永固分厂、山东工程机械钢圈厂、无锡圣丰减震器有限公司、唐纳森无锡过滤器有限公司、济宁精益轴承有限公司、常州市武滚轴承有限公司、济宁山推石油化工有限公司、中国石油化工股份有限公司润滑油研发(北京)中心、马鞍山统力回转支承有限公司、爱斯科(徐州)耐磨件有限公司、济宁永生工程机械制造有限公司、摩纳凯齿轮(江西)有限公司、天津日标工程机械配件有限公司、北京中工北方石油化工有限公司、广西南宁精祥仪表有限公司、中国石油化工股份有限公司润滑油研发(北京)中心

表3　2008～2009 年工程机械配套件企业产品产销存情况　（单位：台、件、套）

企业名称	产量		销量		库存	
	2009 年	2008 年	2009 年	2008 年	2009 年	2008 年
液压元件						
四川长江液压件有限责任公司	164 703	198 605	167 048	202 619	8 327	18 775
榆次液压有限公司	335 646	458 077	355 518	464 952	168 631	155 875
贵州枫阳液压有限责任公司	33 770	57 384		46 498		24 375
浙江临海海宏集团有限公司	377 477	376 477	345 425	345 425	70 003	70 003
中航力源液压股份有限公司	55 651	65 615	54 169	60 085	13 634	10 637
济南液压泵有限责任公司	312 265	350 314	316 538	338 269	37 733	32 842
合肥长源液压件有限责任公司	753 078	601 684	752 568	576 379	510	25 305
江苏恒立高压油缸有限公司	70 000	38 000	70 000	37 150		850
苏州工业园区飞翔液压附件厂	399 035	436 280	216 000	488 898	30 000	230 324
山东锐驰机械有限公司	11 595	85 955	11 595	83 155		7 730
宁波大港意宁液压有限公司	32 285	22 066	32 251	19 928	4 877	4 498
厦门银华机械有限公司	125 562	184 005	125 035	165 596		2 247
福州大学液压件厂	34 542	54 168	38 464	54 615	5 551	10 525
上海市高行液压气动成套总厂	123 327	154 072	142 228	147 451	3 811	6 621
浙江苏强格液压有限公司	18 210 000	21 500 000	18 360 000	19 540 000	3 630 000	2 770 000
宁波广天赛克思液压有限公司	8 284	7 700	7 984	7 604	300	96
浙江台州先顶液压有限公司	34 293	42 215	31 534	39 761	10 142	7 383
海盐管件制造有限公司	20 790 000	24 955 137	21 900 000	26 610 064	4 360 000	5 466 243
中船重工重庆液压机电有限公司	1 606		1 648		255	
上海纳博特斯克液压有限公司	56 270		56 270			
山东隆源液压科技有限公司	265 000		224 000		41 000	
液力变矩器						
浙江临海机械有限公司	12 458	31 776	11 802	31 250		
安徽合力股份有限公司蚌埠液力机械厂	236 165	28 210	236 828	28 880	13 674	2 047
驱动桥						
江西省分宜驱动桥有限公司	3 550	4 848	7 173	4 784	125	213
肥城金城车桥有限公司	14 150	7 918	13 820	7 927	337	641
其他						
马鞍山方圆回转支承股份有限公司	37 904	53 264	36 178	49 867	9 479	9 490
黄石赛福摩擦材料有限公司	4 670 000	5 250 000	4 570 000	5 010 000	750 000	790 000
铁岭市机械橡胶密封件厂		19 130 000		18 570 000		560 000
烟台富野机械集团有限公司	161 150	213 441	165 701	206 923	19 525	24 076
济宁永生工程机械制造有限公司	11 315	9 481	11 278	9 489	261	224
芜湖盛力制动有限责任公司	1 493 351	1 427 813	1 510 887	1 402 789	62 832	80 368
浙江银轮机械股份有限公司	5 870 000	6 020 000	4 880 000	5 760 000	1 660 000	670 000
济宁精益轴承有限公司	6 730 000	6 030 000	7 220 000	6 040 000	2 880 000	3 370 000
常州市武滚轴承有限公司		5 230 000		4 690 000		970 000
山东工程机械钢圈厂	44 074	46 375	44 628	47 537	2 360	2 914

（续）

企业名称	产量		销量		库存	
	2009年	2008年	2009年	2008年	2009年	2008年
安徽省宣城市乾坤回转支承有限公司	9 883		10 272		1 798	
江苏创导空调有限公司	100 000		95 000		5 000	
徐州西雅科博汇驾驶室制造有限公司	17 931		17 772		691	
蚌埠市行星工程机械有限公司	10 952		10 758		520	
四川省宜宾普什驱动有限责任公司	2 182		3 064		2 922	
莱州市莱索制品有限公司	13 360		12 000		1 360	
乐清市白象汽车附件厂	380 000		380 000			

表4　2008～2009年工程机械配套件行业主要生产企业经济指标完成情况　（单位:万元）

企业名称	工业总产值（当年价）		工业增加值		主营业务收入		利润总额	
	2009年	2008年	2009年	2008年	2009年	2008年	2009年	2008年
液压元件								
江苏恒立高压油缸有限公司	41 587	29 557	8 317	11 820	41 587	29 556	6 374	3 574
中航力源液压股份有限公司	38 836	38 557	18 020	16 220	45 509	35 915	4 453	4 094
榆次液压有限公司	38 239	54 451	8 788	15 603	51 909	56 718	2	338
合肥长源液压件有限责任公司	30 193	23 872	11 697	8 039	28 175	23 259	3 432	2 737
四川长江液压件有限责任公司	25 392	30 107	6 976	8 671	26 045	27 865	1 380	2 169
济南液压泵有限责任公司	24 594	27 549	10 133	9 486	24 222	25 785	702	668
厦门银华机械有限公司	23 689	26 712	4 240	3 602	22 833	27 307	257	104
宁波大港意宁液压有限公司	23 461	23 527	9 441	8 567	23 800	21 059	8 531	7 522
宁波广天赛克思液压有限公司	21 665	25 140	9 661	8 799	21 451	15 450	6 291	4 290
浙江临海海宏集团有限公司	21 255	27 590	8 779	12 944	10 183	30 108		6 453
贵州枫阳液压有限责任公司	10 937	15 855	3 369	6 759	10 792	14 737	127	361
山东锐驰机械有限公司	9 948	13 611	1 402	1 860	11 011	13 027	11	410
海盐管件制造有限公司	3 137	3 976	1 147	1 135	3 381	3 832	480	252
上海市高行液压气动成套总厂	2 602	3 471	414	1 453	2 408	3 071		32
福州大学液压件厂	1 709	3 397	179	597	1 501	3 135	14	96
苏州工业园区飞翔液压附件厂	1 056	2 296	287	226	1 026	1 712	10	9
液力变矩器								
安徽合力股份有限公司蚌埠液力机械厂	16 236	21 395	4 538	3 776	16 317	21 270	1 045	480
浙江临海机械有限公司	14 479	17 455	5 201	4 750		16 906		1 323
驱动桥								
肥城金城车桥有限公司	21 900	15 200	5 835	4 805	17 980	13 861	820	1 863
江西分宜驱动桥有限公司	13 979	15 500	2 686	2 324	11 630	13 403	833	280
其他								
浙江银轮机械股份有限公司	81 616	90 368	24 717	22 479	83 747	90 557	4 965	4 896
济宁永生工程机械制造有限公司	24 209	20 897	2 478	4 427	24 208	2 087	989	1 863
安徽江淮银联重型工程机械有限公司	20 675		2 063		21 687			

（续）

企 业 名 称	工业总产值（当年价）		工业增加值		主营业务收入		利润总额	
	2009 年	2008 年	2009 年	2008 年	2009 年	2008 年	2009 年	2008 年
烟台富野机械集团有限公司	19 215	27 214	2 794	3 359	18 373	23 688		－161
四川省宜宾普什驱动有限责任公司	17 906		2 327		18 246		1 032	
浙江苏强格液压有限公司	16 913		5 145		10 478		2 337	
浙江天成座椅有限公司	15 391		1 714		14 942		1 189	
徐州西雅科博驾驶室制造有限公司	15 300		3 353		15 271			
江苏创导空调有限公司	15 000				15 000		1 000	
芜湖盛力制动有限责任公司	14 776	15 964	3 515	3 736	11 794	11 782	117	128
中船重工重庆液压机电有限公司	13 123		4 076		10 237			
山东隆源液压科技有限公司	9 516				9 406		241	
黄石赛福摩擦材料有限公司	8 369	10 658	2 288	1 557	7 333	8 750	621	299
莱州市莱索制品有限公司	7 210	10 851	1 892	2 392	5 878	7 797	254	481
乐清市白象汽车附件厂	6 080				6 080		232	
安徽省宣城市乾坤回转支承有限公司	5 182		650		9 800		2 300	
济宁精益轴承有限公司	5 097	5 119	2 339	2 409	5 608	5 550	750	617
山东工程机械钢圈厂	4 365	5 331	1 325	1 558	4 342	5 463		－190
蚌埠市行星工程机械有限公司	3 199		1 008		3 336		376	
浙江台州先顶液压有限公司	2 197		357		1 833			
马鞍山方圆回转支承股份有限公司		33 612		14 316		33 691		10 646
常州市武滚轴承有限公司		4 624		1 104		4 243		295
铁岭市机械橡胶密封件厂		2 380		522		2 318		260

产品进出口情况

受国际金融危机的影响，2009 年工程机械配套件与整机的进出口较上年均有较大幅度的下滑。据海关统计，2009 年工程机械产品进出口贸易总额达 128.6 亿美元，比上年下降 33.9%。其中进口额 51.5 亿美元，比上年下降 14.4%；出口额 77.1 亿美元，比上年下降 42.6%；贸易顺差 25.6 亿美元，比上年减少 48.4 亿美元，同比下降 65.4%。配套件在进出口方面，进口额 18.4 亿美元，比上年下降 25.0%；出口额 42.8 亿美元，比上年下降 39.1%。2008～2009 年工程机械配套件产品进出口情况见表 5。2009 年工程机械配套件行业主要企业自营出口产品情况见表 6。

表 5　2008～2009 年工程机械配套件产品进出口情况

序号	产 品 名 称	进口			出口		
		2008 年（万美元）	2009 年（万美元）	同比增长（%）	2008 年（万美元）	2009 年（万美元）	同比增长（%）
1	8427 所列机械的零件	13 460	7 123	－47.1	47 767	20 330	－57.4
2	升降机、倒卸式起重机或自动梯的零件	11 715	9 683	－17.3	68 551	47 229	－31.1
3	其他 8428 所列机械的零件	16 162	10 220	－36.8	38 364	28 875	24.7
4	戽斗、铲斗、抓斗及夹斗	1 366	2 797	104.8	4 526	2 763	－39.0
5	推土机或侧铲推土机用铲	107	48	－55.1	421	192	－54.4

（续）

序号	产品名称	进口			出口		
		2008年（万美元）	2009年（万美元）	同比增长（%）	2008年（万美元）	2009年（万美元）	同比增长（%）
6	凿井机械的零件	343	267	-22.2	4 176	2 584	-38.1
7	矿用电铲用零件	1 943	2 261	16.37	2 195	2 547	16.0
8	8426、8429及8430所列机械的其他零件	179 412	133 087	-25.8	213 837	109 714	-48.7
9	手提式风动工具用的零件	3 129	2 007	-35.9	3 144	2 443	-22.3
10	8474所列机器的零件	15 372	15 248	-0.8	43 710	43 237	-1.1
11	短距离运货的机动车辆及站台牵引车的零件	1 472	798	-45.8	1 376	829	-39.8
	合　计	244 481	183 539	-25.0	428 067	260 743	-39.1

表6　2009年工程机械配套件行业主要企业自营出口产品情况

企业名称	产品名称	单位	出口量	出口额（万美元）	销往国家及地区
乐清市白象汽车附件厂	雨刮电动机	台	330 800	807.8	马来西亚、新加坡、日本、意大利、韩国、泰国、印度尼西亚、新西兰、德国、美国、俄罗斯、荷兰、澳大利亚、印度、波兰、西班牙及中国香港
	雨刮配件	台	22 000	60.9	马来西亚、俄罗斯
	雨刮杆	台	201 000	146.3	马来西亚、新加坡、日本、澳大利亚、韩国、西班牙
	雨刮片	台	865 000	521.0	日本、马来西亚、新加坡、荷兰、澳大利亚、韩国、西班牙
	直流电动机	台	1 020 050	494.8	意大利、德国、美国、波兰及中国香港
	雨刮系统	台	7 400	49.5	马来西亚、俄罗斯
	曲柄组件	台	230 200	26.5	美国
	连杆组件	台	120 000	222.0	美国
	支架组件	台	180 100	90.6	美国
	雨刮器部件	台	2 100 000	56.7	澳大利亚
	雨刮总成	台	53 118	324.0	印度尼西亚
中船重工重庆液压机电有限公司	外贸系列缸	台		2.0	中国香港
	二重系列缸	台		3.0	土耳其
黄石赛福摩擦材料有限公司	粉末冶金摩擦元件	万台	28.3	106.0	亚洲
榆次液压有限公司	叶片泵	台	15 079	134.4	欧洲
	齿轮泵	台	1 035	6.5	中东
马鞍山方圆回转支承股份有限公司	回转支承	套	1 524	140.0	美国、加拿大、日本
中航力源液压股份有限公司	液压泵	台	4 379	177.0	加拿大、美国、新加坡
	液压马达	台	157	5.0	加拿大、美国、新加坡、韩国
徐州徐工液压件有限公司	液压油缸	台	360	48.0	俄罗斯、澳大利亚、芬兰

（续）

企业名称	产品名称	单位	出口量	出口额（万美元）	销往国家及地区
	液压系统	台	75	6.0	美国
宁波大港意宁液压有限公司	柱塞马达	台	587	23.0	韩国、印度、马来西亚、新加坡
	行走减速机	台	551	198.0	韩国、印度、马来西亚、新加坡
烟台富野机械集团有限公司	链轨履带总成	条	3 598	308.6	东南亚及欧美
	支重轮总成	只	11 437	91.6	东南亚及欧美
	托链轮总成	只	1 372	8.5	东南亚及欧美
	引导轮总成	只	55	1.5	东南亚及欧美
	涨紧装置	只			东南亚及欧美
	其他（含履带板和驱动齿）	只	55 226	67.9	东南亚及欧美
江苏恒立高压油缸有限公司	油缸	台	100	10.7	澳大利亚、芬兰、美国
浙江银轮机械股份有限公司	板翅式油冷器	万台	150	1 681.0	美国、日本、欧洲
	铝油冷器	万台	11	78.0	美国、英国
	管翅式油冷器	万台	40	235.0	美国、西班牙
	管壳式油冷器	万台	3	130.0	欧洲
	冷却器总成	万台	4	164.0	美国
	中冷器	万台	8	1 182.0	美国、法国、英国
安徽省宣城市乾坤回转支承有限公司	回转支承	台	1 571	1 290.0	荷兰、美国、俄罗斯、泰国、加拿大、印度等
徐州西雅科博汇驾驶室制造有限公司	驾驶室	台	11	2.4	乌兹别克斯坦
贵州枫阳液压有限责任公司	工程机械液压件	台	542	8.0	法国
上海纳博特斯克液压有限公司	液压马达	台	1 984	388.3	泰国

市场及销售

工程机械配套件行业承担着为国内外工程机械主机提供配套件的任务。其中以为国内主机配套为主，同时为各类主机维修服务提供配件。2009 年我国工程机械九大主机机种国内销量已达464 065台，比上年的443 844 台增长 4.56%。2005～2009 年九大类主机在国内累计销售已达1 905 495台，维修市场对配件的需求量很大。2005～2009 年工程机械九大类主机历年销售情况见表 7。

表 7　2005～2009 年工程机械九大类主机历年销售情况　　（单位：台）

产品名称	2005 年	2006 年	2007 年	2008 年	2009 年	累计
挖掘机	33 862	49 625	72 976	82 765	98 689	337 917
装载机	107 354	129 834	158 951	159 940	144 965	701 044
推土机	5 096	5 925	7 324	8 776	8 610	35 731
平地机	1 754	2 245	3 736	4 239	3 242	15 216
工程起重机	11 012	14 465	20 862	20 858	28 627	95 824
叉车	59 852	97 520	146 978	133 766	138 908	577 024
压路机	8 113	8 740	9 408	10 885	19 852	56 998
塔式起重机	12 693	12 025	13 910	21 450	19 494	79 572

（续）

产品名称	2005 年	2006 年	2007 年	2008 年	2009 年	累计
摊铺机	906	1 136	1 284	1 165	1 678	6 169
合　计	240 642	321 515	435 429	443 844	464 065	1 905 495

科研成果及新产品

2009 年，国家更加注重经济发展方式的转变和经济结构的调整，大力推动国民经济进入创新驱动、内生增长的发展轨道，这给我国工程机械行业发展进步创造了更有利的成长空间。各级政府部门对我国发展高档核心液压零部件的重要性也有了充分的认识，国家已把发展高档核心液压零部件列入科技攻关发展计划，已给部分骨干企业发展高档核心液压零部件提供了相当可观的无偿资金支持。工程机械配套件行业坚持自主创新，积极开发高端核心零部件，取得显著效果。在中国工程机械工业协会工程机械配套件分会的推动下，宁波大港意宁液压有限公司已生产出 6t、8t、12t、16t 挖掘机的行走、回转装置和液压泵，其性能和使用寿命已基本达到进口产品的水平。当前正在研发为 20 ~ 25t 挖掘机配套的泵、行走装置、回转装置、液压阀组及控制系统，力争 2011 年投放市场。江苏恒立高压油缸有限公司是行业发展最快，水平最高的专业挖掘机配套油缸生产企业，其产品已经实现替代进口，当前该公司拥有挖掘机油缸生产线 2 条，年产能为 13 万台，产品最大工作压力达到 35MPa，最大可为 85t 的挖掘机配套，正在研发的 42MPa 油缸，预计 2011 年 1 月面市。中航力源液压股份有限公司一直将为小型工程机械主机配套作为企业发展的重点项目，从事为小型挖掘机配套的液压泵、液压马达的研发，已实现年产 800 台（套）的生产能力。

发展液压件一定要有紧迫感，要以科学发展观为指导，以装备制造业振兴规划为动力，大力加快关键液压件等配套件的研发进程，以满足不同层次的市场需求；坚持整机与基础配套件同步发展的战略，坚持主机与配套件共同成长、合作双赢，打造民族品牌，力争“十二五”期间，实现关键配套件全面国产化，摆脱长期依赖国外配套的局面。

〔供稿单位：中国工程机械工业协会工程机械配套件分会秘书处〕

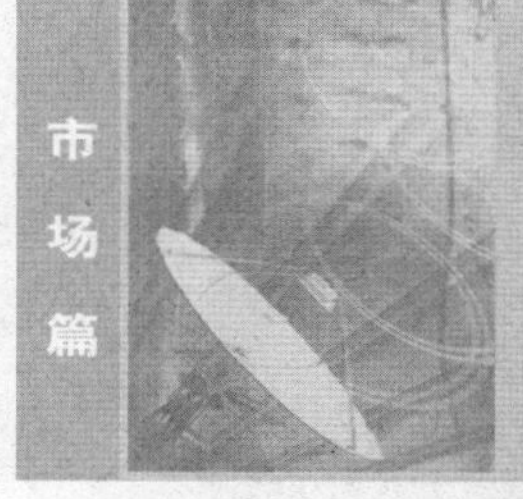

企业篇

公布2009年工程机械行业利润总额及主营业务收入超亿元企业排序，介绍行业主要企业的管理创新、营销渠道建设和企业合作情况

企业篇

2009年工程机械行业企业利润总额排序

序号	企 业 名 称	利润总额(万元)
1	三一集团有限公司	445 825.2
2	长沙中联重工科技发展股份有限公司	287 768.0
3	徐州工程机械集团有限公司	248 265.0
4	小松(中国)投资有限公司	159 119.0
5	广西柳工机械股份有限公司	103 229.0
6	中国龙工控股有限公司	90 588.0
7	成都神钢工程机械(集团)有限公司	75 795.0
8	山推工程机械股份有限公司	48 991.0
9	成都神钢建设机械有限公司	35 708.0
10	山东临工工程机械有限公司	29 335.0
11	方圆集团	26 129.0
12	沈阳北方交通重工集团有限公司	21 355.0
13	抚挖重工机械股份有限公司	20 333.0
14	浙江杭叉工程机械集团股份有限公司	17 685.6
15	山东鸿达建工集团有限公司	17 541.2
16	厦门厦工机械股份有限公司	14 044.0
17	广西玉柴重工有限公司	13 711.0
18	安徽星马汽车股份有限公司	12 997.9
19	安徽叉车集团有限责任公司	12 928.0
20	湖南山河智能机械股份有限公司	12 705.9
21	抚顺永茂建筑机械有限公司	9 339.0
22	泰安泰山工程机械股份有限公司	9 283.0
23	宁波大港意宁液压有限公司	8 531.0
24	山东常林机械集团股份有限公司	7 272.0
25	江麓机电科技有限公司	7 038.0
26	常林股份有限公司	6 775.0
27	内蒙古北方重型汽车股份有限公司	6 387.0
28	江苏恒立高压油缸有限公司	6 374.0
29	宁波广天赛克思液压有限公司	6 291.3
30	浙江银轮机械股份有限公司	4 964.6
31	北京现代京城工程机械有限公司	4 666.3
32	中航力源液压股份有限公司	4 453.0
33	郑州宇通重工有限公司	4 273.0
34	山东华夏集团有限公司	4 065.0

（续）

序号	企 业 名 称	利润总额(万元)
35	山东山工机械有限公司	3 722.0
36	福建晋工机械有限公司	3 696.5
37	浙江诺力机械股份有限公司	3 615.0
38	山东力士德机械有限公司	3 480.0
39	合肥长源液压件有限责任公司	3 431.8
40	天水风动机械有限责任公司	3 295.4
41	四川邦立重机有限责任公司	3 094.4
42	大连叉车有限责任公司	2 425.4
43	山东卡特重工有限公司	2 422.0
44	浙江苏强格液压有限公司	2 336.9
45	安徽省宣城市乾坤回转支承有限公司	2 300.0
46	浙江衢州煤矿机械总厂有限公司	2 194.0
47	北京首钢重型汽车制造股份有限公司	2 091.5
48	山东德工机械有限公司	2 018.0
49	上海山研机械科技有限公司	1 824.7
50	杭州爱知工程车辆有限公司	1 687.0
51	河北宣化工程机械股份有限公司	1 523.0
52	浙江省建设机械集团有限公司	1 412.9
53	四川长江液压件有限责任公司	1 379.7
54	四川长江工程起重机有限责任公司	1 358.0
55	河南陆德筑机股份有限公司	1 315.0
56	中交西安筑路机械有限公司	1 279.0
57	徐州华东机械厂	1 252.5
58	上海华东建筑机械厂有限公司	1 250.0
59	福建南方路面机械有限公司	1 207.0
60	浙江天成座椅有限公司	1 189.0
61	宁波如意股份有限公司	1 183.6
62	安徽合力股份有限公司蚌埠液力机械厂	1 044.9
63	厦工(三明)重型机器有限公司	1 040.0
64	四川省宜宾普什驱动有限责任公司	1 032.0
65	洛阳风动工具有限公司	1 019.9
66	江苏创导空调有限公司	1 000.0
67	济宁永生工程机械制造有限公司	989.0
68	江西省分宜驱动桥有限公司	832.8
69	肥城金城车桥有限公司	820.0
70	上海工程机械厂有限公司	794.9
71	济宁精益轴承有限公司	749.5
72	济南液压泵有限责任公司	702.0
73	浙江红五环机械股份有限公司	660.0
74	山东同力达智能机械有限公司	644.9
75	黄石赛福摩擦材料有限公司	620.5

（续）

序号	企 业 名 称	利润总额(万元)
76	厦门市装载机有限公司	506.0
77	哈尔滨工程机械制造有限责任公司	481.0
78	海盐管件制造有限公司	480.3
79	天津建筑机械厂	472.0
80	常州博力搬运机械有限公司	459.1
81	浙江军联机械电子控股有限公司	403.0
82	蚌埠市行星工程机械有限公司	376.4
83	利勃海尔机械(大连)有限公司	340.0
84	江苏八达重工机械有限公司	317.0
85	厦门银华机械有限公司	257.0
86	莱州市美索制品有限公司	254.0
87	青岛前哨精密机械公司	252.0
88	山东隆源液压科技有限公司	241.0
89	广西玉柴专用汽车有限公司	236.1
90	乐清市白象汽车附件厂	232.2
91	上海上船利富船舶工具有限公司	221.0
92	佛山市云雀振动器有限公司	216.4
93	内蒙古一机集团大地工程机械有限公司	204.0
94	牡丹江专用汽车制造有限公司	165.0
95	贵州枫阳液压有限责任公司	127.0
96	芜湖盛力制动有限责任公司	116.9
97	上海约纳森工具制造有限公司	116.0
98	徐州金巨公路工程机械有限公司	113.1
99	江苏靖江叉车有限公司	89.0
100	鞍山海虹农机科技有限公司	55.0
101	上海彭浦机器厂有限公司	47.4
102	湖北宏力液压科技有限公司	35.0
103	浙江振中工程机械有限公司	32.0
104	义乌市风动工具有限公司	23.8
105	镇江市丹徒风电机械厂	21.0
106	北京攀尼高空作业设备有限公司	19.6
107	福州大学液压件厂	13.6
108	天水风动工具厂一分厂	12.7
109	韶关新宇建设机械有限公司	12.0
110	杭州武林机器有限公司	11.2
111	山东锐驰机械有限公司	11.0
112	中环动力(北京)重型汽车有限公司	10.0
113	苏州工业园区飞翔液压附件厂	10.0
114	烟台市石油机械有限公司	9.8
115	上海气动工具厂	9.0
116	抚顺起重机制造有限责任公司	6.1

（续）

序号	企业名称	利润总额(万元)
117	湘潭风动机械有限公司	3.8
118	榆次液压有限公司	1.9
119	天津市柏益风动工具有限公司	0.7
	合　计	1 860 721.8

2009年工程机械行业主营业务收入亿元以上企业排序

序号	企业名称	主营业务收入(万元)
1	徐州工程机械集团有限公司	5 051 776.0
2	长沙中联重工科技发展股份有限公司	3 372 691.0
3	三一集团有限公司	3 042 463.7
4	小松(中国)投资有限公司	1 225 745.0
5	广西柳工机械股份有限公司	1 018 296.0
6	成都神钢工程机械(集团)有限公司	878 755.0
7	山推工程机械股份有限公司	699 441.0
8	中国龙工控股有限公司	690 100.0
9	厦门厦工机械股份有限公司	531 666.0
10	浙江杭叉工程机械集团股份有限公司	405 124.3
11	山东临工工程机械有限公司	360 825.0
12	山东常林机械集团股份有限公司	328 358.0
13	沈阳北方交通重工集团有限公司	321 033.0
14	江麓机电科技有限公司	301 467.0
15	安徽叉车集团有限责任公司	292 660.0
16	成都神钢建设机械有限公司	276 362.0
17	方圆集团	264 070.0
18	安徽星马汽车股份有限公司	261 858.0
19	山东山工机械有限公司	186 648.0
20	内蒙古北方重型汽车股份有限公司	186 311.0
21	山东华夏集团有限公司	177 249.0
22	山东鸿达建工集团有限公司	173 985.0
23	郑州宇通重工有限公司	165 909.0
24	常林股份有限公司	161 158.0
25	北京现代京城工程机械有限公司	146 405.7
26	湖南山河智能机械股份有限公司	143 916.9

（续）

序号	企业名称	主营业务收入(万元)
27	广西玉柴重工有限公司	133 380.0
28	抚挖重工机械股份有限公司	100 321.0
29	浙江银轮机械股份有限公司	83 746.7
30	中国一拖集团有限公司(工机事业部)	78 070.9
31	上海华东建筑机械厂有限公司	75 796.7
32	抚顺永茂建筑机械有限公司	75 316.0
33	四川长江工程起重机有限责任公司	75 063.0
34	徐州华东机械厂	71 298.7
35	浙江诺力机械股份有限公司	67 389.0
36	上海彭浦机器厂有限公司	63 273.2
37	福建晋工机械有限公司	60 298.6
38	河北宣化工程机械股份有限公司	57 869.0
39	榆次液压有限公司	51 908.8
40	陕西建设机械股份有限公司	47 846.0
41	大连叉车有限责任公司	47 099.1
42	湘电集团有限公司	46 622.0
43	中航力源液压股份有限公司	45 509.0
44	浙江红五环机械股份有限公司	44 556.0
45	天津建筑机械厂	43 513.0
46	浙江省建设机械集团有限公司	43 315.5
47	厦工(三明)重型机器有限公司	42 237.0
48	江苏恒立高压油缸有限公司	41 587.0
49	中交西安筑路机械有限公司	40 400.0
50	福建南方路面机械有限公司	37 184.0
51	宁波如意股份有限公司	36 801.2
52	山东德工机械有限公司	36 100.0
53	浙江衢州煤矿机械总厂有限公司	35 215.0
54	山东力士德机械有限公司	32 926.0
55	泰安泰山工程机械股份有限公司	32 134.0
56	四川邦立重机有限责任公司	31 351.6
57	合肥长源液压件有限责任公司	28 175.4
58	利勃海尔机械(大连)有限公司	27 168.0
59	四川长江液压件有限责任公司	26 044.8
60	鼎盛天工工程机械股份有限公司	25 379.0
61	河南陆德筑机股份有限公司	24 326.0
62	济南液压泵有限责任公司	24 222.0
63	济宁永生工程机械制造有限公司	24 208.0
64	宁波大港意宁液压有限公司	23 800.0
65	天水风动机械有限责任公司	23 586.8
66	马尼托瓦克东岳重工有限公司	23 569.1
67	厦门银华机械有限公司	22 833.0

（续）

序号	企 业 名 称	主营业务收入(万元)
68	本溪北方机械重汽有限责任公司	22 752.8
69	北起多田野(北京)起重机有限公司	22 580.2
70	中国长江航运集团红光港机厂	22 379.0
71	安徽江淮银联重型工程机械有限公司	21 687.0
72	宁波广天赛克思液压有限公司	21 451.0
73	广西玉柴专用汽车有限公司	20 206.9
74	杭州武林机器有限公司	20 156.1
75	杭州爱知工程车辆有限公司	18 431.0
76	烟台富野机械集团有限公司	18 372.7
77	四川省宜宾普什驱动有限责任公司	18 246.0
78	肥城金城车桥有限公司	17 980.0
79	山东卡特重工有限公司	17 939.0
80	上海工程机械厂有限公司	17 577.5
81	重庆大江信达车辆股份有限公司专用车公司	17 261.0
82	北京首钢重型汽车制造股份有限公司	17 020.2
83	安徽合力股份有限公司蚌埠液力机械厂	16 317.4
84	韶关新宇建设机械有限公司	16 061.0
85	哈尔滨工程机械制造有限责任公司	15 934.0
86	北京京城重工机械有限责任公司	15 757.6
87	徐州西雅科博汇驾驶室制造有限公司	15 271.0
88	内蒙古一机集团大地工程机械有限公司	15 196.0
89	江苏创导空调有限公司	15 000.0
90	浙江天成座椅有限公司	14 942.0
91	中环动力(北京)重型汽车有限公司	14 241.2
92	江苏靖江叉车有限公司	13 227.0
93	浙江军联机械电子控股有限公司	12 559.0
94	厦门市装载机有限公司	12 507.0
95	芜湖盛力制动有限责任公司	11 794.0
96	江西省分宜驱动桥有限公司	11 630.4
97	山东锐驰机械有限公司	11 011.0
98	贵州枫阳液压有限责任公司	10 792.0
99	浙江苏强格液压有限公司	10 478.2
100	中船重工重庆液压机电有限公司	10 237.0
101	浙江临海海宏集团有限公司	10 183.0
	合　　计	23 162 892.9

〔供稿人:中国工程机械工业协会杨宝德〕

企 业 专 栏

国际化厦工纵横天下

——厦工机械随“雪龙号”到达北极开始正式作业

厦工机械于2010年7月下旬随国家极地科考船“雪龙号”破冰进入北极圈,8月初开始在北极的正式作业。

厦工,成为唯一一个同时闪耀南极、北极的中国工程机械品牌!

震撼人心的,不仅如此。

2010年6月底由世界品牌实验室发布的“中国500最具价值品牌排行榜”上,厦工以110.83亿元品牌价值综合排名位列中国工程机械行业第1位;2010年上半年,厦工装载机实现历史产销累计突破20万台,再次站上了历史产销的制高点;最新数据显示,2010年上半年,厦工实现经营收入和产品销量同比翻番,取得突破性进展……

当这一神奇的跨越被厦工写在中国机械制造史上时,我们看到的是,一个历经半个多世纪风雨的国企正在实现国际化的蜕变,一个崛起于海峡西岸的民族工业品牌,在纵横天下博弈市场中不断成长,朝着中国领先、国际著名的工程机械品牌阔步迈进。

国际化的前奏

企业强大难,保持长盛不衰更难!

作为历史最为悠久的工程机械企业之一,厦工发出这样的感叹让人很容易理解。

厦工蓬勃发展的近60年是中国工程机械行业,也是中国机械工业从无到有、从小到大的缩影。从中国第一台轮式装载机的成功研制生产,到装载机销量连续多年行业第一,再到厦工机械登上南极,历史赋予了厦工太多的光环和荣誉。

如何让光芒更加耀眼?让第一集团军的霸主地位难以撼动?随着公司产品系列不断丰富,公司实力日益壮大,如何让运营管理模式适应新的挑战?当外资品牌纷纷加大步伐抢占国内市场、产品日趋同质化情况下,如何提高品牌竞争力?搏击海外市场,又靠什么取胜?

4年前,在厦门市国有资产大整合中,厦门海翼集团有限公司正式组建,厦工成为海翼集团旗下的核心投资企业。面对工程机械行业新的竞争态势,海翼集团决策层深深思考厦工未来发展之路该如何走。尤其是在2008年、2009年国际金融危机对实体经济的影响持续加深、工程机械行业遭遇历史罕见的发展低谷时,思变一直在持续,如何才能“危中寻机”、“居危思进”?

唯有变革,才能突出重围!

作为厦工的控股股东,海翼集团举集团之合力,将厦工推上发展的快车道:梳理发展战略,推进资产重组,整合产业资源,实施重大技改,加快产品研发,拓展市场空间,打造国际化管理团队……一系列强有力措施的出手,加速了厦工向国际的蜕变。

国际化的管理人才和团队

“厦工变了!”

在2010年4月的台交会上,不少与厦工打交道多年的合作伙伴和媒体朋友再次来到厦工时,都发出了这样的感叹。还有行业媒体评价说:“只要身处厦工，就随时随地能感受到厦工上下变革、求知、进取的欲望和能力，新厦工的竞争力对竞争伙伴们而言不可小觑。”

提起新厦工，不得不提一个人——蔡奎全。2009年6月，厦工首开大型国有企业先河，聘请国际化高级职业经理人、被誉为“引领中韩两国工程机械发展的传奇人物”的蔡奎全先生出任总裁。这个“人才国际化”思路的大手笔，成为厦工大胆突破、敢于创新的一个折射。

厦工变革之心之坚决由此可见一斑。

“空降”厦工，蔡奎全总裁豪气满怀：5年内，厦工要重夺工程机械行业“市场老大”宝座。

随着蔡奎全总裁的到来，厦工经理人团队的国际化不断加快，先后又在生产、销售、管理等重要环节引进了在国内外工程机械行业经验丰富和业绩卓越的职业经理人。国际化的人才给厦工管理经营团队注入了新鲜血液，带来了新的人才观念和管理理念，厦工的管理团队在结构上发生巨大变化的同时，职业化水平显著提高。

在管理团队结构优化的同时，厦工重新调整组织管理架构，摆脱传统经济组织形式的束缚，积极引进国际化现代企业架构——事业部制，成立了以装载机、挖掘机、小型机械、叉车、配件销售为主体的五个事业部，并将导入ERP作为信息化建设的一个重点，通过信息化带动工业化。

一年多来，在蔡奎全总裁的带领下，厦工管理经营团队的全球化视野、市场洞察力日益敏锐和开阔。创新的思维也推动管理的创新、技术的创新、营销的创新。

国际化的技术和产品

近年来，厦工在产品研发方面依托国家级技术中心的研发实力共参与了36项国家和行业标准的制定，成为行业内参与制定国家标准最多的企业之一，并抢占制高点，将新产品的市场比例提升到35%左右；实施产品差异战略，造就“人无我有、人有我优、人有我精”的产品优势，基本形成“制造一代、研发一代、构思一代”的研发格局。

根据市场需要和新能源政策导向，厦工近年开始进行新能源动力配套研制工作。厦工的技术研发团队采用多项新技术、新工艺，成功研制出中国首台天然气装载机，在2010年3月的“中国工程机械年度产品TOP50”颁奖大会上，获“技术创新”金奖。

作为工程机械产品对于国家节能减排政策的最好诠释，厦工的天然气装载机采用CNG压缩天然气为动力，在燃气动力补偿、整机散热管理、高压气瓶的安装位置、环境适应性等方面进行了优化设计和试验，具有节能效果显著，低排放，低噪声等特点。同时，作为新能源动力在工程机械上应用的探索，压缩天然气动力工程机械具有很好的市场前景，可广泛应用于城市建设、电厂、码头等领域，产品已获得国外用户的认可和批量订单。

厦工机械产品从研发到品质提升上都在向国际化的标准看齐。

为了促进厦工机械的品质提升，厦工开展了一系列的活动，提出了“技术厦工、品质传承”的经营方针；开展了以“同心圆”为主题的品质经营系列活动，完成多项品质改善项目；开展了生产性改革运动XPI521项目，力求用精细化管理实现精益化生产，制造出精品化产品，目标是5年内产品品质提升5倍，生产效率提高2倍，实现市场占有率第一。

在国际化的产品策略方面，厦工将挖掘机作为继装载机之后的又一个主导产品，实施12 000台挖掘机技改项目，将挖掘机产能从3 000台迅速提升到12 000台，使厦工的挖掘机制造水平迅速和国际先进水平接轨，增强和国外挖掘机在国内国际市场的竞争力。

当前，厦工产品覆盖装载机、挖掘机、叉车、小型机械、路面机械及环保机械等六大类，形成完整的产品系列，广泛运用于矿山、工程、农林水利建设、港口码头等领域，已从装载机制造厂发展成为具有多元化工程机械产品的集团化企业，企业自主创新能力和综合研发实力居行业前列，技术研发、生产制造、销售体系已经步入一个全新的阶段。

未来几年，厦工将以装载机、挖掘机为主导产品，拓展小型机械、路面机械及叉车等其他机械产品,快速形成产品系列和生产规模,发展成为具有国际竞争力的中国工程机械制造业的优秀厂商,成为具有国际竞争力的工程机械优秀品牌。

国际化的市场格局

2009年7月至2010年7月,在海外销售渠道的延伸和海外新设立的分公司的增加过程中,厦工的海外市场不断开拓。厦工频频亮相大型国际性展会,以大家的风范不断将其品牌形象打进海外市场,在全球构建了一定的品牌影响力,一步步走稳走好国际化步伐。

在渠道建设上,厦工除在东南亚、南亚、中东、北非、泛俄及南美区等共发展了11家正式签约经销商,积极扶持已有渠道之外,2010年公司拟新开拓5家经销渠道,为公司产品出口持续快速增长奠定了良好的基础。预计2010年底国际业务收入将同比增长翻番。

同时,阿拉伯联合酋长国子公司、埃塞俄比亚子公司及中国香港子公司的成立,标志着公司将以海外子公司和办事处为依托,建立区域性的物流中心,提升供应能力,缩短对客户的需求响应周期,进一步扩充、完善和提高现有海外营销网络,优化原有物流及贸易模式。

巩固老市场、开拓新市场,厦工近一年在海外市场上的表现也是让人振奋并耳目一新的:

2009年下半年,上百台XG953型装载机远销素有“非洲屋脊”之称的埃塞俄比亚,再次批量远销非洲,意味着厦工在非洲市场取得了新的历史突破。

2010年初,厦工开辟了大陆工程机械产品销售先河,实现了首台工程机械直航中国台湾。在4月份的台交会上厦工又在中国台湾市场开创了一个新的里程碑:厦工的工程机械产品包括装载机、挖掘机、压路机等系列产品通过直航方式销售到中国台湾,实现首次批量销售中国台湾,满足了更多中国台湾地区用户的需要,填补了大陆工程机械产品在中国台湾地区的市场空白。

在国际展会舞台上,厦工参加了众多海外展会,如伊朗展、印度尼西亚展以及2010年5月份举行的俄罗斯展等。每次展会都以全系列产品的大阵容向世人展示了厦工产品的卓越品质,充分展示了厦工为客户提供工程机械系统解决方案的能力。厦工已连续三届参加俄罗斯国际建筑及工程机械展览会(CTT),每年的展位面积都在提升,2010年已达500m²。该展会广泛吸引着来自俄罗斯、中亚及东欧地区的广大专业观众前来参观,在泛俄区域国家很有影响力。参加此类工程机械类展会,为厦工进一步拓展俄罗斯市场和提高品牌的国际知名度搭建平台。

伴随着国际化的拓展,厦工把触角伸向世界五大洲,在世界舞台上和国际同行们同台竞技,向世界知名品牌全力冲刺。

有着近60年发展历史的老牌工程机械企业,厦工因时而变焕发勃勃生机,为业界瞩目。

国际化的蓝图规划

厦工之变,让人们看到的,不仅是一个企业的未来,更是厦工所引领的中国本土工程机械企业群体的未来。

思变之风劲吹,变革成效渐显。

立足新起点,焕发新气象。2010年以来,厦工各项事业均取得重大进展,不断开创中国工程制造行业的“第一”。

“2010年1~6月业绩凸显,企业发展呈强劲势头,新成果新业绩不断涌现。”厦工有关负责人这样介绍。一个新厦工在厚积薄发中徐徐展现。

这位负责人说,在海翼集团的支持、指导和强力推动下,近几年来,厦工不断超越自我,2007年厦工销售收入突破50亿元,撑起了厦门工程机械行业的半边天,带动产业链产值达200亿元;2008年,厦工北方生产基地——厦工机械(焦作)有限公司的正式投产,更使厦工跳出了东南沿海,构筑了一南一北两大生产基地;2009年,厦工以坚忍不拔的毅力和开拓创新的变革锐志,在经济寒冬中破冰而行,实现弯道超越;2010年上半年,产销两旺,产品供不应求,装载机累计销量突破了20万台,在中国工程机械行业创下新的历史纪录。

在海翼集团打造全球领先的商用运输设备系

统解决方案集成商的整体战略规划下，厦工也进行了相应的国际化的发展战略规划，一幅气势磅礴的国际化蓝图正铺展开来。

在未来五年的国际化蓝图上，厦工将逐步建立其工程机械产品营销的全球资源配置体系，即产品、资本、人才、技术、采购、服务等多种经济资源的跨国传递与转化，通过充分利用和合理配置全球性的资源获得最大的国际化收益。

到2015年，厦工将在海外建立覆盖全球重点市场的营销渠道，在相关重点市场建立销售中心或物流中心，提升营销支持力度以及完善的物流配送体系，同时建立2～3个海外CKD和SKD组装中心，实现生产的国际化。同时，厦工将打造全球一流的市场服务体系，通过完善服务政策和加强对代理商及其服务的统一规范管理，进一步提升厦工作为具有精细化服务的国际企业品牌。

永远在路上，以创业者的姿态再攀高峰，“敢为”基因早已渗透在每个厦工人的血脉。

立足于海西区域优势，承载民族工业品牌腾飞的梦想，厦工在打造民族工业品牌的国际大舞台上，已经找到了自己的位置和价值，正以其昂扬向上的发展态势，开拓着自己的世界版图，延续着在工程机械行业的传奇。

〔供稿单位：厦门厦工机械股份有限公司〕

强筋壮骨夯基石　化茧成蝶舞春风

方圆集团始建于1970年，经过40年的创业发展，现已发展成为以开发生产建设机械、工程机械为主，跨地区、跨行业、多元化经营的大型企业集团。集团占地面积180万m^2，建筑面积90万m^2，拥有员工3 600人。目前，集团生产的建设机械、工程机械产品达到30大系列、180多个品种，产品遍布全国，并远销海外，为国家重点工程建设做出了积极的贡献。2009年完成营业收入35亿元，实现利税2亿元，上缴税金1.2亿元，各项主要经济指标均创历史最高纪录。2010年1～8月，集团各项主要经济指标均比上年同期增长了40%以上，企业保持着良好的发展势头。方圆集团先后获得“全国建设机械行业质量效益型先进企业”、“中国机械行业100强企业”、“中国工程机械行业50强企业”、“全国重合同守信用企业”、“山东省高新技术企业”、“山东省文明诚信百佳企业”等称号，荣获“山东省质量管理奖”。面对来自外部形势的压力和挑战，方圆集团着力从四个方面苦练内功，汇聚能量，凝聚优势，增强后劲，提升综合竞争能力。

调整，调出企业多元化经营的新局面

面对工程机械行业激烈的市场竞争，方圆集团着力寻求可持续发展模式和资本最大增值途径，把多元化发展作为突破市场约束、实现稳健发展的有效经营战略，坚持当前与长远发展兼顾、内外部协调发展并举、产业发展与资本运作相合，全力降低单一业务风险，回避业务萎缩，打造整体规模优势。

一是调整产品结构。针对国家加大对高速铁路、高速公路等基础设施投资建设的力度，方圆集团适时推出系列高铁专用设备，适用于高速铁路的工程施工；结合施工企业对于产品运输、安装的特殊要求，开发出系列快装式混凝土搅拌站，产品安装高效、快捷，深受用户青睐；结合核电建设施工的特殊需求，开展技术攻关，开发出HZS180-AP1000核电专用混凝土搅拌站，胜利投入海阳核电站FCD核岛浇注，成为我国首台应用于核电站建设的混凝土搅拌成套设备；结合高层建筑的施工要求，开发出TC7030塔式起重机、PT7528平头式塔机等系列产品。2009年，方圆集团开发出各类新产品26个，新产品产值率达到30%以上。2010年，集团开发出GTD40干粉砂浆搅拌成套设备、干粉砂浆终端设备、制砂机、HZS100集装箱式搅拌站、PT5510-6及PT6012-8平头式塔机、干粉砂浆背罐车等新产品22种，产品向着高附加值、高技术含量、高市场占有率的方向发展，大大提升了产品档次和市场冲击能力，产品广泛参与海阳核电、京沪高速铁路、石武和沪宁客运专线等国家重点工程。

二是调整产业结构。围绕可持续发展，横向拓展经营领域，着力发展以葡萄酒、植物油、面粉和机械租赁为主的新产业，跻身于人们生活息息相关的朝阳产业，形成新的发展优势。

三是调整资本结构。发挥投资公司、典当公司的作用，运作于资本市场，搞活资本运营。内部调整资金流转方式，三流资金向优势产业集中，形成强劲发展态势。

四是调整生产工艺。投资8 000万元，从大连机床集团有限公司、重庆重工集团有限公司等单位引进现代化的专业加工、生产设备，其中部分设备单台价值1 200余万元，建成省内最大的数控加工基地。在此基础上，淘汰各类陈旧设备150台套，抛掉了困扰企业发展的一切包袱，优化工艺，提高效率，降低成本。对相同工种进行归并，整合生产资源和人力资源，提高专业化生产水平，上批量、上规模、提效益。

创新，创出企业持续发展的新优势

方圆集团牵住"创新"这根主线，适应千变万化的外部环境，紧跟时代前进的步伐，依靠管理创新打造核心竞争能力。

一是创新经营机制。民主选举第三任总经理，对总经理实行聘任制，由总经理组阁公司领导班子，制定新的企业管理制度。公司领导班子实行年薪制，根据经营业绩确定个人收入，充分调动企业经营者的积极性，让企业焕发生机和活力。

二是创新经营理念。提出"当好企业的主人，人人都是经营者"的经营理念，每一位员工都是企业的主人，每一位员工都是企业发展的推动者、经济效益的创造者、经营成果的受益者，把职工的人生追求与企业的前途命运联系在一起，激发全体员工投身企业发展的积极性和主动性，形成全员参与企业管理、凝心聚力共图发展的良好局面，广大职工都以前所未有的危机感、紧迫感、责任感投身岗位工作，形成了强大的凝聚力、向心力和创造力。

三是创新管理方式。按照"公有财产私有化、私有财产集体化管理"的方式，对公司的车辆、设备、房屋、工具等公有财产实行转卖，个人拥有，公司集中统一管理，使"责、权、利"达到高度统一，鼓励广大职工人人参与企业管理，人人从事经营活动，人人成为拥有资产和权利的"老板"。管理，决定企业发展的质量、速度和效益，将各项制度细化、优化并深入落实于每项工作，是企业管理的根本；促进管理人性化、专业化、信息化和现代化，是提升发展层次的关键。改变落后的管理方式和管理方法，与时代接轨，融入新的理念。制度人性化，体现企业的人文关怀；岗位专业化，用专业的人员从事专业化的管理；手段信息化，利用信息技术、网络技术提高工作效率；程序文件一体化，用规范化的标准强化工序控制；管理现代化，用科学的方法完善管理流程，健全管理网络。

四是创新经营方式。提出"创新才能发展，竞争才有活力"的指导思想，对于那些"想干事"的员工，公司提供给他一个平台；对于那些"能干事"的员工，公司提供给他一个舞台，让他们施展才能，大显身手，创一番事业。为此，按照"集体领导，个人负责，大体系、小核算，放开搞活，做大做强"的管理发展方针，实施企业改革，大力推行承包租赁责任制，鼓励职工承包或者租赁公司的某个分厂、某个经营实体，甚至鼓励他们走出方圆，参与社会办企业，让他们成为真正的"老板"，自主经营，自负盈亏，自行创业，体现自身的价值，实现人生的目标，激活每位员工的积极性和主动性。

品牌，造就企业高端化市场营销网络

品牌是企业的灵魂，是企业存在和延续的价值支柱。实施品牌高端化战略，导入品牌化营销，方圆集团在激烈的市场竞争之中保市场、保份额、保增长。

一是争创著名商标。方圆集团提出"创名牌，争第一"，"人无我有，人有我优，人优我变，人变我新"，"科技创新，与世界同步"，"精工细作，创方圆品牌"的经营思想，通过一系列的创新活动，建立新的机制、新的体系、新的思路、新的框架和新的模式，催生发展的动力，夯实发展的基础。在方圆商标连续多年被评为"山东省著名商标"之后，2009年，方圆集团图形商标被评为"山东省著名商标"，为企业发展再添一块闪亮的金字招牌。与此同时，方圆集团六大系列的产品被评为“山东省名牌产品”。集团先后被评为“全国建设机械行业优秀质量管理企业”、“全国建设机械行业质量效益型先进企业”、“山东省建设机械质量信得过明星企业”等。

二是提高产品质量。按照“质量问题均属故意造成的”的质量教育要求，开展了质量评比、质量竞赛、质量创优活动，奖优罚劣，营造人人关心质量、人人重视质量、人人严抓质量的良好氛围，开展了“质量月”活动，并评选出“质量管理先进单位”、“质量标兵”、“质量卫士”，集团予以公开表彰及奖励，以此鼓励先进、鞭策后进，加强内部管理，严把质量关，增强干部职工的法制观念，提高“用户满意”的服务意识，杜绝生产领域内任何形式的粗制滥造行为，树立下道工序就是用户的观念；分期分批举行技术培训班，组织学习产品的有关国家标准和企业标准，严格按标准要求组织开发、生产、检验，在了解产品标准的基础上，进一步强化质量意识；在公司内部推行质量管理法制化，完善质量管理制度，对生产过程中违反工艺操作、不负责任行为进行严厉处罚，一旦出现质量问题，立即进行整改，严把质量关，决不让一件不合格产品出厂。通过一系列质量教育活动的深入开展，使质量意识、名牌意识、精品意识深深扎根于职工的脑海中，并得到了升华。

三是完善服务体系。随着我国加入世贸组织，全球经济一体化、国内市场国际化的趋势日益加快，建设机械也将面临着来自世界经济的巨大冲击，市场竞争日趋激烈，面对激烈的竞争形势，集团提出“质量第一，用户第一”、“创新才能发展，竞争才有活力”的思想要求，加强销售服务管理，规范售前、售中、售后服务，常年义务培训用户，建立了能够覆盖全国各地的售后服务网络，并在全国的各个驻外分公司配备了全方位的维修服务人员、先进的服务设施，以最快的速度、最短的时间为用户解决实际问题，并提供配件供应，热情对待用户来人、来函，站在用户的立场上，为用户排忧解难，提供优质服务。改进服务方式，完善服务程序，提高服务标准，推行电话询访、定期回访和领导专访制度。加强服务信息管理，及时调查和搜集用户对产品提出的质量要求，并将质量信息传运到技术、生产和质量部门，以便查清根源，落实责任，采取措施，从而保证产品质量，维护企业信誉。

四是着力发展高新技术产业。加强与国内外著名企业的技术合作，发挥方圆集团的资金优势，凝聚合作优势，着力发展高新技术产业，拓展企业发展空间，改造提升传统产业，推动产业结构的优化升级。与青海洁神联合开发固定式垃圾压缩站、垃圾压缩转运生产线等系列环卫机械产品，标志着方圆集团跨入新的领域。另外，计划与世界著名工程机械制造商开展合作，研制生产大型工程机械产品，全面提升方圆集团的产品档次和生产规模。

挖潜，促成企业精细化管理体系

面对原材料持续上涨的巨大压力，方圆集团牢固树立“思想再解放建立新体系，管理上水平勇攀新高峰”的总体方针，把“强化管理”摆在第一位，依靠管理增效益，依靠管理促发展，大力实施以提高效率、降低消耗、增加效益为中心内容的精益管理，以此强筋健骨，优化机制，增加效益。

一是落实法律条文。《中华人民共和国清洁生产促进法》对清洁生产内涵作了精辟论述。围绕着节能降耗、履行社会责任，方圆集团通过建立健全强有力的管理措施，结合企业特点、企业发展进程不断创新，着力将企业生产、经营、管理、服务的每一个环节都打上“节能减排，清洁生产”的烙印。

二是突出管理核心。集团围绕清洁生产的核心：节能、降耗、减污、增效，坚持从优化产品设计开始，加大原材料投入到产品生产全过程的有效控制，努力实现产品的清洁化、工艺的清洁化、设备的清洁化、环境的清洁化，并以此为契机，进一步降低原材料消耗，合理利用能源，减少废物和污染物的排放，循环利用资源，提高企业的经济效益和环境效益。

三是严格成本控制。通过自查自纠，集团对各生产单位原材料、零配件供应实行配料制，严格按照每种产品的生产批量定额定位按需供应，生产过程中造成浪费和人为损坏的，费用由生产单位自负。劳保用品、焊条、焊丝和手用工具等推行“以旧换新”的领用制度，未达到相关报废标准的不予更换，人为因素造成损坏的，由操作者按价赔偿。为加强对原材料的监控，集团成立了专门的原材料下料分厂，原材料全部集中统一下料，各生产分厂所需原材料统一口径领用，原材料综合利用率达到95%以上，远远高于行业水平。另外，集团专门设立回收科，统一按标准回收各类废旧物资、铁屑和下脚料，并进行分类筛选，合理利用，避免浪费。与此相应，设立专业生产分厂——铸造厂，生产环节中产生的下脚料、铁屑和废料等全部经由回收科转入铸造厂重新利用。

四是多措并举抓节能。为节省能源消耗，集团制定了《能源使用管理制度》，与此同时，完善资金结算程序和定额控制。集团各单位的水、电和纸等各项非生产性开支一律按业务量推行定额包干，超过定额部分自负。集团还把职工收益分配与单位效益、成本项目控制紧密挂钩，单位各种费用支出与个人收入息息相关。设立技术革新基金，大力提倡技术革新、技术改造、内部挖潜及合理化建议活动。通过多措并举，营造出“人人关心成本，人人重视成本，人人努力降低成本”的良好氛围，杜绝了人为浪费现象，节约之风大兴于方圆。

五是完善激励机制。建立长期有效的人才引进、培养、储备机制，优化人才使用、发展环境，吸引优秀人才加盟方圆、奉献方圆，提高技术人员的研发能力、创新能力，提高方圆集团的整体技术水平。与此同时，鼓励全员参与技术革新及合理化建议活动，降低生产成本，提高产品品质，提升竞争优势。2010年上半年，通过大力提倡改革创新，鼓励小改小革，完成技术改造项目120项，创造直接经济效益3 000万元，集团原材料综合利用率达到94.7%，创造了历史最高水平，堪称行业“奇迹”。

通过多措并举，全面提升了企业的市场竞争能力，为参与复杂的市场竞争夯实了基础。

〔撰稿人：方圆集团汪新军〕

继往开来，再创辉煌

——住友挖掘机中国市场攻略

住友建机是拥有400多年历史的世界500强之一的住友集团旗下的专业的建设机械厂家，在世界范围享有盛誉。在1967年凭借自身技术开发研制了第一台液压挖掘机之后，目前世界各地到处活跃着住友液压挖掘机的身影。2004年住友建机与香港中骏集团属下的中骏重工（厦门）有限公司在长期合作、互相信任的基础上，成立了合资公司——住重中骏（厦门）建机有限公司，旨在进一步扩大市场占有率，提高住友品牌的知名度与售后服务的力度。合资公司成立后，董事总经理杨泽湧提出四条共同价值观为基础开展事业，即以人为本，创造和谐的工作环境；以盈利为目标，为投资者及员工创造利益；为客户提供优质服务并创造财富；为中国基础建设及经济发展贡献力量。住重中骏建立了完善的销售和售后服务网络，还在全中国设立4个零部件中心，形成了能为全中国快速提供服务备件的体系。经过不懈的努力，住友挖掘机的销售屡创新高。

住友建机株式会社筹划已久的第一个海外液压挖掘机制造工厂于2009年在河北省唐山市建成并开业。住友挖掘机基于在日本和世界的长期经验积累，具备了卓越的技术开发力、高超制造技术力。将这些力量聚集在唐山，投入最新设备、在比日本更严格的品质管理体制下，坚信能够制造出更高效率、更坚固耐用的高品质挖掘机。住友建机株式会社清水谦介社长表示：“在海外设立工厂是我们住友建机多年的梦想。唐山工厂作为住友建机在中国的第一个制造中心，同时也是真正的海外事业的重要一环，肩负着公司的未来。我们一定会把唐山工厂建设成为最成功的液压挖掘机一条龙生产基地，引进最新的设备，实现在品质、效率及规模上都能超越日本工厂的目标。”

住友挖掘机通过差异化的营销战略实现客户价值的最大化。住友 LEGEST 系列挖掘机是在调查了全世界上万名客户，倾听客户的心声，充分把握客户的需求的基础上研发出来的，并以其优异的经济性、出色的运动性和卓越的舒适性做到“人无我有”和“人有我优”。比如，标配的“EMS 易维护系统”可以使大小臂各连接部位的给脂时间间隔延长到 1 000h，大大节省了保养时间；功能强大的电脑板能够判断机器的工作状态，遇到阻碍时能自动增加挖掘力，从而提高工作效率；低转速高输出的共轨电喷发动机与新型液压系统双管齐下，节省燃油 20%；还有可以像水龙头那样自由控制油门的旋钮一体化新型操作模式等，这些都是“人无我有”的独特配置和性能。此外，开阔的前方和侧方视野，能够 4 级调节的可倾斜式操纵箱以及可以延长液压油换油周期至 5 000h 的集成回油滤油器等，都做到了“人有我优”。唐山工厂的建成，为客户提供更多的个性化选择，是实现差异化战略的有力保证。

除了产品差异化，住友还通过服务差异化来体现“为客户着想”的价值主张和品牌内涵。住友建机和住重中骏以及代理商建立战略联盟，提出“联合营销”的概念，共同应对市场问题，共同提高服务水平，实现服务的个性化和灵活性。

〔供稿单位：住重中骏（厦门）建机有限公司〕

成长，源自不断的自我超越

福建南方路面机械有限公司是一家长期专注于工程机械搅拌设备领域，集研发、制造于一体的国际化专业公司，是国家级高新技术企业和福建省重点工业企业。

南方路机自创建以来，一直秉承“术业有专攻，技术贵在精”的理念，以市场为导向、以人才为依托、以技术为基础、持之以恒地进行技术研发，并源源不断地把技术转化为生产力，及时地推出高科技含量的市场领先产品：

1998 年，推出中国第一台 $180m^3/h$ 混凝土搅拌站；

1999 年，第一台中国沥青混凝土搅拌设备出厂；

2000 年，南方路机又推出首台模块式稳定土厂拌设备和模块式混凝土搅拌设备；

2004 年，南方路机率先在行业内研制成功并生产出高速铁路专用设备——水泥乳化沥青砂浆搅拌车，从此中国高铁建设不再从国外进口同类设备。

2007 年和 2010 年，在国际最顶级的德国慕尼黑宝马工程建材机械展览会上，南方路机中国唯一一家携其水泥混凝土搅拌设备、沥青混合料搅拌设备和干混砂浆搅拌设备以实物形式参展的企业……

南方路机以做“行业技术领跑者”的信念和持续地技术研发奠定了其在混凝土搅拌设备行业的领先地位：

2001 年，在意大利成立阿尔曼机械设计制造公司；

2002 年，南方路机参加了行业标准《强制间歇式沥青混合料搅拌设备》（JT/T 270—2002）的起草制定工作；

2006 年，南方路机又参加了行业标准《干混砂浆散装移动筒仓》SB/T 10461—2008 制定工作；

2008 年，参加了国家标准《沥青混合料搅拌设备》的起草工作；

2009 年，由全国建筑施工机械与设备标准化技术委员会（SAC/TC 328）牵头，南方路机作为标准第一制定单位、技术研发中心干混事业部负责人作为行业第一指定人参与干粉类两行业标准的制定。

2010 年，由福建南方路面机械有限公司与特雷克斯（中国）投资有限公司于 2010 年 5 月 17 日在北京签订了合资经营合同。特雷克斯/南方路机移动破碎设备（泉州）有限公司。

南方路机在行业的技术先进生产力源于对技术研发人员的持续开发和培养。公司自创立之初就将人才视为其唯一的资产,注重人才的引进、培育和成长。每年,公司都从全国各高校选拔200多名大专以上的工科学生入厂,对他们实施"3.6.6的培养计划",以集中培训+车间实习+工地锻炼、每一阶段一总结的方式,激发他们钻研技术的热情、注重企业和自身的成长;在此基础上,选拔最好的人才充实到技术研发中心,以确保公司技术研发的持续旺盛生命力。在技术人才的引进上,公司更是不拘形式、不惜重金聘请国内外行业专家加盟企业的发展:自2000年起,聘请意大利搅拌设备专家沙·乔治先生为公司的常年技术顾问,沙·乔治先生为此荣获我国外籍专家最高奖——国家友谊奖;聘请有丰富行业项目开发经验的高校博士生导师和工程机械行业的专家定期来公司工作指导;积极吸纳专业博士参与公司的研发项目;2009年,聘请了福建省唯一的全国劳模、享受国务院专家津贴、教授级高级工程师、锅炉专家黄家瑶为公司的燃烧器研发项目顾问,参与项目开发,不定期来企业指导并解决技术难题。

目前,南方路机的技术研发人员占员工总数的30%,其中,具有工程师职称的近200人,高级工程师职称的有10人;获得了1项国家级科技进步奖、3项省级科技进步奖和多项市级、区级科技进步奖;1992年至今,共获得国家发明专利16项,国家新型实用专利80项。

天道酬勤,南方路机在各级政府的关心和支持下、通过十几载的不懈努力获得了社会的广泛认可:公司不仅是中国工程机械工业协会的常务理事、中国散装水泥发展协会常务理事、中国建筑业协会砂浆工作部副主任单位、福建机械工业联合会常务理事,2009年还被中国工程机械协会评为建国60周年十大专业品牌;2008年,被中国建筑业协会评为十大民族品牌;2006年,国家人事部批准南方路机设立博士后科研工作站,使其成为中国工程机械搅拌行业第一家设立博士后科研工作站的企业;2007年,被福建省科学技术厅批准为高新技术企业;2008年12月,被批准为国家高新技术企业;2008年,获得欧盟CE认证,取得了产品进入欧洲的通行证。

"路漫漫其修远兮,吾将上下而求索"。南方路机虽然取得了一定的成绩,但距世界工程机械行业的领先企业还有一段很长的路要走。在今后的发展中,公司将继续致力于"成为中国最具竞争力和活力的机械企业,成为中国路面机械行业领跑者"的愿景,继续实施"技术领先、市场领先、品牌领先、管理领先"的发展战略,加快技术改造和结构调整,使南方路机快速成长为国际先进的机械研发和制造企业。

〔供稿单位:福建南方路面机械有限公司〕

湖南奥盛特重工科技有限公司

奥盛特重工科技是一家集研发、生产、销售为一体的桩工机械、高铁专用设备、凿岩机械的专业化高新技术企业。公司致力于生产高品质、高可靠性的桩工机械和各类凿岩机械,产品涵盖大、中、小系列旋挖钻机,同时与中国铁建合作从事高铁专用设备的研发与制造。

公司以富有创新精神的海外学者作为技术支撑和管理平台,并与全球最大的工程机械研发中心芬兰科学院IHA研究所、美国卡特彼勒及德国BORATECH等建立了良好的技术合作、业务合作与市场合作关系。

公司拥有专业的研究院、技术研发体系、技术人员、技术开发制度和研发设备,自主拥有数十项专利知识产权。公司研究院共有技术管理人员68人,其中具有高级技术职称的5人,中级职称26人,博士学位2人,具备较强的桩工机械产品开发能力和技术创新水平。

公司通过内引外联与自主创新的方式,培育三项核心技术:液压与自动化、结构与传动和工业设计;通过整合资源、自主开发研件设施、加强国际合作来发展四项专用技术:制造过程与工艺、施工工艺与工法、动力匹配与优化和作业装置的研究;公司致力于以最好的质量、最优的成本、最快的速度开发新产品、培育新技术。

公司技术创新主要功能是基础技术创新、应用技术创新、技术转化与运用、产业升级,这是支持公司战略发展的强劲动力。公司以高素质人才为依托,以高新技术为手段、以高质量产品为根本,对外为客户创造价值,对内成为技术创新与产业发展的原动力,最终成为国际一流的技术力量,率先使产品升级换代,这也是奥盛特重工未来5年和更长时间的战略发展的支撑力。

公司已通过ISO 9001:2000质量管理体系认证,拥有自营进出口权;其系列产品获得权威欧盟CE认证,彰显奥盛特产品的品质已与欧美接轨的实力。公司近3年已形成三大系列12种规格型号的产品,主导产品已批量入市。

目前,公司产品在中国重点基础工程施工中(哈大线、京沪线、京石线和汉宜线等)发挥着重要作用,并远销德国、俄罗斯、希腊和乌克兰等国家和地区。

公司以诚信经营和高可靠性的产品和精深的研发水平,在工程机械行业获得了极高的声誉,2009年获国家科技部技术创新奖励和湖南省质量信用A级企业称号;2010年3月获长沙工业十大最具潜力企业和长沙市小巨人企业。预计未来五年将形成10亿规模的产业集团。

奥盛特秉承“专业成就未来”的核心价值观,坚持“创新发展、产业报国”的企业宗旨,竭尽所能使奥盛特成为世界桩工机械领域一流的企业和专业化品牌。

〔供稿单位:湖南实盛特重工科技有限公司〕

立足工程机械配套生产　实现企业跨越式发展

海特克液压有限公司创建于2002年,其总部坐落于中国民营经济发祥地,具深厚浓郁的永嘉文化之地——浙江温州,系中国液压行业集研发、设计、生产和销售为一体的最具实力企业。在温州建立生产基地主要生产液压元件叶片泵和柱塞泵,在上海建有工业园主要专业生产液压阀,目前在建温州临江工业园,预计在2010年底前投产,将专业生产液压柱塞泵,届时将形成三大精细、专业化液压产品生产基地。

为打造世界一流产品,公司不断注资技改,配备一流生产设备。自成立以来,先后从德国、瑞士、美国、日本等国家和中国台湾地区引进大量先进精加工设备,产品所需零部件(如:泵心、轴承、密封件等)及原材料均为进口。

公司自创立以来,开发出叶片泵系列产品、阀类产品,同时重点开发了工程机械配套产品——柱塞泵系列,9年时间共开发出9代产品:

(1)液压叶片泵类:开发了PVL系列叶片泵、V系列子母叶片泵系列;

(2)液压阀类:方向阀、压力阀、流量控制阀、比例阀、叠加阀、插装阀和伺服阀等;

(3)液压柱塞泵类:HA系列比例变量柱塞泵、A10V系列柱塞泵、A11V190柱塞泵(水利托泵用)、A4VTG90柱塞泵和压力与流量闭环控制变量柱塞泵;

(4)液压柱塞马达类:A6V107变量柱塞马达(汽车起重机用)和AA2F80-90马达(混凝土搅拌车用)。

公司在注重产品开发的同时,大力拓展、建立国内、国际销售网络,目前在国内成立有(包括中国台湾)37个销售公司及办事处,产品远销欧洲、美洲及亚太50多个国家和地区。

公司为使产品与国际接轨,始终让产品的设计、研发和技术保持国际化水平,每年都参加美国、德国、日本、法国和意大利等大型国际展览会,以此将海特克产品推向世界,同时向国外机械制造同行学习,取长补短,为打造更精尖、更先进产品积累知识和经验。

为保持企业稳步、快速发展,公司全面引进现代企业管理机制、ERP 系统、ISO9000 体系等先进管理体系,实行科学管理,企业始终坚持“以人为本”、“以人才强企”的理念经营企业。

回首海特克的发展历程,公司自第一代产品叶片泵诞生,每年产品都能实现升级、更新换代,可谓一年一个时代,企业也在产品的更新换代中不断发展壮大,从而成就了海特克液压的今日辉煌。海特克从小到大,从起步到成熟,是全体海特克人共同努力奋斗的结晶。

随着企业的慢慢成熟,企业必须确定自己长远发展战略和未来定位,公司决策层经过对国际、国内机械行业市场行情、发展动态及未来趋势评估,通过科学分析,得出结论:随着世界经济中心东移,中国无疑是亚洲的经济核心之一,其未来市场发展潜力巨大,全球企业都在大举进军中国,纷纷占领中国市场,与机械行业一样,特别是目前中国工程机械一直被西方国家机械制造商所垄断,而国内工程机械制造业从技术、研发等方面还无法完全与之抗衡。但面对国内工程机械如此大的市场,作为民族机械工业的一分子,我们不能袖手旁观,应立足本土企业优势,扬长避短,利用国外制造商交货不能如期完成、市场价位高、售后服务不到位的缺点,实现自我发展。目前国内工程机械制造企业存在着技术性挑战,但对我们而言无疑是一种良机,海特克自 2006 年开始发展 A10V 系列工程机械所需柱塞泵产品,已具备相当基础与实力。因此,公司决策层大胆作出决策,对企业战略进行调整,实现战略大转移,进军工程机械领域市场。为实现此目标,公司已做好各项周密部署,并制定了中长期阶段发展规划,并明确在实施阶段重点要做好的几个方面工作:

一、在原有产品基础上,每年注资,大胆创新,实现设计、研发和技术大突破,不断开发出更新、更精尖、更具竞争力的高端、前沿产品;

二、投巨资进行技改,不断更新、引进更先进的制造设备,保障产品制造的高精度。

三、实行配套的长远人才战略与企业发展战略对接,对外不断吸引高端复合型人才加盟企业,扩大尖端人才队伍,为适应和保障国际、国内市场需求提供人才保障。

四、不断实施工艺革新,提高质量体系控制管理水平,生产出精尖、质优的一流产品以满足国际国内市场需求。

五、在企业技术、设计、研发和管理全方位良性运行的背景下,将企业工程机械配套产品一步步推进,占领国内市场。同时重点寻找与国内大型工程机械主机制造商合作,为之配套,目前与三一重工股份有限公司的成功合作就是例子。

海特克致力于打造国内配套机械工程机械制造优秀企业,欢迎各级领导、行业朋友等各届友人莅临指导、洽谈业务。

〔供稿单位:海特克液压有限公司〕

综述篇

行业篇

企业篇
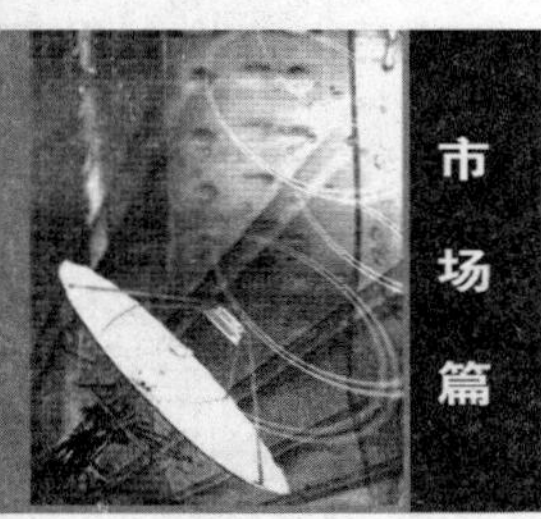
市场篇

统计资料

标准索引

政策法规

大事记

中国工程机械工业年鉴2010

市场篇

中国工程机械工业年鉴2010

市场篇

系统论述及分析国内、国际工程机械市场总体状况和发展趋势，概述工程机械代理商发展情况

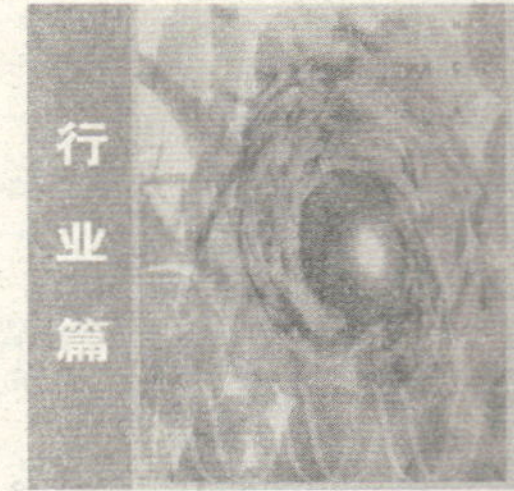

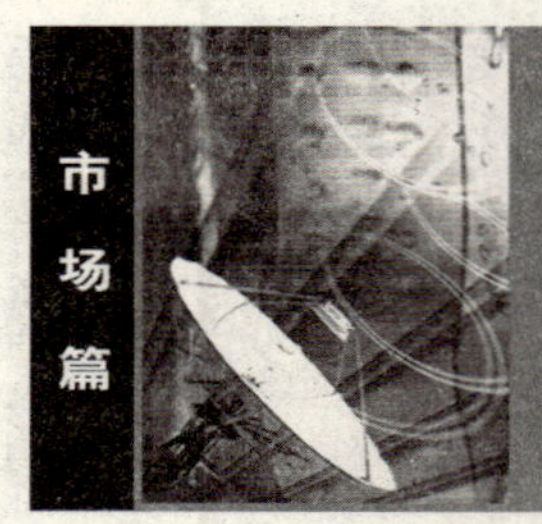

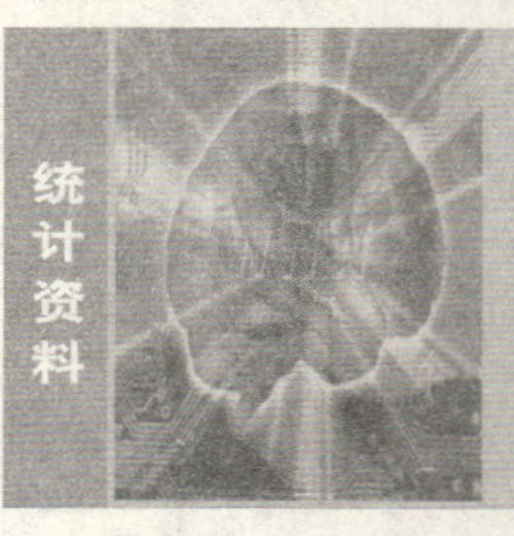

2009 年工程机械进出口分析

受国际金融危机的影响,2009 年我国工程机械贸易进出口总额出现较大下滑,且出口下降幅度远远大于进口。据海关统计,全年工程机械的进出口总额为 128.6 亿美元,比上年下降 33.9%,贸易顺差为 25.6 亿美元,顺差比上年减少 48.4 亿美元,比上年下降 65.4%。其中进口总额 51.5 亿美元,比上年下降 14.4%,占国内市场份额的 15.8%,比上年减少 2.9 个百分点;出口总额 77.1 亿美元,比上年下降 42.6%,占国内销售份额的 17%,比上年减少了 50 个百分点。与国内机电产品进出口总额下降 11.5%、进口下降 8.7%、出口下降 13.4% 相比,下降幅度更大。2002 ~2009 年工程机械进出口走势见图 1。

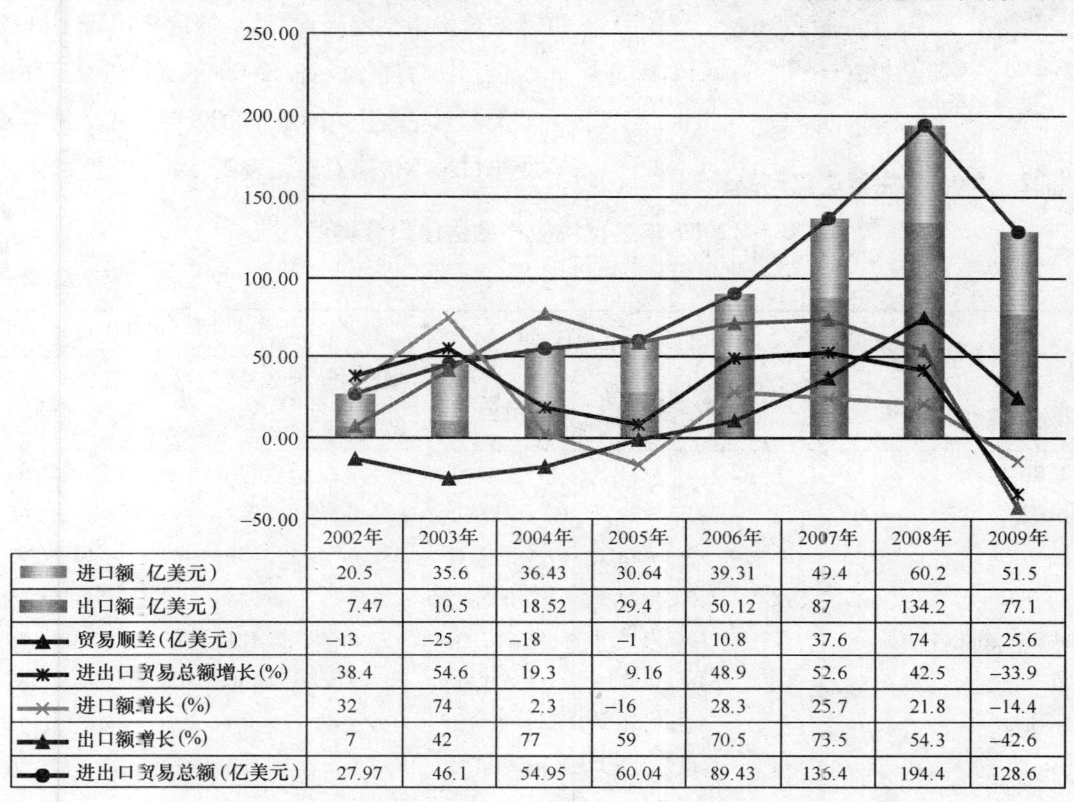

	2002年	2003年	2004年	2005年	2006年	2007年	2008年	2009年
进口额（亿美元）	20.5	35.6	36.43	30.64	39.31	49.4	60.2	51.5
出口额（亿美元）	7.47	10.5	18.52	29.4	50.12	87	134.2	77.1
贸易顺差（亿美元）	-13	-25	-18	-1	10.8	37.6	74	25.6
进出口贸易总额增长（%）	38.4	54.6	19.3	9.16	48.9	52.6	42.5	-33.9
进口额增长（%）	32	74	2.3	-16	28.3	25.7	21.8	-14.4
出口额增长（%）	7	42	77	59	70.5	73.5	54.3	-42.6
进出口贸易总额（亿美元）	27.97	46.1	54.95	60.04	89.43	135.4	194.4	128.6

图 1　2002 ~2009 年工程机械进出口走势

1. 工程机械产品进出口情况

受国际金融危机的影响,进口工程机械的产品结构发生了较大变化,整机占进口总额的比重上升,零部件比重下降。2009 年累计进口整机 33.1 亿美元,比上年下降 7.3%,占进口总额的 64.3%,比 2008 年增加了 5.3 个百分点;零部件进口 18.4 亿美元,比上年下降 24.9%,占进口总额的 35.7%。除挖掘机、装载机、隧道掘进机和叉车外,起重机、电梯和筑路机械所占进口总额的比重比上年有所提升,其中起重机增加了 1.7 个百分点,筑路机械增加了 1.2 个百分点,电梯增加了 1 个百分点,而零部件的进口份额减少了 4.9 个百分点。2009 年主要进口产品比例见图 2。得益于国家政策调控,进口二手履带挖掘机有明显下降,比上年下降 13.9%,所占进口整机的份额减少了 3.4 个百分点,且进口价格有所提高。大功率推土机、摊铺机、沥青搅拌设备、混凝土泵、桩工机械、平地机、堆垛机、汽车起重机、履带式起重机和塔式起重机等产品进口额持续增长;推土机、叉车、汽车起重机、电梯和桩工机械价格逐年上升,产品规格向大型高档化发展;摊铺机、装载机和起重机械有逐年下降的趋势;零部件的价格开始趋稳。

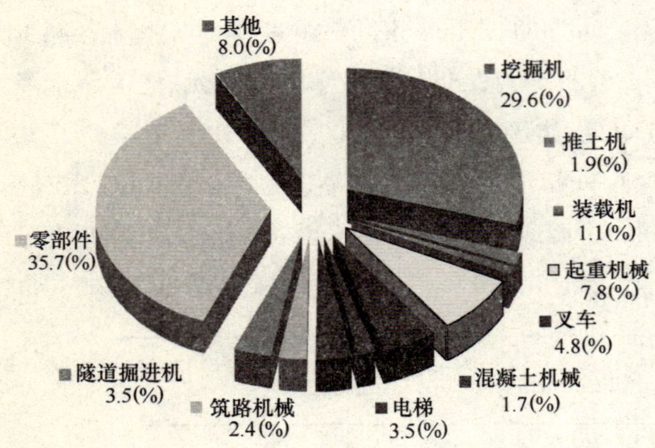

图2　2009 年主要进口产品比例

2009 年主要出口产品比例见图 3。2009 年工程机械出口产品结构变化不大,累计出口整机 51 亿美元,比上年下降 44.2%,占出口总额的 66.2%;零部件出口 26.1 亿美元,比上年下降 39.1%,占出口总额的 33.8%。大部分产品的出口是负增长,其中挖掘机、装载机、大功率推土机、平地机、履带起重机、塔机、汽车起重机、叉车、混凝土泵和混凝土搅拌运输车等产品的出口下降幅度在 40% 以上。仅有部分产品如大于 100t 的全路面汽车起重机、铲运机、堆垛机、机场用车和救火车的出口为正增长。出口产品中挖掘机、推土机、平地机和汽车起重机的平均价格稳步上升,产品向大型和高附加值方向发展;零部件的价格继续走高;产品平均价格出现下降的有摊铺机和沥青搅拌设备。2009 年工程机械产品进出口分类汇总见表 1。2005 ~ 2009 年工程机械主要产品进出口平均价格对比见表 2。

表1　2009 年工程机械产品进出口分类汇总

(金额单位:万美元)

产品名称	单位	累计进口				累计出口			
		数量	增长(%)	金额	增长(%)	数量	增长(%)	金额	增长(%)
履带式挖掘机	台	23 314	-31.3	149 670.82	-13.9	3 146	-60.6	29 622.98	-51.0
轮胎式挖掘机	台	294	-31.8	1 739.35	-25.0	222	-49.4	1 816.05	-43.8
其他挖掘机	台	5	-28.6	993.71	531.6	159	-31.8	1 397.93	28.4
装载机	台	736	24.5	5 605.95	-23.4	15 388	-43.6	54 129.45	-43.6
$P>235.36$kW(320hp)推土机	台	119	116.4	6 982.04	152.8	121	-63.2	1 466.38	-67.5
其他推土机	台	348	-56.5	2 571.02	-42.1	2 160	-48.1	21 474.65	-42.8
筑路机及平地机	台	34	6.3	1 005.30	29.5	2 509	-58.3	18 121.71	-56.8
铲运机	台	96	-28.9	3 417.32	-23.8	363	23.5	1 957.46	64.2
压路机	台	393	-13.2	1 597.84	-2.7	5 577	-20.7	20 600.68	-24.3
其他压实机械	台	1	-93.3	0.06		19 629	-27.0	2 071.71	-4.9
摊铺机	台	242	27.4	3 977.69	12.6	824	41.1	3 592.30	-23.8
沥青搅拌设备	台	42	-16.0	1 964.50	90.3	936	32.2	7 086.53	-42.9
起重量>100t 的全路面汽车起重机	辆	29	-9.4	7 291.92	19.9	18	157.1	1 590.57	138.2
其他全路面汽车起重机	辆	3	-40.0	208.46	-42.1	596	-42.0	6 402.72	-44.2
起重量>100t 其他汽车起重机	辆	2		282.73		32	-28.9	1 435.86	-28.6
其他汽车起重机	辆	7	75.0	251.16	149.7	1 866	-62.7	26 744.71	-67.5
履带式起重机	台	57	-55.5	18 795.58	20.3	541	-57.7	18 813.71	-59.9
塔式起重机	台	31	-42.6	3 018.51	47.4	1 586	-62.8	18 928.47	-62.7
其他起重机	台	3 037	68.8	10 079.07	-17.0	5 193	-79.3	12 022.41	-50.1

（续）

产品名称	单位	累计进口				累计出口			
		数量	增长（%）	金额	增长（%）	数量	增长（%）	金额	增长（%）
堆垛机	台	234	4.0	4 346.54	94.5	161	-21.8	506.74	113.8
电动叉车	台	4 076	-39.7	7 135.21	-31.8	12 534	-42.4	6 478.61	-55.1
内燃叉车	台	1 507	-58.7	14 217.92	-18.4	14 781	-61.3	22 477.18	-59.2
集装箱叉车	台	18	-75.3	373.76	-64.9	82	-24.8	1 480.21	-40.7
手动搬运车	台	3 817	22.9	3 289.56	2.0	914 684	-43.1	15 689.89	-49.4
牵引车	台	1 440	-23.4	3 037.26	-16.1	15 580	-61.9	1 787.19	-48.2
凿岩机及隧道掘进机	台	174	-7.0	17 999.43	-6.4	29 302	-4.3	7 362.17	-0.1
手提风动工具	台	450 606	-8.2	5 961.03	-19.4	11 592 991	-16.8	18 163.97	-17.7
打桩机及工程钻机	台	67	-16.3	4 132.62	37.3	21 304	-6.3	8 173.42	-45.1
混凝土泵	台	290	-14.7	975.56	22.7	2 677	24.6	4 169.66	-59.5
混凝土搅拌机械	台	1 799	-20.8	7 726.51	-27.5	336 267	-40.9	22 638.19	-37.5
混凝土搅拌车	辆					1 667	-48.9	9 718.70	-48.4
电梯及扶梯	台	2 013	-0.7	17 855.16	16.4	32 941	-23.4	102 130.82	-19.7
其他工程车辆	辆	164	42.6	7 092.40	28.0	191	-21.4	1 796.04	-13.9
其他	台	9 822	94.3	17 647.15	1.1	707 904	-15.5	37 883.10	-34.1
零部件	t	248 106	-25.1	183 538.64	-24.9	1 261 212	-45.9	260 741.56	-39.1
合计				514 781.78	-14.4			770 473.73	-42.6

表2　2005～2009年工程机械主要产品进出口平均价格对比

（单位:万美元/台）

产品类别	进口					出口				
	2005年	2006年	2007年	2008年	2009年	2005年	2006年	2007年	2008年	2009年
挖掘机	4.1	3.9	4.0	5.1	6.5	4.8	5.7	5.9	7.5	9.3
装载机	9.4	9.2	11.1	12.4	7.6	3.1	2.9	2.8	3.5	3.5
推土机	7.8	8.8	9.7	8.4	20.5	6.1	7.1	8.3	9.4	10.1
压路机	3.2	3.6	5.4	5.7	4.1	0.6	0.7	0.6	0.9	3.7
铲运机	30.1	31.3	36.1	33.2	35.6	1.1	2.0	1.2	4.1	5.4
筑路机及平地机	9.7	6.2	35.5	24.3	29.6	0.9	2.0	4.9	7.0	7.2
摊铺机	21.5	19.3	18.5	18.6	16.4	10.0	8.4	8.3	8.1	4.4
沥青搅拌设备	71.6	49.0	22.5	20.7	46.8	6.5	11.6	11.1	17.5	7.6
汽车起重机	61.9	89.6	131.5	159.6	196.0	9.3	12.4	14.0	15.8	14.4
起重机	15.1	14.2	12.0	15.1	10.2	2.6	3.0	1.2	4.0	6.8
叉车	1.9	2.3	2.5	2.8	3.9	0.7	1.1	1.1	1.2	1.1
手动搬运车	0.4	0.4	0.4	1.0	0.9	0.0	0.0	0.0	0.0	0.02
牵引车	0.1	1.3	0.4	1.9	2.1	0.1	0.1	0.0	0.1	0.1
凿岩机及隧道掘进机	124.5	126.0	146.4	102.9	103.4	0.1	0.4	0.2	0.2	0.3
打桩机及工程钻机	3.3	16.2	11.7	37.6	61.7	1.3	2.2	0.7	0.7	0.4

（续）

产品类别	进口					出口				
	2005 年	2006 年	2007 年	2008 年	2009 年	2005 年	2006 年	2007 年	2008 年	2009 年
混凝土机械	1.1	1.8	2.5	4.4	4.2	0.1	0.1	0.1	0.1	0.1
电梯及扶梯	6.5	7.1	6.4	7.6	8.9	2.8	2.8	2.7	3.0	3.1
其他工程车辆	36.6	31.1	43.0	48.2	43.2	5.8	14.9	14.0	8.6	9.4
零部件	0.7	0.6	0.7	0.7	0.7	0.1	0.1	0.2	0.2	0.2

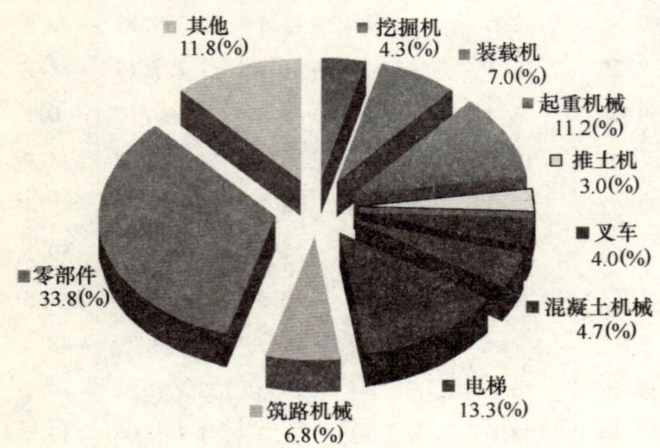

图 3　2009 年主要出口产品比例

2. 工程机械进出口地区分布情况

我国工程机械进口集中度较高，进口国家（地区）前 10 位的合计金额占进口总额的 91%。2009 年进口的国家和地区共 72 个，其中从亚洲进口最多为 30.5 亿美元，比上年下降 19.2%，占进口总额的 59.2%，比上年减少了 3.5 个百分点；排在进口国家（地区）前三位的是日本、德国、韩国，其进口额合计为 36.8 亿美元，比上年下降 15%，占进口总额的 71.5%。其中，从日本进口 21.2 亿美元，比上年下降 21.7%，占进口总额的 41.1%，主要产品有二手履带挖掘机（占同类产品进口量的 80%）、电梯（占同类产品进口量的 82%）、履带推土机（占同类产品进口量的 73%）和零部件（占同类产品进口量的 28%）；从德国进口 8 亿美元，与上年持平，占进口总额的 15.5%，主要产品有履带起重机（占同类产品进口量的 65%）、沥青摊铺机（占同类产品进口量的 95%）和大于 100t 的起重车（占同类产品进口量的 100%）；从韩国进口 7.7 亿美元，比上年下降 7.6%，占进口总额的 14.9%，主要产品有履带挖掘机（占同类产品进口量的 14%）、轮胎挖掘机（占同类产品进口量的 82%）和零部件（占同类产品进口量的 26.6%）。

工程机械产品出口的趋向性并不强，大部分产品是分散出口，规律性较差，出口国家（地区）前 10 位合计金额仅占出口总额的 38%。2009 年共出口国家和地区 203 个，其中向亚洲出口最多为 35.3 亿美元，比上年下降 42%，占出口总额的 45.8%；排在出口国家（地区）前三位的是美国、日本和印度，其出口额合计为 13 亿美元，比上年下降 53.6%，占出口总额的 16.9%。其中，向美国出口 6 亿美元，比上年下降 41.3%，占出口总额的 7.9%，主要产品有手提风动工具（占同类产品出口量的 71.6%）、扫雪机和吹雪机（占同类产品出口量的 40%）、手动搬运车（占同类产品出口量的 19.6%）；向日本出口 3.6 亿美元，比上年下降 63.3%，占出口总额的 4.7%，主要是零部件（占同类产品出口量的 13.2%）；向印度出口 3.4 亿美元，比上年减少 54%，占出口总额的 4.4%。前几年出口的热点国家如俄罗斯、阿尔及利亚、阿拉伯联合酋长国、沙特阿拉伯、印度、南非、巴西、阿根廷、智利、安哥拉、巴基斯坦、印度尼西亚、荷兰、土耳其、澳大利亚、泰国、乌克兰和爱尔兰等都出现大幅下降。具有一定规模（出口额在 5 000 美元以上）并保持增长的国家和地区仅有尼日利亚、埃塞俄比亚、肯尼亚、坦桑尼亚、埃及、越南、缅甸、斯里兰卡、乌兹别克斯坦和委内瑞拉，以及中国香港地区。2009 年工程机械进出口地区分布见表 3，2009 年工程机械进出口前 10 位国家或地区排序见表 4。

表3　2009年工程机械进出口地区分布

地　区	进口			出口		
	金额（万美元）	增长（%）	占进口总额比例（%）	金额（万美元）	增长（%）	占出口总额比例（%）
亚洲	304 825.34	-19.2	59.21	352 731.07	-41.9	45.8
非洲	193.03	205.4	0.04	148 948.94	-18.1	19.3
欧洲	158 363.64	-2.6	30.76	115 742.75	-62.0	15.0
拉丁美洲	1 518.48	-45.7	0.29	57 844.71	-41.9	7.5
北美洲	41 549.18	-23.4	8.07	69 963.76	-41.4	9.1
大洋洲	8 332.11	76.5	1.62	25 242.50	-14.0	3.3
合计	514 781.78		99.99	770 473.73		100

表4　2009年工程机械进出口前10位国家或地区排序

排序	进口				出口			
	国家（地区）	金额（万美元）	增长（%）	占进口总额比例（%）	国家（地区）	金额（万美元）	增长（%）	占出口总额比例（%）
1	日本	211 687.15	-21.7	41.12	美国	60 548.75	-41.3	7.9
2	德国	79 735.75	0.3	15.49	日本	36 016.36	-63.3	4.7
3	韩国	76 589.94	-7.6	14.88	印度	33 931.94	-54.1	4.4
4	美国	39 358.10	-23.3	7.65	韩国	25 009.86	-40.8	3.2
5	瑞典	14 595.52	-22.4	2.84	新加坡	24 285.41	-14.8	3.2
6	奥地利	13 212.82	168.2	2.57	尼日利亚	23 772.07	80.9	3.1
7	荷兰	8 820.09	32.9	1.71	巴西	23 501.41	-49.7	3.1
8	法国	8 519.22	-25.9	1.65	阿拉伯联合酋长国	23 090.65	-70.2	3.0
9	澳大利亚	8 257.08	78.6	1.60	越南	21 220.24	3.1	2.8
10	意大利	8 196.48	-19.4	1.59	澳大利亚	20 260.70	-17.3	2.6
	合计	468 972.15		91.10		291 637.39		38

3. 工程机械进出口贸易方式及经营企业情况

2009年我国工程机械进出口贸易70%以上是一般贸易，其中进口占74.6%，比上年增长了4.6个百分点；出口占70.3%，比上年减少了3.7个百分点；一般贸易连续4年保持顺差，说明我国工程机械企业出口能力和国际竞争力开始增强，为整体进出口贸易顺差的形成贡献了主要力量。在进料加工贸易中，进口占7.9%，出口占14%，加工贸易保持顺差体现了出口产品的附加值有所提升；另外，外商投资企业作为投资进口的设备和保税区转口货物各占进口额的2.9%和12.3%，均出现下滑；由对外承包工程的拉动多出口了11 761万美元，使其出口份额也增长了4.2个百分点。

2009年我国工程机械进口仍以外资及合资企业为主，占进口总额的52.4%；私人企业占21.1%；国有企业出现正增长并超过私营企业，所占份额由上年的20.5%增长为26%。出口贸易基本是三分天下，外资及合资企业占36.5%，比上年增加了1.5个百分点；国有企业占30.6%，减少了3.1个百分点；私人企业占30.6%，有小幅下滑。2009年工程机械进出口主要贸易方式见表5，2009年各类经营企业进出口情况见表6。

表5 2009年工程机械进出口主要贸易方式

代码	贸易方式	进口			出口		
		金额	增长(%)	占比例(%)	金额	增长(%)	占比例(%)
10	一般贸易	384 007.12	-8.5	74.6	541 839.87	-45.4	70.3
11	国家间、国际组织无偿援助和赠送的物资	1.82	-99.2		2 043.79	185.8	0.3
14	来料加工装配贸易	2 917.75	42.3	0.6	3 704.55	-38.5	0.5
15	进料加工贸易	40 441.95	-25.1	7.9	107 655.44	-46.2	14.0
16	寄售代销贸易				18.66	71.5	
19	边境小额贸易				7 548.3	-61.9	1.0
20	加工贸易进口设备	90.27	-90.1				
22	对外承包工程出口货物				92 476.27	-11.3	12.0
23	租赁贸易	385.12	759.1	0.1	759.85	35.1	0.1
25	外商投资企业投资进口的设备、物品	14 717.28	-50.0	2.9			
33	保税仓库进出境货物	7 476.43	-21.7	1.5	1 700.95	-15.3	0.2
34	保税区仓储转口货物	63 513.93	-24.2	12.3	12 340.88	-27.0	1.6
35	出口加工区进口设备	443.67	-43.5	0.1			

表6 2009年各类经营企业进出口情况

代码	经营企业性质	进口			出口		
		金额	增长(%)	占总额比例(%)	金额	增长(%)	占总额比例(%)
1	国有企业	133 995.58	8.6	26.0	236 020.55	-36.2	30.6
2	中外合作企业	7 119.1	-31.7	1.4	25 062.06	-36.2	3.3
3	中外合资企业	90 338.6	-19.8	17.5	110 328.99	-47.2	14.3
4	外商独资企业	172 374.14	-21.4	33.5	145 462.45	-44.3	18.9
5	集体企业	2 106.08	-24.1	0.4	17 855.47	-57.8	2.3
6	私人企业	108 758.14	-18.1	21.1	235 460.96	-44.0	30.6
9	其他企业	90.14	-74.2		283.25	-99.9	

2009年在50年不遇的严寒中过去了，中国工程机械的出口也经历了一个寒冬。纵观全年的出口情况有三个特点：一是下降幅度大，平均达到42%，最低点出现在2009年8月份，为-55.3%；二是规律性差，月度数值上蹿下跳，高低点落差大，2～3月环比值差甚至达65%；三是出口价格有整体下降趋势，出口整机数量下降20.5%，而金额下降44.2%，海外市场的竞争将日趋激烈。由于12月出口环比陡增了39.3%，出现了企稳向好的迹象。预计2010年工程机械的出口将有一个恢复性增长，全年有望达到15%左右的增幅。2008年6月～2009年12月出口月报见图4。

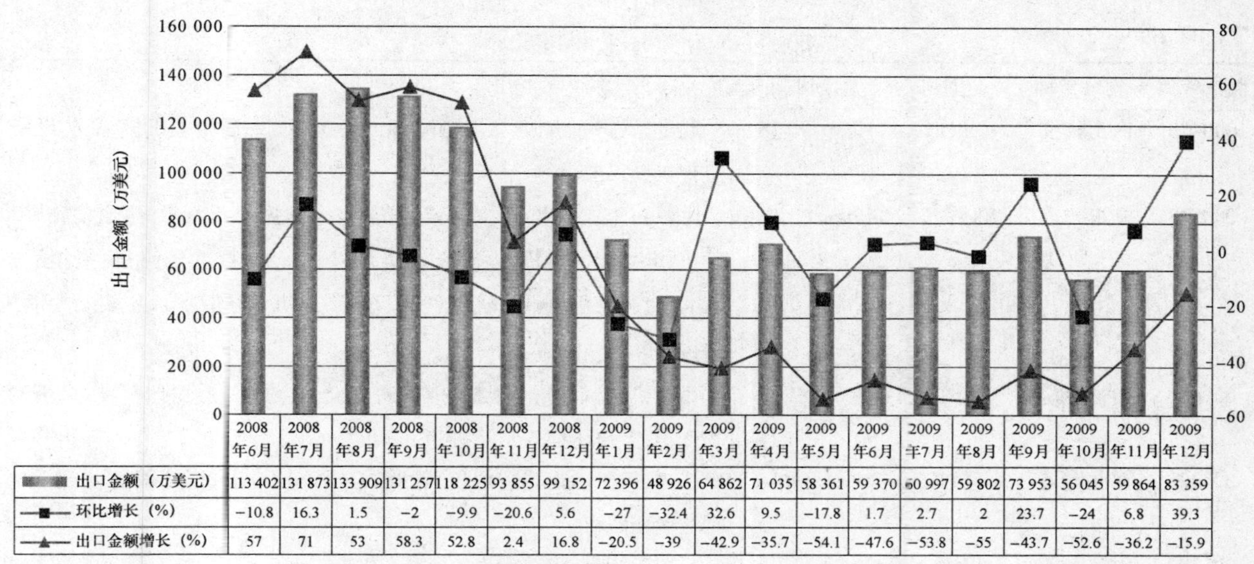

	2008年6月	2008年7月	2008年8月	2008年9月	2008年10月	2008年11月	2008年12月	2009年1月	2009年2月	2009年3月	2009年4月	2009年5月	2009年6月	2009年7月	2009年8月	2009年9月	2009年10月	2009年11月	2009年12月
出口金额（万美元）	113 402	131 873	133 909	131 257	118 225	93 855	99 152	72 396	48 926	64 862	71 035	58 361	59 370	60 997	59 802	73 953	56 045	59 864	83 359
环比增长（%）	−10.8	16.3	1.5	−2	−9.9	−20.6	5.6	−27	−32.4	32.6	9.5	−17.8	1.7	2.7	2	23.7	−24	6.8	39.3
出口金额增长（%）	57	71	53	58.3	52.8	2.4	16.8	−20.5	−39	−42.9	−35.7	−54.1	−47.6	−53.8	−55	−43.7	−52.6	−36.2	−15.9

图4　2008年6月~2009年12月出口月报情况

〔撰稿人：中国工程机械工业协会江琳〕

2009年工程机械上市公司总体表现

一、上市公司基本情况

截至2009年12月31日，我国以工程机械整机为主营业务的上市公司有15家，其中A股市场14家，香港市场1家。其中以土方机械为主的主要有柳工、厦工股份、中国龙工、常林股份、山推股份、河北宣工、徐工科技、鼎盛天工和山河智能等9家；以建筑机械为主的包括三一重工、中联重科、星马汽车和＊ST建机等4家；矿山机械只有北方股份1家，专业叉车只有安徽合力1家。自2004年中联收购浦沅、2005年柳工启动多元化产品战略以来，目前作为行业骨干企业的上市公司大部分都已形成产品多元化，市场集中度明显提升。2009年12月31日，15家上市公司总市值1 925.69亿元，较年初的796.12亿元增长141.88%。

2009年，有两家工程机械上市公司成功实施再融资，厦工股份向原股东定向发行600万张面额为100元的可转换公司债券，融资6亿元；8月24日徐工科技向原有A股股东定向增发32 235.703 1万股，募集资金5.31亿元。工程机械上市公司主要产品见表1。

表1　工程机械上市公司主要产品

股票代码	股票名称	地址	上市时间	主要产品
000157	中联重科	长沙市	2000.10.12	车载泵、单钢轮压路机、低噪声振捣器、混凝土泵车、混凝土布料机、混凝土搅拌输送车、混凝土搅拌站、混凝土输送泵、加热机、沥青搅拌站、沥青摊铺机、路面冷铣刨机、起重布料两用机、施工升降机、双钢轮压路机

（续）

股票代码	股票名称	地址	上市时间	主要产品
000425	徐工科技	徐州市	1996.08.28	起重机、路面机械、压实机械、铲土运输机械、混凝土机械、消防设备、工程机械零部件等
000528	柳工	柳州市	1993.11.18	G系列轮式装载机、叉车、串联式双钢轮振动压路机、高原型轮式装载机、混凝土搅拌机、混凝土输送泵、机械驱动振动压路机、搅拌运输车、沥青摊铺机、履带式液压挖掘机、平地机、铣刨机、液压驱动振动压路机
000680	山推股份	济宁市	1997.01.22	吊管机、履带吊、平地机、推耙机、推土机、托带轮、雪地车、压路机、液力变矩器、液压拖式铲运机、支重轮
000923	河北宣工	张家口市	1999.07.14	扒树根器、履带式装载机、轮胎式装载机、推土机、挖掘机、组合式振动振荡压路机
002097	山河智能	长沙市	2006.12.22	叉车备货机、多功能旋挖钻机、多功能液压轮式挖掘机、计算机控制凿岩台车、小型多功能液压挖掘机、液压静力压桩机、液压破碎锤、一体化液压潜孔钻机
600031	三一重工	长沙市	2003.07.03	泵车、车载式混凝土输送泵、混凝土搅拌站、机械传动振动压路机、搅拌运输车、沥青混合料转运车、沥青搅拌站、履带吊、汽车起重机、全液压轮胎式压路机、摊铺机、推土机、拖泵、挖掘机、液力机械驱动平地机
600262	北方股份	包头市	2000.06.30	侧卸式混凝土运输车、铰接式自卸车、矿用洒水车、履带式破碎机、煤斗型自卸车、挖掘装载机、越野卡车、岩斗型自卸车、自行式铲运机
600335	鼎盛天工	天津市	2001.03.05	混凝土输送泵、沥青砼转运车、路面铣刨机、平地机、清洗车、摊铺机、推土机、挖掘机、稳定土拌和机、稳定土厂拌设备、压路机、装载机
600375	星马汽车	马鞍山市	2003.04.01	混凝土泵车、混凝土搅拌车、散装水泥车、压缩式垃圾车
600710	常林股份	常州市	1996.07.01	混凝土搅拌运输车、平地机、扫路车、随车吊、摊铺机、挖掘机结构件、挖掘装载机、压路机、装载机
600761	安徽合力	合肥市	1996.10.09	45t正面吊、扒渣车、充电机、电瓶叉车、堆垛车、堆高机、观光车、内燃叉车、牵引车、托盘叉车、阳极运输车、装载机
600815	厦工股份	厦门市	1994.01.28	混凝土输送泵、推土机、挖掘机、装载机、叉车
600984	*ST建机	西安市	2004.07.07	冲击式压路机、翻斗车、固定式沥青混合料搅拌设备、环保节能型沥青混合料搅拌设备、沥青路面铣刨机、履带式沥青混合料摊铺机、轮胎式沥青混合料摊铺机、桥梁钢结构、全滚压拖式振动压路机、全液压稳定土拌和机
3339HK	中国龙工	龙岩	2005.11.17	轮式装载机、压路机、挖掘机、叉车

2009年8月13日徐工科技通过非公开发行的方式与大股东徐工集团实施资产置换，徐工机械拥有的重型机械公司及相关的工程机械类经营资产，主要包括重型机械公司90%股权、液压件公司50%股权、专用车辆公司60%股权、进出口公司100%股权、随车起重机公司90%股权、特种机械公司90%股权，以及试验中心资产和徐工机械拥有的相关注册商标所有权换取徐工科技24.56%的股份。至此，徐工科技从一家以路面机械和装载机为主的上市公司变为一家综合性工程机械上市公司，徐工集团基本上实现了整体上市。2009年3月山推股份对旗下控股公司和参股公司进行股权整合，收购了济宁山推物流有限公司、山东山推欧亚陀机械有限公司、山东山推工程机械进出口有限公司、

山东锐驰机械有限公司等少数股东股权，对一些零部件企业和服务类企业的控制力进一步增强。星马汽车2009年10月22日停牌公布公司将实施重大资产重组，2009年11月23日复牌，并于11月30日公布了定向增发购买华林汽车100%股权的预案。2009年1月19日安徽合力收购安徽合安机电有限公司持有的安徽合力工业车辆进出口有限公司35%的股权，公司对标的公司的持股比例达到75%。2009年5月，厦门市政府以行政划拨的方式将厦门厦工宇威重工有限公司持有的厦工股份转让给厦门机电集团有限公司，厦工成为厦门机电集团的控股公司，也成为厦门机电集团重要的资本平台。

到2009年底，15家上市公司总资产和净资产总额分别为1 117.50亿元和408.19亿元，较上年分别增长41.09%和34.60%。其中中联重科、三一重工、徐工科技总资产规模分别为340.06亿元、158.37亿元和150.72亿元，列行业总资产前三名，其中徐工科技通过收购集团公司资产迅速扩大资产规模，进入上市公司资产规模前三名。净资产列前三名的为三一重工、中联重科和徐工科技，分别为82.85亿元、76.83亿元和44.08亿元。2009年工程机械上市公司资产规模及变化情况见表2。

表2　2009年工程机械上市公司资产规模及变化情况

证券代码	证券简称	总资产（万元）			净资产（万元）		
		2009年	2008年	同比增长（%）	2009年	2008年	同比增长（%）
000157.SZ	中联重科	3 400 575.31	2 312 199.41	47.07	768 295.21	534 352.77	43.78
000425.SZ	徐工科技	1 507 218.62	363 823.26	314.27	440 829.88	131 767.49	234.55
000528.SZ	柳工	956 512.94	627 245.64	52.49	410 780.56	265 174.75	54.91
000680.SZ	山推股份	633 827.06	503 759.70	25.82	341 301.03	304 495.28	12.09
000923.SZ	河北宣工	106 577.38	96 148.71	10.85	53 086.33	45 594.54	16.43
002097.SZ	山河智能	270 783.25	211 743.84	27.88	131 839.42	120 710.11	9.22
3339.HK	中国龙工	976 638.70	784 339.50	24.52	379 044.90	315 995.50	19.95
600031.SH	三一重工	1 583 700.00	1 396 734.17	13.39	828 467.57	618 487.47	33.95
600262.SH	北方股份	281 867.58	261 744.92	7.69	74 520.12	71 818.09	3.76
600335.SH	鼎盛天工	98 889.98	108 951.25	-9.23	33 433.80	40 557.84	-17.57
600375.SH	星马汽车	173 797.50	158 153.35	9.89	54 996.34	48 588.56	13.19
600710.SH	常林股份	227 557.62	224 435.59	1.39	117 862.72	110 893.54	6.28
600761.SH	安徽合力	319 177.96	301 590.02	5.83	223 650.70	215 765.74	3.65
600815.SH	厦工股份	561 963.19	494 401.28	13.67	196 837.89	179 604.81	9.60
600984.SH	*ST建机	75 944.57	75 351.51	0.79	26 962.36	28 820.39	-6.45
合计/平均		11 175 031.65	7 920 622.15	41.09	4 081 908.82	3 032 626.88	34.60

二、2009年上市公司经营情况

1. 上市公司收入显示结构性特征

2009年第一季度延续了2008年第四季度需求下降的行情，很多企业依然在控制开工率，到第二季度受益于国家4万亿投资拉动和宽松的货币政策环境，工程机械企业逐步开始恢复正常的生产经营。由于4万亿投资项目主要是以铁路、公路等政府基础建设项目为主，2009年需求比较旺盛的产品主要是与高速铁路相关的混凝土机械和汽车起重机，以及与公路建设相关的各种路面机械。同时政府对房地产实施鼓励政策，下半年房地产新增项目增加，与房地产相关的混凝土机械需求增长。而由于国际经济整体处于危机后的底部，全球原油、钢铁、煤炭等大宗原材料价格处于低位，与矿产相关的土方机械需求相对冷淡，其中装载机和推土机需求较上年下降。而由于物流行业恢复相对滞后，

2009年叉车产销量出现较大幅度的下降。

2009年15家上市公司完成营业收入993.25亿元,同比增长41.04%;实现营业利润102.76亿元;实现净利率86.12亿元,同比增长75.36%。但由于2009年需求呈现结构性特征,15家上市公司因为产品不同,业绩表现也不一样,收入增长超过20%的是徐工科技、中联重科、星马汽车和三一重工等以混凝土机械和汽车起重机为主业的企业;而以土方机械和工业车辆为主的鼎盛天工、常林股份、安徽合力、河北宣工和厦工股份营业收入出现不同程度的下降。徐工科技因资产重组,收入规模大幅增长517.11%,而鼎盛天工因上年度获得政府土地补贴收入和本年度亏损,企业再次陷入困境。

2009年,由于钢铁等原材料价格大幅下降,加之受到2008年行业需求萎缩的影响,很多企业暂时停止了投资扩张计划,规模效益有所显现,上市公司业绩表现为归属母公司股东净利润(下简称利润)增长远远高于收入增长幅度。利润增长的有10家公司,其中超过50%的有徐工科技、星马汽车、河北宣工、柳工、山河智能、三一重工和中联重科7家公司,其中徐工因为收购起重机资产盈利能力增强,利润增长远远超过收入增长。柳工在装载机产品整体需求下降的情况下,公司装载机销售与上年持平,加之2008年装载机涨价而2009年原材料降价,以及挖掘机、起重机、路面机械效益也有所提高,助推了利润的快速增长。利润下降的有鼎盛天工、*ST建机、厦工股份、安徽合力和山推股份,其中安徽合力和山推股份一方面因为以往年份出口比例比较高,另一方面安徽合力2008年在叉车需求旺盛时因为抢占市场份额降低了销售价格,而山推推土机需求结构有所变化,两家公司2009年盈利能力有所下降。2009年工程机械行业上市公司业绩增长情况见表3。

表3　2009年工程机械行业上市公司业绩增长情况

证券代码	证券简称	营业收入（万元）	同比增长（%）	营业利润（万元）	同比增长（%）	归属母公司股东净利润（万元）	同比增长（%）
000157.SZ	中联重科	2 076 216.31	53.24	272 984.58	64.49	237 240.43	51.17
000425.SZ	徐工科技	2 069 908.52	517.11	200 498.33	1472.56	174 126.53	1 476.62
000528.SZ	柳工	1 018 296.27	9.87	97 205.20	154.62	86 559.43	154.58
000680.SZ	山推股份	695 622.97	5.69	51 930.56	-16.45	42 214.30	-16.20
000923.SZ	河北宣工	57 868.76	-10.70	1341.32	11.36	1 310.26	180.79
002097.SZ	山河智能	145 167.38	15.71	9 397.13	64.24	10 560.46	103.58
3339.HK	中国龙工	690 100.00	12.31	95 950.30	74.31	79 998.60	20.21
600031.SH	三一重工	1 649 587.93	20.01	262 365.46	71.26	196 258.26	59.27
600262.SH	北方股份	186 909.72	16.29	4 133.16	-5.89	4 896.00	30.07
600335.SH	鼎盛天工	40 162.96	-32.53	-7 343.09	412.44	-7 169.57	-1 604.26
600375.SH	星马汽车	265 020.46	41.23	10 356.89	198.81	8 282.59	265.32
600710.SH	常林股份	147 047.54	-20.81	7 222.98	34.69	6 987.25	29.37
600761.SH	安徽合力	311 110.28	-14.25	12 031.10	-39.07	11 160.52	-40.83
600815.SH	厦工股份	531 666.99	-9.75	12 080.52	-38.77	10 614.11	-43.25
600984.SH	*ST建机	47 846.14	12.80	-2 562.30	-59.84	-1 858.03	-69.79
合计/平均		9 932 532.23	41.04	1 027 592.14	90.61	861 191.13	75.36

从经营效益来看,2009年行业上市公司整体上升。其中增长的10家,下降的5家。15家上市公司每股收益从2008年的0.57元增长到2009年的0.83元,增长0.26元。中国龙工因为劈股致使每

股收益下降0.25元。2009年15家公司净资产收益率从2008年的16.19%，增长至21.10%，增长4.81个百分点。2009年净资产收益率超过10%的公司有徐工科技、中联重科、三一重工、中国龙工、柳工、星马汽车和山推股份等7家公司，较上一年度增加1家，其中鼎盛天工、＊ST建机净资产收益率为负值，厦工股份、山推股份、安徽合力等经营效益下降幅度比较大。2007～2009年工程机械上市公司的经营效益见表4。

表4　2007～2009年工程机械上市公司的经营效益

股票代码	股票名称	每股收益摊薄(元)			净资产收益率(%)		
		2009年	2008年	2007年	2009年	2008年	2007年
000157.SZ	中联重科	1.42	1.03	1.75	30.88	29.37	35.56
000425.SZ	徐工科技	2.01	0.20	0.05	39.50	8.38	2.08
000528.SZ	柳工	1.33	0.72	1.20	21.07	12.82	24.06
000680.SZ	山推股份	0.56	0.66	0.64	12.37	16.54	21.18
000923.SZ	河北宣工	0.07	0.02	0.07	2.47	1.02	2.08
002097.SZ	山河智能	0.38	0.19	0.56	8.01	4.30	22.19
3339.HK	中国龙工	0.37	0.62	0.58	21.11	21.06	22.35
600031.SH	三一重工	1.32	0.83	1.62	23.69	19.92	31.82
600262.SH	北方股份	0.29	0.22	0.15	6.57	5.24	3.75
600335.SH	鼎盛天工	-0.26	0.02	0.77	-21.44	1.18	26.33
600375.SH	星马汽车	0.44	0.12	0.21	15.06	4.67	8.21
600710.SH	常林股份	0.14	0.11	0.25	5.93	4.87	8.76
600761.SH	安徽合力	0.31	0.53	0.90	4.99	8.74	15.73
600815.SH	厦工股份	0.15	0.27	0.37	5.39	10.41	13.08
600984.SH	＊ST建机	-0.13	-0.43	0.01	-6.89	-21.34	0.30
行业平均		0.83	0.57	0.80	21.10	16.19	22.14

2. 工程机械出口严重下降

从市场结构来看，国内市场因受国家基础建设拉动呈现良好的发展势头，而国外市场受全球金融危机影响需求大幅萎缩。2009年15家上市公司出口总额为89.76亿元，较上年的138.52亿元下降35.20%，出口收入占上市公司营业收入比例从上年的19.67%下降到9.04%，减少10.63个百分点。除徐工科技因为统计口径不一样出口在上市公司层面表现上涨(实际相同业务出口应该是下降的)外，其余14家公司出口全部下降。其中山推股份和安徽合力出口基数比较高，2009年收入和利润都受到比较大的影响。2009年上市公司出口情况见表5。

表5　2009年上市公司出口情况

股票代码	股票名称	2009年(万元)	占收入比例(%)	2008年(万元)	占收入比例(%)	出口同比增长(%)
000157.SZ	中联重科	261 480.66	12.59	276 750.99	20.43	-5.52
000425.SZ	徐工科技	164 701.00	7.96	106 647.00	31.79	54.44
000528.SZ	柳工	87 745.01	8.62	121 299.61	13.09	-27.66
000680.SZ	山推股份	100 864.19	14.50	182 812.58	27.78	-44.83
000923.SZ	河北宣工	9 597.02	16.58	19 034.01	29.37	-49.58
002097.SZ	山河智能	11 089.87	7.64	23 385.19	18.64	-52.58
3339.HK	中国龙工	5 074.00	0.74	35 200.00	5.73	-85.59

（续）

股票代码	股票名称	2009 年（万元）	占收入比例（%）	2008 年（万元）	占收入比例（%）	出口同比增长（%）
600031. SH	三一重工	135 902. 93	8. 24	346 379. 72	25. 20	-60. 76
600262. SH	北方股份	18 660. 78	9. 98	34 219. 31	21. 29	-45. 47
600335. SH	鼎盛天工	6 725. 16	16. 74	28 646. 41	48. 12	-76. 52
600375. SH	星马汽车	0. 00	1. 11	2 976. 67	1. 59	-1. 17
600710. SH	常林股份	26 547. 18	18. 05	59 236. 99	31. 90	-55. 18
600761. SH	安徽合力	37 104. 10	11. 93	113 620. 53	31. 32	-67. 34
600815. SH	厦工股份	29 120. 63	5. 48	34 968. 00	5. 94	-16. 72
600984. SH	*ST 建机					
合计/平均		897 554. 26	9. 04	1 385 177. 01	19. 67	-35. 20

3. 毛利率上升，三项费用比率下降

2009 年，工程机械行业的经历非常特殊，尽管政府启动了 4 万亿元投资来拉动经济和相关产业，但工程机械销量的增长远远不及固定资产增长幅度。年初需求急剧萎缩导致部分企业把以盈利为目标调整为以市场占有率为目标，主动降低了产品价格。另一方面，由于全球经济疲软，钢铁等原材料价格下降，大部分产品价格相对稳定的企业毛利率明显上升。2009 年，15 家上市工程机械企业平均毛利率 22. 23% 较上年提高 1. 12 个百分点。但行业企业并没有因为原材料成本下降，毛利率呈现一致性的上扬走势。其中中联重科因混凝土泵车以外的产品占比增加，毛利率下降；徐工科技毛利率的大幅上升主要得益于重组后产品结构的优化，徐工科技收购起重机业务大大提升了企业的整体盈利水平。柳工、三一重工、中国龙工毛利率上升，一方面因为柳工、中国龙工新业务的发展，另一方面也体现了 3 家公司在成本下降期间能够稳定产品价格；山推股份、厦工股份和安徽合力毛利率下降是因为出口下降，高端产品销量比例下降和企业在一定程度上下调了产品价格。

2009 年，宽松的货币政策导致企业财务费用下降，而且规模经济效益也有所显现，3 项费用比率总体下降。2009 年，15 家上市公司 3 项费用比率从上年的 13. 29% 下降至 11. 59%，减少 1. 7 个百分点。15 家上市公司的净利率从上年的 7. 42% 提高到 9. 15%，提高 1. 73 个百分点。其中有 10 家公司净利率上升，净利率提升比较多的有徐工科技、柳工、三一重工、山河智能等，中联重科、山推股份、鼎盛天工、安徽合力和厦工股份等 5 家公司净利率下降。2009 年工程机械上市公司利润率与费用比率见表 6。

表 6　2009 年工程机械上市公司利润率与费用比率

股票代码	股票名称	毛利率（%）		净利率（%）		三项费用比率（%）	
		2009 年	2008 年	2009 年	2008 年	2009 年	2008 年
000157. SZ	中联重科	25. 72	27. 36	11. 65	11. 76	11. 70	14. 16
000425. SZ	徐工科技	19. 36	7. 87	8. 27	3. 04	8. 92	7. 63
000528. SZ	柳工	21. 12	16. 00	8. 52	3. 69	10. 67	11. 84
000680. SZ	山推股份	14. 68	17. 95	6. 62	8. 23	8. 94	10. 31
000923. SZ	河北宣工	14. 63	17. 47	2. 26	0. 72	17. 48	15. 81
002097. SZ	山河智能	26. 62	26. 44	7. 23	4. 14	18. 35	20. 61
3339. HK	中国龙工	23. 44	19. 92	11. 60	10. 83	12. 22	13. 48
600031. SH	三一重工	32. 34	29. 96	14. 37	10. 73	15. 40	16. 27
600262. SH	北方股份	17. 70	23. 87	2. 17	1. 98	14. 58	19. 05

（续）

股票代码	股票名称	毛利率（%）		净利率（%）		三项费用比率（%）	
		2009 年	2008 年	2009 年	2008 年	2009 年	2008 年
600335. SH	鼎盛天工	11. 16	18. 97	-17. 74	0. 86	27. 25	19. 55
600375. SH	星马汽车	10. 28	10. 11	3. 13	1. 21	5. 42	8. 07
600710. SH	常林股份	8. 56	8. 23	4. 76	2. 97	11. 66	10. 94
600761. SH	安徽合力	16. 91	18. 23	4. 14	5. 74	12. 25	12. 17
600815. SH	厦工股份	14. 47	15. 61	2. 11	3. 16	11. 72	11. 66
600984. SH	*ST 建机	14. 14	5. 58	-3. 88	-14. 50	17. 01	18. 38
平均		22. 23	21. 11	9. 15	7. 42	11. 59	13. 29

4. 资产营运效率总体提升

由于2008年下半年需求突然下降，2009年很多企业制定了谨慎的经营策略，在经营上注重降低应收账款和存货比例，企业投资扩张的节奏也有所放缓。不过，由于装载机、叉车、推土机等产品需求下降，柳工、三一重工、中国龙工等上市公司为拓展新产品市场份额，也采取了相对激进的营销策略，应收账款比率比上年上升。总体来看，2009年15家上市公司的应收账款比率为16. 71%，基本上与上年的16. 77%持平；而存货比率则从上年的39. 99%下降至32. 54%，减少7. 45个百分点。15家上市公司有11家公司存货比例下降，仅4家公司存货比例上升；15家上市公司固定资产比率从上年的16. 48%下降至15. 75%，15家公司中有9家公司固定资产比率下降，6家公司上升。2009年工程机械上市公司资产效率较上年总体上升。2009年上市公司资产质量见表7。

表7　2009年上市公司资产质量

股票代码	股票名称	应收账款比率（%）		存货比率（%）		固定资产比率（%）	
		2009 年	2008 年	2009 年	2008 年	2009 年	2008 年
000157. SZ	中联重科	24. 44	27. 24	40. 67	52. 54	9. 24	9. 45
000425. SZ	徐工机械	8. 83	12. 50	20. 96	37. 04	15. 48	25. 87
000528. SZ	柳工	9. 94	8. 51	27. 74	31. 30	13. 52	15. 18
000680. SZ	山推股份	12. 34	7. 93	22. 73	23. 03	18. 34	16. 73
000923. SZ	河北宣工	17. 71	9. 99	97. 96	90. 53	13. 62	15. 25
002097. SZ	山河智能	33. 60	18. 06	85. 33	74. 38	11. 47	13. 85
3339. HK	中国龙工	11. 75	8. 85	44. 20	47. 72	28. 24	26. 27
600031. SH	三一重工	23. 35	22. 57	26. 34	31. 29	18. 62	17. 33
600262. SH	北方股份	31. 87	42. 48	61. 07	78. 59	12. 31	14. 56
600335. SH	鼎盛天工	39. 14	28. 96	105. 34	82. 01	21. 39	19. 79
600375. SH	星马汽车	9. 99	11. 60	17. 79	27. 60	22. 10	23. 13
600710. SH	常林股份	25. 07	15. 07	30. 54	34. 69	14. 84	15. 97
600761. SH	安徽合力	11. 27	8. 50	23. 89	28. 21	34. 00	29. 80
600815. SH	厦工股份	11. 34	11. 08	48. 99	43. 88	16. 20	15. 36
600984. SH	*ST 建机	48. 90	33. 41	31. 51	63. 87	29. 96	31. 12
平均		16. 71	16. 77	32. 54	39. 99	15. 75	16. 48

注：应收账款比率为应收账款占营业收入的比率，存货比率是存货占当年营销成本的比率，固定资产比率为固定资产占总资产的比率。

与资产质量相关的指标是公司的经营效率指标，从存货周转率、应收账款周转率以及经营活动现金流等指标来看，2009 年工程机械上市公司经营效率普遍上升，15 家上市公司平均应收账款周转天数为 51.49 天，比上年减少 0.9 天；15 家上市公司平均存货周转天数为 110.35 天，比上年减少 11.11 天；而 15 家上市公司的每股经营活动现金流从上年的 0.02 元上升至 1.07 元，提升 1.05 元。15 家上市公司中应收账款周转天数增加的有 10 家，下降的仅 5 家；存货周转天数增加的有 9 家，下降的有 6 家，到下半年市场对后续需求信心明显恢复，每股经营活动现金流上升的达到 12 家。2008 ~ 2009 年上市公司经营效率见表 8。

表 8　2008 ~ 2009 年上市公司经营效率

股票代码	股票名称	应收账款周转天数(天)		存货周转天数(天)		每股经营活动现金流(元)	
		2009 年	2008 年	2009 年	2008 年	2009 年	2008 年
000157. SZ	中联重科	75.98	71.35	133.55	142.71	0.80	0.21
000425. SZ	徐工科技	19.54	46.95	50.08	121.73	3.67	0.28
000528. SZ	柳工	31.82	26.54	104.53	95.99	2.37	-1.23
000680. SZ	山推股份	35.72	30.24	78.65	70.17	0.51	0.37
000923. SZ	河北宣工	52.01	33.67	352.74	302.57	0.07	0.07
002097. SZ	山河智能	88.57	63.95	269.57	226.30	-0.39	-0.90
3339. HK	中国龙工	35.33	41.48	159.55	140.45	0.37	-0.08
600031. SH	三一重工	75.87	67.68	95.99	100.13	1.65	0.43
600262. SH	北方股份	123.12	130.20	222.44	259.98	0.99	0.21
600335. SH	鼎盛天工	147.71	97.95	389.18	244.33	-0.06	-0.17
600375. SH	星马汽车	32.76	52.36	67.26	92.05	3.29	0.08
600710. SH	常林股份	79.38	55.01	134.09	117.28	-0.02	0.04
600761. SH	安徽合力	38.12	30.13	101.28	97.68	1.17	0.55
600815. SH	厦工股份	42.51	33.25	174.52	144.02	0.43	-0.72
600984. SH	*ST 建机	141.34	141.84	168.80	184.83	-0.20	0.06
行业平均		51.49	52.39	110.35	122.46	1.07	0.02

5. 企业偿债能力略有下降

2009 年，政府启用宽松的货币政策，企业资金成本下降，且工程机械产品整体需求上升，企业资金需求增加，企业不急于降低负债率，上市公司流动负债明显增加，15 家上市公司平均资产负债率为 63.47%，较上年的 61.71% 上升 1.76 个百分点。中联重科因为 2008 年收购意大利 CIFA 和陕西新黄工机械有限责任公司，资产负债率达到 77.41%，资金已经非常紧张；徐工科技收购集团公司资产后，资产负债率也达到 70.75%；资产负债率比较高的还有北方股份和星马汽车。安徽合力、山推股份、三一重工、常林股份等企业资产负债率低于 50%。

15 家上市公司平均流动资产比率为 1.28，比上年下降 0.13；而 15 家上市公司平均速动比率为 0.85，比上年上升 0.03，表明企业短期偿债能力略有提升。2008 ~ 2009 年上市公司偿债能力见表 9。

表 9　2008 ~ 2009 年上市公司偿债能力

股票代码	股票名称	流动比率		速动比率		资产负债率(%)	
		2009 年	2008 年	2009 年	2008 年	2009 年	2008 年
000157. SZ	中联重科	1.05	1.08	0.73	0.68	77.41	76.89
000425. SZ	徐工科技	1.06	1.07	0.73	0.57	70.75	63.78

（续）

股票代码	股票名称	流动比率		速动比率		资产负债率(%)	
		2009 年	2008 年	2009 年	2008 年	2009 年	2008 年
000528. SZ	柳工	1. 36	1. 51	0. 92	0. 69	57. 05	57. 72
000680. SZ	山推股份	1. 39	1. 56	0. 92	0. 94	46. 15	39. 56
000923. SZ	河北宣工	1. 32	1. 27	0. 37	0. 29	50. 19	52. 58
002097. SZ	山河智能	1. 59	2. 14	0. 91	1. 26	51. 31	42. 99
3339. HK	中国龙工	1. 37	2. 04	0. 84	1. 11	61. 19	59. 71
600031. SH	三一重工	1. 94	2. 20	1. 41	1. 54	47. 69	55. 72
600262. SH	北方股份	1. 62	1. 30	0. 95	0. 70	73. 56	72. 56
600335. SH	鼎盛天工	1. 07	1. 15	0. 49	0. 57	66. 19	62. 77
600375. SH	星马汽车	1. 09	1. 05	0. 73	0. 62	68. 36	69. 28
600710. SH	常林股份	1. 32	1. 17	0. 87	0. 65	48. 21	50. 59
600761. SH	安徽合力	1. 99	2. 23	1. 31	1. 22	29. 93	28. 46
600815. SH	厦工股份	1. 64	1. 22	0. 79	0. 51	64. 97	63. 67
600984. SH	＊ST 建机	1. 05	1. 08	0. 78	0. 53	64. 50	61. 75
行业平均		1. 28	1. 41	0. 85	0. 82	63. 47	61. 71

三、市场表现与市场预测

作为受宏观经济影响最大的工程机械行业，在2009 年充分享受了由于 4 万亿元投资带来的基本面改善和流动性带来的证券市场恢复性上涨。2009 年，上证综合指数从上年底的 1 820. 20 点上涨至 3 277. 14 点，上涨 79. 98%；深圳成分指数从上年底的 6 485. 51 上涨至 13 699. 97 点，上涨 111. 24%；香港恒生指数从上年底的 14 387. 48 点上涨至 21 872. 5 点，上涨 52. 02%。15 家上市工程机械公司总市值同比增长 141. 88%，工程机械股市表现好于市场整体水平。

2009 年，工程机械上市公司总市值增幅最高的是徐工科技、星马汽车和＊ST 建机等资产重组和有重组预期的公司，3 家公司总市值增长幅度均超过 200%，柳工、中国龙工、三一重工、中联重科、河北宣工等公司总市值也增长 1 倍以上。由于市场和行业整体估值上升，即使山推股份、鼎盛天工、安徽合力和厦工股份等业绩下降的公司总市值也上涨 50% 以上。2009 年工程机械上市公司市值变化见表 10。

表 10　2009 年工程机械上市公司市值变化

股票名称	总股本(万股)		开盘价(元)	收盘价(元)	总市值(万元)		市值变化(%)
	2009. 01. 05	2009. 12. 31	2009. 01. 05	2009. 12. 31	2009. 01. 05	2009. 12. 31	
中联重科	152 100	167 310	11. 47	26. 01	1 832 805	4 351 733	137. 44
徐工科技	54 509	86 745	15. 93	35. 12	871 595	3 046 466	249. 53
柳工	47 246	65 016	9. 64	21. 73	471 511	1 412 801	199. 63
山推股份	75 916	75 917	7. 81	12. 66	610 368	961 102	57. 46
河北宣工	19 800	19 800	4. 08	8. 76	83 952	173 448	106. 60
山河智能	27 430	27 430	12. 48	21. 06	356 041	577 676	62. 25
中国龙工	107 003	214 005	3. 4	4. 74	367 233	1 015 069	176. 41
三一重工	148 800	148 800	14. 29	36. 81	2 232 000	5 477 328	145. 40
北方股份	17 000	17 000	6. 33	12. 79	110 500	217 430	96. 77
鼎盛天工	27 596	27 596	4. 66	7. 50	133 563	206 968	54. 96

（续）

股票名称	总股本(万股)		开盘价(元)	收盘价(元)	总市值(万元)		市值变化
	2009.01.05	2009.12.31	2009.01.05	2009.12.31	2009.01.05	2009.12.31	(%)
星马汽车	18 748	18 748	4.06	14.90	80 429	279 347	247.32
常林股份	48 620	48 620	3.35	6.61	168 225	321 378	91.04
安徽合力	35 696	35 696	7.01	14.21	257 007	507 232	97.36
厦工股份	69 927	69 927	4.69	8.16	341 246	570 607	67.21
*ST 建机	14 156	14 156	3.14	9.77	44 732	138 300	209.18
合计/平均	864 546	1 036 764			7 961 208	1 9256 885	141.88

2009 年，工程机械上市公司表现为明显的投资品恢复时期的特征，股价上涨幅度远远超过企业盈利增长幅度，市盈率和市净率都大大提升。按当年业绩计算，15 家上市公司 2009 年底市盈率达到 22.36 倍，比上年底的 15.29 倍提高 7.07 倍，相当于上涨 46.24%；市净率从 2008 年底的 2.48 倍提高到 2009 年底的 4.72 倍，提高 1.24 倍，相当于增长 90.32%。2008～2009 年上市公司市场表现见表 11。

表 11　2008～2009 年上市公司市场表现

股票代码	股票名称	市盈率(倍)		市净率(倍)	
		2009.12.31	2008.12.31	2009.12.31	2008.12.31
000157.SZ	中联重科	18.34	10.84	5.66	3.18
000425.SZ	徐工科技	17.50	76.75	6.91	6.43
000528.SZ	柳工	16.32	13.14	3.44	1.69
000680.SZ	山推股份	22.77	11.42	2.82	1.89
000923.SZ	河北宣工	132.38	169.72	3.27	1.74
002097.SZ	山河智能	54.70	63.45	4.38	2.73
600031.SH	三一重工	12.69	5.57	2.68	1.17
600262.SH	北方股份	27.91	16.92	6.61	3.37
600335.SH	鼎盛天工	44.41	27.59	2.92	1.45
600375.SH	星马汽车	-28.87	264.02	6.19	3.10
600710.SH	常林股份	33.73	32.91	5.08	1.54
600761.SH	安徽合力	45.99	29.62	2.73	1.44
600815.SH	厦工股份	45.45	13.00	2.27	1.14
600984.SH	*ST 建机	53.76	17.09	2.90	1.78
3339HK	中国龙工	-74.43	-7.04	5.13	1.50
行业平均		22.36	15.29	4.72	2.48

2009 年，工程机械行业产销呈前低后高走势，预计 2010 年上半年将延续上年第四季度的行情，用户行业仍然保持旺盛的需求。不过由于竞争激烈，国内外生产企业促销可能导致上半年销售透支；政府出台的房地产调控政策会逐步影响投资品的需求，估计下半年工程机械需求增长放缓甚至可能出现一定程度的同比下降。

面对市场的预期下降，相关上市公司的市盈率和市净率将有所回落。尽管部分企业因为上半年业绩大幅增长可以确保全年业绩增长，但由于预期投资品下降使估值可能降到 10～15 倍，所以 2010 年工程机械行业的估值会有比较大的调整。但预计随着下年度政策的明朗、房地产需求的逐步回稳，工程机械需求预期将好转，市场表现可能逐步恢复。2009 年工程机械上市公司（A 股）市场表现见下图。

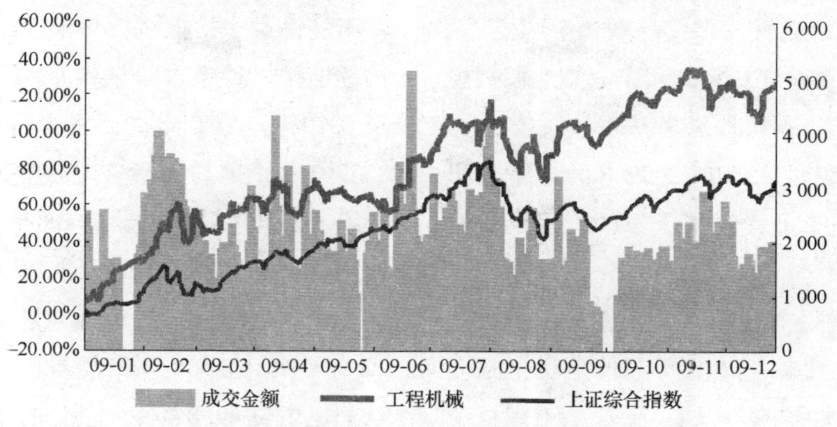

图 2009年工程机械上市公司(A股)市场表现

数据来源:Wind资讯,上市公司年度报告,北京润晖投资咨询公司。报告中有个别公司的2008年数据与上年不吻合,是因为企业报表追溯调整所致。

〔撰稿人:润晖投资咨询有限公司郑贤玲〕

2009年我国工程机械区域市场差异性调查分析

随着我国工程机械市场的逐步规范和成熟,工程机械(中西部地区)代理商群体也快速成长壮大。由于我国幅员辽阔、资源分布不均和区域经济发展不平衡,能源矿产丰富的区域与城镇化建设兴盛的区域,对工程机械设备的需求较大。工程机械代理商以区域划分开拓市场,各区域的市场特性及成熟度不同,各地代理商的市场运作模式也各异,面临的问题和应对办法也不同。

基于区域市场的差异性,我国工程机械工业协会代理商工作委员会加大了对不同省份市场一线的了解、走访和调查,此外,委员会还大力促进各个区域代理商推行联席会议制度,目前我国工程机械工业协会代理商工作委员会区域联席会议制度已经在十几个重点省份建立,这些省份的月度销量数据已经细化到县市,这为更深入地了解市场一线提供了宝贵的数据基础。

2009年,国务院讨论并通过了促进中部地区崛起规划,显示未来政策扶持力度要向中西部地区倾斜,这有利于“中西部追赶效应”。具体措施包括:推进大型煤矿建设,加快电力和电网建设,加快铁路网和机场建设,加快构建沿长江、陇海、京广和京九“两横两纵”经济带。调研显示,中西部地区的追赶进程加快,房地产项目规模巨大,新开工面积远高于东部沿海地区。这对于中西部经济增长的贡献很大。

中西部经济发展的空间和潜力更大。东部沿海地区经济总量和人均GDP远高于中西部地区,其中中部6省的经济总量占全国的21%;从城镇化率看,东部沿海地区集长三角、京津唐以及珠三角三大城市群,城镇化率高达60.5%,中西部地区则分别仅为43.6%和37.8%,未来提升空间较大。我国能源矿产资源多集中于中西部地区,其煤炭、石油、天然气等能源的储量远高于东部地区,而在过去几年受我国经济强劲增长的拉动,对能源矿产资源的需求迅猛增长。

西部和中部的新开工项目投资的增速也高于

东部，中西部的工程机械需求量的增长空间巨大。2009年，国家大力推进实施东北老工业基地振兴规划。2006～2009年，东北地区经济增速一直在加快，即使受国际金融危机影响，2009年吉林省和黑龙江省成为国内少数几个逆势上扬的工程机械区域市场。

随着工程机械租赁业的发展及施工设备用户群体的优化，工程机械区域市场不再是完全独立的，交融性和流动性越来越重要，无论是工程机械制造商还是工程机械代理商对于这一点，应给予进一步的重视。

一、西部大开发十载工程机械市场升温

西部地区特指陕西、甘肃、宁夏、青海、新疆、四川、重庆、云南、贵州、西藏、广西、内蒙古12个省、自治区和直辖市。

受全球金融危机影响，东部相关产业、人才、资金等要素纷纷向西部转移，寻找机会，成为支撑西部经济隆起的重要力量。

与过去30年的经济发展走势不同，2009年上半年，西部经济一改“经济发达地区辐射并带动经济欠发达地区”的“经济梯度发展模式”，率先于中东部经济和全国经济实现反弹上行。国家统计局、国家发展与改革委员会和各省区市公布的数据都有力地佐证了这一点。

2009年1～8月，西部地区实现城镇固定资产投资同比增长39.3%，高于全国加权总平均水平6.3个百分点，分别高于东部和中部地区12.1个和2.3个百分点；四川省完成全社会固定资产投资7 534.3亿元，同比增长68.8%。广西同比增长54.9%。2009年8月，西部地区规模以上企业工业增加值同比增长16.0%，比上月加快0.8个百分点；增速高于东部地区、中部地区4.9个、2.9个百分点。西部地区的经济发展速度明显高于全国和中东部地区。

1. 四川工程机械市场

2004～2009年四川省工程机械市场保持快速发展势头，挖掘机、装载机、推土机和汽车起重机销量在全国市场占有率呈现连续提升的态势。在当地市场销量中挖掘机份额最大，增速最快，2004年当地挖掘机销量占全国销量的4.54%，2008年增至8.10%。2008年推土机销量份额增速明显，由2007年占全国的1.89%上升至3.55%。受灾后重建以及西部大开发拉动，2008年四川省挖掘机销量同比增长41.3%，装载机同比增长11.8%，推土机同比增长近80%，汽车起重机同比增长18.4%。2009年四川工程机械市场需求持续旺盛，挖掘机销量同比增长49.8%，推土机同比增长28.7%，汽车起重机同比增长77.2%，唯独装载机同比下降7.4%。2008～2009年四川省工程机械主要机种销量对比见图1。

灾后重建带动了当地工程机械市场的快速增长，其中川北受灾严重地区，广元、绵阳、江油、德阳、阿坝等地区需求较大。据当地工程机械代理商称，2009年一季度随着部分重建资金的到位，有些重建项目在一季度集中开工，无疑加大了对工程机械产品的需求，拉动了一季度市场销量攀升。据四川省统计局统计，2009年一季度，四川54个重灾县共有施工项目6 069个，其中，新开工项目2 923个，竣工项目701个；完成全社会投资790.8亿元，同比增长173.9%。

2. 陕西工程机械市场

据陕西省统计，2009年上半年，陕西省社会固定资产投资同比增长41.6%，成为经济增长的第一动力。

据陕西省发展和改革委员会统计，2009年新开工项目包括：西安至成都、西安至宝鸡客运专线，西安至合肥和西安至安康铁路复线，黄陵至侯马铁路，十天高速公路安康至白河段和汉中至陕甘界段，神木至府谷高速公路，西安至宝鸡和潼关至西安高速公路改扩建工程，陇县至宝鸡高速公路，延安至吴起高速公路以及延安机场迁建工程。

2009年上半年挖掘机销量2 000多台，比上年全年的销量还多。2008～2009年陕西省挖掘机月度销量对比见图2。

(1)陕西工程机械市场区位特点

陕西省工程机械市场按照地域来划分，可分为

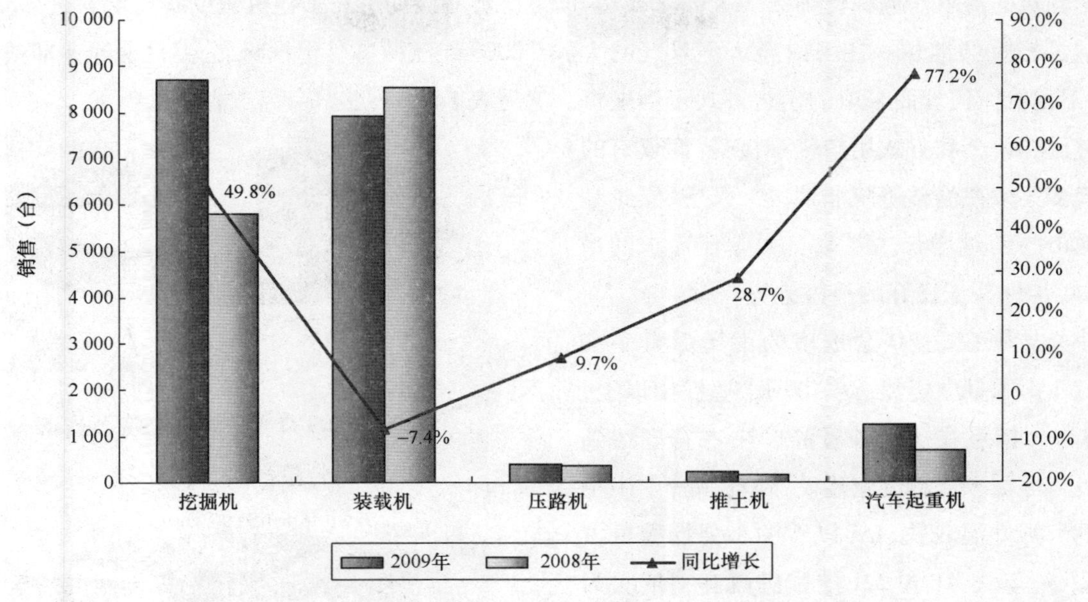

图1　2008～2009年四川省工程机械主要机种销量对比

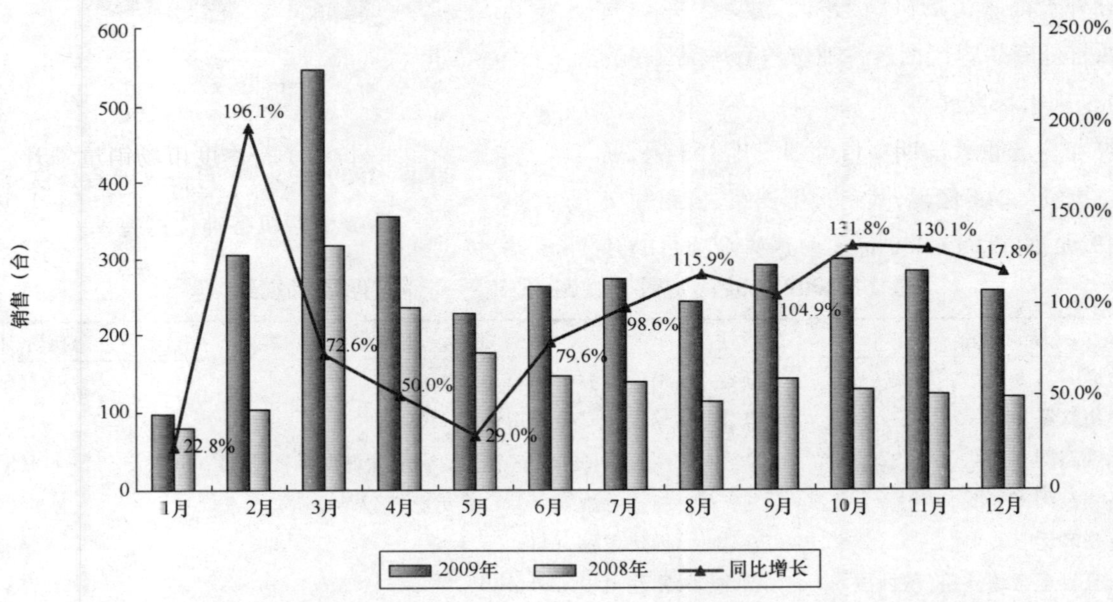

图2　2008～2009年陕西省挖掘机月度销量对比

陕北和陕南两大区块。其中陕北的榆林由于有丰富的石油、天然气资源，对工程机械的需求拉动较大。虽然陕北的榆林、神木和复古等地还有一定的煤矿资源，但除神木的煤矿位于地面浅表层外，其他地区煤层则分布较深，主要以洞采为主，对于装载机和挖掘机等工程机械需求并不大。因此陕北地区的需求主要来源于对石油、天然气等能源的开采。陕南地区虽然铁矿、铜矿、金矿和钼矿资源较为丰富，但自2008年国家出台对矿产开采的限制政策，矿山开工率不高，使得短期内矿山对机械设备的拉动作用不明显。

（2）外资品牌挖掘机市场细分

陕西省挖掘机需求主要集中在西安、榆林、汉中、安康、宝鸡、商洛、咸阳、延安、渭南和铜川10个地市。当地代理商对主要外资品牌在这10个地市的销量进行了统计，其中西安是陕西省工程机械需求最大的城市。由于近年来西安城市化建设逐步加快，地铁、高速公路、道路拓宽、城中村改造等工程正如火如荼地展开，北郊大明宫遗址公园的拆迁和修建工作已经开始，这在一定程度上增加了西安市场对挖掘机的需求。榆林作为第二大需求城市，也有着举足轻重的地位。在当前经济不景气的大环境下，工程机械代理商采取的销售方式多为融资租赁、银行按揭，全款方式用户较难接受，而仅有的全款方式多集中在榆林等陕北地区。汉中、安康和宝鸡等地市的销量增长主要来自于基建需求的增长，2009 年均保持了良好的销售势头。

从外资品牌在这 10 个地市的市场占有率来看，小松、斗山和日立仍然占据市场半壁江山以上，3 个品牌合计销量在 7 个外资品牌中占有率达到 65% 以上。得益于基础设施建设，外资品牌中中小型挖掘机市场升温较快，15t 以下的小型挖掘机占有率达 21%，20t、21t 和 22t 挖掘机占有率依次为 14.19%、14.19% 和 31.14%。2009 年 1 ~ 9 月份陕西省部分外资品牌市场份额见图 3。2009 年 1 ~ 9 月份陕西省外资品牌挖掘机各吨位占有率见图 4。

(3) 未来市场发展

2009 年全省重大前期项目计划安排 163 项，项目估算总投资 5 244 亿元，其中骨干铁路、公路等交通项目 19 项，总投资 1 238 亿元。这些新项目的开工势必会促进对工程机械设备需求的进一步增长。2009 年陕西省骨干铁路、公路等交通前期项目规划见表 1。

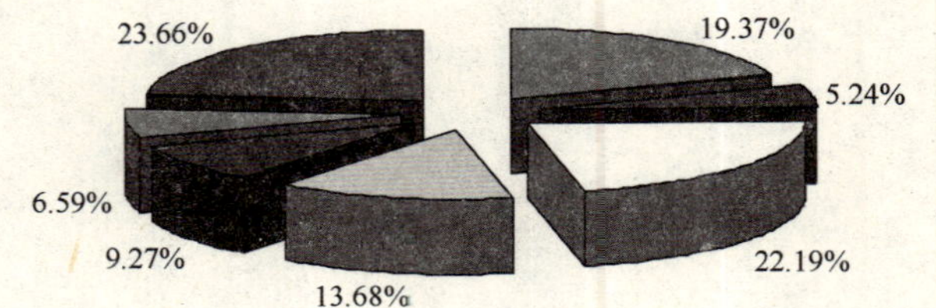

图 3　2009 年 1 ~ 9 月份陕西省部分外资品牌市场份额

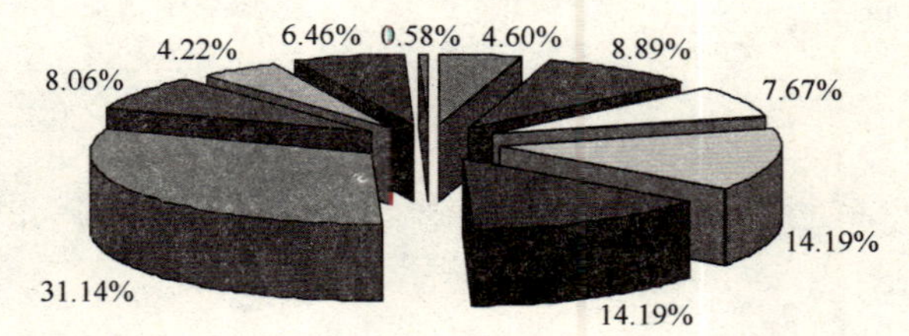

图 4　2009 年 1 ~ 9 月份陕西省外资品牌挖掘机各吨位占有率

表 1　2009 年陕西省骨干铁路、公路等交通前期项目规划

项目名称	建设性质	计划建设规模及主要内容	总投资(亿元)
西安至太原客运专线	新建	新建里程 150km	186
西安至银川铁路	新建	建设西安至银川铁路 280km	125
关中城际铁路网一期	新建	西安-阎良-富平-铜川，阎良-蒲城城际铁路 152km	108
兰渝联络线及阳安复线	新建扩建	新建兰渝线 50km，阳安复线 130km	80
宝鸡至兰州客运专线	新建	新建里程 50km	60
安康经张家界至常德铁路(陕西段)	新建	新建里程 139km	53
西安火车站改扩建	扩建	扩建 8 站台 14 线，改造站房，开辟北广场	30
西安地铁一号线咸阳段	新建	西安地铁一号线后围寨至咸阳城市森林公园 6.5km	18
西安至商州第二通道	新建	高速公路 116km	110
宝鸡至汉中高速公路	新建	高速公路 160km	102
铜川至黄陵高速公路	扩建	改扩建 105km	87
榆林至绥德高速公路	新建	高速公路 120km	72
安康至平利高速公路	新建	高速公路 66km	50
渭南至蒲城高速公路	新建	高速公路 49km	22
榆林至佳县高速公路	新建	高速公路 88km	6
咸阳至旬邑高速公路	新建	高速公路正线全长 95km	56
韦庄至罗敷高速公路	新建	高速公路 150km	60
安康机场建设工程	迁建	新建跑道、航站楼及配套设施	10
汉中机场建设工程	新建	新建航站楼、跑道、站坪及配套设施等	4

二、中部期待崛起

涵盖山西、河南、安徽、江西、湖北及湖南六省的中部地区，在我国经济建设中扮演着重要角色，具有重要的经济地位。中部六省分别是我国的粮食生产基地、能源原材料基地、装备制造业基地和综合交通运输枢纽中心。2009 年 9 月 23 日，国务院常务会议讨论并原则通过了《促进中部地区崛起规划》文件。中部崛起规划对于中部地区六省在未来几年的发展具有着重要的推动作用，意义深远。

中部崛起规划提出了强化中部地区作为全国交通枢纽的重要地位，下一步铁路网、公路网和机场建设将是重中之重。中部地区六大省份铁路运输、公路运输速度和效率的提高对于解决当前我国交通运输效率低下问题具有重要作用。预计 2009 ~ 2010 年，中部地区铁路基建投资约为 7 500 亿元，将建成新线 7 000km。到 2010 年，中部六省省会城市机场将全部进行改扩建。

1. 河南工程机械市场

河南省挖掘机和装载机销售在国内市场占有相当重要的地位。当地区域联席会已将河南省外资品牌挖掘机月度销量细化统计到 18 个市区，目前正计划将国产品牌也纳入统计数据中。据对 2009 年的统计，大部分外资品牌销量主要集中在信阳、郑州、洛阳、驻马店、新乡、南阳和安阳等地，合计销量占到省外资品牌总销量的 70% 以上，其中仅信阳地区就占到近 17%，这 7 个地区也是国产品牌的主要销售地区。

2009 年省内城市交通和市政建设对工程机械需求较为稳定，地铁开工和老城区道路的改造对中小型工程机械具有一定的拉动作用，石武线和南水北调工程建设的进一步展开会继续提升工程机械市场需求。2009 年存在的主要问题是受矿山开采受限影响较大，整体来看河南省工程机械市场将与 2008 年大体持平或略有增长。

河南省交通系统紧紧抓住国家应对国际金融危机出台新政策的机遇，2009 年拟投入 230 亿元，加大交通基础设施建设力度，其中高速公路建设投资 148 亿元、干线公路 30 亿元、农村公路 40 亿元、场站建设 9 亿元、水运 3 亿元，并将以交通行政管理体制改革为契机，促进连接航空、铁路、公路、水运、城市公交等各种运输工具的中心城市综合枢纽建设，实现新一轮大发展。

2009 年，高速公路仍将是河南省交通基础设施建设中的重头。河南省将加快濮阳至范县高速公路、焦桐高速公路叶县至舞钢段、焦桐高速公路泌阳段、大广线豫冀省界至南乐段、京港澳高速郑州至漯河段改扩建工程、京港澳高速安阳至新乡段改扩建工程、连霍高速公路郑州至洛阳段改扩建工程等 7 个续建项目建设；新开工项目 7 个，建设里程 286km；争取开工 6 个改扩建项目和 5 个新项目，建设里程 748km。同时，河南省还计划新建改建县乡公路 6 000km，通村公路 4 000km，改造危桥 4 万延米。

郑州市城市快速轨道交通建设规划（2008 ~ 2015 年）已经国务院同意，地铁建设正式进入全面、快速发展时期。郑州市轨道交通线路规划由 6 条线路组成，为“三横两纵一环”的网状结构，总长 188.25km。6 条线路的交叉处，共设置 18 处换乘车站。

铁路建设投资将直接带动混凝土机械、土方机械、桩工机械以及路面机械等设备的市场需求。石武客运专线郑州段建设于 2008 年底全面开工，石家庄至武汉铁路客运专线是京广铁路客运专线的重要组成部分，是国家规划的“四纵四横”铁路快速客运网的主骨架之一，正线全长 840.7km，共新设安阳东、鹤壁东、新乡东、郑州东、许昌东、漯河西、驻马店西、明港东、信阳东 9 个车站。按照我国铁路网规划，2020 年以前将逐步建成北京至广州、徐州至兰州等客运专线，实现主要干线客货分线运输，郑州将成为京广、徐兰两条客运专线的交会点。石武客运专线将于 2010 年建成。

2009 ~ 2013 年，河南省南水北调中线工程每年投资 200 多亿元，南水北调中线工程在河南省总投资（包括建设、征迁、移民、水源地保护、配套工程等）超千亿元，南水北调中线一期工程总干渠在河南省建设用地 40 196 万 m^2，需搬迁安置 21.1 万人，静态投资约 670 亿元，分配河南省水量 37.69 亿 m^3，配套工程估算静态总投资 90.15 亿元。

2. 安徽工程机械市场

2009 年 1～12 月安徽省工程机械市场除挖掘机、压路机和汽车起重机销量同比有所增长之外，其他产品如装载机和推土机均呈现不同程度的下降。

2009 年安徽省挖掘机市场销量呈现前低后高的走势，上半年市场销量同比有所下降。

2009 年 2 月市场销量较 1 月回暖迹象较为明显，3 月市场虽然环比增长，但与上年同期增幅相比仍有较大差距。2009 年 6～12 月市场走势逐月好转，月度销量同比均增长。安徽挖掘机销量排名一直保持在全国前 3 位。

安徽挖掘机市场需求量较大的区域为合肥、芜湖、六安、铜陵、安庆和阜阳等地。2009 年 1～9 月安徽省挖掘机市场总销量为 4 583 台，同比增长 6.1%。2008～2009 年安徽省挖掘机月销量对比见图 5。

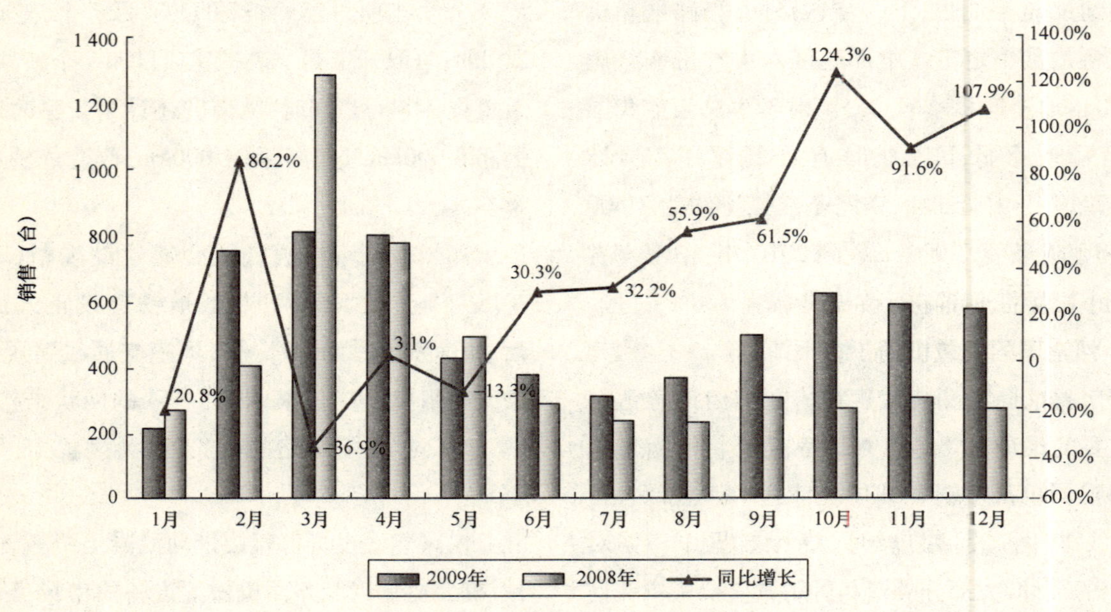

图 5　2008～2009 年安徽省挖掘机月销量对比

2009 年安徽省市场最大的变化是国产品牌销量增速较快，仅从一季度的销量来看，日系、韩系部分品牌市场份额同比下降明显，国产品牌凭借逐渐成熟的产品质量，完善的售后服务打动用户，逐步赢得更大市场份额。

2009 年安徽省挖掘机市场呈现的另一特点是，15t 以下（含 15t）小型挖掘机销量增长较快。2009 年小型挖掘机销量 2 992 台，占总销量 6 381 台的 46.9%。小型挖掘机需求的增长主要得益于当地市政工程建设、开发区园区建设、农田改造、乡镇公路和房地产建设等方面。相比之下，中型和大型挖掘机市场份额相应减少。

三、东北工程机械市场

1. 辽宁工程机械市场

辽宁省工程机械市场需求历史上主要来源于矿山，特别是土方机械。辽宁矿山主要有本溪的铁矿，鞍山、辽阳、辽西、抚顺和丹东的煤矿和铁矿，其中又以铁矿的规模最大。2009 年由于铁粉价格下降，再加上国际金融危机导致矿产开采成本提高，致使一些矿产现在还处于停工或者半停工状态。

矿产资源开采的乏力，导致了对土方机械，特别是对挖掘机需求减少。2009 年辽宁省挖掘机市场下滑幅度很大。

辽宁省的主要区域市场——沈阳和大连的表现尚佳。沈阳的公路、铁路和城市基础设施建设仍增速不减,大连的地铁以及各种填海造城工程均带动了对工程机械设备需求进一步增长,其中轮式挖掘机在大连销量增速很快。另外,辽宁省其他地区的城镇化、高速铁路、城际铁路、农村公路和农村水利水电设施建设等也稳中有升,这些需求点也有力地刺激了工程机械设备的市场需求。

2009 年辽宁省压路机、平地机、摊铺机的销量增长都在 100% 以上。往年压路机的月租费在 2 万元左右,2009 年达到三四万元,最高达到 5 万元。

2. 吉林工程机械市场

吉林省相比辽宁省和东南部发达省份,整体的工程机械市场容量较小。2009 年吉林省工程机械市场销量增长速度超过 20%,预计未来 5 年吉林省还将保持这个增长幅度。吉林省跟国内其他地区相比,受国际金融危机的影响不大。2009 年吉林省压路机、平地机、摊铺机销量的增幅在 100% 以上。

虽然全国的装载机销售在下滑,但吉林省装载机销量下滑幅度很小,甚至有一些品牌的销量还在上升。福田装载机 2008 年卖了 50 台,2009 年达到 160 台以上。2009 年 1 ~ 8 月柳工的装载机销量在吉林省位居第一位,同比增长 23%,占有率在 35% 左右。

2009 年吉林省和黑龙江省高速铁路、高速公路和水利建设的投资增速加快,15t 以上挖掘机的销量增速高于国内同期增速,约为 17% ~ 20%,主要原因是大型项目需要大吨位的挖掘机,同期其台班费都在上调。2009 年 15t 以下的小型挖掘机全国销量都在增长,吉林省的增速达到 40% ~ 50%,但仍低于 2008 年的 80% ~ 90%。国产品牌挖掘机在吉林的销量增长很快,增速超过 30%,未来 3 ~ 5 年,可能会对进口或合资挖掘机品牌构成一定的挑战和威胁。

2009 年,吉林省公路系统,高速公路、一级路网和普通道路的扩建超过 1 600km。这些工程带动了推土机的市场需求,其中山推推土机的销量增长 60%,比上年高 6 个百分点。推土机的用户群体主要集中在电力系统、热力系统、公路系统、个体用户和租赁用户几部分,2009 年上半年电力系统和热力系统都没有采购,个体用户和租赁用户占销售总量的 40%,公路用户占 20%,其他占 40%。2009 年吉林省推土机市场销量主要以 119.3kW(160 马力)推土机为主,这种中功率的推土机适用于土石方作业。2009 年 3 ~ 4 月份推土机非常紧俏,不仅在东北地区,全国地区基本都断货了。

2009 年下半年,推土机销售主要转向电力和供热行业的大企业采购,吉林省每年市场都是如此。随着一些重点工程 2009 ~ 2010 年陆续开工,推土机市场的前景是光明的。

3. 黑龙江工程机械市场

2009 年黑龙江省压路机、平地机和摊铺机的增长幅度在 100% 以上;30t 挖掘机的销量逐年增长,30t 以上挖掘机的销量占到总销量的 30%。

黑龙江挖掘机市场份额最大的是小松(中国)投资有限公司,占有率接近 30%,成都神钢工程机械(集团)有限公司约占 20%,斗山工程机械(中国)有限公司近几年销量增长加快,斗山工厂对代理商的支持力度很大,现代工程机械有限公司的销量增势不明显。截至 2009 年 7 月底,黑龙江小型挖掘机已经销售 270 多台。

黑龙江省叉车销量每年增长约 20%,受国际金融危机影响,2009 年的增幅小于上年。

2009 年黑龙江省工程机械销量增幅如此之大的一个重要原因是公路建设加速。黑龙江"公路建设三年决战",将投资 1 000 亿元,建设高速公路 2 840km,一级公路 422km,二级公路 2 930km,农村公路 60 799km。2009 年全省建设公路重点工程 26 项,其中高速公路 2 430km,一、二级公路 853km,计划投资 190.3 亿元。

黑龙江省公路建设集中在东部和北部的海伊、黑北、绥北等地。受公路建设正面影响最大的是压路机,仅 2009 年 1 ~ 7 月总销量就已经超过 2008 年全年销量。

〔供稿单位:中国工程机械工业协会代理商工作委员会〕

2009年金融危机笼罩下的全球工程机械市场

一、全球工程机械市场形势

2009年，受世界经济萎缩的冲击，全球工程机械市场仍延续着2008年以来的下降走势，总体上处于大幅衰退后的低迷状态，全年总销售量约60万台，是近8年来的最低点。市场规模比2007年的历史峰值下降41%。2000～2009年全球工程机械市场销售量及2010～2012年趋势预测见下图。

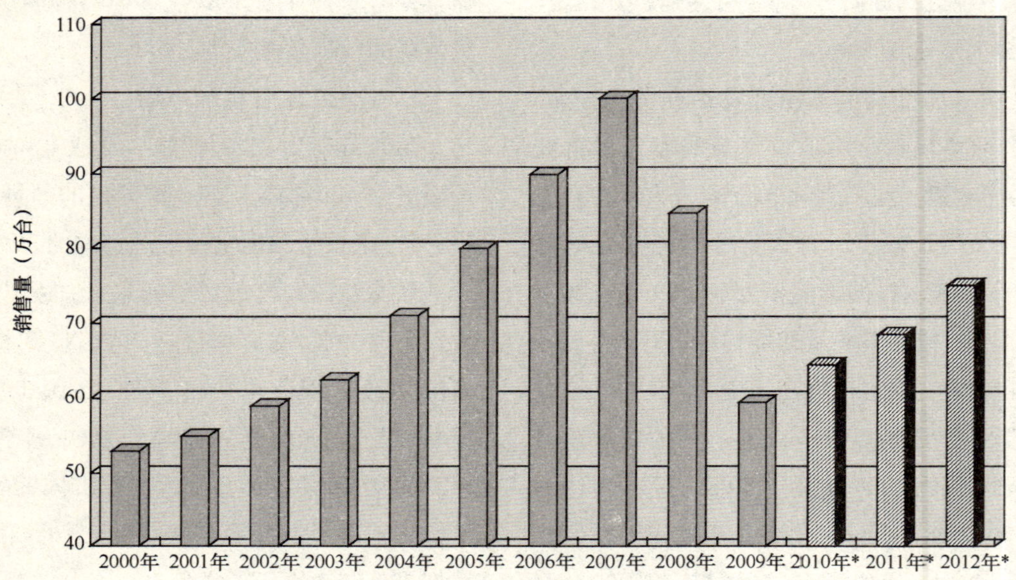

2000～2009年全球工程机械市场销售量及2010～2012年趋势预测

（统计范围：装载机、挖掘机、推土机、平地机、沥青混凝土摊铺机、铲运机、越野叉车、滑移-转向装载机、挖掘装载机、非公路自卸车，后同）

数据来源：英国工程机械咨询有限公司

由2007年下半年美国次贷危机引发而逐渐蔓延全球的金融危机，至今已延续两个年头，对各国实体经济造成不同程度的影响，对工程机械行业也造成严重冲击。从近10年来全球工程机械销售量的变化可以看出，自2000年至2007年，整个市场处在需求持续扩张、销量不断增长的状态。尤其是自2004年起，销售量连续4年保持11%或以上的增长幅度，并在2007年达到100万台的历史最高水平。2008年由于世界金融危机的不断延伸，房地产及相关的工程建设基本停滞，这种乐观的态势骤然而止，当年销量下滑15%。另一方面，在市场繁荣时期依靠十分便利的信贷透支了部分未来的设备需求，积累了较大的工程机械保有量，而此时对购机有极大促进作用的信贷服务又大多中止，在需求不振和市场自身泡沫破裂的双重挤压下，2009年全球工程机械市场出现了更大幅度的下滑，降幅为2008年的两倍，达到30%。

在全球各主要工程机械市场中，遭受打击最严重的是北美和西欧等传统市场，随之全球工程机械市场重心加速由西方向东方转移。2007年，中国首次成为全球最大的工程机械生产国和销售量最大的市场。2009年，在全球市场和主要国家市场严重衰退的情况下，中国国内市场销售量实现了7%的增长，比上年的增幅还高出2个百分点。2009年，无论是按销售量还是按销售额计，中国都位列全球第一，以销售量计占全球市场的43%，以销售额计占31.9%。中国已成为名副其实的全球最大的工程机械市场，其产量也遥遥领先于工程机械领域的传统强国。

二、区域市场分析

2009年，全球工程机械市场规模以销售量计，比上年下降30%；按价值量计，销售额为564亿美元，较上年下滑36%，较2007年的历史最高水平则缩水43%。2009年的跌幅占两年来市场总损失的75%，表明近一年的市场衰退更加严重。从销售额比销售量的下滑幅度更大可以看出，中大型设备销量降幅大于小型设备。

市场似乎已经达到本轮周期的最低谷，何时回升无疑是最值得关注的问题。稍许令人乐观的是，进入2010年以来，世界经济的回升态势逐渐明朗，包括中国、印度和巴西等在内的新兴市场作为全球经济复苏的领跑者被寄予厚望。全球工程机械市场也逐渐显示出恢复迹象，预计全年销售额会回升到610亿美元，但这一回升能否持续仍取决于市场的真实需求与行业结构的优化升级。需求回升可能是市场重新焕发生机的真实表现，也可能仅仅是探底之后的自然反弹，但不管怎样，整个行业目前是处于对复苏的急切期待之中。2007～2009年全球工程机械市场分地区销售量见表1。2007～2009年全球工程机械市场分地区销售额见表2。

表1　2007～2009年全球工程机械市场分地区销售量（单位：台）

地　区	2007年	2008年	2009年	2009年同比增长（%）
北美	191 000	148 605	69 000	-54
西欧	211 584	160 406	86 047	-46
中国	225 672	237 376	253 654	7
日本	76 169	56 975	29 310	-49
印度	36 774	32 425	29 000	-11
其他地区	259 486	212 512	127 989	-40
全球合计	1 001 228	848 299	595 000	-30
同比增长（%）	13	-15	-30	

数据来源：英国工程机械咨询有限公司

表2　2007～2009年全球工程机械市场分地区销售额（单位：亿美元）

地　区	2007年	2008年	2009年	2009年同比增长（%）
北美	283	247	121	-51
西欧	196	176	75	-57
中国	113	142	180	27
日本	46	36	22	-39
印度	22	20	21	5
其他地区	322	256	145	-43
全球合计	982	877	564	-36
同比增长（%）	27	-11	-36	

数据来源：英国工程机械咨询有限公司

由于市场需求和产品结构的不同，世界各主要工程机械市场的具体表现有很大差异。

中国2009年销售量再创历史新高，这主要得益于政府于2008年11月出台的经济刺激政策，在

4万亿元的投资预算中，80%以上投向与工程建设相关的领域。自第二季度开始，工程机械销售量强劲增长，同时购买信心（全球其他市场仍普遍缺乏）也得以提升，市场规模首次超过25万台，全年保持7%的稳定增长，同时销售额也首次跃居世界第一。特别是公路和铁路等基础设施建设必不可少的工程机械产品销售量增长最快，如履带式推土机、平地机和沥青混凝土摊铺机。液压挖掘机在各类新开工项目中的应用更加普遍，并正在取代传统的轮式装载机。由于继续实施积极的财政政策和适度宽松的货币政策，而且有大量在建项目和即将开工项目，2010年工程机械市场需求将继续增长。2010年在主要土方机械产品——液压挖掘机销售量保持增长的拉动下，预计包括移动式起重机和压实设备在内的整个市场销量将超过30万台。但是，尽管业内企业对市场的长期增长具有信心，但在经历2009～2010年超乎寻常的强劲增长后，鉴于宏观经济调控政策的不断变化，生产企业还是担心市场发展会减速甚至出现一定的回落。

西欧各国工程机械市场需求从2008年第三季度开始急剧下滑，各国具体表现有所差异。2009年，全年销售量比2008年减少近一半，而销售额减少57%，为1993年以来最低水平。不过，到目前为止还没有主要工厂彻底关闭。受冲击最严重的国家是西班牙、爱尔兰、丹麦、荷兰、法国和瑞典，而德国需求保持相对稳定。普遍收紧的信贷供应几乎影响了所有品种产品的市场，特别是小型机械（如挖掘装载机）尤其表现疲软，履带式挖掘机销售也出现锐减。由于客户控制财务支出，限制新购各类设备，中大型产品的销售也受到影响，但由于来自德国的需求，轮式挖掘机下滑不太严重。2010年，预计租赁公司的购机需求可能会有周期性回归，农业领域也可能会对伸缩臂叉装载机提供支持。估计整个市场有望继续恢复，到2014年回升到12.8万台，不过这也只是1998～1999年市场的水平。

北美市场自2007年就开始下滑，并在当年失去了全球销售量第一的位置。2006～2007年的下滑使得其市场规模比2005年的历史最高水平减少1/3，而令人震惊的是2009年又损失了1/3，目前仍处于低迷状态，为1992年以来最低水平。2009年，各用户各行业都面临困难，包括采矿业、公共工程，私人建筑市场的下滑对工程机械需求的冲击尤其严重，需求的回落也已扩展到租赁行业。因而，所有产品的销售量都大幅减少，仅刚性自卸车、大型轮式装载机和平地机的下降低于2005年以来的平均降幅。预计到2010年后期销售量还将停滞在2009年的水平；2011年前仍难以进入明显的增长周期；到2014年的销售量预计为12.5万台，仅相当于1994～1995年水平。

日本市场2009年继续下跌，而且跌幅更甚。国内销售量缩减近一半，销售额下跌39%。16年前，当经济泡沫破裂后，日本工程机械销售量连续下降到10万台以下，曾被认为是一场危机。而2009年的销售量仅为当年危机时期的1/3。受影响最严重的是该国具有优势地位的产品，特别是小型挖掘机和标准履带式挖掘机。由于全球各地经销商需要较长时间才能消化渠道库存，实际上没有哪种产品能够幸免于市场损失。预计日本经济在2010年由于出口回升会有所好转，但工程机械行业仍将处于困境之中；日本并未把增加公共工程投入作为刺激经济复苏的手段，建设项目数量将下降8%，2011年还将下降5%。另一方面，私人住宅投资将继续衰退，因此，总体上工程机械市场将下降20%。

印度市场自2008年第四季度开始由增长转入下跌，主要原因是融资服务出现了大问题。房地产（尤其严重）、一般建设市场和公路建设市场全都出现下滑，采矿业也受到一定程度影响。不过，受益于经济复苏以及融资支持的改善，加之2009年上半年重启了基础设施建设计划，2009年市场状况大大好于预期，全年市场销售量仅下降11%，降幅低于2008年，而销售额同比增长5%。挖掘装载机市场表现坚挺对整个市场起到了支撑作用，这一规模较大的产品领域仅下降4%；挖掘机销售量下降20%；轮式装载机市场严重下滑，主要是因为当年需求复苏太晚。为了完成未来数量庞大的工程，市场已经积累了巨大的被抑制的需求，因此2010年显示出市场将快速复苏的迹象。挖掘装载机和挖掘机销售量预计将打破纪录，轮式装载机也被认为是可以保持长期增长的产品。预计整个市场将快速增长，到2014年销售量有可能至少翻一番，达到6万台。

三、中国工程机械产业全球化发展的机遇和挑战

在传统工程机械市场面临困境的形势下，一直保持增长的中国工程机械行业已变得越来越有竞争力。国产产品质量正在提高，业内领先企业也逐渐成为真正的国际竞争者。5年前，中国大部分制造商都是单一产品企业，现在起码有10家已经成为真正的“全线”供应商，并且有更多的企业正在迅速扩大产品线。领先制造商如徐工、柳工、三一和中联重科都已具备品种丰富、规格齐全的产品线，展现出向全球市场进军的雄心，尽管他们仍需努力提高销售和服务水平以适应国际市场要求。而且，在整个国际工程机械行业低迷的形势下，中国企业可能会获得一些重要的收购机会，而收购价格之低恐怕是两年前无法想象的。中国制造商将最有可能从不可避免的行业整合中获得收益。

由于中国制造商的生产能力飞速提高，已大幅度超过国内市场的容量，出口已成为国内制造商的重要业务。在2004～2008年，出口在国内产量中的占比持续提高。但是，这也是受世界金融危机冲击严重的领域。自2008年第四季度以来，出口量开始下降，几乎所有品种产品都受到了影响。2009年全年降幅达到51%，出口在国内产量中的占比由2008年的14%降至7%。由于主要依赖国际市场的需求，滑移-转向装载机、小型挖掘机和液压挖掘机出口下滑幅度最大。此外，移动式起重机、路面机械和刚性自卸车对外出口也大幅下降。

面临出口困境的中国制造商正不断开拓新兴出口市场，与此同时，中国制造商积极建立自己的海外销售网络或者与国际合作伙伴合作销售。一些大公司，如柳工、三一、徐工和常林在其他国家积极开展本地化生产。中国的主要出口目的地是中东、非洲、拉美和南美。部分新兴市场，如印度、巴西、东南亚市场是预期良好的投资热点，也将成为中国制造商争夺的重点。

另一方面，国际制造商也在努力扩大销售，竞争越发激烈。国际市场对中国产品的偏好很大程度上是由于其价格低于一般国际制造商，而质量仍可接受，但这并不能说明中国企业有能力取代国际领先制造商的地位。中国产品出口仍高度依赖利薄的新兴市场，而要想被成熟市场所接受，其质量仍有待提高。一些长期困扰产业发展的问题比如研发能力不足、关键零部件依赖进口等需要引起重视，并采取相应解决方案。在对有限市场的激烈竞争中，中国制造商还应充分预计到可能出现的贸易摩擦，针对反倾销、知识产权等贸易争端做好一定准备。总之，中国的领先制造商正在步入国际舞台，他们必须具备长远发展眼光和目标，并为之付出巨大努力。

〔撰稿人：美国工程机械咨询有限公司北京代表处史杨〕

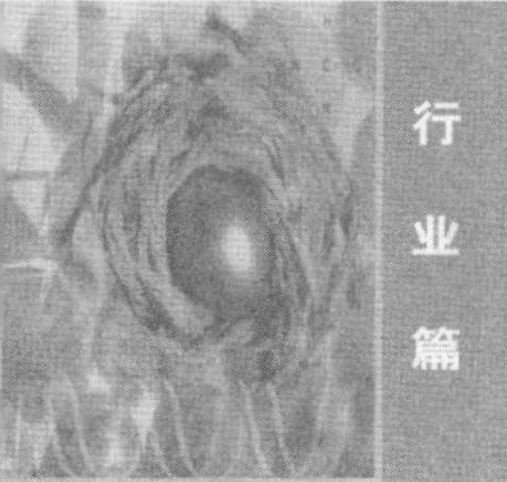

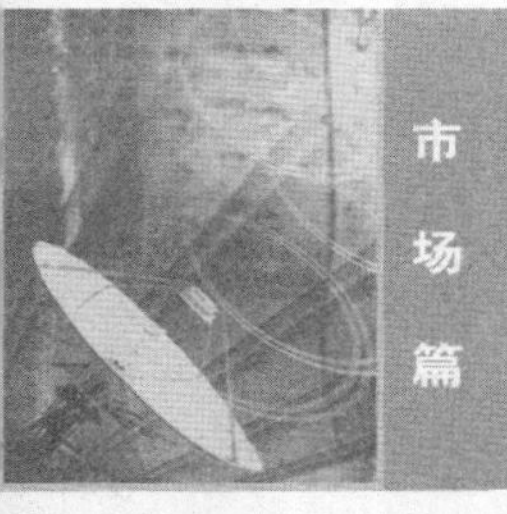

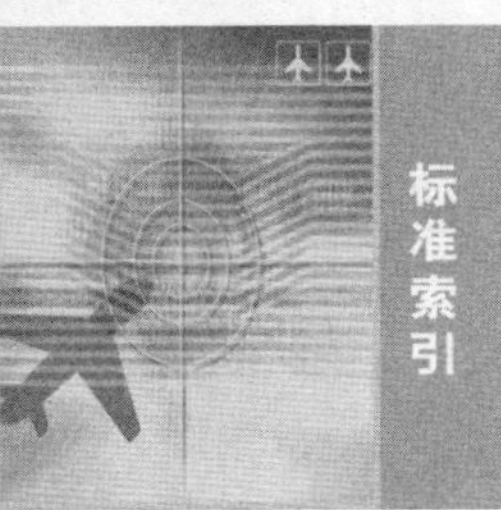

统计资料

2009年工程机械行业主要企业产品产销存统计
2008～2009年工程机械行业主要经济指标完成情况
2008～2009年工程机械九大类主机产品产销存对比情况
2009年工程机械行业及主要产品出口价格指数（GCCK-PPI）
2009年工程机械产品进口月报
2009年工程机械产品出口月报
2009年工程机械产品进出口量值统计
2009年工程机械进口按国家（地区）统计
2009年工程机械出口按国家（地区）统计
2009年工程机械产品进出口分类统计
2009年工程机械进出口贸易额前50位国家（地区）
2010年工程机械产品关税税率汇总

中国工程机械工业年鉴 2010

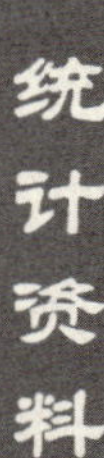

公布2009年主要统计数据，准确、系统、全面地反映工程机械行业的主要经济指标

2009 年工程机械行业主要企业产品产销存统计

1. 挖掘机械

企 业 名 称	产品类别	单位	产量	销量	库存量
天津建筑机械厂	挖掘机	台			1
徐州华东机械厂	挖掘机	台	103	107	5
常林股份有限公司	挖掘机	台	3	3	
抚挖重工机械股份有限公司	挖掘机	台	15	15	
烟台工程机械有限公司	挖掘机	台	7	4	1
长沙中联重工科技发展股份有限公司	挖掘机	台	457	369	163
三一集团有限公司	挖掘机	台	6 085	6 085	
北京现代京城工程机械有限公司	挖掘机	台	3 609	3 779	763
浙江军联机械电子控股有限公司	挖掘机	台	18	17	38
内蒙古北方重型汽车股份有限公司	挖掘机	台	190	203	15
广西柳工机械股份有限公司	挖掘机	台	3 049	3 001	550
山东常林机械集团股份有限公司	挖掘机	台	710	637	84
中国一拖集团有限公司(工机事业部)	挖掘机	台	106	75	69
山东临工工程机械有限公司	挖掘机	台	179	91	7
利勃海尔机械(大连)有限公司	挖掘机	台	191	194	16
小松(中国)投资有限公司	挖掘机	台	15 759	14 791	968
中国龙工控股有限公司	挖掘机	台	2 522	2 026	929
上海彭浦机器厂有限公司	挖掘机	台	435	433	43
河北宣化工程机械股份有限公司	挖掘机	台	3	46	49
成都神钢工程机械(集团)有限公司	挖掘机	台	7 690	7 690	1 653
厦门厦工机械股份有限公司	挖掘机	台	1 215	1 215	
湖南山河智能机械股份有限公司	挖掘机	台	3 012	2 932	592
四川邦立重机有限责任公司	挖掘机	台	30	30	7
山东力士德机械有限公司	挖掘机	台	720	624	107
日立建机(中国)有限公司	挖掘机	台	7 848	8 726	395
山东卡特重工有限公司	挖掘机	台	804	700	26
江麓机电科技有限公司	挖掘机	台	300	168	132
徐工集团	挖掘机	台	6 086	6 086	
广西玉柴重工有限公司	挖掘机	台	4 464	4 464	
中国一拖集团有限公司(工机事业部)	挖掘机	台	870	777	184
常林股份有限公司	挖装机	台	40	61	26
烟台工程机械有限公司	挖装机	台		10	12

（续）

企 业 名 称	产品类别	单位	产量	销量	库存量
山东临工工程机械有限公司	挖装机	台	39	42	
徐工集团工程机械股份有限公司科技分公司	挖装机	台	186	193	38
鞍山强力重工有限公司	掘进机	台	4	4	3
四川邦立重机有限责任公司	弧钢机	台	146	154	

2. 铲土运输机械

企 业 名 称	产品类别	单位	产量	销量	库存量
天津建筑机械厂	推土机	台	888	833	167
常林股份有限公司	推土机	台	1	1	
长沙中联重工科技发展股份有限公司	推土机	台	325	241	137
广西柳工机械股份有限公司	推土机	台	53	50	30
山推工程机械股份有限公司	推土机	台	4 992	4 800	726
中国一拖集团有限公司（工机事业部）	推土机	台	451	487	71
内蒙古一机集团大地工程机械有限公司	推土机	台	183	221	31
鞍山强力重工有限公司	推土机	台	34	29	21
上海彭浦机器厂有限公司	推土机	台	440	476	56
河北宣化工程机械股份有限公司	推土机	台	1 200	1 204	165
郑州宇通重工有限公司	推土机	台	18	17	1
徐州华东机械厂	装载机	台	74	117	160
常林股份有限公司	装载机	台	4 591	5 190	1 004
烟台工程机械有限公司	装载机	台	166	224	49
长沙中联重工科技发展股份有限公司	装载机	台	20	29	8
浙江军联机械电子控股有限公司	装载机	台	253	212	96
广西柳工机械股份有限公司	装载机	台	29 216	29 164	4 308
山东山工机械有限公司	装载机	台	7 760	7 425	1 460
郑州宇通重工有限公司	装载机	台	1 371	1 545	93
山东常林机械集团股份有限公司	装载机	台	1 381	1 409	12
日立建机（上海）有限公司	装载机	台	18	18	
中国一拖集团有限公司（工机事业部）	装载机	台	1 922	1 926	275
杭州武林机器有限公司	装载机	台	142	162	31
山东临工工程机械有限公司	装载机	台	17 137	16 737	3 934
鼎盛天工工程机械股份有限公司	装载机	台	85	77	
山东德工机械有限公司	装载机	台	1 968	1 820	278
小松（中国）投资有限公司	装载机	台	468	446	6
中国龙工控股有限公司	装载机	台	25 368	25 230	8 570
徐州金正公路工程机械有限公司	装载机	台	284	268	223
厦门市装载机有限公司	装载机	台	605	605	1 210
河北宣化工程机械股份有限公司	装载机	台			2

（续）

企 业 名 称	产品类别	单位	产量	销量	库存量
成都神钢工程机械(集团)有限公司	装载机	台	10 121	9 167	2 642
福田雷沃国际重工股份有限公司	装载机	台	7 536	7 128	1 657
鞍山海虹农机科技有限公司	装载机	台	141	141	282
厦门厦工机械股份有限公司	装载机	台	19 765	22 058	6 405
福建晋工机械有限公司	装载机	台	3 800	3 543	1 114
徐工集团工程机械股份有限公司科技分公司	装载机	台	9 055	10 225	1 780
山推工程机械股份有限公司	推耙机	台	9	29	
常林股份有限公司	平地机	台	428	440	89
长沙中联重工科技发展股份有限公司	平地机	台	128	128	
三一集团有限公司	平地机	台	292	292	
广西柳工机械股份有限公司	平地机	台	311	291	78
山推工程机械股份有限公司	平地机	台	64	70	17
中国一拖集团有限公司(工机事业部)	平地机	台	24	36	21
鼎盛天工工程机械股分有限公司	平地机	台	600	558	1 158
成都神钢工程机械(集团)有限公司	平地机	台	33	48	8
徐州徐工筑路机械有限公司	平地机	台	1 172	1 250	89
郑州宇通重工有限公司	铲运机	台	6	2	4
本溪北方机械重汽有限责任公司	矿用汽车	辆	10	10	
北京首钢重型汽车制造股份有限公司	矿用汽车	辆	90	90	14
中环动力(北京)重型汽车有限公司	矿用汽车	辆	254	197	106
湘电集团有限公司	大型电动轮车	台	58	59	
内蒙古北方重型汽车股份有限公司	自卸车	台	656	545	226
中国一拖集团有限公司(工机事业部)	自卸车	台	169	140	29
广西玉柴专用汽车有限公司	自卸车	辆	668	688	87
北京攀尼高空作业设备有限公司	专用改装车	台	31	31	
徐州徐工随车起重机有限公司	特种改装车	台	119	119	
泰安泰山工程机械股份有限公司	吊管机	台	612	563	49
山推工程机械股份有限公司	吊管机	台	51	64	4
常林股份有限公司	滑移装载机	台	3		4
凯斯工程机械(上海)有限公司	滑移装载机	台	115	115	230
湖南山河智能机械股份有限公司	滑移装载机	台	146	151	70
广西柳工机械股份有限公司	小型机	台	343	249	110
常林股份有限公司	随车吊具	台	9	9	
广西柳工机械股份有限公司	其他	台	20	23	12
广东力士通机械股份有限公司	半挂车	台	133	133	
郑州宇通重工有限公司	平板车	台	100	100	
鞍山强力重工有限公司	通井机	台	1		1
鞍山强力重工有限公司	装煤岩机	台	1	1	2

3. 工程起重机

企　业　名　称	产品类别	单位	产量	销量	库存量
长沙中联重工科技发展股份有限公司	汽车起重机	台	6 316	6 286	243
三一集团有限公司	汽车起重机	台	1 416	1 199	
广西柳工机械股份有限公司	汽车起重机	台	1 323	1 300	3
北起多田野(北京)起重机有限公司	汽车起重机	台	192	212	56
马尼托瓦克东岳重工有限公司	汽车起重机	台	764	755	72
广东力士通机械股份有限公司	汽车起重机	台	2	2	3
北京京城重工机械有限责任公司	汽车起重机	台	113	93	30
重庆大江信达车辆股份有限公司专用车公司	汽车起重机	台	88	101	189
泰安工程机械总厂	汽车起重机	台	178	179	17
四川长江工程起重机有限责任公司	汽车起重机	台	1 034	1 066	81
徐州重型机械有限公司	汽车起重机	台	14 071	15 669	279
沈阳北方交通重工集团有限公司	起重机	台	1 680	1 632	140
抚顺起重机制造有限责任公司	轮胎起重机	台	2		2
广东力士通机械股份有限公司	轮胎起重机	台	10	2	19
哈尔滨工程机械制造有限责任公司	轮胎起重机	台	29	29	
江苏八达重工机械有限公司	轮胎起重机	台	99	102	8
抚挖重工机械股份有限公司	履带起重机	台	231	231	462
长沙中联重工科技发展股份有限公司	履带起重机	台	130	171	51
三一集团有限公司	履带起重机	台	284	297	11
泰安泰山工程机械股份有限公司	履带起重机	台	24	19	5
郑州宇通重工有限公司	履带起重机	台	37	33	4
福田雷沃国际重工股份有限公司	履带起重机	台	13	9	4
日立建机(中国)有限公司	履带起重机	台	7	8	1
徐州重型机械有限公司	履带起重机	台	229	181	89
山东鸿达建工集团有限公司	塔式起重机	台	3 465	3 430	35
长沙中联重工科技发展股份有限公司	塔式起重机	台	1 680	1 680	
山东华夏集团有限公司	塔式起重机	台	4 364	4 015	350
方圆集团	塔式起重机	台	930	938	3
浙江省建设机械集团有限公司	塔式起重机	台	478	473	
抚顺永茂建筑机械有限公司	塔式起重机	台	500	494	
江麓机电科技有限公司	塔式起重机	台	253	264	45
山东华夏集团有限公司	升降机	台	230	205	25
湖北宏力液压科技有限公司	升降机	台	460	439	25
方圆集团	升降机	台	360	360	1
浙江省建设机械集团有限公司	升降机	台	214	214	
瑞安市八达工程机械有限公司	卷扬机	台	389	381	8
常林股份有限公司	随车起重机	台	2	1	2
重庆大江信达车辆股份有限公司专用车公司	随车起重机	台	7	6	13
牡丹江专用汽车制造有限公司	随车起重机	台	550	554	56

（续）

企业名称	产品类别	单位	产量	销量	库存量
郑州宇通重工有限公司	随车起重机	台	27	31	
徐州徐工随车起重机有限公司	随车起重机	台	2 205	2 179	218
中国长江航运集团红光港机厂	大型港机	台	39	39	
哈尔滨工程机械制造有限责任公司	特种设备	台	28	28	
哈尔滨工程机械制造有限责任公司	其他	台	50	50	
北京京城重工机械有限责任公司	特种结构专用改装车	辆	2	2	
沈阳北方交通重工集团有限公司	清障车	台	2 279	2 309	253
北京京城重工机械有限责任公司	汽车起重机专用底盘	辆	102	111	5

4. 机动工业车辆

企业名称	产品类别	单位	产量	销量	库存量
广西柳工机械股份有限公司	叉车	台	2 915	2 949	419
安徽叉车集团有限责任公司	叉车	台	4 141	4 180	305
浙江杭叉工程机械集团股份有限公司	叉车	台	3 798	3 820	603
大连叉车有限责任公司	叉车	台	81	131	19
浙江诺力机械股份有限公司	叉车	台	71	71	
宝鸡叉车制造公司五一	叉车	台	2	1	1
中国一拖集团有限公司(工机事业部)	叉车	台	20	7	13
北京现代京城工程机械有限公司	叉车	台	2 102	2 226	464
安徽叉车集团有限责任公司	叉车	台	30 492	30 444	1 305
浙江杭叉工程机械集团股份有限公司	叉车	台	30 456	30 638	1 719
大连叉车有限责任公司	叉车	台	3 077	3 320	438
江苏靖江叉车有限公司	叉车	台	1 471	1 486	144
浙江诺力机械股份有限公司	叉车	台	34	34	
宝鸡叉车制造公司五一	叉车	台	162	152	29
湖北宏力液压科技有限公司	叉车	台	1 645	1 588	62
镇江福马叉车有限公司	叉车	台	57	57	
安徽江淮银联重型工程机械有限公司	叉车	台	4 200	4 015	322
中国一拖集团有限公司(工机事业部)	叉车	台	1 032	1 020	197
中国龙工控股有限公司	叉车	台	5 998	5 518	979
湖南山河智能机械股份有限公司	叉车	台	498	538	55
江苏靖江叉车有限公司	牵引车	台	223	222	15
宁波如意股份有限公司	搬运车	台	305 608	305 508	5 516
常州博力搬运机械有限公司	搬运车	台	89 348	91 596	1 534
湖北宏力液压科技有限公司	搬运车	台	16 045	15 896	292
江苏八达重工机械有限公司	堆垛机	台	18	18	1
浙江诺力机械股份有限公司	堆垛机	台	4 512	4 512	
天津建筑机械厂	牵引机	台	1	1	

（续）

企 业 名 称	产品类别	单位	产量	销量	库存量
中环动力(北京)重型汽车有限公司	牵引车	辆	1	1	
宁波如意股份有限公司	电动车	台	1 681	1 681	
中环动力(北京)重型汽车有限公司	铰接车	辆	3		3
浙江杭叉工程机械集团股份有限公司	其他机械	万元	54 747		
浙江杭叉工程机械集团股份有限公司	属具配件等	万元	15 231		
浙江杭叉工程机械集团股份有限公司	铸铁件	t	110 603	106 972	5 136
宁波如意股份有限公司	拉紧器	台	378 136	359 647	27 489

5. 压实与路面机械

企 业 名 称	产品类别	单位	产量	销量	库存量
广西柳工机械股份有限公司	压路机	台	142	142	
中国一拖集团有限公司(工机事业部)	压路机	台	72	83	24
徐工集团工程机械股份有限公司科技分公司	压路机	台	241	225	67
常林股份有限公司	压路机	台	388	414	110
厦工(三明)重型机器有限公司	压路机	台	1 549	1 526	226
长沙中联重工科技发展股份有限公司	压路机	台	224	224	
三一集团有限公司	压路机	台	498	380	878
广西柳工机械股份有限公司	压路机	台	1 693	1 693	
郑州宇通重工有限公司	压路机	台	173	163	43
山推工程机械股份有限公司	压路机	台	1 222	1 171	106
山东常林机械集团股份有限公司	压路机	台	294	330	27
中国一拖集团有限公司(工机事业部)	压路机	台	1 554	1 567	266
山东临工工程机械有限公司	压路机	台	365	303	68
鼎盛天工工程机械股份有限公司	压路机	台	110	107	
山东德工机械有限公司	压路机	台	6	7	
中国龙工控股有限公司	压路机	台	1 513	1 319	479
河北宣化工程机械股份有限公司	压路机	台	8	10	
江麓机电科技有限公司	压路机	台	94	106	52
徐工集团工程机械股份有限公司科技分公司	压路机	台	3 854	3 776	566
三一集团有限公司	压路机	台	100	83	
广西柳工机械股份有限公司	压路机	台	58	58	
中国长江航运集团红光港机厂	压路机	台	6	6	
北京京城重工机械有限责任公司	压路机	台	10	6	15
中国一拖集团有限公司(工机事业部)	压路机	台	125	123	39
徐工集团工程机械股份有限公司科技分公司	压路机	台	640	552	166
抚挖重工机械股份有限公司	强夯机	台	2	2	
沈阳北方交通重工集团有限公司	沥青洒布车	台	226	220	
常林股份有限公司	摊铺机	台		1	

（续）

企业名称	产品类别	单位	产量	销量	库存量
长沙中联重工科技发展股份有限公司	摊铺机	台	193	193	
三一集团有限公司	摊铺机	台	275	245	
中交西安筑路机械有限公司	摊铺机	台	43	54	34
广西柳工机械股份有限公司	摊铺机	台	19	19	
陕西建设机械股份有限公司	摊铺机	台	33	94	15
鼎盛天工工程机械股份有限公司	摊铺机	台	100	96	
沈阳北方交通重工集团有限公司	摊铺机	台	52	51	
徐工集团工程机械股份有限公司科技分公司	摊铺机	台	310	258	340
中交西安筑路机械有限公司	搅拌设备	套	66	80	18
河南陆德筑机股份有限公司	搅拌设备	台	88	88	
沈阳北方交通重工集团有限公司	搅拌设备	台	131	125	
徐州华东机械厂	搅拌设备	台		1	
鼎盛天工工程机械股份有限公司	搅拌设备	台	7	7	
沈阳北方交通重工集团有限公司	铣刨机	台	92	89	
徐州徐工筑路机械有限公司	铣刨机	台	78	82	12
沈阳北方交通重工集团有限公司	养护车	台	734	718	
山东德工机械有限公司	其他	台	31	22	13
沈阳北方交通重工集团有限公司	其他	台	3 040	2 998	
沈阳北方交通重工集团有限公司	封层车	台	45	42	
中交西安筑路机械有限公司	封层车	台	17	16	7
河南陆德筑机股份有限公司	稳定土厂拌站/设备	台	28	25	3
徐州徐工筑路机械有限公司	稳定土厂拌站/设备	台	35	36	
徐州徐工筑路机械有限公司	稳定土路拌站/设备	台	43	42	11

6. 高空、桩工、环卫机械

企业名称	产品类别	单位	产量	销量	库存量
杭州爱知工程车辆有限公司	高空作业车	台	455	447	51
抚顺起重机制造有限责任公司	高空作业车	台	2	2	2
广东力士通机械股份有限公司	高空作业车	台	2	4	
重庆大江信达车辆股份有限公司专用车公司	高空作业车	台	23	26	
沈阳北方交通重工集团有限公司	高空作业车	台	2 567	2 428	288
徐州徐工随车起重机有限公司	高空作业车	台	22	13	10
北京京城重工机械有限责任公司	高空作业平台	台	173	320	163
抚顺起重机制造有限责任公司	消防车	台	28	27	2
抚顺起重机制造有限责任公司	救援车	台	7	5	2
上海工程机械厂有限公司	柴油锤	台	101	101	
浙江振中工程机械有限公司	振动锤	台	182	185	11
瑞安市八达工程机械有限公司	振动锤	台	219	208	11

（续）

企 业 名 称	产品类别	单位	产量	销量	库存量
浙江振中工程机械有限公司	钻孔机	台	44	38	7
河北新钻钻机有限公司	钻孔机	台	48	44	5
瑞安市八达工程机械有限公司	钻孔机	台	24	23	1
浙江振中工程机械有限公司	桩机	台	10	10	5
上海工程机械厂有限公司	桩机	台	66	66	
瑞安市八达工程机械有限公司	桩机	台	30	26	4
浙江振中工程机械有限公司	桩机	台		1	
方圆集团	桩机	台	56	56	
湖南山河智能机械股份有限公司	桩机	台	194	203	7
长沙中联重工科技发展股份有限公司	旋挖钻机	台	142	130	
三一集团有限公司	旋挖钻机	台	586	583	31
内蒙古北方重型汽车股份有限公司	旋挖钻机	台	7	16	34
郑州宇通重工有限公司	旋挖钻机	台	124	114	14
湖南山河智能机械股份有限公司	旋挖钻机	台	180	160	37
徐州徐工筑路机械有限公司	旋挖钻机	台	96	79	29
浙江振中工程机械有限公司	墙钻机	台	3	2	2
郑州勘察机械有限公司	桩工钻机	台	15	14	7
湖南山河智能机械股份有限公司	潜孔钻机	台	160	140	33
郑州勘察机械有限公司	螺旋钻机	台	39	40	3
广西玉柴专用汽车有限公司	垃圾车	辆	132	121	29
重庆大江信达车辆股份有限公司专用车公司	垃圾车	辆			1
广西玉柴专用汽车有限公司	洒水车	辆	2	3	
北京首钢重型汽车制造股份有限公司	洒水车	辆	5	3	2
中环动力(北京)重型汽车有限公司	洒水车	辆	2	3	
长沙中联重工科技发展股份有限公司	改装汽车	辆	3 323	3 266	262
徐州徐工随车起重机有限公司	桥检车	台	24	14	16

7. 混凝土机械

企 业 名 称	产品类别	单位	产量	销量	库存量
方圆集团	混凝土搅拌机	台	5 998	5 858	180
韶关新宇建设机械有限公司	混凝土搅拌机	台	45	108	2
浙江省建设机械集团有限公司	混凝土搅拌机	台	1 548	1 392	
佛山市云雀振动器有限公司	混凝土振动器	台	28 665	25 606	3 259
重庆大江信达车辆股份有限公司专用车公司	运输车	台	237	237	
方圆集团	混凝土泵	台	260	260	
中船重工重庆液压机电有限公司	混凝土泵	台	1 019	1 033	207
长沙中联重工科技发展股份有限公司	混凝土泵	台	947	952	
三一集团有限公司	混凝土泵	台	2 250	2 200	60

（续）

企业名称	产品类别	单位	产量	销量	库存量
郑州宇通重工有限公司	混凝土泵	台	54	9	50
安徽星马汽车股份有限公司	混凝土泵车	辆	42	28	9
长沙中联重工科技发展股份有限公司	混凝土泵车	辆	1 812	1 845	
三一集团有限公司	混凝土泵车	辆	2 240	2 450	70
徐工集团	混凝土泵车	辆	158	182	
方圆集团	混凝搅拌站	台	1 018	1 018	2
上海华东建筑机械厂有限公司	混凝搅拌站	台	91	80	14
长沙中联重工科技发展股份有限公司	混凝搅拌站	台	395	395	
三一集团有限公司	混凝搅拌站	台	680	680	20
韶关新宇建设机械有限公司	混凝搅拌站	台	141	138	9
浙江省建设机械集团有限公司	混凝搅拌站	台	118	102	198
利勃海尔机械（徐州）有限公司	混凝搅拌站	台	45	43	2
福建南方路面机械有限公司	混凝搅拌设备	台/套	720	720	
浙江省建设机械集团有限公司	配料站	台	660	626	
方圆集团	混凝土搅拌车	辆	596	596	
上海华东建筑机械厂有限公司	混凝土搅拌车	辆	1 830	1 806	229
安徽星马汽车股份有限公司	混凝土搅拌车	辆	5 088	5 034	184
长沙中联重工科技发展股份有限公司	混凝土搅拌车	辆	3 199	3 170	
三一集团有限公司	混凝土搅拌车	辆	3 670	3 670	70
广西玉柴专用汽车有限公司	混凝土搅拌车	辆	44	39	16
中环动力（北京）重型汽车有限公司	混凝土搅拌车	辆			2
韶关新宇建设机械有限公司	混凝土搅拌车	辆	19	17	3
郑州宇通重工有限公司	混凝土搅拌车	辆	445	442	6
利勃海尔机械（徐州）有限公司	混凝土搅拌车	辆	902	902	
三一集团有限公司	混凝土布料杆	台	128	128	20
安徽星马汽车股份有限公司	散装水泥车	辆	1 837	1 860	37
三一集团有限公司	沥青水泥砂浆车	台	120	110	10
郑州宇通重工有限公司	散装水泥半挂车	台	385	308	83
郑州宇通重工有限公司	散装水泥运输车	台	242	245	1
长沙中联重工科技发展股份有限公司	车载泵	台	395	393	
三一集团有限公司	车载泵	台	600	600	10
广东力士通机械股份有限公司	车载泵	台	1	2	
中船重工重庆液压机电有限公司	泵站	套	88	96	2
安徽星马汽车股份有限公司	其他	辆	31	460	29
郑州宇通重工有限公司	其他专用车	台	425	425	8

8. 凿岩机械及风动工具

企业名称	产品类别	单位	产量	销量	库存量
南京工程机械厂	凿岩机	台	358	475	209
洛阳风动工具有限公司	凿岩机	台	149	170	148
湘潭风动机械有限公司	凿岩机	台	3 101	2 000	1 101
宜春风动工具有限公司	凿岩机	台	19	19	
浙江红五环机械股份有限公司	凿岩机	台	44 156	41 980	2 176
衢州煤矿机械总厂有限公司	凿岩机	台	6 431	6 022	1 233
衢州煤矿机械总厂有限公司	凿岩机	台	1 130	998	841
天水风动机械有限责任公司	凿岩机	台	108 643	111 723	220 366
洛阳风动工具有限公司	内燃凿岩机	台	13 449	13 319	5 492
宜春风动工具有限公司	内燃凿岩机	台	1 964	1 467	1 633
洛阳风动工具有限公司	电动凿岩机	台	4 128	4 348	987
宜春风动工具有限公司	电动凿岩机	台	150	89	428
南京工程机械厂	风动工具	台	23 903	26 150	34 401
青岛前哨精密机械公司	风动工具	台	44 833	45 944	14 484
天水风动机械有限责任公司	凿岩钻车	台	15	13	14
上海气动工具厂	除锈器	台	1 208	1 219	137
天水风动机械有限责任公司	凿岩钻架	台	47	82	74
衢州煤矿机械总厂有限公司	压缩机	台	460	399	370
衢州煤矿机械总厂有限公司	锚杆机	台	15	25	83
四川邦立重机有限责任公司	钻机	台	91	86	6
洛阳风动工具有限公司	气动岩石钻	台		5	7
洛阳风动工具有限公司	潜孔钻	台	8	8	23
衢州煤矿机械总厂有限公司	支柱	根	502 150	500 557	29 778
天水风动机械有限责任公司	气钻	台	3 222	2 450	2 668
山东同力达智能机械有限公司	风钻	台	10	6	4
天水风动机械有限责任公司	气砂轮	台	8 385	6 879	8 299
上海气动工具厂	气砂轮	台	12 471	12 476	619
山东同力达智能机械有限公司	气砂轮	台	800	595	205
镇江市丹徒风电机械厂	气砂轮	台	17 510	17 068	442
徐州三刃风动工具有限公司	气砂轮	台	2 050	1 828	764
上海约纳森工具制造有限公司	气砂轮	台	40 077	31 846	8 231
上海山研机械科技有限公司	气砂轮	台	220 000	183 000	37 000
天水风动机械有限责任公司	气板机	台	1 389	1 805	3 897
山东同力达智能机械有限公司	风扳机	台	2 053	1 901	152
上海民生电器有限公司	气板机	台	1 460	1 333	334
山东同力达智能机械有限公司	组合拧紧机	套	87	85	2
天水风动机械有限责任公司	气动马达	台	10		25
烟台市石油机械有限公司	气动马达	台	7 729	10 060	792
黄石市黄风机械有限公司	气动马达	台	1 440	1 855	2 044

（续）

企业名称	产品类别	单位	产量	销量	库存量
天水风动机械有限责任公司	冲击器	台	50	38	231
洛阳风动工具有限公司	冲击夯	台	30	3	41
洛阳风动工具有限公司	破碎机	台	159	32	183
烟台市石油机械有限公司	气动绞车	台	415	572	45
黄石市黄风机械有限公司	气动绞车	台	24	39	
天水风动机械有限责任公司	气镐	台	1 005	1 172	224
义乌市风动工具有限公司	风镐	台	32 825	32 825	8
宜春风动工具有限公司	风镐	台	895	626	720
徐州三刃风动工具有限公司	风镐	台	966	1 057	94
上海约纳森工具制造有限公司	气镐	台	300	175	125
天水风动机械有限责任公司	气铲	台	5	160	85
上海气动工具厂	气铲	台	1 690	1 713	200
义乌市风动工具有限公司	气铲	台	1 794	1 794	6
徐州三刃风动工具有限公司	气铲	台	2 900	3 323	503
上海约纳森工具制造有限公司	气铲	台	900	466	434
山东同力达智能机械有限公司	风铲	台	1 200	949	251
天水风动机械有限责任公司	捣固机	台	105	57	77
上海气动工具厂	捣固机	台	949	976	127
义乌市风动工具有限公司	捣固机	台	936	936	10
徐州三刃风动工具有限公司	捣固机	台	1 036	1 045	419
衢州煤矿机械总厂有限公司	三用阀	套	339 613	341 663	16 412
衢州煤矿机械总厂有限公司	工矿配件	t	57	31 002	1 292
南京工程机械厂	工矿配件	t	165	160	313
湘潭风动机械有限公司	除尘设备	台	28	28	
徐州三刃风动工具有限公司	角磨机	台	115	169	81
烟台市石油机械有限公司	其他	台	135	233	4
黄石市黄风机械有限公司	其他	台	42	16	38
天水风动工具厂一分厂	其他	万套	258	169	89
上海约纳森工具制造有限公司	其他	台	16 520	12 288	4 532
上海上船利富船舶工具有限公司	其他	台	21 940	19 534	2 406
上海山研机械科技有限公司	其他	台	20 000	17 000	3 000
烟台市石油机械有限公司	其他	台	1 484	1 690	145
洛阳风动工具有限公司	其他	台	94	101	11
衢州煤矿机械总厂有限公司	其他	台	190	118	100
浙江红五环机械股份有限公司	其他	台	72 669	68 825	3 844
天水风动机械有限责任公司	配件	t	408	270	1 235
洛阳风动工具有限公司	配件	t	270	237	137

9. 专用配套件

企 业 名 称	产品类别	单位	产量	销量	库存量
山推工程机械股份有限公司	液力变矩器	台	39 343	37 505	3 718
安徽合力股份有限公司蚌埠液力机械厂	液力变矩器	台	15 388	16 319	1 354
浙江临海机械有限公司	液力变矩器	台	12 458	11 802	
肥城金城车桥有限公司	ZL 系列变速器总成	台	3 700	3 500	207
山推工程机械股份有限公司	变速箱	台	7 501	6 756	2 622
肥城金城车桥有限公司	驱动桥总成	条	10 100	10 000	100
肥城金城车桥有限公司	平地机驱动桥	台	200	180	20
肥城金城车桥有限公司	挖掘机驱动桥	台	150	140	10
江西省分宜驱动桥有限公司	驱动桥	台	3 551	3 623	125
四川省宜宾普什驱动有限责任公司	行走装置(带减速机)	台	16	2	10
四川省宜宾普什驱动有限责任公司	回转装置(带减速机)	台	7	2	13
宁波大港意宁液压有限公司	行走减速机及回转减速机	台	16 289	16 258	2 862
中船重工重庆液压机电有限公司	系列油缸	台	499	519	46
山东隆源液压科技有限公司	液压油缸	台	15 000	14 000	1 000
蚌埠市行星工程机械有限公司	液压油缸	台	10 952	10 758	520
合肥长源液压件有限责任公司	液压油缸	台	203 337	195 897	7 440
安徽合力股份有限公司蚌埠液力机械厂	液压油缸	台	220 777	220 509	12 320
榆次液压有限公司	液压油缸	台	4 191	3 864	4 004
四川长江液压件有限责任公司	液压油缸	台	57 646	59 341	5 053
山东锐驰机械有限公司	液压油缸	台	11 326	11 326	
厦门银华机械有限公司	液压油缸	台	122 198	121 671	
上海山研机械科技有限公司	液压油缸	台	22 000	17 000	5 000
徐州徐工液压件有限公司	液压油缸	台	170 231	184 449	10 077
浙江台州先顶液压有限公司	液压叶片泵	台	28 642	25 329	7 956
榆次液压有限公司	叶片泵	套	28 329	42 587	33 421
宁波大港意宁液压有限公司	摆线马达	台	2 036	2 036	
济南齿轮泵有限责任公司	齿轮马达	台	14 218	12 931	
济南齿轮泵有限责任公司	齿轮泵	台	292 528	297 635	37 733
合肥长源液压件有限责任公司	齿轮泵	台	308 002	307 270	732
榆次液压有限公司	齿轮泵	台	68 375	70 834	35 689
福州大学液压件厂	齿轮泵	台	10 069	12 067	2 319
四川长江液压件有限责任公司	液压泵	台	63 201	65 035	2 118
中航力源液压股份有限公司	液压泵	台	15 526	13 948	4 930
四川省宜宾普什驱动有限责任公司	柱塞泵	台	2 154	3 045	2 897
中航力源液压股份有限公司	柱塞泵	台	3 183	3 224	1 134
宁波广天赛克思液压有限公司	柱塞泵	台	8 284	7 984	300
中航力源液压股份有限公司	液压马达	台	29 464	28 977	6 997
上海纳博特斯克液压有限公司	液压马达	台	56 270	56 270	
宁波大港意宁液压有限公司	柱塞马达	台	13 960	13 957	2 015

（续）

企 业 名 称	产品类别	单位	产量	销量	库存量
贵州枫阳液压有限责任公司	工程机械液压件	套	7 400	7 277	4 141
济南齿轮泵有限责任公司	多路阀	件	5 390	5 849	
上海市高行液压气动成套总厂	多路阀	件	33 468	41 762	1 905
四川省宜宾普什驱动有限责任公司	多路阀	件	5	15	2
浙江临海海宏集团有限公司	多路阀	件	143 575	134 312	25 178
上海市高行液压气动成套总厂	压力控制阀	件	26 775	33 411	1 525
上海市高行液压气动成套总厂	流量控制阀	件	6 693	8 352	381
合肥长源液压件有限责任公司	液压阀	件	241 739	249 401	
浙江台州先顶液压有限公司	液压阀	件	5 651	6 205	2 186
榆次液压有限公司	液压阀	件	224 810	228 292	95 163
四川长江液压件有限责任公司	液压阀	件	29 352	32 101	919
四川长江液压件有限责任公司	其他液压件	件	14 228	10 368	163
苏州工业园区飞翔液压附件厂	其他液压件	件	399 035	216 000	30 000
浙江临海海宏集团有限公司	方向控制阀	台	113 289	103 669	12 920
浙江临海海宏集团有限公司	压力控制阀	台	54 553	49 563	13 957
浙江临海海宏集团有限公司	液量阀	台	31 886	28 980	10 906
浙江临海海宏集团有限公司	其他阀	台	34 174	28 901	7 042
济南齿轮泵有限责任公司	减速机	台	129	123	
上海市高行液压气动成套总厂	液压系统及装置	台	217	217	
榆次液压有限公司	液压系统及装置	套	9 941	9 941	354
四川长江液压件有限责任公司	液压系统及装置	套	276	203	74
徐州徐工液压件有限公司	液压系统	台	552	3 510	1 894
江苏恒立高压油缸有限公司	挖掘机油缸	台	70 000	70 000	
徐州徐工筑路机械有限公司	液压管件	台	1 514 167	1 506 091	199 787
海盐管件制造有限公司	液压管件及胶管总成	万件	2 079	2 190	436
山东隆源液压科技有限公司	油箱	台	250 000	210 000	40 000
上海市高行液压气动成套总厂	冷却器	件	42	109	
浙江银轮机械股份有限公司	板翅式油冷器	万只	299	236	96
浙江银轮机械股份有限公司	冷却总成	万套	62	62	12
浙江银轮机械股份有限公司	中冷器	万只	40	35	16
浙江银轮机械股份有限公司	管翅式冷却器	万只	77	75	3
浙江银轮机械股份有限公司	铝油冷器	万只	85	58	33
浙江银轮机械股份有限公司	管壳式冷却器	万只	3	3	1
浙江银轮机械股份有限公司	EGR	万只	17	16	4
上海市高行液压气动成套总厂	滤油器及装置	件	55 935	58 086	
上海市高行液压气动成套总厂	蓄能器	件	197	291	
烟台富野机械集团有限公司	链轨履带总成	条	23 528	24 081	3 937
山推工程机械股份有限公司	履带链轨总成	t	77 442	67 883	
烟台富野机械集团有限公司	支重轮总成	只	55 447	56 928	10 110
莱州市莱索制品有限公司	支重轮总成	只	13 360	12 000	1 360

（续）

企业名称	产品类别	单位	产量	销量	库存量
烟台富野机械集团有限公司	托链轮总成	只	5 368	6 230	997
烟台富野机械集团有限公司	引导轮总成	只	2 131	2 594	556
烟台富野机械集团有限公司	涨紧装置	只	78	81	15
徐州西雅科博汇驾驶室制造有限公司	驾驶室	台	17 931	17 772	691
江苏创导空调有限公司	起重机空调	台	100 000	95 000	5 000
马鞍山方圆回转支承股份有限公司	回转支承	套	37 904	36 178	9 479
安徽省宣城市乾坤回转支承有限公司	回转支承	套	9 883	10 272	1 798
天津建筑机械厂	推土机松土器	台	25	30	
山推工程机械股份有限公司	松土器	台	1 201	1 257	
天津建筑机械厂	推土机单绞盘	台	5	11	
黄石赛福摩擦材料有限公司	粉末冶金摩擦片	万件	467	457	75
济宁精益轴承有限公司	轴承	万套	20 000	20 000	
乐清市白象汽车附件厂	工程机械雨刮器系统	套/台	100 000	100 000	
芜湖盛力制动有限责任公司	汽车零部件及制造	只	1 493 351	1 510 887	62 832
乐清市白象汽车附件厂	直流电机系列	套/台	190 000	190 000	
浙江银轮机械股份有限公司	模块	万只	4	3	1
烟台富野机械集团有限公司	其他	只	74 598	75 787	3 910
山东锐驰机械有限公司	其他	台	269	269	
贵州枫阳液压有限责任公司	飞机制造及修理	套	26 370	28 474	18 243
厦门银华机械有限公司	石材机械	台	1 370	1 370	
厦门银华机械有限公司	电子设备	台	1 994	1 994	
郑州宇通重工有限公司	长螺旋	台	40	38	14
济宁永生工程机械制造有限公司	配件	台	1 616	1 599	39
山推工程机械股份有限公司	配件	t	3 601	5 187	
上海彭浦机器厂有限公司	配件	t	4 982	4 970	29

2008～2009年工程机械行业主要经济技术指标完成情况

序号	项目	单位	2008年	2009年	增减值	增减比例(%)
1	工业总产值(现价)	亿元	1 689.8	1 955.5	265.7	15.7
2	工业增加值	亿元	340.9	408.7	67.8	19.9
3	主营业务收入	亿元	1 819.8	2 335.8	516.0	28.4
4	出口交货值	亿元	280.2	122.0	-158.2	-56.5
5	利润总额	亿元	126.9	183.7	56.8	44.8

（续）

序号	项　目	单位	2008 年	2009 年	增减值	增减比例(%)
6	固定资产净值	亿元	367.1	383.3	16.2	4.4
7	流动资产年平均余额	亿元	1 022.2	1 397.5	375.3	36.7
8	年末负债	亿元	981.6	1 249.2	267.6	27.3
9	计算机拥有量	台	41 126	38 232	-2 894	-7.0
10	职工人数	人	200 674	208 716	8 042	4.0
11	工资总额	亿元	69.2	77.5	8.3	12.0
12	完成基建投资	亿元	73.7	95.9	22.2	30.1
13	年末资产总计	亿元	1 691.3	1 993.1	301.8	17.8
14	所有者权益	亿元	593.2	747.6	154.4	26.0
15	利息支出	亿元	14.8	17.1	2.3	15.5
16	存货	亿元	410.6	434.7	24.1	5.9
17	主营业务税金及附加	亿元	5.0	7.7	2.7	54.0
18	全员劳动生产率	元/人	173 959.0	195 835.0	21 876.0	12.6
19	行业年平均工资	元/人	34 460.0	37 123.0	2 663.0	7.7
20	综合指数		220.7	228.8	8.1	3.7
	统计企业数目	家	181	155	-26	-14.4

2008~2009 年工程机械九大类主机产品产销存对比情况

（单位：台）

序号	产　品	产、销、存	2008 年	2009 年	增减量	增减百分比(%)
1	挖掘机(含轮胎)	产	78 633	99 881	21 248	27.0
		销	82 765	98 689	15 924	19.2
		存	8 179	6 748	-1 431	-17.5
2	装载机	产	159 237	143 346	-15 891	-10.0
		销	159 940	144 965	-14 975	-9.4
		存	25 991	34 107	8 116	31.2
3	推土机(含轮式)	产	8 910	8 836	-74	-0.8
		销	8 776	8 610	-166	-1.9
		存	1 204	1 405	201	16.7
4	平地机	产	4 174	3 181	-993	-23.8
		销	4 239	3 242	-997	-23.5
		存	451	302	-149	-33.0
5	压路机(静、振、轮)	产	11 370	20 383	9 013	79.3
		销	10 885	19 852	8 967	82.4

（续）

序号	产品	产、销、存	2008年	2009年	增减量	增减百分比(%)
		存	2 106	2 673	567	26.9
6	摊铺机	产	1 216	1 692	476	39.1
		销	1 165	1 678	513	44.0
		存	195	389	194	99.5
7	工程起重机（汽车吊、轮胎吊）	产	20 589	27 317	6 728	32.7
		销	20 858	28 627	7 769	37.2
		存	1 090	953	-137	-12.6
8	塔式起重机	产	22 387	19 870	-2 517	-11.2
		销	21 450	19 494	-1 956	-9.1
		存	341	433	92	27.0
9	叉车（内燃及电动）	产	147 284	140 403	-6 881	-4.7
		销	133 951	138 908	4 957	3.7
		存	8 112	6 655	-1 457	-18.0

2009年工程机械行业及主要产品出口价格指数（GCCK-PPI）

月份	内容	工程机械行业	整机	零部件	主要产品							
					塔式起重机	履带起重机	电动叉车	内燃叉车	手动搬运车	装载机	履带挖掘机	混凝土搅拌车
1	指数	331.44	424.88	164.81	94.54	247.90	93.34	126.73	156.91	98.56	125.30	135.07
	同比增长(%)	53.34	37.34	38.36	-11.62	12.16	8.27	20.97	26.74	-2.66	-10.75	23.33
	环比增长(%)	6.81	-4.04	-4.42	-21.84	-34.27	12.82	1.15	2.28	-16.65	-25.92	14.68
2	指数	363.84	535.08	185.60	103.34	380.48	87.13	130.44	151.06	116.95	198.75	176.36
	同比增长(%)	-7.78	-18.31	50.44	-14.93	22.60	-18.23	19.07	9.53	13.90	62.11	61.84
	环比增长(%)	9.78	25.94	12.61	9.31	53.48	-6.65	2.93	-3.73	18.66	58.61	30.57
3	指数	304.18	437.33	165.60	19.28	294.45	31.47	122.28	144.20	113.41	190.91	115.54
	同比增长(%)	-0.82	-8.48	28.81	-80.96	41.41	-66.64	15.19	3.19	4.82	49.86	1.17
	环比增长(%)	-16.40	-18.27	-10.79	-81.35	-22.61	-63.88	-6.26	-4.54	-3.02	-3.94	-34.49
4	指数	221.08	202.72	240.20	89.51	125.71	25.60	117.02	151.76	124.78	228.62	112.17
	同比增长(%)	-19.96	-51.11	81.80	-13.71	-22.28	-73.32	8.15	5.78	14.35	58.11	13.44
	环比增长(%)	-27.32	-53.65	45.05	364.35	-57.31	-18.67	-4.30	5.24	10.02	19.75	-2.92
5	指数	296.10	398.52	169.09	90.28	199.72	31.43	120.16	139.96	97.98	177.86	119.37
	同比增长(%)	-20.58	-30.91	25.41	88.31	1.95	-70.97	9.04	-4.73	-17.82	16.66	3.11
	环比增长(%)	29.41	91.59	-29.60	0.86	58.88	22.78	2.68	-7.77	-21.48	-22.20	6.43
6	指数	358.77	176.66	269.54	104.63	345.90	57.11	110.75	135.12	111.44	171.65	109.26

（续）

月份	内容	工程机械行业	整机	零部件	主 要 产 品							
					塔式起重机	履带起重机	电动叉车	内燃叉车	手动搬运车	装载机	履带挖掘机	混凝土搅拌车
	同比增长(%)	-20.81	24.80	-10.28	-6.99	60.68	-45.42	0.44	-6.87	3.06	22.37	-6.12
	环比增长(%)	-9.97	4.48	-5.79	15.89	73.19	81.73	-7.83	-3.46	13.74	-3.49	-8.47
7	指数	320.79	159.59	241.80	102.27	173.53	84.20	113.34	122.19	109.04	186.44	113.75
	同比增长(%)	-34.58	14.69	-24.03	-9.30	-22.07	-18.91	5.89	-15.93	0.76	6.80	-6.11
	环比增长(%)	-10.59	-9.66	-10.29	-2.25	-49.83	47.42	2.34	-9.57	-2.16	8.62	4.11
8	指数	234.31	307.65	157.98	94.31	151.00	85.17	114.06	117.13	117.05	216.30	107.58
	同比增长(%)	-42.29	-52.80	5.14	-16.12	-39.42	-15.66	2.05	-27.83	0.37	22.32	-15.45
	环比增长(%)	-3.10	-4.10	-1.01	-7.78	-12.98	1.16	0.63	-4.14	7.35	16.02	-5.43
9	指数	223.46	282.41	162.09	201.57	163.55	57.72	108.22	123.66	113.06	263.08	116.72
	同比增长(%)	-43.26	-54.95	7.17	129.18	-21.93	-33.28	-7.79	-19.84	-3.18	38.06	0.42
	环比增长(%)	-4.63	-8.20	2.60	113.73	8.32	-32.23	-5.12	5.57	-3.41	21.63	8.50
10	指数	223.59	293.91	150.39	100.09	158.88	63.70	105.36	113.66	98.17	191.70	121.90
	同比增长(%)	-47.29	-57.29	0.60	-33.54	-49.71	-27.93	-3.36	-31.89	-18.67	10.90	14.38
	环比增长(%)	0.06	4.07	-7.22	-50.34	-2.86	10.36	-2.64	-3.08	-13.17	-27.13	4.43
11	指数	211.40	268.03	152.47	104.59	278.63	63.72	113.78	119.34	112.05	175.68	106.84
	同比增长(%)	-50.19	-60.15	-8.27	-28.71	3.20	-22.00	-4.47	-25.63	-6.14	2.40	-27.63
	环比增长(%)	-5.45	-8.81	1.38	4.50	75.37	0.02	7.99	5.00	14.14	-8.36	-12.35
12	指数	295.98	427.16	159.45	115.00	271.79	63.72	118.73	118.83	130.23	198.92	115.02
	同比增长(%)	-4.61	-3.52	-7.52	-4.93	-27.94	-22.97	-5.24	-22.55	10.12	17.60	-2.34
	环比增长(%)	40.01	59.37	4.58	9.95	-2.45	0.01	4.35	-0.43	16.22	13.22	7.65

2009 年工程

序号	税号	货品名称	单位	1月		2月		3月		4月		5月	
				数量	金额	数量	金额	数量	金额	数量	金额	数量	金额
1	84134000	混凝土泵	台	27	204.51	17	38.48	15	169.20	63	58.73	29	15.54
2	84262000	塔式起重机	台	1	3	2	18.60	3	1 273.60	1	63	3	152.55
3	84264110	轮胎式自推进起重机	台	2	77.60	5	281.38	0	0	0	0	4	228.08
4	84264190	带胶轮的其他自推进起重机械	台	5	264.44	1	40.96	4	60.17	1	47.20	0	0
5	84264910	履带式起重机	台	6	1 246.28	4	798.81	5	2 965.47	5	919.40	2	393.99
6	84264990	不带胶轮的其他自推进起重机械	台	0	0	0	0	0	0	8	0.11	0	0
7	84269100	供装于公路车辆的其他起重机	台	28	32.44	6	10.86	7	12.94	100	104.18	0	0
8	84269900	未列名起重机	台	44	408.20	27	136.90	20	77.11	54	1 981.88	124	510.24
9	84271010	电动机推进的有轨巷道堆垛机	台	1	43.35	1	6.97	7	46.91	11	225.24	6	299.44
10	84271020	电动机推进的无轨巷道堆垛机	台	6	179.07	2	2.41	2	13.18	0	0	2	3.76
11	84271090	其他电动叉车及装有升降或搬运装置工作车	台	215	362.38	299	605.27	361	614.23	329	465.24	186	319.42
12	84272010	集装箱叉车	台	1	24.87	5	108.47	3	60.18	2	48.37	2	44.82
13	84272090	其他机动叉车及其他装有升降或搬运装置工作车	台	101	817.81	151	862.10	108	360.60	120	1 155.18	79	1 042.23
14	84279000	未列名叉车等装有升降或搬运装置的工作车	台	378	238.37	77	26.27	585	92.89	53	243.33	453	258.87
15	84281010	载客电梯	台	103	986.83	150	1 669.09	211	1 450.67	247	1 952.41	102	938.76
16	84281090	其他升降机及倒卸式起重机	台	14	60.41	26	264.67	43	156.33	38	135.86	40	175.73
17	84284000	自动梯及自动人行道	台	0	0	1	1.17	0	0	8	93.22	0	0
18	84291110	履带式推土机，$P>235.36$kW(320hp)	台	4	365.83	2	189.78	3	117.42	2	57.75	2	23
19	84291190	其他履带式推土机	台	36	289.99	70	361.05	14	61.58	35	294.29	26	225.12
20	84291910	其他推土机，$P>235.36$kW(320hp)	台	2	127.45	3	156.46	3	115.96	2	109.77	0	0
21	84291990	未列名推土机	台	0	0	1	30.50	0	0	0	0	0	0

机械产品进口月报

（金额单位:万美元）

6月		7月		8月		9月		10月		11月		12月	
数量	金额	数量	金额	数量	金额	数量	金额	数量	金额	数量	金额	数量	金额
22	90.14	23	44.70	14	45.16	19	115.88	25	108.79	29	60.59	7	23.84
0	0	5	320.67	8	592.86	2	187.63	0	0	2	105.43	4	301.18
23	1 010.84	0	0	1	50	1	44.13	0	0	0	0	11	489.38
1	41.8	0	0	2	99.60	0	0	0	0	0	0	0	0
4	2 466.37	4	1 207.72	8	968.45	7	3 408.82	4	3 429.65	0	0	8	990.64
3	91.82	0	0	0	0	0	0	0	0	0	0	0	0
19	8.94	27	5.03	30	34.17	2	0.78	24	21.54	51	145.43	72	62.93
42	238.15	19	176.70	24	305.81	37	483.69	28	119.35	9	22.56	45	765.84
11	149.60	12	314.07	28	557.25	24	904.37	15	356.70	66	637.69	32	544.32
0	0	0	0	2	13.79	0	0	1	33.37	1	0.34	4	14.70
311	689.58	289	386.41	305	704.81	317	492.02	430	694.61	488	958.80	547	844.04
0	0	0	0	1	16.99	0	0	2	62.85	1	1	1	6.20
137	1 909.12	109	1 506.49	122	1 187.13	157	1 393.67	124	869.15	138	1 333.91	178	1 777.53
868	159.95	701	937.23	120	373.13	106	277.73	62	118.14	170	158.67	138	191.40
141	1 211.59	141	1 364.35	169	1 761.85	121	1 388.12	179	1 260.65	141	1 315.28	286	2 427.65
23	180.52	1 991	426.07	22	60.93	7	40.95	22	57.27	14	125.57	14	47.29
0	0	1	3.87	0	0	0	0	0	0	0	0	2	29.68
4	291.67	11	877.60	29	1 835.27	5	369.68	6	35.65	10	688.39	13	620.96
5	34.49	43	188.13	16	199.54	24	213.58	28	231.65	18	174.51	31	258.86
5	266.07	0	0	4	212.86	0	0	0	0	6	347.97	3	172.50
0	0	0	0	0	0	0	0	1	5.83	0	0	0	0

序号	税号	货品名称	单位	1月		2月		3月		4月		5月	
				数量	金额	数量	金额	数量	金额	数量	金额	数量	金额
22	84292010	筑路机及平地机，$P>$ 235.36kW(320hp)	台	0	0	0	0	0	0	0	0	0	0
23	84292090	其他筑路机及平地机	台	0	0	3	97.50	0	0	0	0	4	77.04
24	84293010	斗容量超过 $10m^3$ 的铲运机	台	0	0	0	0	0	0	0	0	0	0
25	84293090	其他铲运机	台	13	373.19	10	319.23	10	344.39	7	310.13	5	196.84
26	84294011	机重 18t 及以上的振动压路机	台	11	87.40	0	0	11	63.97	5	38.79	0	0
27	84294019	其他机动压路机	台	10	59.34	16	40	31	57.53	35	101.11	39	109.39
28	84294090	未列名捣固机械及压路机	台	0	0	0	0	0	0	0	0	0	0
29	84295100	前铲装载机	台	63	862.51	60	643.67	10	148.38	60	177.02	22	108.93
30	84295211	上部 360°旋转的轮胎式挖掘机	台	33	198.83	26	102.04	1	17.50	20	181.12	24	118.81
31	84295212	上部 360°旋转的履带式挖掘机	台	942	5 498.58	988	6 559.38	1 973	13 018.13	2 960	17 686.94	2 088	13 131.89
32	84295219	上部 360°旋转的其他挖掘机	台	1	870.49	0	0	0	0	0	0	0	0
33	84295290	上部 360°旋转的机械铲、装载机	台	1	35.45	0	0	0	0	0	0	0	0
34	84295900	其他机械铲、挖掘机及机械铲装载机	台	7	48.25	0	0	0	0	0	0	1	0.06
35	84301000	打桩机及拔桩机	台	1	1.45	2	643.09	4	382.69	1	65.26	4	338.86
36	84302000	扫雪机及吹雪机	台	27	75.84	12	11.32	3	0.63	1	0.15	4	0.40
37	84303100	自推进的截煤机、凿岩机及隧道掘进机	台	18	1 574.61	21	1 334.50	4	319.95	7	1 015.11	11	958.36
38	84303900	非自推进的截煤机、凿岩机及隧道掘进机	台	13	63.96	6	53.68	0	0	2	72	2	460.45
39	84305020	矿用电铲	台		182.89	0	0	2	593	1	35.18	1	460.37
40	84306100	非自推进的捣固或压实机械	台	19	9.53	403	84.57	344	328.29	320	64.21	43	13.65
41	84306911	钻筒直径在 3m 以上的非自推进工程钻机	台	0	0	0	0	0	0	0	0	0	0
42	84306919	其他非自推进工程钻机	台	0	0	1	1.90	8	11.14	2	5.71	3	0.21
43	84306920	非自推进的铲运机	台	0	0	0	0	0	0	0	0	1	0.55
44	84306990	未列名非自推进泥土、矿等运送、平整等机械	台	1	334.55	3	314.90	1	0.19	2	56.99	3	468.53
45	84312000	8427 所列机械的零件	t	660	605.63	492	479.80	724	618.20	700	686.86	371	297.77
46	84313100	升降机、倒卸式起重机或自动梯的零件	t	413	555.56	544	558.35	1 340	920.51	890	895.86	487	619.66
47	84313900	其他 8428 所列机械的零件	t	504	805.23	498	478.37	230	469.15	609	808.79	537	952.61
48	84314100	戽斗、铲斗、抓斗及夹斗	个	1 590	175.20	631	329.93	272	151.23	1 537	324.13	765	150.77

（续）

6月		7月		8月		9月		10月		11月		12月	
数量	金额	数量	金额	数量	金额	数量	金额	数量	金额	数量	金额	数量	金额
0	0	0	0	0	0	0	0	0	0	0	0	0	0
17	639.28	1	59.20	3	47.01	0	0	4	21.27	0	0	2	64
0	0	0	0	0	0	0	0	0	0	0	0	0	0
4	235.72	7	350.81	0	0	7	293.11	2	80.69	25	587.94	6	325.24
1	12.47	5	60.96	0	0	0	0	0	0	0	0	1	9.71
74	316	36	149.86	18	60.85	30	131.45	16	60.94	36	195.32	15	42.72
0	0	0	0	0	0	0	0	0	0	0	0	0	0
109	935.48	42	252.63	88	335.29	26	620.62	62	604.49	114	441.65	56	376.97
53	266.18	36	221.15	2	11.97	10	67.12	13	71.72	17	110.95	59	371.95
1 896	14 104.16	2 440	13 987.11	1 297	8 120.71	1 274	8 628.8	1 696	11 648.16	2 298	14 961.49	3 443	22 477.48
0	0	0	0	0	0	0	0	0	0	0	0	0	0
0	0	0	0	0	0	0	0	1	8.27	0	0	2	79.50
0	0	4	3.49	0	0	5	14.65	1	16.37	1	0.04	6	11.78
1	8.18	1	42.57	1	315.15	6	888.89	2	383.97	0	0	2	720.58
7	214.50	11	30.65	1	0.04	2	57.55	3981	32.95	15	63.44	210	82.40
6	1 014.39	8	283.38	6	910.10	8	2 004.10	9	873.25	12	1 818.96	18	1 975.03
5	1 776.16	1	0.64	6	792.99	4	478.50	5	453.47	0	0	1	44.45
2	502.69	0	0	0	0	0	0	0	0	0	0	0	0
85	11.27	76	12.62	106	20.72	60	269.99	79	49.36	158	817.91	56	585.51
0	0	2	78.57	0	0	0	0	4	58.06	0	0	0	0
5	71.08	1	0.48	2	26.14	4	16.60	4	27.06	6	43.18	1	1.81
0	0	0	0	4	0.37	4	166.94	7	414.25	6	251.23	0	0
2	255.05	1	2.65	3	2.18	6	1 211.12	0	0	6	811.01	3	306.15
574	443.67	654	564.27	638	667.12	682	679.51	579	562.18	746	635.45	986	890.83
804	902.84	588	793.56	500	778.13	1 177	1 120.93	575	775.05	566	919.75	537	927.54
561	1 004.93	447	756.57	586	1 057.78	546	793.09	347	1 382.59	422	821.18	596	879.49
835	119.68	1 167	339.34	1 082	220.20	1 344	218.85	3 364	215.01	2 929	305.19	2 828	249.05

序号	税号	货品名称	单位	1月		2月		3月		4月		5月	
				数量	金额	数量	金额	数量	金额	数量	金额	数量	金额
49	84314200	推土机或侧铲推土机用铲	个	0	0	0	0	112	7.19	24	1.54	26	8.35
50	84314390	凿井机械的零件	t	4	8.2	10	25.63	38	68.94	0	0.52	2	2.50
51	84314910	矿用电铲用零件	t	53	91.31	134	252.68	50	218.73	96	317.74	73	158.12
52	84314990	8426、8429 及 8430 所列机械的其他零件	t	12 842	10 887.34	15 015	10 818.32	18 015	11 908.14	18 988	11 423.36	12 980	7 789.09
53	84671100	旋转式(包括旋转冲击式的)手提风动工具	台	3 503	149.41	24 214	313.04	13 621	274.39	13 647	252.70	8 914	204.78
54	84671900	其他手提式风动工具	台	8 432	129.74	36 598	199.51	19 767	175.23	13 166	165.19	15 224	158.81
55	84679200	手提式风动工具用的零件	t	45	127.80	35	172.89	45	176.68	58	180.24	14	101.10
56	84743100	混凝土或砂浆混合机器	台	22	92.10	5	128.44	26	117.27	17	51.80	32	84.43
57	84743200	矿物与沥青的混合机器	台	1	0.61	5	295.20	5	212.40	0	0	9	685.83
58	84743900	固体矿物质的其他混合或搅拌机器	台	61	579.05	151	962.90	233	941.68	169	843.28	74	457.18
59	84749000	8474 所列机器的零件	t	1 467	1 343.44	621	758.16	1 130	1 287.52	975	1 204.27	837	997.21
60	84791021	沥青混凝土摊铺机	台	11	201.60	8	126.82	27	522.26	32	590.27	27	491.31
61	84791022	稳定土摊铺机	台	0	0	0	0	0	0	0	0	0	0
62	84791029	其他摊铺机	台	1	0.95	0	0	1	1.85	2	1.08	0	0
63	84791090	其他公共工程用机器	台	55	259.55	105	379.69	109	248.56	108	1 183.08	121	542.16
64	87051021	最大起重量≤50t 全路面起重车	辆	0	0	1	38.04	0	0	0	0	0	0
65	87051022	50t < 最大起重量≤100t 全路面起重车	辆	0	0	0	0	0	0	0	0	0	0
66	87051023	最大起重量 > 100t 全路面起重车	辆	1	163.37	1	178.73	2	619.17	3	456.64	1	268.28
67	87051091	最大起重量≤50t 其他起重车	辆	0	0	0	0	0	0	0	0	1	28.52
68	87051092	50t < 最大起重量≤100t 其他起重车	辆	0	0	1	34.80	0	0	0	0	0	0
69	87051093	最大起重量 > 100t 其他起重车	辆	0	0	0	0	1	134.81	0	0	0	0
70	87053010	装有云梯的救火车	辆	2	187.40	0	0	1	93.70	2	180.89	1	110.3
71	87053090	其他机动救火车	辆	2	85.23	8	426.37	6	386.53	4	222.30	3	221.89
72	87054000	机动混凝土搅拌车	辆	0	0	0	0	0	0	0	0	0	0
73	87059060	飞机加油车、调温车、除冰车	辆	3	113.91	1	30.40	0	0	3	122.55	8	213.59
74	87059070	道路(包括跑道)扫雪车	辆	3	181.86	1	51.15	2	102.50	0	0	2	53.56
75	87091110	电动牵引车	辆	14	15.92	35	29.81	37	30.19	44	42.45	67	64.30
76	87091190	其他电动的短距离运货车辆	辆	1	0.60	9	1.82	11	5.89	8	4.20	10	5.22
77	87091910	其他机动牵引车	辆	1	3.47	41	82.71	65	200.29	60	56.61	22	47.60
78	87091990	其他短距离运货机动车辆	辆	72	161.82	5	198.03	12	5.12	9	188.50	24	27.49

（续）

6月		7月		8月		9月		10月		11月		12月	
数量	金额	数量	金额	数量	金额	数量	金额	数量	金额	数量	金额	数量	金额
24	8.47	7	5.79	1	1.42	2	3.51	0	0	22	9.77	1	2.16
2	9.71	2	34.35	1	1.58	26	15.72	3	37.71	3	28.14	3	13.25
212	381.75	60	161.22	93	110.90	42	109.07	29	79.39	66	127.57	55	253.44
8 684	7 985.93	12 222	9 949.12	12 805	8 920.90	24 479	14 978.92	19 666	12 550.36	21 262	12 896.14	26 330	16 559.02
12 269	294.20	13 410	230.90	12 481	247.39	20 836	475.85	7 763	220.04	25 133	537.28	11 118	357
21 391	172.62	29 846	256.97	61 652	180.30	22 214	230	15 844	189.85	18 638	200.64	21 013	348.97
24	119.35	40	183.34	27	174.64	39	165.95	27	136.73	26	179.34	71	288.56
16	40.01	22	112.29	5	22.53	35	32.13	7	7.64	10	36.07	3	21.73
10	173.88	4	175.10	2	26.04	2	7.23	3	372.58	1	15.64	0	0
153	765.58	39	231.56	159	379.96	158	343.49	145	456.79	115	334.83	105	675.96
847	797.28	836	919.66	1 005	782.87	1 540	1 505.90	1 268	1 381.57	1 197	1 534.26	2 089	2 758.84
17	266.62	21	318.88	8	166.13	12	174.24	11	207.91	23	426.65	24	399.51
0	0	0	0	0	0	0	0	0	0	0	0	0	0
0	0	1	32.11	1	2.34	0	0	0	0	0	0	0	0
200	560.22	231	693.49	128	809.52	167	358.68	193	497.62	141	803.03	67	356.69
0	0	0	0	1	38.88	0	0	0	0	0	0	0	0
0	0	0	0	0	0	1	112.58	0	0	0	0	1	57
0	0	5	1 059.73	4	1 070.61	5	1 158.34	2	454.62	4	1 458.80	1	403.65
0	0	0	0	0	0	1	31.70	0	0	0	0	0	0
0	0	1	32.98	0	0	1	49.34	0	0	0	0	2	73.81
0	0	0	0	0	0	1	147.92	0	0	0	0	0	0
0	0	0	0	0	0	8	610.62	0	0	0	0	0	0
1	44.50	1	61.23	2	93.36	4	220.12	1	34.12	37	1 262.46	0	0
0	0	0	0	0	0	0	0	0	0	0	0	0	0
0	0	2	47.10	9	191.31	5	249.01	7	254.22	6	363.78	5	187.64
12	228.99	0	0	0	0	3	162.83	7	188.36	0	0	2	108.61
21	39.64	21	32.33	91	101.92	41	25.64	57	68.71	104	100.25	83	67.73
41	35.02	136	13.77	17	572.71	18	108.70	11	9.76	7	1.83	19	8.15
2	63.61	0	0	1	2.31	8	71.72	4	6.28	1	1.01	10	1.08
15	126.07	80	81.31	35	42.11	32	34.52	9	9.01	15	14.94	11	9.57

序号	税 号	货 品 名 称	单位	1月		2月		3月		4月		5月	
				数量	金额	数量	金额	数量	金额	数量	金额	数量	金额
79	87099000	短距离运货的机动车辆及站台牵引车的零件	t	16	72.27	22	48.40	43	89.25	29	57.96	2	7.28
80	89051000	挖泥船	艘	0	0	0	0	0	0	0	0	0	0
		合计			33 008.27		33 215.97		42 921.61		48 028.69		35 825.60

2009 年工程

序号	税 号	货 品 名 称	单位	1月		2月		3月		4月		5月	
				数量	金额	数量	金额	数量	金额	数量	金额	数量	金额
1	84134000	混凝土泵	台	116	495.95	52	185.63	77	263.79	753	354.18	76	290.45
2	84262000	塔式起重机	台	158	1 623.87	111	1 247.04	758	1 588.43	144	1 401.23	107	1 050.16
3	84264110	轮胎式自推进起重机	台	2	31.50	3	77.43	1	3.60	0	0	6	64.44
4	84264190	带胶轮的其他自推进起重机械	台	7	269.36	14	506.13	17	610.76	10	453.59	9	402.39
5	84264910	履带式起重机	台	76	2 891.91	30	1 752	63	2 847.38	19	366.61	52	1 594.08
6	84264990	不带胶轮的其他自推进起重机械	台	13	179.89	0	0	1	2.42	1	0.28	13	1.19
7	84269100	供装于公路车辆的其他起重机	台	15	50.99	0	0	4	10.36	14	53.77	7	37.54
8	84269900	未列名起重机	台	354	182.87	225	562.05	1 065	426.58	259	459.17	535	313.78
9	84271010	电动机推进的有轨巷道堆垛机	台	0	0	0	0	1	7	2	84.39	3	206.08
10	84271020	电动机推进的无轨巷道堆垛机	台	1	1.51	1	1.08	2	0.91	1	0.42	16	7.31
11	84271090	其他电动叉车及装有升降或搬运装置工作车	台	1 066	693.37	687	417.13	1 937	424.82	2 380	424.52	2 046	448.09
12	84272010	集装箱叉车	台	13	227.86	11	236.32	4	104.25	9	185.29	4	69.69
13	84272090	其他机动叉车及其他装有升降或搬运装置工作车	台	1 347	2 224.84	900	1 530.02	1 194	1 902.86	1 034	1 577.03	1 086	1 700.76
14	84279000	未列名叉车等装有升降或搬运装置的工作车	台	79 011	1 624.56	45 308	896.86	69 240	1 308.37	62 589	1 244.65	67 502	1 238.01
15	84281010	载客电梯	台	1 850	5 255.59	1 387	4 097.56	1 944	5 435.15	1 442	4 377.18	1 437	4 016.83

（续）

6月		7月		8月		9月		10月		11月		12月	
数量	金额	数量	金额	数量	金额	数量	金额	数量	金额	数量	金额	数量	金额
88	185.02	48	107.45	21	63.89	22	42.70	10	19.64	42	30.11	43	85.08
1	636.23	1	108	0	0	0	0	0	0	1	25	1	10.50
	44 609.08		40 598.23		36 389.97		48 409.30		42 327.22		49 248.37		63 039.08

机械产品出口月报

（金额单位：万美元）

6月		7月		8月		9月		10月		11月		12月	
数量	金额	数量	金额	数量	金额	数量	金额	数量	金额	数量	金额	数量	金额
199	274.24	212	395.21	248	375.89	103	231.15	175	298.29	256	338.27	410	666.93
121	1 376.29	173	1 923.45	99	1 015.04	158	3 462.36	108	1 175.18	106	1 205.28	151	1 887.77
0	0	3	4.51	3	139.25	1	8.68	1	0.54	5	21.65	3	10.69
8	237.09	10	380.81	9	262.05	16	623.60	18	739.36	2	92.88	18	718.85
31	1 645.89	56	1 491.59	40	927.08	54	1 355.63	63	1 536.37	26	1 111.95	31	1 293.26
0	0	0	0	0	0	0	0	0	0	1	11.32	2	1.73
11	17.12	3	14.23	2	6.13	9	20.07	8	15.47	1	3.06	12	21.26
163	228.02	277	195.96	410	259.39	696	322.86	539	295.04	142	429.40	142	518.55
0	0	0	0	0	0	1	41.45	1	91.72	0	0	0	0
48	26.74	21	9.89	25	11.68	5	1.15	14	6.06	9	5.08	10	4.26
1 201	478.01	816	478.78	999	592.94	1 567	630.29	1 026	455.45	1 513	671.80	1 846	819.74
3	85.24	4	95.25	5	90.71	6	23.31	15	141.89	1	20.99	11	199.62
1 035	1 493.98	1 005	1 484.56	1 155	1 716.96	1 337	1 885.83	1 201	1 649.25	1 659	2 460.23	1 828	2 828.66
70 110	1 241.31	78 877	1 262.91	76 896	1 180.24	87 424	1 416.58	80 804	1 203.48	91 529	1 431.39	105 323	1 639.96
1 479	4 408.42	1 734	4 795.47	1 608	4 306.40	1 725	4 678.08	1 310	3 265.02	1 574	4 040.16	1 857	4 762.54

序号	税号	货品名称	单位	1月		2月		3月		4月		5月	
				数量	金额	数量	金额	数量	金额	数量	金额	数量	金额
16	84281090	其他升降机及倒卸式起重机	台	1 444	261.77	321	53.62	251	210.96	572	102.38	65	234.98
17	84284000	自动梯及自动人行道	台	1 136	4 381.31	802	3 241.72	1 235	4 443.22	1 191	4 017.06	1 018	3 766.27
18	84291110	履带式推土机，$P>235.36$kW(320hp)	台	8	129.15	0	0	19	470.44	4	39.05	11	140.08
19	84291190	其他履带式推土机	台	267	2 663.54	134	1 274.43	236	2 143.56	155	1 723.23	132	1 280.59
20	84291910	其他推土机，$P>235.36$kW(320hp)	台	4	46.07	1	0.30	6	13.55	26	46.32	15	29.13
21	84291990	未列名推土机	台	14	23.67	2	2.75	12	23.18	15	100.90	10	109.60
22	84292010	筑路机及平地机，$P>235.36$kW(320hp)	台	7	120.64	0	0	10	94.98	1	11.85	3	6.49
23	84292090	其他筑路机及平地机	台	197	1 656.16	212	1 433.56	188	1 893.87	173	1 462.16	189	845.51
24	84293010	斗容量超过10m^{3}的铲运机	台	1	57.15	0	0	0	0	1	10.35	0	0
25	84293090	其他铲运机	台	13	37.62	15	54.51	7	43.05	24	9.30	17	53.79
26	84294011	机重18t及以上的振动压路机	台	40	320.72	22	134.49	56	364.92	63	359.15	47	260.52
27	84294019	其他机动压路机	台	367	1 568.44	196	620.35	379	1 384.25	561	1 469.48	297	1 097.69
28	84294090	未列名捣固机械及压路机	台	797	102.35	737	94.67	921	123.32	2 363	249.68	3 074	223.13
29	84295100	前铲装载机	台	910	2 896.42	648	2 447.36	956	3 501.40	1 001	4 033.75	1 020	3 585.40
30	84295211	上部360°旋转的轮胎式挖掘机	台	40	498.23	9	48.50	15	183.44	9	68.72	15	88.60
31	84295212	上部360°旋转的履带式挖掘机	台	265	1 604.56	226	2 170.45	210	1 937.23	272	3 004.86	189	1 624.39
32	84295219	上部360°旋转的其他挖掘机	台	4	22.71	2	4.65	4	46.93	10	91.37	13	121.71
33	84295290	上部360°旋转的机械铲、装载机	台	0	0	0	0	4	16.86	2	19.80	1	15.40
34	84295900	其他机械铲、挖掘机及机械铲装载机	台	82	553.62	90	172.38	124	167.83	158	333.17	91	175.73
35	84301000	打桩机及拔桩机	台	104	297.22	34	433.09	616	468.45	1 181	224.85	810	294.02
36	84302000	扫雪机及吹雪机	台	11 154	85.04	3 528	27.06	3 817	30.16	5 772	22.19	6 888	29.10
37	84303100	自推进的截煤机、凿岩机及隧道掘进机	台	48	156.08	89	106.32	68	109.29	177	318.42	219	1 189.25
38	84303900	非自推进的截煤机、凿岩机及隧道掘进机	台	996	600.30	1 780	177.04	2 480	61.49	1 995	73.67	3 450	309.17
39	84305020	矿用电铲	台	0	0	0	0	0	0	0	0	0	0
40	84306100	非自推进的捣固或压实机械	台	23 730	386	8 824	181.89	19 055	699.51	17 830	299.61	15 246	312.91

（续）

6月		7月		8月		9月		10月		11月		12月	
数量	金额	数量	金额	数量	金额	数量	金额	数量	金额	数量	金额	数量	金额
413	211.38	52	186.69	84	148.59	64	136.35	198	207.31	67	141.84	120	227.34
1 197	4 387.72	1 081	3 909.42	1 095	4 001.96	1 260	4 678.69	1 194	3 902.65	1 032	3 218.65	1 349	4 761.07
10	85.61	7	107.44	6	67.24	5	99.89	0	0	5	110.77	3	27.68
166	1 651.12	99	920.25	167	1 768.91	173	2 025.95	144	1 402.84	139	1 657.71	180	1 742.83
9	4.58	2	0.29	0	0	3	2.65	0	0	2	22.79	1	15.90
1	7.06	14	159.20	14	101.03	17	81.95	8	16.12	24	243.99	41	399.23
1	34.11	2	23.38	3	11.22		21.55	0	0	0	0	3	39.57
335	1 531.66	154	1 179.45	140	1 246.41	312	1 892.12	136	1 070.04	166	1 702.75	289	1 857.42
2	67.53	0	0	0	0	0	0	0	0	10	541.05	10	543.56
32	38.83	55	137.31	31	3.55	40	105.55	37	64.44	53	109.19	30	79.71
37	195.27	73	445.52	141	801.47	112	786.52	35	170.36	103	654.07	52	433.80
395	1 262.68	359	1 117.23	424	1 420.07	450	1 579.51	521	1 524.51	401	1 231.71	453	1 412.98
2 637	146.76	1 873	124.67	1 598	141.05	4 092	172.30	1 690	220.19	1 486	186.84	1 303	294.91
1 092	3 930.04	1 387	4 884.10	1 219	4 607.81	1 429	5 217.30	1 122	3 556.97	1 209	4 374.92	1 775	7 464.91
25	151.47	23	118.95	18	150.26	16	97.96	10	43.42	23	179.86	20	186.37
275	2 280.93	281	2 531.52	238	2 487.60	289	3 673.89	220	2 037.93	279	2 368.53	403	3 873.64
6	3.74	20	150.85	32	106	19	254.26	16	193.71	8	235.43	4	22.13
1	5.25	0	0	1	36.51	14	66.19	0	0	0	0	0	0
124	192.5	242	373.35	148	374.94	218	430.62	85	193.58	168	423.72	185	362.20
1 561	432.62	806	520.78	72	498.08	620	457.08	206	590.23	76	335.53	89	428.40
33 933	99.63	91 911	472.82	33 207	474.22	44 708	748.95	43 068	590.55	25 575	505.50	17 454	343.50
82	482.56	47	116.35	76	256.61	266	106.35	73	69.57	48	28.13	628	438.09
1 330	46.04	3 294	72.11	3 292	134.79	2 744	372.22	2 372	78.16	2 397	302.19	3 096	898.23
1	9.30	0	0	0	0	2	620	0	0	0	0	0	0
30 063	399.80	28 906	389.41	30 158	436.91	28 840	368.61	13 365	243.54	14 291	313	19 424	468.98

序号	税号	货品名称	单位	1月		2月		3月		4月		5月	
				数量	金额	数量	金额	数量	金额	数量	金额	数量	金额
41	84306911	钻筒直径在3m以上的非自推进工程钻机	台	45	0.97	0	0	3	9.23	6	103.56	0	0
42	84306919	其他非自推进工程钻机	台	2 459	411.58	315	127.60	951	217.40	2 107	275.29	1 691	202.95
43	84306920	非自推进的铲运机	台	843	51.06	458	24.75	1 435	126.65	828	41.16	457	35.09
44	84306990	未列名非自推进泥土、矿等运送、平整等机械	台	5 759	843.18	5 871	621.55	2 944	673.85	2 603	584.89	4 365	506.30
45	84312000	8427所列机械的零件	t	15 574	2 184.91	12 697	3 254.07	10 007	1 476.11	8 810	1 279.81	9 444	1 459.13
46	84313100	升降机、倒卸式起重机或自动梯的零件	t	23 560	4 506.45	18 115	3 274.97	22 816	4 277.28	22 491	3 752.12	20 290	3 598.47
47	84313900	其他8428所列机械的零件	t	12 301	3 083.12	7 501	2 406	9 999	2 408.05	11 311	2 805.71	7 675	2 095.06
48	84314100	戽斗、铲斗、抓斗及夹斗	个	11 853	220.41	1 403	99.14	7 345	227.19	16 742	295.13	15 259	234.50
49	84314200	推土机或侧铲推土机用铲	个	513	11.16	104	2.26	622	8.86	422	9	456	22.10
50	84314390	凿井机械的零件	t	980	298.56	488	157.87	770	310.21	469	210.40	411	211.72
51	84314910	矿用电铲用零件	t	493	153.57	599	201.44	602	211.99	632	196.64	459	145.66
52	84314990	8426、8429及8430所列机械的其他零件	t	46 582	11 410.64	25 095	6 976.10	31 762	8 190.30	31 320	7 960.79	32 563	8 202.24
53	84671100	旋转式(包括旋转冲击式的)手提风动工具	台	315 457	604.24	115 276	309.34	218 243	424.50	195 821	383.86	190 062	432.10
54	84671900	其他手提式风动工具	台	586 361	1 078.62	345 992	678.58	671 669	1 244.16	658 404	916.77	594 673	1 063.96
55	84679200	手提式风动工具用的零件	t	223	176.53	170	163.10	212	175.42	248	160.31	230	168.54
56	84743100	混凝土或砂浆混合机器	台	27 805	1 326.47	16 583	605.46	27 994	1 557.98	23 322	1 043.81	32 160	1 209.80
57	84743200	矿物与沥青的混合机器	台	27	718.09	22	285.61	30	687.11	36	542.39	59	623.07
58	84743900	固体矿物质的其他混合或搅拌机器	台	3 782	720.65	640	387.23	2 027	1 118.11	1 404	621.68	2 833	1 690.35
59	84749000	8474所列机器的零件	t	11 686	3 524.34	7 362	2 024.58	11 083	2 910.34	12 411	3 679.66	13 292	3 802.40
60	84791021	沥青混凝土摊铺机	台	132	346.10	9	102.12	34	268.17	20	295.32	14	182.92
61	84791022	稳定土摊铺机	台	0	0	0	0	1	5.71	1	8.60	0	0
62	84791029	其他摊铺机	台	19	58.22	10	8.85	28	66.95	9	66.44	11	14.24
63	84791090	其他公共工程用机器	台	6 248	423.66	2 332	244.31	17 754	319.76	4 596	294.73	8 031	383.65
64	87051021	最大起重量≤50t全路面起重车	辆	41	446.62	24	253.74	33	431.11	42	456.47	88	738.98
65	87051022	50t<最大起重量≤100t全路面起重车	辆	15	327.02	1	11	3	34.02	2	16.98	12	137.70
66	87051023	最大起重量>100t全路面起重车	辆	4	252.39	0	0	1	107.48	3	346.15	1	110
67	87051091	最大起重量≤50t其他起重车	辆	164	2 006.08	57	609.13	102	1 360.48	103	1 181.71	134	1 220.23

（续）

6月		7月		8月		9月		10月		11月		12月	
数量	金额	数量	金额	数量	金额	数量	金额	数量	金额	数量	金额	数量	金额
0	0	0	0	0	0	1	0.19	0	0	1	14.59	1	1.26
1 625	298.90	906	301.03	738	321.18	871	150.41	890	480.48	1 359	93.29	1 392	198.98
777	42.94	1 101	69.18	448	44.97	498	42.31	546	46.99	806	67	2174	114.66
3 073	429.65	3 259	250.15	1 521	336.82	2 310	413.33	2 150	430.23	2 620	486.57	4 231	711.22
8 314	1 180.42	9 574	1 553.70	10 123	1 350.52	12 737	1 679.76	11 752	1 537.62	10 807	1 509.52	13 382	1 883.23
19 649	3 440.37	20 826	3 552.69	20 170	3 453.47	23 009	4 138.94	24 515	4 507.92	25 049	4 047.73	27 226	4 777.26
8 019	2 354.70	8 660	2 499.46	7 244	2 014.88	9 243	2 447.14	7 026	1 881.96	8 346	2 289.63	9 613	2 583.03
9 420	190.07	1 876	224.30	3 998	221.98	11 006	194.30	12 624	256.32	15 596	263.15	8 226	305.21
886	18.82	714	19.81	1 290	31.04	1 142	11.50	1 212	30.06	634	20.35	434	19.05
297	155.03	276	192.46	405	267.67	481	263.36	304	208.30	299	158.04	304	169.85
562	195.58	309	210.19	311	92.82	950	436.22	358	107.34	724	185.61	1 275	409.73
33 348	8 984	39 945	8 792.58	35 574	7 931.24	47 897	10 472.09	42 188	8 629.72	42 634	9 656.88	52 951	11 417.63
254 393	388.23	214 665	432.61	255 042	482.43	238 313	517.01	241 617	511.21	219 226	457.20	291 120	610.53
594 629	828.97	761 557	1 064.13	808 176	1 118.30	1 247 198	1 270.31	750 010	1 007.98	1 026 206	1 025.51	790 385	1 284.78
269	200.84	265	199.42	323	188.22	304	228.65	349	237.28	354	243.09	505	301.34
38 948	957.17	30 935	1 569.34	36 435	1 080.03	21 499	1 371.03	15 786	667.85	16 164	744.17	23 821	1 453.09
599	859.56	37	699.58	22	634.86	24	320.92	26	741.85	26	536.84	29	474.96
6 634	895.63	970	1 273.42	2 408	446.09	3 508	535.44	2 401	379.76	1 096	302.59	1 326	640.15
12 751	3 792.32	11 988	3 176.42	16 103	4 331.62	14 919	4 843.73	11 874	3 311.01	10 043	2 583.70	16 375	5 257.92
24	280.90	26	187.84	45	352.95	159	306.01	46	164.79	49	331.28	23	91.46
0	0	1	15.50	2	41.06	0	0	2	34.30	0	0	0	0
24	38.78	14	55.52	11	66.57	42	59.08	16	10.82	21	61.95	16	82.15
7 347	332.65	4 499	280.51	5404	280.37	8 567	360.03	9 433	279.62	4 097	282.12	11 570	382.11
55	420.20	31	348.53	36	237.83	69	877.95	45	390.46	32	227.93	29	358.02
7	235.50	5	48.80	0	0	11	152.04	3	44.81	6	84.51	6	86.50
1	118.80	0	0	3	358.02	1	133.54	3	105	1	59.19	0	0
118	1 354.41	128	1 336.49	156	1 949.17	140	1 424.40	85	968.92	106	1 154.19	199	2 138.35

序号	税号	货品名称	单位	1月		2月		3月		4月		5月	
				数量	金额	数量	金额	数量	金额	数量	金额	数量	金额
68	87051092	50t＜最大起重量≤100t 其他起重车	辆	24	1 078.95	3	77	23	608.29	11	279.67	19	472.77
69	87051093	最大起重量＞100t 其他起重车	辆	7	613.42	0	0	2	69.68	1	12.65	4	29.40
70	87053010	装有云梯的救火车	辆	1	41.34	0	0	0	0	0	0	0	0
71	87053090	其他机动救火车	辆	1	53.90	4	27.57	53	444.77	2	8.46	6	36.56
72	87054000	机动混凝土搅拌车	辆	109	733.96	58	509.94	113	650.89	138	771.67	190	1 130.72
73	87059060	飞机加油车、调温车、除冰车	辆	0	0	1	21	0	0	1	4.50	5	46.55
74	87059070	道路(包括跑道)扫雪车	辆	0	0	0	0	0	0	0	0	0	0
75	87091110	电动牵引车	辆	18	14.97	8	2.48	31	10.50	44	3.94	18	4.45
76	87091190	其他电动的短距离运货车辆	辆	721	122.43	62	9.43	1 804	67.73	1 575	50.45	974	73.73
77	87091910	其他机动牵引车	辆	29	93.82	13	26.13	2	4.42	13	37.48	15	29.74
78	87091990	其他短距离运货机动车辆	辆	308	64.28	26	9.77	76	31.46	78	6.68	101	29.50
79	87099000	短距离运货的机动车辆及站台牵引车的零件	t	158	88.01	89	52.02	214	70.82	82	80.41	54	57.25
80	89051000	挖泥船	艘	1	83.68	6	1 173.15	4	686.57	5	13 176.11	5	724.71
		合计			72 396.24		48 925.68		64 862.12		71 035.03		58 360.80

（续）

6月		7月		8月		9月		10月		11月		12月	
数量	金额	数量	金额	数量	金额	数量	金额	数量	金额	数量	金额	数量	金额
18	374.49	34	921.15	31	864.19	16	310	40	1 333.30	21	571.69	124	3 032.78
3	71	3	135.88	7	232.81	0	0	1	15	1	81.84	3	174.18
0	0	0	0	0	0	0	0	0	0	0	0	1	21.50
8	185.34	2	30.29	17	169.26	5	24.99	4	29.99	16	225.52	56	299.39
221	1 203.81	137	776.9	88	471.94	155	901.92	58	352.46	204	1 086.60	196	1 123.88
1	5.41	0	0	3	60.25	2	53	1	5.37	1	1.07	0	0
0	0	0	0	0	0	0	0	0	0	0	0	0	0
4	4.53	22	2.35	77	3.20	198	16.22	124	9.48	30	5.75	111	17
1 169	56.53	1 369	61.45	958	40.89	711	158.65	861	36.62	1 002	116.54	871	89.91
6	15.30	16	58.98	8	27.55	6	28.61	11	18.87	22	38	15	23.94
459	60.78	123	16.52	441	19.02	299	29.98	694	91.49	544	41.07	91	49.73
68	42.38	106	116.47	99	109.54	60	58.47	29	43.18	38	50.95	179	60.92
4	185.19	11	49.36	2	10.44	11	1 024.16	6	87.45	5	26.39	16	1 016.61
	59 369.74		60 996.72		59 802.19		73 953.19		56 045.05		59 863.68		83 358.58

2009 年工程机械产品进出口量值统计

（金额单位:万美元）

序号	税号	货品名称	单位	进口				出口			
				数量	比上年增长(%)	金额	比上年增长(%)	数量	比上年增长(%)	金额	比上年增长(%)
1	84134000	混凝土泵	台	290	-14.7	975.56	22.7	2 677	24.6	4 169.66	-59.5
2	84262000	塔式起重机	台	31	-42.6	3 018.51	47.4	1 586	-62.8	18 928.47	-62.7
3	84264110	轮胎式自推进起重机	台	48	-33.3	2 219.45	-18.7	28	-6.7	362.29	9.3
4	84264190	带胶轮的其他自推进起重机械	台	14	-68.9	554.17	-51.5	138	-30.3	5 296.87	-28.8
5	84264910	履带式起重机	台	57	-55.5	18 795.58	20.3	541	-57.7	18 813.71	-59.9
6	84264990	不带胶轮的其他自推进起重机械	台	3	50.0	91.82	390.8	31	416.7	196.83	72.2
7	84269100	供装于公路车辆的其他起重机	台	362	-18.3	418.95	9.3	86	-69.5	250.00	-41.3
8	84269900	未列名起重机	台	357	-27.4	5 066.87	12.5	3 426	-61.8	3 874.54	-50.6
9	84271010	电动机推进的有轨巷道堆垛机	台	214	59.7	4 085.92	112.7	8	33.3	430.64	1 914.2
10	84271020	电动机推进的无轨巷道堆垛机	台	20	-78.0	260.62	-17.0	153	-23.5	76.10	-64.7
11	84271090	其他电动叉车及装有升降或搬运装置工作车	台	4 076	-39.7	7 135.21	-31.8	12 534	-42.4	6 478.61	-55.1
12	84272010	集装箱叉车	台	18	-75.3	373.76	-64.9	82	-24.8	1 480.21	-40.7
13	84272090	其他机动叉车及其他装有升降或搬运装置工作车	台	1 507	-58.7	14 217.92	-18.4	14 781	-61.3	22 477.18	-59.2
14	84279000	未列名叉车等装有升降或搬运装置的工作车	台	3 817	22.9	3 289.56	2.0	914 684	-43.1	15 689.89	-49.4
15	84281010	载客电梯	台	2 001	-0.1	17 727.22	18.9	19 352	-21.9	53 421.58	-19.0
16	84281090	其他升降机及倒卸式起重机	台	2 253	202.4	1 727.81	-48.6	1 484	-90.5	2 041.88	-74.3
17	84284000	自动梯及自动人行道	台	12	-47.8	127.94	-70.0	13 589	-25.4	48 709.24	-20.6
18	84291110	履带式推土机，$P>$235.36kW(320hp)	台	91	102.2	5 473.00	166.4	78	-72.5	1 277.35	-70.2
19	84291190	其他履带式推土机	台	346	-56.6	2 534.69	-42.3	1 988	-51.4	20 205.61	-45.8
20	84291910	其他推土机，$P>$235.36kW(320hp)	台	28	180.0	1 509.04	113.4	43	-4.4	189.03	-18.3

（续）

序号	税号	货品名称	单位	进口				出口			
				数量	比上年增长（%）	金额	比上年增长（%）	数量	比上年增长（%）	金额	比上年增长（%）
21	84291990	未列名推土机	台	2	-33.3	36.33	-26.9	172	132.4	1 269.04	326.3
22	84292010	筑路机及平地机，P > 235.36kW(320hp)	台	0	-100.0	0	-100.0	29	-82.8	349.47	-62.5
23	84292090	其他筑路机及平地机	台	34	9.7	1 005.30	34.3	2 480	-57.6	17 772.24	-56.7
24	84293010	斗容量超过 $10m^3$ 的铲运机	台	0	-100.0	0	-100.0	24	118.2	1 219.65	290.8
25	84293090	其他铲运机	台	96	-5.9	3 417.32	26.5	339	19.8	737.81	-16.2
26	84294011	机重 18t 及以上的振动压路机	台	34	-42.4	273.30	-48.8	772	-23.3	4 899.83	-19.5
27	84294019	其他机动压路机	台	359	-8.9	1 324.54	19.5	4 805	-20.2	15 700.85	-25.7
28	84294090	未列名捣固机械及压路机	台	1	-93.3	0.06	-100.0	19 629	-27.0	2 071.71	-4.9
29	84295100	前铲装载机	台	712	28.3	5 511.36	-17.4	13 701	-45.4	50 382.07	-44.7
30	84295211	上部 360°旋转的轮胎式挖掘机	台	294	-31.8	1 739.35	-25.0	222	-49.4	1 816.05	-43.8
31	84295212	上部 360°旋转的履带式挖掘机	台	23 314	-31.3	149 670.82	-13.9	3 146	-60.6	29 622.98	-51.0
32	84295219	上部 360°旋转的其他挖掘机	台	1	–	870.49	–	137	-32.8	1 253.33	52.1
33	84295290	上部 360°旋转的机械铲、装载机	台	4	-42.9	123.22	-21.7	22	-24.1	144.60	-45.4
34	84295900	其他机械铲、挖掘机及机械铲装载机	台	24	-33.3	94.59	-85.3	1 687	-23.5	3 747.38	-25.3
35	84301000	打桩机及拔桩机	台	24	-20.0	3 790.68	65.2	6 065	-26.3	4 980.18	-50.7
36	84302000	扫雪机及吹雪机	台	6 334	2 779.1	599.57	48.6	320 778	-25.4	3 428.63	12.4
37	84303100	自推进的截煤机、凿岩机及隧道掘进机	台	129	-5.1	13 803.13	16.2	1 608	102.3	4 952.71	42.7
38	84303900	非自推进的截煤机、凿岩机及隧道掘进机	台	45	-11.8	4 196.30	-43.0	27 694	-7.1	2 409.46	-38.2
39	84305020	矿用电铲	台	6	-57.1	1 774.13	-51.3	2	-33.3	620	48 719
40	84306100	非自推进的捣固或压实机械	台	1 834	-43.6	3 280.42	84.1	249 697	-11.6	4 492.53	-14.3
41	84306911	钻筒直径在 3m 以上的非自推进工程钻机	台	6	500.0	136.63	967.4	57	50.0	129.80	82.9
42	84306919	其他非自推进工程钻机	台	37	-24.5	205.31	-70.8	15 182	5.0	3 063.44	-35.1
43	84306920	非自推进的铲运机	台	22	633.3	833.34	982.8	10 425	112.6	710.62	-18.8
44	84306990	未列名非自推进泥土、矿等运送、平整等机械	台	31	-87.6	3 763.33	-23.7	39 613	-24.9	6 235.09	-34.1
45	84312000	8427 所列机械的零件	t	7 799	-47.6	7 123.28	-47.1	133 259	-64.1	20 330.18	-57.4

（续）

序号	税号	货品名称	单位	进口				出口			
				数量	比上年增长（%）	金额	比上年增长（%）	数量	比上年增长（%）	金额	比上年增长（%）
46	84313100	升降机、倒卸式起重机或自动梯的零件	t	7 835	-20.5	9 682.96	-17.3	267 387	-31.7	47 229.10	-31.1
47	84313900	其他8428所列机械的零件	t	5 995	-36.6	10 219.72	-36.8	106 904	-44.5	28 874.97	-24.7
48	84314100	戽斗、铲斗、抓斗及夹斗	个	19 567	157.1	2 797.16	104.8	115 308	-7.5	2 762.87	-39.0
49	84314200	推土机或侧铲推土机用铲	个	219	-64.6	48.20	-54.9	7 811	-81.3	191.88	-54.5
50	84314390	凿井机械的零件	t	99	-41.4	266.67	-22.3	5 465	-61.2	2 583.65	-38.1
51	84314910	矿用电铲用零件	t	956	-17.5	2 260.60	16.3	7 274	10.8	2 546.77	16.0
52	84314990	8426、8429及8430所列机械的其他零件	t	190 990	-30.0	133 086.57	-25.8	464 481	-54.3	109 714	-48.7
53	84671100	旋转式（包括旋转冲击式的）手提风动工具	台	166 832	-38.1	3 552.14	-20.8	2 757 569	-39.5	5 569.10	-28.1
54	84671900	其他手提式风动工具	台	283 774	28.1	2 408.89	-17.3	8 835 422	-5.8	12 594.87	-12.2
55	84679200	手提式风动工具用的零件	t	451	-30.6	2 007.23	-35.8	3 454	-26.9	2 442.61	-22.3
56	84743100	混凝土或砂浆混合机器	台	200	-41.2	746.45	-46.4	308 773	-29.4	13 635.12	-40.2
57	84743200	矿物与沥青的混合机器	台	42	-16.0	1 964.50	90.3	936	32.2	7 086.53	-42.9
58	84743900	固体矿物质的其他混合或搅拌机器	台	1 599	-17.2	6 980.06	-24.6	27 494	-79.2	9 003.07	-32.8
59	84749000	8474所列机器的零件	t	13 809	5.2	1 5248.30	-0.8	149 869	-10.5	43 236.57	-1.1
60	84791021	沥青混凝土摊铺机	台	236	29.7	3 939.36	12.7	611	59.5	2 907.85	-27.2
61	84791022	稳定土摊铺机	台	0	-	0	-	7	-53.3	105.17	51.6
62	84791029	其他摊铺机	台	6	-25.0	38.33	4.1	206	10.8	579.28	-11.5
63	84791090	其他公共工程用机器	台	1 591	21.3	6 616.63	37.8	87 312	28.4	3 854.41	-30.6
64	87051021	最大起重量≤50t全路面起重车	辆	1	-50.0	38.88	-64.5	525	-43.4	5 223.84	-47.3
65	87051022	50t＜最大起重量≤100t全路面起重车	辆	2	-33.3	169.58	-32.3	71	-29.0	1 178.88	-24.7
66	87051023	最大起重量＞100t全路面起重车	辆	29	-9.4	7 291.92	19.9	18	157.1	1 590.57	138.2
67	87051091	最大起重量≤50t其他起重车	辆	2	-50.0	60.22	-40.1	1 502	-61.1	16 820.42	-66.9
68	87051092	50t＜最大起重量≤100t其他起重车	辆	5	-	190.94	-	364	-68.3	9 924.29	-68.5
69	87051093	最大起重量＞100t其他起重车	辆	2	-	282.73	-	32	-28.9	1 435.86	-28.6
70	87053010	装有云梯的救火车	辆	14	100.0	1 182.91	100.8	2	-33.3	62.84	-36.0
71	87053090	其他机动救火车	辆	69	27.8	3 058.11	11.1	174	26.1	1 536.05	3.7
72	87054000	机动混凝土搅拌车	辆	0	-100.0	0	-100.0	1 667	-48.9	9 718.70	-48.4

（续）

序号	税号	货品名称	单位	进口				出口			
				数量	比上年增长（%）	金额	比上年增长（%）	数量	比上年增长（%）	金额	比上年增长（%）
73	87059060	飞机加油车、调温车、除冰车	辆	49	96.0	1 773.51	112.4	15	-85.1	197.15	-61.1
74	87059070	道路（包括跑道）扫雪车	辆	32	10.3	1 077.87	-21.0	0	-100.0	0	-100.0
75	87091110	电动牵引车	辆	615	-24.7	619.37	-16.0	685	224.6	94.87	-20.8
76	87091190	其他电动的短距离运货车辆	辆	288	93.3	767.69	-31.4	11 899	-46.2	896.88	-35.7
77	87091910	其他机动牵引车	辆	218	-43.8	751.73	-11.3	156	-56.4	402.83	-44.4
78	87091990	其他短距离运货机动车辆	辆	319	-39.4	898.47	-2.0	2 840	-84.4	392.61	-67.6
79	87099000	短距离运货的机动车辆及站台牵引车的零件	t	386	-42.8	797.95	-45.8	1 171	-67.7	828.96	-39.8
80	89051000	挖泥船	艘	4	-42.9	779.73	-57.0	77	26.2	18 541.82	-44.3
		合计				514 781.78	-14.4			770 473.73	-42.6
	87059090	未列名特殊用途的机动车辆	辆	121	-34.9	5 851.39	-31.3	4 077	-2.5	27 486.70	-28.5

2009 年工程机械进口按国家（地区）统计

（金额单位：万美元）

代码	国家（地区）	进口金额	比上年增长（%）	占进口总额比例（%）
100	亚洲	304 825.34	-19.2	59.21
102	巴林	0.02		0.00
107	柬埔寨	0.02		0.00
109	朝鲜	0.53		0.00
110	中国香港	291.68	39.8	0.06
111	印度	1 282.74	37.2	0.25
112	印度尼西亚	353.14	-85.5	0.07
115	以色列	0.49	-42.4	0.00
116	日本	211 687.15	-21.7	41.12
118	科威特	0.02		0.00
120	黎巴嫩	0.07	-36.4	0.00
121	中国澳门	10.59		0.00
122	马来西亚	4 945.07	-26.6	0.96
126	阿曼	0.74		0.00

（续）

代码	国家(地区)	进口金额	比上年增长(%)	占进口总额比例(%)
129	菲律宾	42.63	-44.6	0.01
130	卡塔尔	0.21		0.00
131	沙特阿拉伯	0.72	-52.0	0.00
132	新加坡	1 366.35	-67.2	0.27
133	韩国	76 589.94	-7.6	14.88
134	斯里兰卡	0.99	-96.6	0.00
136	泰国	506.70	-37.2	0.10
137	土耳其	153.05	187.1	0.03
138	阿联酋	2.05	-81.5	0.00
141	越南	118.73	15 522.4	0.02
142	中国	4 346.73	42.9	0.84
143	中国台澎金马关税区	3 124.98	-40.9	0.61
200	非洲	193.03	205.4	0.04
201	阿尔及利亚	0.09		0.00
215	埃及	0.81		0.00
217	埃塞俄比亚	0.16		0.00
220	加纳	0.06		0.00
226	利比亚	0.22		0.00
231	毛里求斯	0.02		0.00
233	莫桑比克	0.02		0.00
236	尼日利亚	6.00	4 185.7	0.00
244	南非	185.65	199.9	0.04
249	突尼斯	0.00		0.00
300	欧洲	158 363.64	-2.6	30.76
301	比利时	2 803.67	-23.1	0.54
302	丹麦	1 094.44	-56.9	0.21
303	英国	6 534.86	19.9	1.27
304	德国	79 735.75	0.3	15.49
305	法国	8 519.22	-25.9	1.65
306	爱尔兰	8.66	8.7	0.00
307	意大利	8 196.48	-19.4	1.59
308	卢森堡	147.31	5 888.2	0.03
309	荷兰	8 820.09	32.9	1.71
310	希腊	0.36	-92.6	0.00
311	葡萄牙	3.65	288.3	0.00
312	西班牙	1 875.95	-42.8	0.36
315	奥地利	13 212.82	168.2	2.57
316	保加利亚	183.06	3 583.3	0.04
318	芬兰	5 130.32	-25.1	1.00
321	匈牙利	479.81	-46.6	0.09
322	冰岛	0.14		0.00

（续）

代码	国家(地区)	进口金额	比上年增长(%)	占进口总额比例(%)
323	列支敦士登	0.54	170.0	0.00
326	挪威	1 839.45	6.8	0.36
327	波兰	326.15	-80.2	0.06
328	罗马尼亚	11.13	356.1	0.00
330	瑞典	14 595.52	-22.4	2.84
331	瑞士	1 813.43	-46.9	0.35
334	爱沙尼亚	1.04	-86.8	0.00
337	格鲁吉亚	0.18	38.5	0.00
344	俄罗斯联邦	2 003.75	1 056.7	0.39
347	乌克兰	0.14	-99.8	0.00
350	斯洛文尼亚	165.90	239.3	0.03
352	捷克	834.11	-35.9	0.16
353	斯洛伐克	25.71	-1.8	0.00
400	拉丁美洲	1 518.48	-45.7	0.29
410	巴西	1 416.33	-41.6	0.28
412	智利	13.39	-81.8	0.00
429	墨西哥	85.31	-22.3	0.02
430	蒙特塞拉特	3.45		0.00
500	北美洲	41 549.18	-23.4	8.07
501	加拿大	2 191.08	-24.5	0.43
502	美国	39 358.10	-23.3	7.65
600	大洋洲	8 332.11	76.5	1.62
601	澳大利亚	8 257.08	78.6	1.60
609	新西兰	75.03	-24.5	0.01

2009年工程机械出口按国家(地区)统计

（金额单位:万美元）

代码	国家(地区)	出口金额	比上年增长(%)	占出口总额比例(%)
100	亚洲	352 731.07	-41.9	45.8
101	阿富汗	184.27	56.3	0.0
102	巴林	1 377.98	-55.4	0.2
103	孟加拉国	2 229.96	-4.4	0.3
104	不丹	6.07	-59.5	0.0
105	文莱	119.68	50.4	0.0

（续）

代码	国家(地区)	出口金额	比上年增长(%)	占出口总额比例(%)
106	缅甸	6 997.21	35.2	0.9
107	柬埔寨	1 083.58	-26.3	0.1
108	塞浦路斯	623.28	-43.6	0.1
109	朝鲜	2 443.06	-11.6	0.3
110	中国香港	14 929.02	6.5	1.9
111	印度	33 931.94	-54.1	4.4
112	印度尼西亚	15 600.79	-44.1	2.0
113	伊朗	14 842.59	-35.8	1.9
114	伊拉克	1 488.04	82.3	0.2
115	以色列	1 593.74	-37.9	0.2
116	日本	36 016.36	-63.3	4.7
117	约旦	3 365.00	68.2	0.4
118	科威特	3 290.56	-36.5	0.4
119	老挝	1 587.22	122.2	0.2
120	黎巴嫩	872.43	22.2	0.1
121	中国澳门	1 114.67	-62.9	0.1
122	马来西亚	13 438.65	-18.4	1.7
123	马尔代夫	21.23	8.5	0.0
124	蒙古	3 555.46	-47.4	0.5
125	尼泊尔	134.81	-22.8	0.0
126	阿曼	2 207.36	-56.9	0.3
127	巴基斯坦	5 242.07	-48.5	0.7
128	巴勒斯坦	45.45	-13.9	0.0
129	菲律宾	6 969.38	-7.8	0.9
130	卡塔尔	5 355.97	-38.2	0.7
131	沙特阿拉伯	15 291.63	-53.6	2.0
132	新加坡	24 285.41	-14.8	3.2
133	韩国	25 009.86	-40.8	3.2
134	斯里兰卡	6 286.10	88.2	0.8
135	叙利亚	1 894.95	-40.5	0.2
136	泰国	9 448.33	-36.9	1.2
137	土耳其	9 268.36	-27.9	1.2
138	阿联酋	23 090.65	-70.2	3.0
139	也门共和国	1 669.89	-53.1	0.2
141	越南	21 220.24	3.1	2.8
143	中国台澎金马关税区	6 467.89	-35.0	0.8
144	东帝汶	171.07	803.7	0.0
145	哈萨克斯坦	14 606.33	-33.6	1.9
146	吉尔吉斯斯坦	1 879.43	-17.9	0.2
147	塔吉克斯坦	1 980.28	1.7	0.3
148	土库曼斯坦	3 843.22	1.1	0.5

（续）

代码	国家（地区）	出口金额	比上年增长（%）	占出口总额比例（%）
149	乌兹别克斯坦	5 649.60	27.4	0.7
200	非洲	148 948.94	-18.1	19.3
201	阿尔及利亚	20 152.54	-28.4	2.6
202	安哥拉	15 985.78	-51.5	2.1
203	贝宁	322.82	32.8	0.0
204	博茨瓦那	997.46	77.4	0.1
205	布隆迪	9.13	-69.3	0.0
206	喀麦隆	853.02	-16.8	0.1
207	加那利群岛	2.79		0.0
208	佛得角	36.64	378.3	0.0
209	中非	261.38	6 567.9	0.0
211	乍得	2 522.34	112.5	0.3
212	科摩罗	23.28	-98.4	0.0
213	刚果	1 903.45	-55.0	0.2
214	吉布提	1 408.70	-39.1	0.2
215	埃及	5 067.42	9.8	0.7
216	赤道几内亚	4 449.63	36.0	0.6
217	埃塞俄比亚	5 754.44	21.4	0.7
218	加蓬	2 036.10	44.7	0.3
219	冈比亚	13.36	-23.6	0.0
220	加纳	3 482.17	-16.9	0.5
221	几内亚	234.52	-50.3	0.0
222	几内亚（比绍）	0.73	-92.4	0.0
223	科特迪瓦	993.01	535.7	0.1
224	肯尼亚	5 512.67	30.0	0.7
225	利比里亚	199.56	-60.8	0.0
226	利比亚	14 338.61	-5.3	1.9
227	马达加斯加	570.29	-87.5	0.1
228	马拉维	83.61	-29.8	0.0
229	马里	1 065.69	170.0	0.1
230	毛里塔尼亚	290.34	-51.9	0.0
231	毛里求斯	321.48	-32.4	0.0
232	摩洛哥	2 886.21	-45.9	0.4
233	莫桑比克	1 191.95	19.8	0.2
234	纳米比亚	811.42	20.2	0.1
235	尼日尔	1 669.02	60.0	0.2
236	尼日利亚	23 772.07	80.9	3.1
237	留尼汪	28.57	-85.1	0.0
238	卢旺达	444.50	800.2	0.1
240	塞内加尔	487.02	-26.9	0.1
241	塞舌尔	35.11	-27.6	0.0

（续）

代码	国家(地区)	出口金额	比上年增长(%)	占出口总额比例(%)
242	塞拉利昂	36.33	-86.3	0.0
243	索马里	5.03	-28.0	0.0
244	南非	12 757.88	-49.5	1.7
246	苏丹	2 681.36	-21.5	0.3
247	坦桑尼亚	6 040.28	96.4	0.8
248	多哥	954.10	70.8	0.1
249	突尼斯	1 662.48	-27.8	0.2
250	乌干达	857.09	75.4	0.1
251	布基纳法索	14.34	-64.6	0.0
252	民主刚果	1 085.06	-44.8	0.1
253	赞比亚	1 887.84	-55.7	0.2
254	津巴布韦	481.87	-27.8	0.1
255	莱索托	77.32	-67.4	0.0
257	斯威士兰	1.38	-45.5	0.0
258	厄立特里亚	163.78	243.0	0.0
259	马约特岛	23.97	4 338.9	0.0
300	欧洲	115 742.75	-62.0	15.0
301	比利时	7 503.97	-58.9	1.0
302	丹麦	2 029.82	-54.3	0.3
303	英国	9 887.82	-53.5	1.3
304	德国	19 059.53	-46.9	2.5
305	法国	5 470.07	-46.2	0.7
306	爱尔兰	1 004.81	-55.3	0.1
307	意大利	11 225.80	-54.9	1.5
308	卢森堡	10.10	-27.5	0.0
309	荷兰	9 249.73	-62.3	1.2
310	希腊	2 979.57	-9.7	0.4
311	葡萄牙	1 051.97	-37.8	0.1
312	西班牙	5 525.23	-48.2	0.7
313	阿尔巴尼亚	300.14	-60.5	0.0
315	奥地利	1 568.91	-21.7	0.2
316	保加利亚	802.27	-63.1	0.1
318	芬兰	3 232.51	-55.4	0.4
321	匈牙利	844.97	-43.2	0.1
322	冰岛	6.35	-90.5	0.0
324	马耳他	93.03	-75.3	0.0
325	摩纳哥	1.31		0.0
326	挪威	854.75	-52.4	0.1
327	波兰	3 148.35	-68.0	0.4
328	罗马尼亚	1 132.18	-69.1	0.1
330	瑞典	3 648.19	-52.8	0.5

（续）

代码	国家(地区)	出口金额	比上年增长(%)	占出口总额比例(%)
331	瑞士	651.29	-42.0	0.1
334	爱沙尼亚	264.93	-66.0	0.0
335	拉脱维亚	423.07	-51.7	0.1
336	立陶宛	214.97	-74.0	0.0
337	格鲁吉亚	291.15	-63.8	0.0
338	亚美尼亚	22.80	-90.9	0.0
339	阿塞拜疆	808.98	-57.6	0.1
340	白俄罗斯	201.87	-87.7	0.0
343	摩尔多瓦	14.62	-82.7	0.0
344	俄罗斯联邦	18 507.29	-76.8	2.4
347	乌克兰	1 038.55	-93.6	0.1
350	斯洛文尼亚	466.15	-54.3	0.1
351	克罗地亚	403.98	-70.5	0.1
352	捷克	1 273.18	-35.9	0.2
353	斯洛伐克	81.46	-75.0	0.0
354	马其顿	60.55	322.0	0.0
355	波斯尼亚—黑塞哥维那	45.59	-54.1	0.0
358	塞尔维亚	288.54	-70.8	0.0
359	黑山	52.40	-28.1	0.0
400	拉丁美洲	57 844.71	-41.9	7.5
401	安提瓜和巴布达	12.89	167.4	0.0
402	阿根廷	4 645.29	-53.9	0.6
403	阿鲁巴岛	24.49	-73.7	0.0
404	巴哈马	88.85	-8.0	0.0
405	巴巴多斯	18.79	-64.0	0.0
406	伯利兹	18.90	-65.7	0.0
408	玻利维亚	187.46	-16.6	0.0
410	巴西	23 501.41	-49.7	3.1
411	开曼群岛	0.24		0.0
412	智利	4 464.26	-45.2	0.6
413	哥伦比亚	2 760.41	-19.9	0.4
414	多米尼加	65.06	-18.8	0.0
415	哥斯达黎加	455.90	-4.6	0.1
416	古巴	2 957.05	-42.6	0.4
418	多米尼加共和国	363.97	-27.1	0.0
419	厄瓜多尔	1 302.49	-32.8	0.2
420	法属圭亚那	0.37	-96.1	0.0
421	格林纳达	6.89	-67.8	0.0
422	瓜德罗普岛	9.65	-10.8	0.0
423	危地马拉	189.34	-69.8	0.0
424	圭亚那	113.03	-59.2	0.0

（续）

代码	国家(地区)	出口金额	比上年增长(%)	占出口总额比例(%)
425	海地	123.07	322.5	0.0
426	洪都拉斯	109.53	-47.7	0.0
427	牙买加	97.05	-59.9	0.0
428	马提尼克岛	0.25	-95.3	0.0
429	墨西哥	3 938.72	-24.3	0.5
431	尼加拉瓜	42.08	-19.7	0.0
432	巴拿马	2 532.58	22.0	0.3
433	巴拉圭	230.99	7.1	0.0
434	秘鲁	3 504.97	-44.6	0.5
435	波多黎各	13.53	-70.2	0.0
438	圣马丁岛	47.94	65.8	0.0
439	圣文森特和格林纳丁斯	2.93		0.0
440	萨尔瓦多	85.02	-57.1	0.0
441	苏里南	140.18	-75.8	0.0
442	特立尼达和多巴哥	99.23	-89.7	0.0
444	乌拉圭	532.06	-30.4	0.1
445	委内瑞拉	5 128.51	11.4	0.7
449	荷属安地列斯群岛	29.33	-11.9	0.0
500	北美洲	69 963.76	-41.4	9.1
501	加拿大	9 415.01	-42.6	1.2
502	美国	60 548.75	-41.3	7.9
600	大洋洲	25 242.50	-14.0	3.3
601	澳大利亚	20 260.70	-17.3	2.6
602	库克群岛	0.68	-92.8	0.0
603	斐济	409.12	274.8	0.1
605	马克萨斯群岛	0.68		0.0
607	新喀里多尼亚	440.78	44.7	0.1
608	瓦努阿图	147.53	299.6	0.0
609	新西兰	1 376.76	-34.2	0.2
611	巴布亚新几内亚	2 386.86	9.7	0.3
612	社会群岛	4.64	1 089.7	0.0
613	所罗门群岛	23.46	-3.6	0.0
614	汤加	49.25	321.3	0.0
617	萨摩亚	64.91	712.4	0.0
620	密克罗尼西亚联邦	2.80	0.4	0.0
621	马绍尔群岛共和国	0.47	-99.0	0.0
622	帕劳共和国	7.68	-63.5	0.0
623	法属波利尼西亚	59.59	299.9	0.0
699	大洋洲其他国家(地区)	6.59	-38.8	0.0

2009 年工程机械产品进出口分类统计

（金额单位：万美元）

产品名称	单位	进口				出口			
		数量	比上年增长（%）	金额	比上年增长（%）	数量	比上年增长（%）	金额	比上年增长（%）
履带式挖掘机	台	23 314	-31.3	149 670.82	-13.9	3 146	-60.6	29 622.98	-51.0
轮胎式挖掘机	台	294	-31.8	1 739.35	-25.0	222	-49.4	1 816.05	-43.8
其他挖掘机	台	5	-28.6	993.71	531.6	159	-31.8	1 397.93	28.4
装载机	台	736	24.5	5 605.95	-23.4	15 388	-43.6	54 129.45	-43.6
P>235.36kW(320hp)推土机	台	119	116.4	6 982.04	152.8	121	-63.2	1 466.38	-67.5
其他推土机	台	348	-56.5	2 571.02	-42.1	2 160	-48.1	21 474.65	-42.8
筑路机及平地机	台	34	6.3	1 005.3	29.5	2 509	-58.3	18 121.71	-56.8
铲运机	台	96	-28.9	3 417.32	-23.8	363	23.5	1 957.46	64.2
压路机	台	393	-13.2	1 597.84	-2.7	5 577	-20.7	20 600.68	-24.3
其他压实机械	台	1	-93.3	0.06	-100.0	19 629	-27.0	2 071.71	-4.9
摊铺机	台	242	27.4	3 977.69	12.6	824	41.1	3 592.3	-23.8
沥青搅拌设备	台	42	-16.0	1 964.50	90.3	936	32.2	7 086.53	-42.9
起重量>100t的全路面汽车起重机	辆	29	-9.4	7 291.92	19.9	18	157.1	1 590.57	138.2
其他全路面汽车起重机	辆	3	-40.0	208.46	-42.1	596	-42.0	6 402.72	-44.2
起重量>100t其他汽车起重机	辆	2		282.73		32	-28.9	1 435.86	-28.6
其他汽车起重机	辆	7	75.0	251.16	149.7	1 866	-62.7	26 744.71	-67.5
履带式起重机	台	57	-55.5	18 795.58	20.3	541	-57.7	18 813.71	-59.9
塔式起重机	台	31	-42.6	3 018.51	47.4	1 536	-62.8	18 928.47	-62.7
其他起重机	台	3 037	68.8	10 079.07	-17.0	5 193	-79.3	12 022.41	-50.1
堆垛机	台	234	4.0	4 346.54	94.5	151	-21.8	506.74	113.8
电动叉车	台	4 076	-39.7	7 135.21	-31.8	12 534	-42.4	6 478.61	-55.1
内燃叉车	台	1 507	-58.7	14 217.92	-18.4	14 781	-61.3	22 477.18	-59.2
集装箱叉车	台	18	-75.3	373.76	-64.9	82	-24.8	1 480.21	-40.7
手动搬运车	台	3 817	22.9	3 289.56	2.0	914 684	-43.1	15 689.89	-49.4
牵引车	台	1 440	-23.4	3 037.26	-16.1	15 580	-61.9	1 787.19	-48.2
凿岩机及隧道掘进机	台	174	-7.0	17 999.43	-6.4	29 302	-4.3	7 362.17	-0.1
手提风动工具	台	450 606	-8.2	5 961.03	-19.4	11 592 991	-16.8	18 163.97	-17.7
打桩机及工程钻机	台	67	-16.3	4 132.62	37.3	21 304	-6.3	8 173.42	-45.1
混凝土泵	台	290	-14.7	975.56	22.7	2 677	24.6	4 169.66	-59.5
混凝土搅拌机械	台	1 799	-20.8	7 726.51	-27.5	336 267	-40.9	22 638.19	-37.5

（续）

产品名称	单位	进口				出口			
		数量	比上年增长(%)	金额	比上年增长(%)	数量	比上年同比(%)	金额	比上年增长(%)
混凝土搅拌车	辆		-100.0		-100.0	1 667	-48.9	9 718.7	-48.4
电梯及扶梯	台	2 013	-0.7	17 855.16	16.4	32 941	-23.4	102 130.82	-19.7
其他工程车辆	辆	164	42.6	7 092.40	28.0	191	-21.4	1 796.04	-13.9
其他	台	9 822	94.3	17 647.15	1.1	707 904	-15.5	37 883.1	-34.1
零部件	t	248 106	-25.1	183 538.64	-24.9	1 261 212	-45.9	260 741.56	-39.1
合计				514 781.78	-14.4			770 473.73	-42.6
未列名特殊用途的机动车辆	辆	121	-34.9	5 851.39	-31.3	4 077	-2.5	27 486.7	-28.5

注："未列名特殊用途的机动车辆"为2007年新增统计商品，含混凝土泵车、高空作业车等产品，暂不计入总额，也不计算增长率。

2009年工程机械进出口贸易额前50位国家（地区）

序号	进口			出口			进出口		
	国家（地区）	进口额（万美元）	比上年增长（%）	国家（地区）	出口额（万美元）	比上年增长（%）	国家（地区）	总金额（万美元）	比上年增长（%）
1	日本	211 687.15	-21.7	美国	60 548.75	-41.3	日本	247 703.51	-32.8
2	德国	79 735.75	0.3	日本	36 016.36	-63.3	韩国	101 599.80	-18.8
3	韩国	76 589.94	-7.6	印度	33 931.94	-54.1	美国	99 906.85	-35.3
4	美国	39 358.10	-23.3	韩国	25 009.86	-40.8	德国	98 795.28	-14.4
5	瑞典	14 595.52	-22.4	新加坡	24 285.41	-14.8	印度	35 214.68	-53.0
6	奥地利	13 212.82	168.2	尼日利亚	23 772.07	80.9	澳大利亚	28 517.78	-2
7	荷兰	8 820.09	32.9	巴西	23 501.41	-49.7	新加坡	25 651.76	-21.5
8	法国	8 519.22	-25.9	阿联酋	23 090.65	-70.2	巴西	24 917.74	-49.3
9	澳大利亚	8 257.08	78.6	越南	21 220.24	3.1	尼日利亚	23 778.07	80.9
10	意大利	8 196.48	-19.4	澳大利亚	20 260.70	-17.3	阿联酋	23 092.7	-70.2
11	英国	6 534.86	19.9	阿尔及利亚	20 152.54	-28.4	越南	21 338.97	3.7
12	芬兰	5 130.32	-25.1	德国	19 059.53	-46.9	俄罗斯联邦	20 511.04	-74.4
13	马来西亚	4 945.07	-26.6	俄罗斯联邦	18 507.29	-76.8	阿尔及利亚	20 152.63	-28.4
14	中国	4 346.73	42.9	安哥拉	15 985.78	-51.5	意大利	19 422.28	-44.6
15	中国台澎金马关税区	3 124.98	-40.9	印度尼西亚	15 600.79	-44.1	马来西亚	18 383.72	-20.8
16	比利时	2 803.67	-23.1	沙特阿拉伯	15 291.63	-53.6	瑞典	18 243.71	-31.2
17	加拿大	2 191.08	-24.5	中国香港	14 929.02	6.5	荷兰	18 069.82	-42.1

（续）

排序	进口			出口			进出口		
	国家(地区)	进口额（万美元）	比上年增长（%）	国家(地区)	出口额（万美元）	比上年增长（%）	国家(地区)	总金额（万美元）	比上年增长（%）
18	俄罗斯联邦	2 003.75	1 056.7	伊朗	14 842.59	-35.8	英国	16 422.68	-38.5
19	西班牙	1 875.95	-42.8	哈萨克斯坦	14 606.33	-33.6	印度尼西亚	15 953.93	-47.4
20	挪威	1 839.45	6.8	利比亚	14 338.61	-5.3	沙特阿拉伯	15 292.35	-53.6
21	瑞士	1 813.43	-46.9	马来西亚	13 438.65	-18.4	中国香港	15 220.70	7.0
22	巴西	1 416.33	-41.6	南非	12 757.88	-49.5	奥地利	14 781.73	113.3
23	新加坡	1 366.35	-67.2	意大利	11 225.80	-54.9	利比亚	14 338.83	-5.3
24	印度	1 282.74	37.2	英国	9 887.82	-53.5	法国	13 989.29	-35.4
25	丹麦	1 094.44	-56.9	泰国	9 448.33	-36.9	南非	12 943.53	-48.9
26	捷克	834.11	-35.9	加拿大	9 415.01	-42.6	加拿大	11 606.09	-39.8
27	泰国	506.70	-37.2	土耳其	9 268.36	-27.9	比利时	10 307.64	-53.0
28	匈牙利	479.81	-46.6	荷兰	9 249.73	-62.3	泰国	9 955.03	-36.9
29	印度尼西亚	353.14	-85.5	比利时	7 503.97	-58.9	中国台澎金马关税区	9 592.87	-37.1
30	波兰	326.15	-80.2	缅甸	6 997.21	35.2	土耳其	9 421.41	-27.0
31	中国香港	291.68	39.8	菲律宾	6 969.38	-7.8	芬兰	8 362.83	-40.7
32	南非	185.65	199.9	中国台澎金马关税区	6 467.89	-35.0	西班牙	7 401.18	-46.9
33	保加利亚	183.06	3 583.3	斯里兰卡	6 286.10	88.2	菲律宾	7 012.01	-8.2
34	斯洛文尼亚	165.90	239.3	坦桑尼亚	6 040.28	96.4	斯里兰卡	6 287.09	86.6
35	土耳其	153.05	187.1	埃塞俄比亚	5 754.44	21.4	埃塞俄比亚	5 754.60	21.4
36	卢森堡	147.31	5 888.2	乌兹别克斯坦	5 649.60	27.4	卡塔尔	5 356.18	-38.2
37	越南	118.73	15 522.4	西班牙	5 525.23	-48.2	埃及	5 068.23	9.8
38	墨西哥	85.31	-22.3	肯尼亚	5 512.67	30.0	智利	4 477.65	-45.5
39	新西兰	75.03	-24.5	法国	5 470.07	-46.2	墨西哥	4 024.03	-24.2
40	菲律宾	42.63	-44.6	卡塔尔	5 355.97	-38.2	加纳	3 482.23	-16.9
41	斯洛伐克	25.71	-1.8	巴基斯坦	5 242.07	-48.5	波兰	3 474.50	-69.7
42	智利	13.39	-81.8	委内瑞拉	5 128.51	11.4	科威特	3 290.58	-36.5
43	罗马尼亚	11.13	356.1	埃及	5 067.42	9.8	丹麦	3 124.26	-55.3
44	中国澳门	10.59		阿根廷	4 645.29	-53.9	希腊	2 979.93	-9.8
45	爱尔兰	8.66	8.7	智利	4 464.26	-45.2	挪威	2 694.20	-23.4
46	尼日利亚	6.00	4 185.7	赤道几内亚	4 449.63	36.0	瑞士	2 464.72	-45.7
47	葡萄牙	3.65	288.3	墨西哥	3 938.72	-24.3	朝鲜	2 443.59	-11.5
48	蒙特塞拉特	3.45		土库曼斯坦	3 843.22	1.1	阿曼	2 208.10	-56.9
49	阿拉伯联合酋长国	2.05	-81.5	瑞典	3 648.19	-52.8	捷克	2 107.29	-35.9
50	爱沙尼亚	1.04	-86.8	蒙古	3 555.46	-47.4	突尼斯	1 662.48	-27.8

2010 年工程机械产品关税税率汇总

（单位:%）

序号	税 号	货 品 名 称	最惠国	协定税率								暂定税率
				东盟	亚太	巴基斯坦	新加坡	中国香港	中国澳门	智利	新西兰	
1	84134000	混凝土泵	8	0		6		0		4	3.2	
2	84262000	塔式起重机	10	0		6.7				0	4	
3	84264110	轮胎式起重机	5	0		0				2.5	0	
*	ex84264110	55t 轮胎式起重机	5									3
4	84264190	其他轮胎式起重机	5	0		0				2.5	0	
5	84264910	履带式起重机	8	0		6		0		4	3.2	
6	84264990	其他起重机	13	0		8.7		0		6.5	5.2	
7	84269100	供装于公路车辆的起重机	10	0		6.7				0	4	
8	84269900	未列名起重机	6	0		5.3				3	2.4	
9	84271010	有轨巷道堆垛机	9	0		6.3				4.5	3.6	
10	84271020	无轨巷道堆垛机	9	0		6.3				4.5	3.6	
11	84271090	电动推进的叉车及其他装有升降或搬运装置的工作车	9	0		6.3				4.5	3.6	
12	84272010	集装箱叉车	9	0	8.6	6.3				0	3.6	
13	84272090	其他机动叉车及其他装有升降或搬运装置的工作车	9	0	8.6	6.3				0	3.6	
14	84279000	未列名叉车及其他装有升降或搬运装置的工作车	9	0		6.3				0	3.6	
15	84281010	载客电梯	8	5	5.6	5.6	0	0	0	0	3.2	
*	ex84281010	无障碍升降机	8									4
16	84281090	其他升降机及倒卸式起重机	6	0	4.2	0		0	0	0	2.4	
17	84284000	自动梯及自动人行道	5	0		0				0	0	
18	84291110	履带式推土机 $P>235.36$kW(320hp)	7	0		5.7				3.5	2.8	
19	84291190	其他履带式推土机 $P \leqslant 235.36$kW	7	0		5.7				3.5	2.8	
20	84291910	其他推土机 $P>235.36$kW(320hp)	7	0		5.7				0	2.8	
21	84291990	未列名推土机	7	0		5.7				0	2.8	
22	84292010	筑路机及平地机 $P>235.36$kW(320hp)	5	0		0				2.5	0	
23	84292090	其他筑路机及平地机	5	0		0				2.5	0	
24	84293010	斗容量 $>10m^3$ 的铲运机	3	0		0				0	0	
25	84293090	其他铲运机	5	0		0				0	0	
26	84294011	机重 18t 及以上的振动压路机	7	0		5.7				3.5	2.8	
27	84294019	其他机动压路机	8	0		6				4	3.2	
28	84294090	未列名捣固机械及压路机	6	0		5.3				3	2.4	
29	84295100	前铲装载机	5	0		0				2.5	0	

（续）

序号	税号	货品名称	最惠国	协定税率								暂定税率
				东盟	亚太	巴基斯坦	新加坡	中国香港	中国澳门	智利	新西兰	
30	84295211	轮胎式挖掘机	8	0	7.2	6				4	3.2	
31	84295212	履带式挖掘机	8	0		6		0		4	3.2	
32	84295219	其他挖掘机	8	0	7.2	6				4	3.2	
33	84295290	其他上部结构可转360°的挖掘机、装载机	8	0	7.2	6				4	3.2	
34	84295900	其他机械铲、挖掘机及装载机	8	0		6				4	3.2	
35	84301000	打桩机及拔桩机	10	0		6.7				0	4	
36	84302000	扫雪机及吹雪机	10	0		6.7				0	4	
37	84303100	自推进的截煤机、凿岩机及隧道掘进机	10	0		6.7				5	4	
38	84303900	非自推进的截煤机、凿岩机及隧道掘进机	6	0		5.3				0	2.4	
39	84305020	矿用电铲	7	0		5.7				3.5	2.8	
40	84306100	非自推进的捣固或压实机械	6	0		5.3				0	2.4	
41	84306911	钻筒直径3m及以上的工程钻机	6	0		5.3				0	2.4	
42	84306919	其他工程钻机	6	0		5.3				0	2.4	
43	84306920	非自推进的铲运机	6	0		5.3				0	2.4	
44	84306990	未列名非自推进泥土、矿等运送、平整等机械	6	0		5.3				0	2.4	
45	84312000	8427所列机械的零件	6	0	5.4	0				0	2.4	3
46	84313100	升降机、倒卸式起重机或自动梯的零件	3	0		0				0	0	
*	ex84313100	无障碍升降机零件	3									1
47	84313900	其他8428所列机械的零件	5	0	2.5	0		0		2.5	0	
48	84314100	戽斗、铲斗、抓斗及夹斗	6	0	5.4	0				3	2.4	3
49	84314200	推土机或侧铲推土机用铲	6	0		5.3				0	2.4	
50	84314390	凿岩机械零件	5	0	3.5	0		0		2.5	0	
51	84314910	矿用电铲用零件	5	0	4.5	0		0		2.5	0	
52	84314990	8426、8429及8430所列机械的其他零件	5	0	4.5	0		0		2.5	0	
53	84671100	旋转式(包括旋转冲击式)手提风动工具	8	0		6				0	3.2	
54	84671900	其他手提式风动工具	8	0		6				0	3.2	
55	84679200	手提式风动工具的零件	6	0		5.3				0	2.4	
56	84743100	混凝土或砂浆混合机器	7	0		5.7				0	2.8	
57	84743200	矿物与沥青的混合机器	7	0		5.7				3.5	2.8	
58	84743900	固体矿物质的其他混合或搅拌机器	5	0		0				2.5	0	
59	84749000	8474所列机器的零件	5	0		0				2.5	0	
60	84791021	沥青混凝土摊铺机	8	0	5.6	5.6				4	3.2	
61	84791022	稳定土摊铺机	8	0	5.6	5.6				4	3.2	
62	84791029	其他摊铺机	8	0	5.6	5.6				4	3.2	
63	84791090	其他公共工程用机器	8	0	5.6	5.6				4	3.2	
*	ex87042300	起重≥55t汽车起重机用底盘	15									8
64	87051021	最大起重量≤50t的全路面起重车	15	0		13				0	6	
65	87051022	50t<最大起重量≤100t全路面起重车	10	0		6.7				0	4	

（续）

序号	税号	货品名称	最惠国	协定税率								暂定税率
				东盟	亚太	巴基斯坦	新加坡	中国香港	中国澳门	智利	新西兰	
66	87051023	最大起重量>100t 全路面起重车	10	0		6.7				0	4	
67	87051091	最大起重量≤50t 的其他起重车	15	0		13				0	6	
68	87051092	50t<最大起重量≤100t 的其他起重车	10	0		6.7				0	4	
69	87051093	最大起重量>100t 的其他起重车	10	0		6.7				0	4	
70	87053010	装有云梯的救火车	3	0		0				0	0	
71	87053090	其他机动救火车	3	0		0				0	0	
72	87054000	混凝土搅拌车	15	0	13.5	10				0	6	
73	87059060	飞机加油车、调温车、除冰车	12	0	10.8	7.3				0	4.8	
74	87059070	道路（包括跑道）扫雪车	12	0	10.8	7.3				0	4.8	
75	87059090	未列名特殊用途的机动车辆	12	0	10.8	7.3				0	4.8	
*	ex87059090	跑道除冰车	12									10
76	87091110	电动牵引车	10	0		6.7				0	4	
77	87091190	其他电动的短距离运货车辆	10	0		6.7				0	4	
78	87091910	其他牵引车	10.5	0		6.8				0	4.2	
79	87091990	其他短距离运货机动车辆	10.5	0		6.8				0	4.2	
80	87099000	短距离运货车、站台牵引车用零件	8.4	0		6.1				0	3.4	
81	89051000	挖泥船	3	0		0				0	0	

数据来源：《中华人民共和国进出口税则——2010》

注：2010 年工程机械进口关税税率与 2009 年相比继续下调，虽最惠国税率没有变化，整体关税水平仍维持在 7.67%，但由于众多自贸区的互惠条款，使实际关税税率下降。其中东盟 10 国除电梯以外，全部为零关税；新增了中国香港引进履带挖掘机关税为零；新西兰下降了 1.34 个百分点，智利下降了 0.31 个百分点，巴基斯坦下降了 0.68 个百分点。

〔供稿人：中国工程机械工业协会江琳〕

记载工程机械产品行业标准

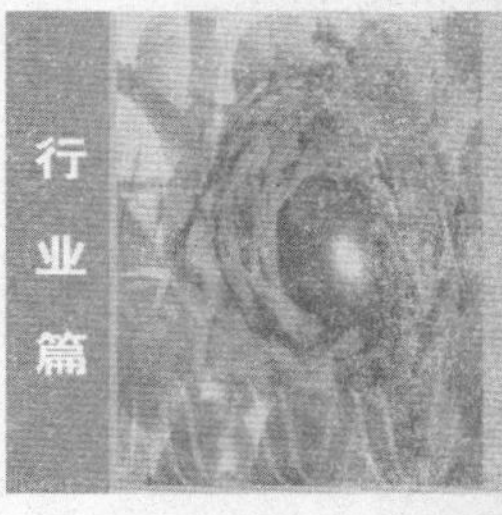

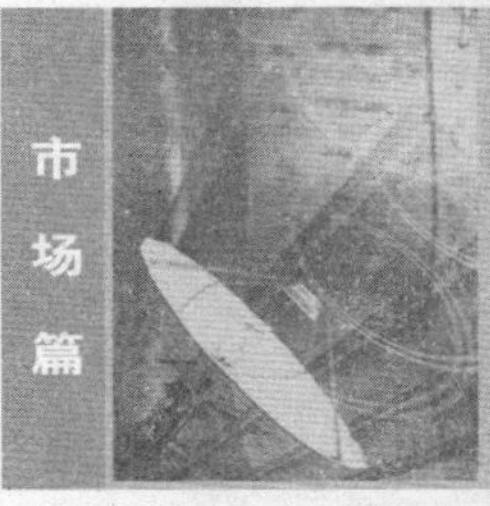

标准索引

标 准 索 引

序号	标　准　号	标 准 名 称
1	GB/T 8499—1987	土方机械　测定重心位置的方法
2	GB/T 10051. 1—1988	起重吊钩　机械性能、起重量、应力及材料
3	GB/T 10051. 2—1988	起重吊钩　直柄吊钩技术条件
4	GB/T 10051. 4—1988	起重吊钩　直柄单钩毛坯件
5	GB/T 10051. 5—1988	起重吊钩　直柄单钩
6	GB/T 10169—1988	挖掘装载机　参数
7	GB/T 10170—1988	挖掘装载机　技术条件
8	GB/T 13330—1991	150t 以下履带起重机　性能试验方法
9	GB 3883. 13—1992	手持式电动工具的安全　第二部分:不易燃液体电喷枪的专用要求
10	GB/T 13752—1992	塔式起重机设计规范
11	GB/T 14289—1993	土方机械　检测孔
12	GB/T 14560—1993	150t 以下履带起重机　技术条件
13	GB/T 14780—1993	土方机械排液、加液和液位螺塞
14	GB/T 14781—1993	土方机械轮式机械的转向能力
15	GB/T 14782—1993	平地机技术条件
16	GB/T 16937. 1—1997	土方机械　司机视野准则
17	GB/T 16937. 2—1997	土方机械　司机视野评定方法
18	GB/T 8593. 1—1998	土方机械　司机操纵和其他显示符号　第 1 部分:通用符号
19	GB/T 8593. 2—1998	土方机械　司机操纵和其他显示符号　第 2 部分:机器、工作装置和附件的特殊符号
20	GB/T 17299—1998	土方机械　最小入口尺寸
21	GB/T 17300—1998	土方机械　通道装置
22	GB/T 17301—1998	土方机械　操作和维修空间棱角倒钝
23	GB/T 17771—1999	土方机械　落物保护结构　实验室试验和性能要求
24	GB/T 17772—1999	土方机械　保护结构的实验室鉴定　挠曲极限量的规定
25	GB/T 17808—1999	沥青混凝土搅拌设备
26	GB/T 17920—1999	土方机械　提升臂支承装置
27	GB/T 17921—1999	土方机械　座椅安全带及其固定器
28	GB/T 17922—1999	土方机械　翻车保护结构　试验室试验和性能要求
29	GB/T 8420—2000	土方机械　司机的身材尺寸与司机的最小活动空间
30	GB/T 8591—2000	土方机械　司机座椅标定点
31	GB/T 9142—2000	混凝土搅拌机
32	GB/T 18148—2000	压实机械　压实性能试验方法
33	GB/T 8592—2001	土方机械　轮胎式机器转向尺寸的测定
34	GB/T 18576—2001	建筑施工机械与设备　术语和定义

（续）

序号	标 准 号	标 准 名 称
35	GB/T 2883—2002	工程机械轮辋规格系列
36	GB 5226.2—2002	机械安全　机械电气设备　第32部分:起重机械技术条件
37	GB/T 18874.1—2002	起重机　供需双方应提供的资料　第1部分:总则
38	GB/T 18874.5—2002	起重机　供需双方应提供的资料　第5部分:桥式和门式起重机
39	GB/T 18875—2002	起重机　备件手册
40	GB/T 7920.5—2003	土方机械　压路机和回填压实机　术语和商业规格
41	GB/T 7920.8—2003	土方机械　铲运机　术语和商业规格
42	GB/T 7920.9—2003	土方机械　平地机　术语和商业规格
43	GB/T 7920.12—2003	沥青混凝土摊铺机　术语
44	GB/T 7920.15—2003	沥青贮存、熔化和加热装置　术语
45	GB/T 13749—2003	柴油打桩机　安全操作规程
46	GB/T 16273.6—2003	设备用图形符号　第6部分:运输、车辆检测及装载机械通用符号
47	GB/T 19154—2003	擦窗机
48	GB/T 19155—2003	高处作业吊篮
49	GB/T 7920.14—2004	道路施工与养护设备沥青洒布车/喷洒机　术语和商业规格
50	GB/T 7920.16—2004	道路施工与养护设备　石屑撒布机　术语和商业规格
51	GB/T 8910.1—2004	手持便携式动力工具　手柄振动测量方法　第1部分:总则
52	GB/T 8910.2—2004	手持便携式动力工具　手柄振动测量方法　第2部分:铲和铆钉机
53	GB/T 8910.3—2004	手持便携式动力工具　手柄振动测量方法　第3部分:凿岩机和回转锤
54	GB/T 13333—2004	混凝土泵
55	GB/T 13750—2004	振动沉拔桩机　安全操作规程
56	GB 3883.2—2005	手持式电动工具的安全　第二部分:螺丝刀和冲击扳手的专用要求
57	GB 3883.4—2005	手持式电动工具的安全　第二部分:非盘式砂光机和抛光机的专用要求
58	GB 3883.7—2005	手持式电动工具的安全　第二部分:锤类工具的专用要求
59	GB 3883.8—2005	手持式电动工具的安全　第二部分:电剪刀和电冲剪的专用要求
60	GB 3883.9—2005	手持式电动工具的安全　第二部分:攻丝机的专用要求
61	GB 3883.11—2005	手持式电动工具的安全　第二部分:往复锯(曲线锯、刀锯)的专用要求
62	GB 3883.17—2005	手持式电动工具的安全　第二部分:木铣和修边机的专用要求
63	GB 3883.19—2005	手持式电动工具的安全　第二部分:管道疏通机的专用要求
64	GB/T 4307—2005	起重吊钩　术语
65	GB/T 5140—2005	叉车　挂钩型货叉　术语
66	GB/T 5141—2005	平衡重式叉车　稳定性试验
67	GB/T 5142—2005	前移式和插腿式叉车　稳定性试验
68	GB/T 6068.1—2005	汽车起重机和轮胎起重机试验规范　第1部分:一般要求
69	GB/T 6068.2—2005	汽车起重机和轮胎起重机试验规范　第2部分:性能试验
70	GB/T 6068.3—2005	汽车起重机和轮胎起重机试验规范　第3部分:结构试验
71	GB/T 7920.4—2005	混凝土机械　术语
72	GB/T 7920.6—2005	建筑施工机械与设备　打桩设备　术语和商业规格
73	GB/T 8511—2005	振动压路机
74	GB/T 10054—2005	施工升降机
75	GB/T 10171—2005	混凝土搅拌站(楼)

（续）

序号	标 准 号	标准名称
76	GB/T 10183—2005	桥式和门式起重机　制造及轨道安装公差
77	GB/T 10913—2005	土方机械　行驶速度测定
78	GB/T 13328—2005	压路机通用要求
79	GB/T 13331—2005	土方机械　液压挖掘机起重量
80	GB/T 19924—2005	流动式起重机　稳定性的确定
81	GB/T 19928—2005	土方机械　吊管机和安装侧臂的轮胎式推土机或装载机的起重量
82	GB/T 19929—2005	土方机械　履带式机器制动系统的性能要求和试验方法
83	GB/T 19930—2005	土方机械　小型挖掘机倾翻保护结构的试验室试验和性能要求
84	GB/T 19931—2005	土方机械　挖沟机术语和商业规范
85	GB/T 19932—2005	土方机械　液压挖掘机司机防护装置的试验室试验和性能要求
86	GB/T 19933.1—2005	土方机械　司机室环境　第1部分:总则和定义
87	GB/T 19933.2—2005	土方机械　司机室环境　第2部分:空气滤清器的试验
88	GB/T 19933.3—2005	土方机械　司机室环境　第3部分:司机室增压试验方法
89	GB/T 19933.4—2005	土方机械　司机室环境　第4部分:司机室的空调、采暖和(或)换气试验方法
90	GB/T 19933.5—2005	土方机械　司机室环境　第5部分:风窗玻璃除霜系统的试验方法
91	GB/T 19933.6—2005	土方机械　司机室环境　第6部分:司机室太阳光热效应的测定
92	GB/T 3787—2006	手持式电动工具的管理、使用、检查和维修安全技术规程
93	GB/T 5144—2006	塔式起重机安全规程
94	GB/T 5972—2006	起重机用钢丝绳检验和报废实用规范
95	GB/T 5973—2006	钢丝绳用楔形接头
96	GB/T 5974.1—2006	钢丝绳用普通套环
97	GB/T 5974.2—2006	钢丝绳用重型套环
98	GB/T 5975—2006	钢丝绳用压板
99	GB/T 5976—2006	钢丝绳夹
100	GB/T 7920.10—2006	道路施工与养护设备　稳定土拌和机　术语和商业规格
101	GB/T 7920.11—2006	道路施工与养护设备　沥青混合料搅拌设备　术语和商业规格
102	GB/T 7920.13—2006	混凝土路面铺筑机械与设备　术语
103	GB/T 8706—2006	钢丝绳—术语、标记和分类
104	GB 8918—2006	重要用途钢丝绳
105	GB/T 8910.6—2006	手持便携式动力工具　手柄振动测量方法　第6部分:冲击钻
106	GB/T 20118—2006	一般用途钢丝绳
107	GB/T 20119—2006	平衡用扁钢丝绳
108	GB 20178—2006	土方机械　安全标志和危险图示通则
109	GB/T 20303.1—2006	起重机　司机室　第1部分:总则
110	GB/T 20303.2—2006	起重机　司机室　第2部分:流动式起重机
111	GB/T 20303.3—2006	起重机　司机室　第3部分:塔式起重机
112	GB/T 20303.4—2006	起重机　司机室　第4部分:臂架起重机
113	GB/T 20304—2006	塔式起重机　稳定性要求
114	GB/T 20305—2006	起重用钢制圆环校准链　正确使用和维护导则
115	GB/T 20315—2006	道路施工与养护设备　路面铣刨机　术语和商业规格
116	GB/T 20418—2006	土方机械　照明、信号和标志灯以及反射器

（续）

序号	标　准　号	标准名称
117	GB/T 20776—2006	起重机械分类
118	GB 3883.3—2007	手持式电动工具的安全　第二部分:砂轮机、抛光机和盘式砂光机的专用要求
119	GB 3883.5—2007	手持式电动工具的安全　第二部分:圆锯的专用要求
120	GB 3883.6—2007	手持式电动工具的安全　第二部分:电钻和冲击电钻的专用要求
121	GB 3883.10—2007	手持式电动工具的安全　第二部分:电刨的专用要求
122	GB 3883.12—2007	手持式电动工具的安全　第二部分:混凝土振动器的专用要求
123	GB 3883.14—2007	手持式电动工具的安全　第二部分:链锯的专用要求
124	GB 3883.15—2007	手持式电动工具的安全　第二部分:修枝剪的专用要求
125	GB 3883.20—2007	手持式电动工具的安全　第二部分:捆扎机的专用要求
126	GB 3883.21—2007	手持式电动工具的安全　第二部分:带锯的专用要求
127	GB/T 8419—2007	土方机械　司机座椅振动的试验室评价
128	GB/T 10055—2007	施工升降机　安全规程
129	GB/T 16936—2007	土方机械　发动机净功率试验规范
130	GB/T 20863.1—2007	起重机械分级　第1部分:总则
131	GB/T 20863.2—2007	起重机械分级　第2部分:流动式起重机
132	GB/T 20863.3—2007	起重机械分级　第3部分:塔式起重机
133	GB/T 20863.4—2007	起重机械分级　第4部分:臂架起重机
134	GB 20891—2007	非道路移动机械用柴油机排气污染物排放限值及测量方法（中国Ⅰ、Ⅱ阶段）
135	GB/T 20900—2007	电梯、自动扶梯和自动人行道　风险评价和降低的方法
136	GB/T 20904—2007	水平定向钻机　安全操作规程
137	GB/T 20946—2007	起重用短环链　验收总则
138	GB/T 20947—2007	起重用短环链　T级（T、DAT和DT型）高精度葫芦链
139	GB/T 20969.1—2007	特殊环境条件　高原机械　第1部分:高原对内燃动力机械的要求
140	GB/T 20969.2—2007	特殊环境条件　高原机械　第2部分:高原对工程机械的要求
141	GB/T 20969.3—2007	特殊环境条件　高原机械　第3部分:高原型工程机械选型、验收规范
142	GB/T 21014—2007	土方机械　计时表
143	GB/T 21152—2007	土方机械　轮胎式机器　制动系统的性能要求和试验方法
144	GB/T 21153—2007	土方机械　尺寸、性能和参数的单位与测量准确度
145	GB/T 21154—2007	土方机械　整机及其工作装置和部件的质量测量方法
146	GB/T 21155—2007	土方机械　前进和倒退音响报警　声响试验方法
147	GB/T 21156.1—2007	特殊环境条件　沙漠机械　第1部分:干热沙漠内燃动力机械
148	GB/T 21156.2—2007	特殊环境条件　沙漠机械　第2部分:干热沙漠工程机械
149	GB/T 1955—2008	建筑卷扬机
150	GB 2893—2008	安全色
151	GB 2894—2008	安全标志及其使用导则
152	GB/T 3811—2008	起重机设计规范
153	GB 3883.1—2008	手持式电动工具的安全　第一部分:通用要求
154	GB 3883.16—2008	手持式电动工具的安全　第二部分:钉钉机的专用要求
155	GB 3883.22—2008	手持式电动工具的安全　第二部分:开槽机的专用要求
156	GB/T 5013.5—2008	额定电压450/750V及以下橡皮绝缘电缆　第5部分:电梯电缆
157	GB/T 5031—2008	塔式起重机

（续）

序号	标 准 号	标 准 名 称
158	GB/T 5143—2008	工业车辆　护顶架　技术要求和试验方法
159	GB/T 5182—2008	叉车　货叉　技术要求和试验方法
160	GB 5226.1—2008	机械电气安全　机械电气设备　第1部分:通用技术条件
161	GB/T 5465.2—2008	电气设备用图形符号　第2部分:图形符号
162	GB/T 5898—2008	手持式非电类动力工具　噪声测量方法　工程法(2级)
163	GB/T 6068—2008	汽车起重机和轮胎起重机试验规范
164	GB/T 6375—2008	土方机械　牵引力测试方法
165	GB/T 6946—2008	钢丝绳铝合金压制接头
166	GB/T 6974.1—2008	起重机　术语　第1部分:通用术语
167	GB/T 6974.3—2008	起重机　术语　第3部分:塔式起重机
168	GB/T 7586—2008	液压挖掘机　试验方法
169	GB/T 8498—2008	土方机械　基本类型　识别、术语和定义
170	GB/T 8506—2008	平地机　试验方法
171	GB/T 8533—2008	小型砌块成型机
172	GB/T 8595—2008	土方机械　司机的操纵装置
173	GB/T 8910.4—2008	手持便携式动力工具　手柄振动测量方法　第4部分:砂轮机
174	GB/T 8910.5—2008	手持便携式动力工具　手柄振动测量方法　第5部分:建筑工程用路面破碎机和镐
175	GB/T 9139—2008	液压挖掘机　技术条件
176	GB/T 9465—2008	高空作业车
177	GB/T 10168—2008	土方机械　挖掘装载机　术语和商业规格
178	GB/T 10175.1—2008	土方机械　装载机和挖掘装载机　第1部分:额定工作载荷的计算和验证倾翻载荷计算值的测试方法
179	GB/T 10175.2—2008	土方机械　装载机和挖掘装载机　第2部分:掘起力和最大提升高度提升能力的测试方法
180	GB/T 13332—2008	土方机械　液压挖掘机和挖掘装载机　挖掘力的测定方法
181	GB/T 13751—2008	挖掘装载机　试验方法
182	GB/T 14917—2008	土方机械　维修服务用仪器
183	GB/T 16277—2008	沥青混凝土摊铺机
184	GB/T 16273.1—2008	设备用图形符号　第1部分:通用符号
185	GB 16754—2008	机械安全　急停　设计原则
186	GB/T 16755—2008	机械安全　安全标准的起草与表述规则
187	GB/T 16855.1—2008	机械安全　控制系统有关安全部件　第1部分:设计通则
188	GB/T 16856.1—2008	机械安全　风险评价　第1部分:原则
189	GB/T 16856.2—2008	机械安全　风险评价　第2部分:实施指南和方法举例
190	GB/T 17047—2008	混凝土制品机械　术语
191	GB/T 18224—2008	桥式抓斗卸船机安全规程
192	GB/T 18577.1—2008	土方机械　尺寸与符号的定义　第1部分:主机
193	GB/T 18577.2—2008	土方机械　尺寸与符号的定义　第2部分:工作装置和附属装置
194	GB/T 20969.4—2008	特殊环境条件　高原机械　第4部分:高原自然环境试验导则　内燃动力机械
195	GB/T 20969.5—2008	特殊环境条件　高原机械　第5部分:高原自然环境试验导则　工程机械
196	GB/T 21457—2008	起重机和相关设备　试验中参数的测量精度要求
197	GB/T 21458—2008	流动式起重机　额定起重量图表

（续）

序号	标 准 号	标 准 名 称
198	GB/T 21467—2008	工业车辆在门架前倾的特定条件下堆垛作业　附加稳定性试验
199	GB/T 21468—2008	托盘堆垛车和高起升平台堆垛车　稳定性试验
200	GB/T 21682—2008	旋挖钻机
201	GB/T 21934—2008	土方机械　沉头方颈螺栓
202	GB/T 21935—2008	土方机械　操纵的舒适区域与可及范围
203	GB/T 21936—2008	土方机械　安装在机器上的拖曳装置　性能要求
204	GB/T 21937—2008	土方机械　履带式和轮胎式推土机的推土铲　容量标定
205	GB/T 21938—2008	土方机械　液压挖掘机和挖掘装载机动臂下降控制装置　要求和试验
206	GB/T 21939—2008	土方机械　低速机器报警装置　超声波及其他系统
207	GB/T 21940—2008	土方机械　推土机、平地机和铲运机用刀片　主要形状和基本尺寸
208	GB/T 21941—2008	土方机械　液压挖掘机和挖掘装载机的反铲斗和抓铲斗　容量标定
209	GB/T 21942—2008	土方机械　装载机和正铲挖掘机的铲斗　容量标定
210	GB/T 22166—2008	非校准起重圆环链和吊链　使用和维护
211	GB/T 22242—2008	装修机械　术语
212	GB/T 22352—2008	土方机械　吊管机　术语和商业规格
213	GB/T 22353—2008	土方机械　电线和电缆　识别和标记通则
214	GB/T 22354—2008	土方机械　机器生产率　术语、符号和单位
215	GB/T 22355—2008	土方机械　铰接机架锁紧装置　性能要求
216	GB/T 22356—2008	土方机械　钥匙锁起动系统
217	GB/T 22357—2008	土方机械　机械挖掘机　术语
218	GB/T 22358—2008	土方机械　防护与贮存
219	GB/T 22359—2008	土方机械　电磁兼容性
220	GB 22361—2008	打桩设备安全规范
221	GB/T 22414—2008	起重机　速度和时间参数的测量
222	GB/T 22415—2008	起重机　对试验载荷的要求
223	GB/T 22416. 1—2008	起重机　维护　第 1 部分:总则
224	GB/T 22417—2008	叉车　货叉叉套和伸缩式货叉　技术性能和强度要求
225	GB/T 22418—2008	工业车辆　车辆自动功能的附加要求
226	GB/T 22419—2008	工业车辆　集装箱吊具和抓臂操作用指示灯技术要求
227	GB/T 22420—2008	两向和多向运行叉车　稳定性试验
228	GB/T 22437. 1—2008	起重机　载荷与载荷组合的设计原则　第 1 部分:总则
229	GB/T 22437. 3—2008	起重机　载荷与载荷组合的设计原则　第 3 部分:塔式起重机
230	GB/T 22664—2008	手持式电动工具　石材切割机
231	GB/T 22665. 1—2008	手持式电动工具手柄的振动测量方法　第 1 部分:电钻和冲击钻
232	GB/T 22665. 2—2008	手持式电动工具手柄的振动测量方法　第 2 部分:螺丝刀和冲击扳手
233	GB/T 22665. 3—2008	手持式电动工具手柄的振动测量方法　第 3 部分:砂轮机、抛光机和盘式砂光机
234	GB/T 22665. 4—2008	手持式电动工具手柄的振动测量方法　第 4 部分:非盘式砂光机和抛光机
235	GB/T 22665. 5—2008	手持式电动工具手柄的振动测量方法　第 5 部分:圆锯
236	GB/T 22665. 6—2008	手持式电动工具手柄的振动测量方法　第 6 部分:锤类工具
237	GB/T 5465. 1—2009	电气设备用图形符号　第 1 部分:概述与分类
238	GB 4053. 1—2009	固定式钢梯及平台安全要求　第 1 部分:钢直梯

（续）

序号	标 准 号	标 准 名 称
239	GB 4053.2—2009	固定式钢梯及平台安全要求　第2部分:钢斜梯
240	GB 4053.3—2009	固定式钢梯及平台安全要求　第3部分:工业防护栏杆及钢平台
241	GB/T 23577—2009	道路施工与养护机械设备　基本类型　识别与描述
242	GB/T 23578—2009	道路施工与养护机械设备　滑模摊铺机　术语和商业规格
243	GB/T 23579—2009	道路施工与养护机械设备　粉料撒布机　术语和商业规格
244	GB/T 23580—2009	连续搬运设备　安全规范　专用规则
245	GB 12602—2009	起重机械超载保护装置
246	GB 3883.18—2009	手持式电动工具的安全　第二部分:石材切割机的专用要求
247	GB/T 18874.4—2009	起重机　供需双方应提供的资料　第4部分:臂架起重机
248	GB/T 23720.1—2009	起重机　司机培训　第1部分:总则
249	GB/T 23721—2009	起重机　吊装工和指挥人员的培训
250	GB/T 23722—2009	起重机　司机(操作员)、吊装工、指挥人员和评审员的资格要求
251	GB/T 23723.1—2009	起重机　安全使用　第1部分:总则
252	GB/T 23724.1—2009	起重机　检查　第1部分:总则
253	GB/T 23725.1—2009	起重机　信息标牌　第1部分:总则
254	GB/T 24809.1—2009	起重机　对机构的要求　第1部分:总则
255	GB/T 24809.3—2009	起重机　对机构的要求　第3部分:塔式起重机
256	GB/T 24809.4—2009	起重机　对机构的要求　第4部分:臂架起重机
257	GB/T 24809.5—2009	起重机　对机构的要求　第5部分:桥式和门式起重机
258	GB/T 24810.1—2009	起重机　限制器和指示器　第1部分:总则
259	GB/T 24810.2—2009	起重机　限制器和指示器　第2部分:流动式起重机
260	GB/T 24810.3—2009	起重机　限制器和指示器　第3部分:塔式起重机
261	GB/T 24810.4—2009	起重机　限制器和指示器　第4部分:臂架起重机
262	GB/T 24810.5—2009	起重机　限制器和指示器　第5部分:桥式和门式起重机
263	GB/T 24811.1—2009	起重机和起重机械　钢丝绳选择　第1部分:总则
264	GB/T 24811.2—2009	起重机和起重机械　钢丝绳选择　第2部分:流动式起重机　利用系数
265	GB/T 24812—2009	4级链条用锻造环眼吊钩
266	GB/T 24813—2009	8级链条用锻造环眼吊钩
267	GB/T 24814—2009	起重用短环链　吊链等用4级普通精度链
268	GB/T 24815—2009	起重用短环链　吊链等用6级普通精度链
269	GB/T 24816—2009	起重用短环链　吊链等用8级普通精度链
270	GB/T 24817.1—2009	起重机械　控制装置布置形式和特性　第1部分:总则
271	GB/T 24817.3—2009	起重机械　控制装置布置形式和特性　第3部分:塔式起重机
272	GB/T 24817.4—2009	起重机械　控制装置布置形式和特性　第4部分:臂架起重机
273	GB/T 24817.5—2009	起重机械　控制装置布置形式和特性　第5部分:桥式和门
274	GB/T 24818.1—2009	起重机　通道及安全防护设施　第1部分:总则
275	GB/T 24818.3—2009	起重机　通道及安全防护设施　第3部分:塔式起重机
276	GB/T 24818.5—2009	起重机　通道及安全防护设施　第5部分:桥式和门式起重机

〔供稿人:中国工程机械工业协会标准化工作委员会李静〕

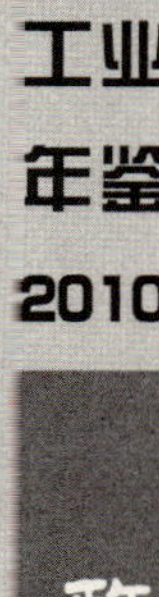

政策法规

记载对工程机械行业产生重要影响的政策法规

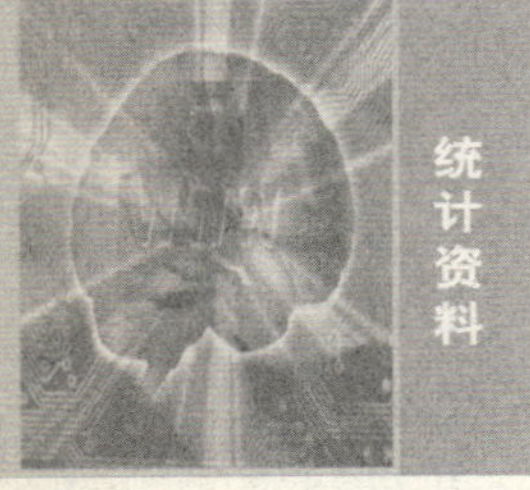

政策法规

中华人民共和国侵权责任法

（中华人民共和国主席令　第21号）

《中华人民共和国侵权责任法》已由中华人民共和国第十一届全国人民代表大会常务委员会第十二次会议于2009年12月26日通过，现予公布，自2010年7月1日起施行。

中华人民共和国侵权责任法

（2009年12月26日第十一届全国人民代表大会常务委员会第十二次会议通过）

目　录

第一章　一般规定

第一条　为保护民事主体的合法权益，明确侵权责任，预防并制裁侵权行为，促进社会和谐稳定，制定本法。

第二条　侵害民事权益，应当依照本法承担侵权责任。

本法所称民事权益，包括生命权、健康权、姓名权、名誉权、荣誉权、肖像权、隐私权、婚姻自主权、监护权、所有权、用益物权、担保物权、著作权、专利权、商标专用权、发现权、股权、继承权等人身、财产权益。

第三条　被侵权人有权请求侵权人承担侵权责任。

第四条　侵权人因同一行为应当承担行政责任或者刑事责任的，不影响依法承担侵权责任。

因同一行为应当承担侵权责任和行政责任、刑事责任，侵权人的财产不足以支付的，先承担侵权责任。

第五条　其他法律对侵权责任另有特别规定的，依照其规定。

第二章　责任构成和责任方式

第六条　行为人因过错侵害他人民事权益，应当承担侵权责任。

根据法律规定推定行为人有过错，行为人不能证明自己没有过错的，应当承担侵权责任。

第七条　行为人损害他人民事权益，不论行为人有无过错，法律规定应当承担侵权责任的，依照其规定。

第八条　二人以上共同实施侵权行为，造成他人损害的，应当承担连带责任。

第九条　教唆、帮助他人实施侵权行为的，应当与行为人承担连带责任。

教唆、帮助无民事行为能力人、限制民事行为能力人实施侵权行为的，应当承担侵权责任；该无民事行为能力人、限制民事行为能力人的监护人未尽到监护责任的，应当承担相应的责任。

第十条 二人以上实施危及他人人身、财产安全的行为，其中一人或者数人的行为造成他人损害，能够确定具体侵权人的，由侵权人承担责任；不能确定具体侵权人的，行为人承担连带责任。

第十一条 二人以上分别实施侵权行为造成同一损害，每个人的侵权行为都足以造成全部损害的，行为人承担连带责任。

第十二条 二人以上分别实施侵权行为造成同一损害，能够确定责任大小的，各自承担相应的责任；难以确定责任大小的，平均承担赔偿责任。

第十三条 法律规定承担连带责任的，被侵权人有权请求部分或者全部连带责任人承担责任。

第十四条 连带责任人根据各自责任大小确定相应的赔偿数额；难以确定责任大小的，平均承担赔偿责任。

支付超出自己赔偿数额的连带责任人，有权向其他连带责任人追偿。

第十五条 承担侵权责任的方式主要有：

（一）停止侵害；

（二）排除妨碍；

（三）消除危险；

（四）返还财产；

（五）恢复原状；

（六）赔偿损失；

（七）赔礼道歉；

（八）消除影响、恢复名誉。

以上承担侵权责任的方式，可以单独适用，也可以合并适用。

第十六条 侵害他人造成人身损害的，应当赔偿医疗费、护理费、交通费等为治疗和康复支出的合理费用，以及因误工减少的收入。造成残疾的，还应当赔偿残疾生活辅助具费和残疾赔偿金。造成死亡的，还应当赔偿丧葬费和死亡赔偿金。

第十七条 因同一侵权行为造成多人死亡的，可以以相同数额确定死亡赔偿金。

第十八条 被侵权人死亡的，其近亲属有权请求侵权人承担侵权责任。被侵权人为单位，该单位分立、合并的，承继权利的单位有权请求侵权人承担侵权责任。

被侵权人死亡的，支付被侵权人医疗费、丧葬费等合理费用的人有权请求侵权人赔偿费用，但侵权人已支付该费用的除外。

第十九条 侵害他人财产的，财产损失按照损失发生时的市场价格或者其他方式计算。

第二十条 侵害他人人身权益造成财产损失的，按照被侵权人因此受到的损失赔偿；被侵权人的损失难以确定，侵权人因此获得利益的，按照其获得的利益赔偿；侵权人因此获得的利益难以确定，被侵权人和侵权人就赔偿数额协商不一致，向人民法院提起诉讼的，由人民法院根据实际情况确定赔偿数额。

第二十一条 侵权行为危及他人人身、财产安全的，被侵权人可以请求侵权人承担停止侵害、排除妨碍、消除危险等侵权责任。

第二十二条 侵害他人人身权益，造成他人严重精神损害的，被侵权人可以请求精神损害赔偿。

第二十三条 因防止、制止他人民事权益被侵害而使自己受到损害的，由侵权人承担责任。侵权人逃逸或者无力承担责任，被侵权人请求补偿的，受益人应当给予适当补偿。

第二十四条 受害人和行为人对损害的发生都没有过错的，可以根据实际情况，由双方分担损失。

第二十五条 损害发生后，当事人可以协商赔偿费用的支付方式。协商不一致的，赔偿费用应当一次性支付；一次性支付确有困难的，可以分期支付，但应当提供相应的担保。

第三章 不承担责任和减轻责任的情形

第二十六条 被侵权人对损害的发生也有过错的，可以减轻侵权人的责任。

第二十七条 损害是因受害人故意造成的，行为人不承担责任。

第二十八条 损害是因第三人造成的，第三人应当承担侵权责任。

第二十九条 因不可抗力造成他人损害的，不承担责任。法律另有规定的，依照其规定。

第三十条 因正当防卫造成损害的，不承担责任。正当防卫超过必要的限度，造成不应有的损害的，正当防卫人应当承担适当的责任。

第三十一条 因紧急避险造成损害的，由引起险情发生的人承担责任。如果危险是由自然原因引起的，紧急避险人不承担责任或者给予适当补偿。紧急避险采取措施不当或者超过必要的限度，造成不应有的损害的，紧急避险人应当承担适当的责任。

第四章 关于责任主体的特殊规定

第三十二条 无民事行为能力人、限制民事行为能力人造成他人损害的，由监护人承担侵权责任。监护人尽到监护责任的，可以减轻其侵权责任。

有财产的无民事行为能力人、限制民事行为能力人造成他人损害的，从本人财产中支付赔偿费用。不足部分，由监护人赔偿。

第三十三条 完全民事行为能力人对自己的行为暂时没有意识或者失去控制造成他人损害有过错的，应当承担侵权责任；没有过错的，根据行为人的经济状况对受害人适当补偿。

完全民事行为能力人因醉酒、滥用麻醉药品或者精神药品对自己的行为暂时没有意识或者失去控制造成他人损害的，应当承担侵权责任。

第三十四条 用人单位的工作人员因执行工作任务造成他人损害的，由用人单位承担侵权责任。

劳务派遣期间，被派遣的工作人员因执行工作任务造成他人损害的，由接受劳务派遣的用工单位承担侵权责任；劳务派遣单位有过错的，承担相应的补充责任。

第三十五条 个人之间形成劳务关系，提供劳务一方因劳务造成他人损害的，由接受劳务一方承担侵权责任。提供劳务一方因劳务自己受到损害的，根据双方各自的过错承担相应的责任。

第三十六条 网络用户、网络服务提供者利用网络侵害他人民事权益的，应当承担侵权责任。

网络用户利用网络服务实施侵权行为的，被侵权人有权通知网络服务提供者采取删除、屏蔽、断开链接等必要措施。网络服务提供者接到通知后未及时采取必要措施的，对损害的扩大部分与该网络用户承担连带责任。

网络服务提供者知道网络用户利用其网络服务侵害他人民事权益，未采取必要措施的，与该网络用户承担连带责任。

第三十七条 宾馆、商场、银行、车站、娱乐场所等公共场所的管理人或者群众性活动的组织者，未尽到安全保障义务，造成他人损害的，应当承担侵权责任。

因第三人的行为造成他人损害的，由第三人承担侵权责任；管理人或者组织者未尽到安全保障义务的，承担相应的补充责任。

第三十八条 无民事行为能力人在幼儿园、学校或者其他教育机构学习、生活期间受到人身损害的，幼儿园、学校或者其他教育机构应当承担责任，但能够证明尽到教育、管理职责的，不承担责任。

第三十九条 限制民事行为能力人在学校或者其他教育机构学习、生活期间受到人身损害，学校或者其他教育机构未尽到教育、管理职责的，应当承担责任。

第四十条 无民事行为能力人或者限制民事行为能力人在幼儿园、学校或者其他教育机构学习、生活期间，受到幼儿园、学校或者其他教育机构以外的人员人身损害的，由侵权人承担侵权责任；幼儿园、学校或者其他教育机构未尽到管理职责的，承担相应的补充责任。

第五章 产 品 责 任

第四十一条 因产品存在缺陷造成他人损害的，生产者应当承担侵权责任。

第四十二条 因销售者的过错使产品存在缺陷，造成他人损害的，销售者应当承担侵权责任。

销售者不能指明缺陷产品的生产者也不能指

明缺陷产品的供货者的，销售者应当承担侵权责任。

第四十三条 因产品存在缺陷造成损害的，被侵权人可以向产品的生产者请求赔偿，也可以向产品的销售者请求赔偿。

产品缺陷由生产者造成的，销售者赔偿后，有权向生产者追偿。

因销售者的过错使产品存在缺陷的，生产者赔偿后，有权向销售者追偿。

第四十四条 因运输者、仓储者等第三人的过错使产品存在缺陷，造成他人损害的，产品的生产者、销售者赔偿后，有权向第三人追偿。

第四十五条 因产品缺陷危及他人人身、财产安全的，被侵权人有权请求生产者、销售者承担排除妨碍、消除危险等侵权责任。

第四十六条 产品投入流通后发现存在缺陷的，生产者、销售者应当及时采取警示、召回等补救措施。未及时采取补救措施或者补救措施不力造成损害的，应当承担侵权责任。

第四十七条 明知产品存在缺陷仍然生产、销售，造成他人死亡或者健康严重损害的，被侵权人有权请求相应的惩罚性赔偿。

第六章 机动车交通事故责任

第四十八条 机动车发生交通事故造成损害的，依照道路交通安全法的有关规定承担赔偿责任。

第四十九条 因租赁、借用等情形机动车所有人与使用人不是同一人时，发生交通事故后属于该机动车一方责任的，由保险公司在机动车强制保险责任限额范围内予以赔偿。不足部分，由机动车使用人承担赔偿责任；机动车所有人对损害的发生有过错的，承担相应的赔偿责任。

第五十条 当事人之间已经以买卖等方式转让并交付机，动车但未办理所有权转移登记，发生交通事故后属于该机动车一方责任的，由保险公司在机动车强制保险责任限额范围内予以赔偿。不足部分，由受让人承担赔偿责任。

第五十一条 以买卖等方式转让拼装或者已达到报废标准的机动车，发生交通事故造成损害的，由转让人和受让人承担连带责任。

第五十二条 盗窃、抢劫或者抢夺的机动车发生交通事故造成损害的，由盗窃人、抢劫人或者抢夺人承担赔偿责任。保险公司在机动车强制保险责任限额范围内垫付抢救费用的，有权向交通事故责任人追偿。

第五十三条 机动车驾驶人发生交通事故后逃逸，该机动车参加强制保险的，由保险公司在机动车强制保险责任限额范围内予以赔偿；机动车不明或者该机动车未参加强制保险，需要支付被侵权人人身伤亡的抢救、丧葬等费用的，由道路交通事故社会救助基金垫付。道路交通事故社会救助基金垫付后，其管理机构有权向交通事故责任人追偿。

第七章 医疗损害责任

第五十四条 患者在诊疗活动中受到损害，医疗机构及其医务人员有过错的，由医疗机构承担赔偿责任。

第五十五条 医务人员在诊疗活动中应当向患者说明病情和医疗措施。需要实施手术、特殊检查、特殊治疗的，医务人员应当及时向患者说明医疗风险、替代医疗方案等情况，并取得其书面同意；不宜向患者说明的，应当向患者的近亲属说明，并取得其书面同意。

医务人员未尽到前款义务，造成患者损害的，医疗机构应当承担赔偿责任。

第五十六条 因抢救生命垂危的患者等紧急情况，不能取得患者或者其近亲属意见的，经医疗机构负责人或者授权的负责人批准，可以立即实施相应的医疗措施。

第五十七条 医务人员在诊疗活动中未尽到与当时的医疗水平相应的诊疗义务，造成患者损害的，医疗机构应当承担赔偿责任。

第五十八条 患者有损害，因下列情形之一的，推定医疗机构有过错：

（一）违反法律、行政法规、规章以及其他有关诊疗规范的规定；

（二）隐匿或者拒绝提供与纠纷有关的病历资料；

（三）伪造、篡改或者销毁病历资料。

第五十九条 因药品、消毒药剂、医疗器械的缺陷，或者输入不合格的血液造成患者损害的，患者可以向生产者或者血液提供机构请求赔偿，也可以向医疗机构请求赔偿。患者向医疗机构请求赔偿的，医疗机构赔偿后，有权向负有责任的生产者或者血液提供机构追偿。

第六十条 患者有损害，因下列情形之一的，医疗机构不承担赔偿责任：

（一）患者或者其近亲属不配合医疗机构进行符合诊疗规范的诊疗；

（二）医务人员在抢救生命垂危的患者等紧急情况下已经尽到合理诊疗义务；

（三）限于当时的医疗水平难以诊疗。

前款第一项情形中，医疗机构及其医务人员也有过错的，应当承担相应的赔偿责任。

第六十一条 医疗机构及其医务人员应当按照规定填写并妥善保管住院志、医嘱单、检验报告、手术及麻醉记录、病理资料、护理记录、医疗费用等病历资料。

患者要求查阅、复制前款规定的病历资料的，医疗机构应当提供。

第六十二条 医疗机构及其医务人员应当对患者的隐私保密。泄露患者隐私或者未经患者同意公开其病历资料，造成患者损害的，应当承担侵权责任。

第六十三条 医疗机构及其医务人员不得违反诊疗规范实施不必要的检查。

第六十四条 医疗机构及其医务人员的合法权益受法律保护。干扰医疗秩序，妨害医务人员工作、生活的，应当依法承担法律责任。

第八章　环境污染责任

第六十五条 因污染环境造成损害的，污染者应当承担侵权责任。

第六十六条 因污染环境发生纠纷，污染者应当就法律规定的不承担责任或者减轻责任的情形及其行为与损害之间不存在因果关系承担举证责任。

第六十七条 两个以上污染者污染环境，污染者承担责任的大小，根据污染物的种类、排放量等因素确定。

第六十八条 因第三人的过错污染环境造成损害的，被侵权人可以向污染者请求赔偿，也可以向第三人请求赔偿。污染者赔偿后，有权向第三人追偿。

第九章　高度危险责任

第六十九条 从事高度危险作业造成他人损害的，应当承担侵权责任。

第七十条 民用核设施发生核事故造成他人损害的，民用核设施的经营者应当承担侵权责任，但能够证明损害是因战争等情形或者受害人故意造成的，不承担责任。

第七十一条 民用航空器造成他人损害的，民用航空器的经营者应当承担侵权责任，但能够证明损害是因受害人故意造成的，不承担责任。

第七十二条 占有或者使用易燃、易爆、剧毒、放射性等高度危险物造成他人损害的，占有人或者使用人应当承担侵权责任，但能够证明损害是因受害人故意或者不可抗力造成的，不承担责任。被侵权人对损害的发生有重大过失的，可以减轻占有人或者使用人的责任。

第七十三条 从事高空、高压、地下挖掘活动或者使用高速轨道运输工具造成他人损害的，经营者应当承担侵权责任，但能够证明损害是因受害人故意或者不可抗力造成的，不承担责任。被侵权人对损害的发生有过失的，可以减轻经营者的责任。

第七十四条 遗失、抛弃高度危险物造成他人损害的，由所有人承担侵权责任。所有人将高度危险物交由他人管理的，由管理人承担侵权责任；所有人有过错的，与管理人承担连带责任。

第七十五条 非法占有高度危险物造成他人损害的，由非法占有人承担侵权责任。所有人、管理人不能证明对防止他人非法占有尽到高度注意义务的，与非法占有人承担连带责任。

第七十六条 未经许可进入高度危险活动区域或者高度危险物存放区域受到损害，管理人已经采取安全措施并尽到警示义务的，可以减轻或者不承担责任。

第七十七条 承担高度危险责任，法律规定赔偿限额的，依照其规定。

第十章 饲养动物损害责任

第七十八条 饲养的动物造成他人损害的，动物饲养人或者管理人应当承担侵权责任，但能够证明损害是因被侵权人故意或者重大过失造成的，可以不承担或者减轻责任。

第七十九条 违反管理规定，未对动物采取安全措施造成他人损害的，动物饲养人或者管理人应当承担侵权责任。

第八十条 禁止饲养的烈性犬等危险动物造成他人损害的，动物饲养人或者管理人应当承担侵权责任。

第八十一条 动物园的动物造成他人损害的，动物园应当承担侵权责任，但能够证明尽到管理职责的，不承担责任。

第八十二条 遗弃、逃逸的动物在遗弃、逃逸期间造成他人损害的，由原动物饲养人或者管理人承担侵权责任。

第八十三条 因第三人的过错致使动物造成他人损害的，被侵权人可以向动物饲养人或者管理人请求赔偿，也可以向第三人请求赔偿。动物饲养人或者管理人赔偿后，有权向第三人追偿。

第八十四条 饲养动物应当遵守法律，尊重社会公德，不得妨害他人生活。

第十一章 物件损害责任

第八十五条 建筑物、构筑物或者其他设施及其搁置物、悬挂物发生脱落、坠落造成他人损害，所有人、管理人或者使用人不能证明自己没有过错的，应当承担侵权责任。所有人、管理人或者使用人赔偿后，有其他责任人的，有权向其他责任人追偿。

第八十六条 建筑物、构筑物或者其他设施倒塌造成他人损害的，由建设单位与施工单位承担连带责任。建设单位、施工单位赔偿后，有其他责任人的，有权向其他责任人追偿。

因其他责任人的原因，建筑物、构筑物或者其他设施倒塌造成他人损害的，由其他责任人承担侵权责任。

第八十七条 从建筑物中抛掷物品或者从建筑物上坠落的物品造成他人损害，难以确定具体侵权人的，除能够证明自己不是侵权人的外，由可能加害的建筑物使用人给予补偿。

第八十八条 堆放物倒塌造成他人损害，堆放人不能证明自己没有过错的，应当承担侵权责任。

第八十九条 在公共道路上堆放、倾倒、遗撒妨碍通行的物品造成他人损害的，有关单位或者个人应当承担侵权责任。

第九十条 因林木折断造成他人损害，林木的所有人或者管理人不能证明自己没有过错的，应当承担侵权责任。

第九十一条 在公共场所或者道路上挖坑、修缮安装地下设施等，没有设置明显标志和采取安全措施造成他人损害的，施工人应当承担侵权责任。

窨井等地下设施造成他人损害，管理人不能证明尽到管理职责的，应当承担侵权责任。

第十二章 附 则

第九十二条 本法自 2010 年 7 月 1 日起施行。

中华人民共和国可再生能源法(修正案)

（中华人民共和国主席令　第23号）

《全国人民代表大会常务委员会关于修改〈中华人民共和国可再生能源法〉的决定》已由中华人民共和国第十一届全国人民代表大会常务委员会第十二次会议于2009年12月26日通过，现予公布，自2010年4月1日起施行。

中华人民共和国可再生能源法(修正案)

（2005年2月28日第十届全国人民代表大会常务委员会第十四次会议通过，根据2009年12月26日第十一届全国人民代表大会常务委员会第十二次会议《关于修改〈中华人民共和国可再生能源法〉的决定》修正）

目　　录

第一章　总　　则

第一条　为了促进可再生能源的开发利用，增加能源供应，改善能源结构，保障能源安全，保护环境，实现经济社会的可持续发展，制定本法。

第二条　本法所称可再生能源，是指风能、太阳能、水能、生物质能、地热能、海洋能等非化石能源。

水力发电对本法的适用，由国务院能源主管部门规定，报国务院批准。

通过低效率炉灶直接燃烧方式利用秸秆、薪柴、粪便等，不适用本法。

第三条　本法适用于中华人民共和国领域和管辖的其他海域。

第四条　国家将可再生能源的开发利用列为能源发展的优先领域，通过制定可再生能源开发利用总量目标和采取相应措施，推动可再生能源市场的建立和发展。

国家鼓励各种所有制经济主体参与可再生能源的开发利用，依法保护可再生能源开发利用者的合法权益。

第五条　国务院能源主管部门对全国可再生能源的开发利用实施统一管理。国务院有关部门在各自的职责范围内负责有关的可再生能源开发利用管理工作。

县级以上地方人民政府管理能源工作的部门负责本行政区域内可再生能源开发利用的管理工作。县级以上地方人民政府有关部门在各自的职责范围内负责有关的可再生能源开发利用管理工作。

第二章　资源调查与发展规划

第六条　国务院能源主管部门负责组织和协调全国可再生能源资源的调查，并会同国务院有关部门组织制定资源调查的技术规范。

国务院有关部门在各自的职责范围内负责相

关可再生能源资源的调查，调查结果报国务院能源主管部门汇总。

可再生能源资源的调查结果应当公布；但是，国家规定需要保密的内容除外。

第七条 国务院能源主管部门根据全国能源需求与可再生能源资源实际状况，制定全国可再生能源开发利用中长期总量目标，报国务院批准后执行，并予公布。

国务院能源主管部门根据前款规定的总量目标和省、自治区、直辖市经济发展与可再生能源资源实际状况，会同省、自治区、直辖市人民政府确定各行政区域可再生能源开发利用中长期目标，并予公布。

第八条 国务院能源主管部门会同国务院有关部门，根据全国可再生能源开发利用中长期总量目标和可再生能源技术发展状况，编制全国可再生能源开发利用规划，报国务院批准后实施。

国务院有关部门应当制定有利于促进全国可再生能源开发利用中长期总量目标实现的相关规划。

省、自治区、直辖市人民政府管理能源工作的部门会同本级人民政府有关部门，依据全国可再生能源开发利用规划和本行政区域可再生能源开发利用中长期目标，编制本行政区域可再生能源开发利用规划，经本级人民政府批准后，报国务院能源主管部门和国家电力监管机构备案，并组织实施。

经批准的规划应当公布；但是，国家规定需要保密的内容除外。

经批准的规划需要修改的，须经原批准机关批准。

第九条 编制可再生能源开发利用规划，应当遵循因地制宜、统筹兼顾、合理布局、有序发展的原则，对风能、太阳能、水能、生物质能、地热能、海洋能等可再生能源的开发利用作出统筹安排。规划内容应当包括发展目标、主要任务、区域布局、重点项目、实施进度、配套电网建设、服务体系和保障措施等。

组织编制机关应当征求有关单位、专家和公众的意见，进行科学论证。

第三章 产业指导与技术支持

第十条 国务院能源主管部门根据全国可再生能源开发利用规划，制定、公布可再生能源产业发展指导目录。

第十一条 国务院标准化行政主管部门应当制定、公布国家可再生能源电力的并网技术标准和其他需要在全国范围内统一技术要求的有关可再生能源技术和产品的国家标准。

对前款规定的国家标准中未作规定的技术要求，国务院有关部门可以制定相关的行业标准，并报国务院标准化行政主管部门备案。

第十二条 国家将可再生能源开发利用的科学技术研究和产业化发展列为科技发展与高技术产业发展的优先领域，纳入国家科技发展规划和高技术产业发展规划，并安排资金支持可再生能源开发利用的科学技术研究、应用示范和产业化发展，促进可再生能源开发利用的技术进步，降低可再生能源产品的生产成本，提高产品质量。

国务院教育行政部门应当将可再生能源知识和技术纳入普通教育、职业教育课程。

第四章 推广与应用

第十三条 国家鼓励和支持可再生能源并网发电。

建设可再生能源并网发电项目，应当依照法律和国务院的规定取得行政许可或者报送备案。

建设应当取得行政许可的可再生能源并网发电项目，有多人申请同一项目许可的，应当依法通过招标确定被许可人。

第十四条 国家实行可再生能源发电全额保障性收购制度。

国务院能源主管部门会同国家电力监管机构和国务院财政部门，按照全国可再生能源开发利用规划，确定在规划期内应当达到的可再生能源发电量占全部发电量的比重，制定电网企业优先调度和全额收购可再生能源发电的具体办法，并由国务院能源主管部门会同国家电力监管机构在年度中督促落实。

电网企业应当与按照可再生能源开发利用规划建设,依法取得行政许可或者报送备案的可再生能源发电企业签订并网协议,全额收购其电网覆盖范围内符合并网技术标准的可再生能源并网发电项目的上网电量。发电企业有义务配合电网企业保障电网安全。

电网企业应当加强电网建设,扩大可再生能源电力配置范围,发展和应用智能电网、储能等技术,完善电网运行管理,提高吸纳可再生能源电力的能力,为可再生能源发电提供上网服务。

第十五条 国家扶持在电网未覆盖的地区建设可再生能源独立电力系统,为当地生产和生活提供电力服务。

第十六条 国家鼓励清洁、高效地开发利用生物质燃料,鼓励发展能源作物。

利用生物质资源生产的燃气和热力,符合城市燃气管网、热力管网的入网技术标准的,经营燃气管网、热力管网的企业应当接收其入网。

国家鼓励生产和利用生物液体燃料。石油销售企业应当按照国务院能源主管部门或者省级人民政府的规定,将符合国家标准的生物液体燃料纳入其燃料销售体系。

第十七条 国家鼓励单位和个人安装和使用太阳能热水系统、太阳能供热采暖和制冷系统、太阳能光伏发电系统等太阳能利用系统。

国务院建设行政主管部门会同国务院有关部门制定太阳能利用系统与建筑结合的技术经济政策和技术规范。

房地产开发企业应当根据前款规定的技术规范,在建筑物的设计和施工中,为太阳能利用提供必备条件。

对已建成的建筑物,住户可以在不影响其质量与安全的前提下安装符合技术规范和产品标准的太阳能利用系统;但是,当事人另有约定的除外。

第十八条 国家鼓励和支持农村地区的可再生能源开发利用。

县级以上地方人民政府管理能源工作的部门会同有关部门,根据当地经济社会发展、生态保护和卫生综合治理需要等实际情况,制定农村地区可再生能源发展规划,因地制宜地推广应用沼气等生物质资源转化、户用太阳能、小型风能、小型水能等技术。

县级以上人民政府应当对农村地区的可再生能源利用项目提供财政支持。

第五章　价格管理与费用补偿

第十九条 可再生能源发电项目的上网电价,由国务院价格主管部门根据不同类型可再生能源发电的特点和不同地区的情况,按照有利于促进可再生能源开发利用和经济合理的原则确定,并根据可再生能源开发利用技术的发展适时调整。上网电价应当公布。

依照本法第十三条第三款规定实行招标的可再生能源发电项目的上网电价,按照中标确定的价格执行;但是,不得高于依照前款规定确定的同类可再生能源发电项目的上网电价水平。

第二十条 电网企业依照本法第十九条规定确定的上网电价收购可再生能源电量所发生的费用,高于按照常规能源发电平均上网电价计算所发生费用之间的差额,由在全国范围对销售电量征收可再生能源电价附加补偿。

第二十一条 电网企业为收购可再生能源电量而支付的合理的接网费用以及其他合理的相关费用,可以计入电网企业输电成本,并从销售电价中回收。

第二十二条 国家投资或者补贴建设的公共可再生能源独立电力系统的销售电价,执行同一地区分类销售电价,其合理的运行和管理费用超出销售电价的部分,依照本法第二十条的规定补偿。

第二十三条 进入城市管网的可再生能源热力和燃气的价格,按照有利于促进可再生能源开发利用和经济合理的原则,根据价格管理权限确定。

第六章　经济激励与监督措施

第二十四条 国家财政设立可再生能源发展

基金，资金来源包括国家财政年度安排的专项资金和依法征收的可再生能源电价附加收入等。

可再生能源发展基金用于补偿本法第二十条、第二十二条规定的差额费用，并用于支持以下事项：

（一）可再生能源开发利用的科学技术研究、标准制定和示范工程；

（二）农村、牧区的可再生能源利用项目；

（三）偏远地区和海岛可再生能源独立电力系统建设；

（四）可再生能源的资源勘查、评价和相关信息系统建设；

（五）促进可再生能源开发利用设备的本地化生产。

本法第二十一条规定的接网费用以及其他相关费用，电网企业不能通过销售电价回收的，可以申请可再生能源发展基金补助。

可再生能源发展基金征收使用管理的具体办法，由国务院财政部门会同国务院能源、价格主管部门制定。

第二十五条 对列入国家可再生能源产业发展指导目录、符合信贷条件的可再生能源开发利用项目，金融机构可以提供有财政贴息的优惠贷款。

第二十六条 国家对列入可再生能源产业发展指导目录的项目给予税收优惠。具体办法由国务院规定。

第二十七条 电力企业应当真实、完整地记载和保存可再生能源发电的有关资料，并接受电力监管机构的检查和监督。

电力监管机构进行检查时，应当依照规定的程序进行，并为被检查单位保守商业秘密和其他秘密。

第七章 法律责任

第二十八条 国务院能源主管部门和县级以上地方人民政府管理能源工作的部门和其他有关部门在可再生能源开发利用监督管理工作中，违反本法规定，有下列行为之一的，由本级人民政府或者上级人民政府有关部门责令改正，对负有责任的主管人员和其他直接责任人员依法给予行政处分；构成犯罪的，依法追究刑事责任：

（一）不依法作出行政许可决定的；

（二）发现违法行为不予查处的；

（三）有不依法，履行监督管理职责的其他行为的。

第二十九条 违反本法第十四条规定，电网企业未按照规定完成收购可再生能源电量，造成可再生能源发电企业经济损失的，应当承担赔偿责任，并由国家电力监管机构责令限期改正；拒不改正的，处以可再生能源发电企业经济损失额一倍以下的罚款。

第三十条 违反本法第十六条第二款规定，经营燃气管网、热力管网，的企业不准许符合入网技术标准的燃气、热力入网，造成燃气、热力生产企业经济损失的，应当承担赔偿责任，并由省级人民政府管理能源工作的部门责令限期改正；拒不改正的，处以燃气、热力生产企业经济损失额一倍以下的罚款。

第三十一条 违反本法第十六条第三款规定，石油销售企业未按照规定将符合国家标准的生物液体燃料纳入其燃料销售体系，造成生物液体燃料生产企业经济损失的，应当承担赔偿责任，并由国务院能源主管部门或者省级人民政府管理能源工作的部门责令限期改正；拒不改正的，处以生物液体燃料生产企业经济损失额一倍以下的罚款。

第八章 附 则

第三十二条 本法中下列用语的含义：

（一）生物质能，是指利用自然界的植物、粪便以及城乡有机废物转化成的能源。

（二）可再生能源独立电力系统，是指不与电网连接的单独运行的可再生能源电力系统。

（三）能源作物，是指经专门种植，用以提供能源原料的草本和木本植物。

（四）生物液体燃料，是指利用生物质资源生产的甲醇、乙醇和生物柴油等液体燃料。

第三十三条 本法自 2006 年 1 月 1 日起施行。

中华人民共和国保守国家秘密法

（中华人民共和国主席令　第28号）

《中华人民共和国保守国家秘密法》已由中华人民共和国第十一届全国人民代表大会常务委员会第十四次会议于2010年4月29日修订通过，现将修订后的《中华人民共和国保守国家秘密法》公布，自2010年10月1日起施行。

中华人民共和国保守国家秘密法

（1988年9月5日第七届全国人民代表大会常务委员会第三次会议通过 2010年4月29日第十一届全国人民代表大会常务委员会第十四次会议修订）

目　录

第一章　总　则

第一条　为了保守国家秘密，维护国家安全和利益，保障改革开放和社会主义建设事业的顺利进行，制定本法。

第二条　国家秘密是关系国家安全和利益，依照法定程序确定，在一定时间内只限一定范围的人员知悉的事项。

第三条　国家秘密受法律保护。

一切国家机关、武装力量、政党、社会团体、企业事业单位和公民都有保守国家秘密的义务。

任何危害国家秘密安全的行为，都必须受到法律追究。

第四条　保守国家秘密的工作（以下简称保密工作），实行积极防范、突出重点、依法管理的方针，既确保国家秘密安全，又便利信息资源合理利用。

法律、行政法规规定公开的事项，应当依法公开。

第五条　国家保密行政管理部门主管全国的保密工作。县级以上地方各级保密行政管理部门主管本行政区域的保密工作。

第六条　国家机关和涉及国家秘密的单位（以下简称机关、单位）管理本机关和本单位的保密工作。

中央国家机关在其职权范围内，管理或者指导本系统的保密工作。

第七条　机关、单位应当实行保密工作责任制，健全保密管理制度，完善保密防护措施，开展保密宣传教育，加强保密检查。

第八条　国家对在保守、保护国家秘密以及改进保密技术、措施等方面成绩显著的单位或者个人给予奖励。

第二章　国家秘密的范围和密级

第九条　下列涉及国家安全和利益的事项，泄露后可能损害国家在政治、经济、国防、外交等领域的安全和利益的，应当确定为国家秘密：

（一）国家事务重大决策中的秘密事项；

（二）国防建设和武装力量活动中的秘密事项；

（三）外交和外事活动中的秘密事项以及对外承担保密义务的秘密事项；

（四）国民经济和社会发展中的秘密事项；

（五）科学技术中的秘密事项；

（六）维护国家安全活动和追查刑事犯罪中的秘密事项；

（七）经国家保密行政管理部门确定的其他秘密事项。

政党的秘密事项中符合前款规定的，属于国家秘密。

第十条 国家秘密的密级分为绝密、机密、秘密三级。

绝密级国家秘密是最重要的国家秘密，泄露会使国家安全和利益遭受特别严重的损害；机密级国家秘密是重要的国家秘密，泄露会使国家安全和利益遭受严重的损害；秘密级国家秘密是一般的国家秘密，泄露会使国家安全和利益遭受损害。

第十一条 国家秘密及其密级的具体范围，由国家保密行政管理部门分别会同外交、公安、国家安全和其他中央有关机关规定。

军事方面的国家秘密及其密级的具体范围，由中央军事委员会规定。

国家秘密及其密级的具体范围的规定，应当在有关范围内公布，并根据情况变化及时调整。

第十二条 机关、单位负责人及其指定的人员为定密责任人，负责本机关、本单位的国家秘密确定、变更和解除工作。

机关、单位确定、变更和解除本机关、本单位的国家秘密，应当由承办人提出具体意见，经定密责任人审核批准。

第十三条 确定国家秘密的密级，应当遵守定密权限。

中央国家机关、省级机关及其授权的机关、单位可以确定绝密级、机密级和秘密级国家秘密；设区的市、自治州一级的机关及其授权的机关、单位可以确定机密级和秘密级国家秘密。具体的定密权限、授权范围由国家保密行政管理部门规定。

机关、单位执行上级确定的国家秘密事项，需要定密的，根据所执行的国家秘密事项的密级确定。下级机关、单位认为本机关、本单位产生的有关定密事项属于上级机关、单位的定密权限，应当先行采取保密措施，并立即报请上级机关、单位确定；没有上级机关、单位的，应当立即提请有相应定密权限的业务主管部门或者保密行政管理部门确定。

公安、国家安全机关在其工作范围内按照规定的权限确定国家秘密的密级。

第十四条 机关、单位对所产生的国家秘密事项，应当按照国家秘密及其密级的具体范围的规定确定密级，同时确定保密期限和知悉范围。

第十五条 国家秘密的保密期限，应当根据事项的性质和特点，按照维护国家安全和利益的需要，限定在必要的期限内；不能确定期限的，应当确定解密的条件。

国家秘密的保密期限，除另有规定外，绝密级不超过三十年，机密级不超过二十年，秘密级不超过十年。

机关、单位应当根据工作需要，确定具体的保密期限、解密时间或者解密条件。

机关、单位对在决定和处理有关事项工作过程中确定需要保密的事项，根据工作需要决定公开的，正式公布时即视为解密。

第十六条 国家秘密的知悉范围，应当根据工作需要限定在最小范围。

国家秘密的知悉范围能够限定到具体人员的，限定到具体人员；不能限定到具体人员的，限定到机关、单位，由机关、单位限定到具体人员。

国家秘密的知悉范围以外的人员，因工作需要知悉国家秘密的，应当经过机关、单位负责人批准。

第十七条 机关、单位对承载国家秘密的纸介质、光介质、电磁介质等载体（以下简称国家秘密载体）以及属于国家秘密的设备、产品，应当做出国家秘密标志。

不属于国家秘密的，不应当做出国家秘密标志。

第十八条 国家秘密的密级、保密期限和知悉范围,应当根据情况变化及时变更。国家秘密的密级、保密期限和知悉范围的变更,由原定密机关、单位决定,也可以由其上级机关决定。

国家秘密的密级、保密期限和知悉范围变更的,应当及时书面通知知悉范围内的机关、单位或者人员。

第十九条 国家秘密的保密期限已满的,自行解密。

机关、单位应当定期审核所确定的国家秘密。对在保密期限内因保密事项范围调整不再作为国家秘密事项,或者公开后不会损害国家安全和利益,不需要继续保密的,应当及时解密;对需要延长保密期限的,应当在原保密期限届满前重新确定保密期限。提前解密或者延长保密期限的,由原定密机关、单位决定,也可以由其上级机关决定。

第二十条 机关、单位对是否属于国家秘密或者属于何种密级不明确或者有争议的,由国家保密行政管理部门或者省、自治区、直辖市保密行政管理部门确定。

第三章 保密制度

第二十一条 国家秘密载体的制作、收发、传递、使用、复制、保存、维修和销毁,应当符合国家保密规定。

绝密级国家秘密载体应当在符合国家保密标准的设施、设备中保存,并指定专人管理;未经原定密机关、单位或者其上级机关批准,不得复制和摘抄;收发、传递和外出携带,应当指定人员负责,并采取必要的安全措施。

第二十二条 属于国家秘密的设备、产品的研制、生产、运输、使用、保存、维修和销毁,应当符合国家保密规定。

第二十三条 存储、处理国家秘密的计算机信息系统(以下简称涉密信息系统)按照涉密程度实行分级保护。

涉密信息系统应当按照国家保密标准配备保密设施、设备。保密设施、设备应当与涉密信息系统同步规划,同步建设,同步运行。

涉密信息系统应当按照规定,经检查合格后,方可投入使用。

第二十四条 机关、单位应当加强对涉密信息系统的管理,任何组织和个人不得有下列行为:

(一)将涉密计算机、涉密存储设备接入互联网及其他公共信息网络;

(二)在未采取防护措施的情况下,在涉密信息系统与互联网及其他公共信息网络之间进行信息交换;

(三)使用非涉密计算机、非涉密存储设备存储、处理国家秘密信息;

(四)擅自卸载、修改涉密信息系统的安全技术程序、管理程序;

(五)将未经安全技术处理的退出使用的涉密计算机、涉密存储设备赠送、出售、丢弃或者改作其他用途。

第二十五条 机关、单位应当加强对国家秘密载体的管理,任何组织和个人不得有下列行为:

(一)非法获取、持有国家秘密载体;

(二)买卖、转送或者私自销毁国家秘密载体;

(三)通过普通邮政、快递等无保密措施的渠道传递国家秘密载体;

(四)邮寄、托运国家秘密载体出境;

(五)未经有关主管部门批准,携带、传递国家秘密载体出境。

第二十六条 禁止非法复制、记录、存储国家秘密。

禁止在互联网及其他公共信息网络或者未采取保密措施的有线和无线通信中传递国家秘密。

禁止在私人交往和通信中涉及国家秘密。

第二十七条 报刊、图书、音像制品、电子出版物的编辑、出版、印制、发行,广播节目、电视节目、电影的制作和播放,互联网、移动通信网等公共信息网络及其他传媒的信息编辑、发布,应当遵守有关保密规定。

第二十八条 互联网及其他公共信息网络运营商、服务商应当配合公安机关、国家安全机关、检察机关对泄密案件进行调查;发现利用互联网及其他公共信息网络发布的信息涉及泄露国家秘密的，应当立即停止传输，保存有关记录，向公安机关、国家安全机关或者保密行政管理部门报告；应当根据公安机关、国家安全机关或者保密行政管理部门的要求，删除涉及泄露国家秘密的信息。

第二十九条 机关、单位公开发布信息以及对涉及国家秘密的工程、货物、服务进行采购时，应当遵守保密规定。

第三十条 机关、单位对外交往与合作中需要提供国家秘密事项，或者任用、聘用的境外人员因工作需要知悉国家秘密的，应当报国务院有关主管部门或者省、自治区、直辖市人民政府有关主管部门批准，并与对方签订保密协议。

第三十一条 举办会议或者其他活动涉及国家秘密的，主办单位应当采取保密措施，并对参加人员进行保密教育，提出具体保密要求。

第三十二条 机关、单位应当将涉及绝密级或者较多机密级、秘密级国家秘密的机构确定为保密要害部门，将集中制作、存放、保管国家秘密载体的专门场所确定为保密要害部位，按照国家保密规定和标准配备、使用必要的技术防护设施、设备。

第三十三条 军事禁区和属于国家秘密不对外开放的其他场所、部位，应当采取保密措施，未经有关部门批准，不得擅自决定对外开放或者扩大开放范围。

第三十四条 从事国家秘密载体制作、复制、维修、销毁，涉密信息系统集成，或者武器装备科研生产等涉及国家秘密业务的企业事业单位，应当经过保密审查，具体办法由国务院规定。

机关、单位委托企业事业单位从事前款规定的业务，应当与其签订保密协议，提出保密要求，采取保密措施。

第三十五条 在涉密岗位工作的人员（以下简称涉密人员），按照涉密程度分为核心涉密人员、重要涉密人员和一般涉密人员，实行分类管理。

任用、聘用涉密人员应当按照有关规定进行审查。

涉密人员应当具有良好的政治素质和品行，具有胜任涉密岗位所要求的工作能力。

涉密人员的合法权益受法律保护。

第三十六条 涉密人员上岗应当经过保密教育培训，掌握保密知识技能，签订保密承诺书，严格遵守保密规章制度，不得以任何方式泄露国家秘密。

第三十七条 涉密人员出境应当经有关部门批准，有关机关认为涉密人员出境将对国家安全造成危害或者对国家利益造成重大损失的，不得批准出境。

第三十八条 涉密人员离岗离职实行脱密期管理。涉密人员在脱密期内，应当按照规定履行保密义务，不得违反规定就业，不得以任何方式泄露国家秘密。

第三十九条 机关、单位应当建立健全涉密人员管理制度，明确涉密人员的权利、岗位责任和要求，对涉密人员履行职责情况开展经常性的监督检查。

第四十条 国家工作人员或者其他公民发现国家秘密已经泄露或者可能泄露时，应当立即采取补救措施并及时报告有关机关、单位。机关、单位接到报告后，应当立即作出处理，并及时向保密行政管理部门报告。

第四章 监 督 管 理

第四十一条 国家保密行政管理部门依照法律、行政法规的规定，制定保密规章和国家保密标准。

第四十二条 保密行政管理部门依法组织开展保密宣传教育、保密检查、保密技术防护和泄密案件查处工作，对机关、单位的保密工作进行指导和监督。

第四十三条 保密行政管理部门发现国家秘密确定、变更或者解除不当的，应当及时通知有关机关、单位予以纠正。

第四十四条 保密行政管理部门对机关、单位遵守保密制度的情况进行检查，有关机关、单位应当配合。保密行政管理部门发现机关、单位存在泄密隐患的，应当要求其采取措施，限期整改；对存在泄密隐患的设施、设备、场所，应当责令停止使用；对严重违反保密规定的涉密人员，应当建议有关机关、单位给予处分并调离涉密岗位；发现涉嫌泄露国家秘密的，应当督促、指导有关机关、单位进行调查处理。涉嫌犯罪的，移送司法机关处理。

第四十五条 保密行政管理部门对保密检查中发现的非法获取、持有的国家秘密载体，应当予以收缴。

第四十六条 办理涉嫌泄露国家秘密案件的机关，需要对有关事项是否属于国家秘密以及属于何种密级进行鉴定的，由国家保密行政管理部门或者省、自治区、直辖市保密行政管理部门鉴定。

第四十七条 机关、单位对违反保密规定的人员不依法给予处分的，保密行政管理部门应当建议纠正，对拒不纠正的，提请其上一级机关或者监察机关对该机关、单位负有责任的领导人员和直接责任人员依法予以处理。

第五章 法律责任

第四十八条 违反本法规定，有下列行为之一的，依法给予处分；构成犯罪的，依法追究刑事责任：

（一）非法获取、持有国家秘密载体的；

（二）买卖、转送或者私自销毁国家秘密载体的；

（三）通过普通邮政、快递等无保密措施的渠道传递国家秘密载体的；

（四）邮寄、托运国家秘密载体出境，或者未经有关主管部门批准，携带、传递国家秘密载体出境的；

（五）非法复制、记录、存储国家秘密的；

（六）在私人交往和通信中涉及国家秘密的；

（七）在互联网及其他公共信息网络或者未采取保密措施的有线和无线通信中传递国家秘密的；

（八）将涉密计算机、涉密存储设备接入互联网及其他公共信息网络的；

（九）在未采取防护措施的情况下，在涉密信息系统与互联网及其他公共信息网络之间进行信息交换的；

（十）使用非涉密计算机、非涉密存储设备存储、处理国家秘密信息的；

（十一）擅自卸载、修改涉密信息系统的安全技术程序、管理程序的；

（十二）将未经安全技术处理的退出使用的涉密计算机、涉密存储设备赠送、出售、丢弃或者改作其他用途的。

有前款行为尚不构成犯罪，且不适用处分的人员，由保密行政管理部门督促其所在机关、单位予以处理。

第四十九条 机关、单位违反本法规定，发生重大泄密案件的，由有关机关、单位依法对直接负责的主管人员和其他直接责任人员给予处分；不适用处分的人员，由保密行政管理部门督促其主管部门予以处理。

机关、单位违反本法规定，对应当定密的事项不定密，或者对不应当定密的事项定密，造成严重后果的，由有关机关、单位依法对直接负责的主管人员和其他直接责任人员给予处分。

第五十条 互联网及其他公共信息网络运营商、服务商违反本法第二十八条规定的，由公安机关或者国家安全机关、信息产业主管部门按照各自职责分工依法予以处罚。

第五十一条 保密行政管理部门的工作人员在履行保密管理职责中滥用职权、玩忽职守、徇私舞弊的，依法给予处分；构成犯罪的，依法追究刑事责任。

第六章 附 则

第五十二条 中央军事委员会根据本法制定中国人民解放军保密条例。

第五十三条 本法自 2010 年 10 月 1 日起施行。

中华人民共和国国家赔偿法

（中华人民共和国主席令　第29号）

《全国人民代表大会常务委员会关于修改〈中华人民共和国国家赔偿法〉的决定》已由中华人民共和国第十一届全国人民代表大会常务委员会第十四次会议于2010年4月29日通过，现予公布，自2010年12月1日起施行。

中华人民共和国国家赔偿法

（1994年5月12日第八届全国人民代表大会常务委员会第七次会议通过根据2010年4月29日第十一届全国人民代表大会常务委员会第十四次会议《关于修改〈中华人民共和国国家赔偿法〉的决定》修正）

目　录

第一章　总　则

第一条　为保障公民、法人和其他组织享有依法取得国家赔偿的权利，促进国家机关依法行使职权，根据宪法，制定本法。

第二条　国家机关和国家机关工作人员行使职权，有本法规定的侵犯公民、法人和其他组织合法权益的情形，造成损害的，受害人有依照本法取得国家赔偿的权利。

本法规定的赔偿义务机关，应当依照本法及时履行赔偿义务。

第二章　行政赔偿

第一节　赔偿范围

第三条　行政机关及其工作人员在行使行政职权时有下列侵犯人身权情形之一的，受害人有取得赔偿的权利：

（一）违法拘留或者违法采取限制公民人身自由的行政强制措施的；

（二）非法拘禁或者以其他方法非法剥夺公民人身自由的；

（三）以殴打、虐待等行为或者唆使、放纵他人以殴打、虐待等行为造成公民身体伤害或者死亡的；

（四）违法使用武器、警械造成公民身体伤害或者死亡的；

（五）造成公民身体伤害或者死亡的其他违法行为。

第四条　行政机关及其工作人员在行使行政职权时有下列侵犯财产权情形之一的，受害人有取得赔偿的权利：

（一）违法实施罚款、吊销许可证和执照、责令停产停业、没收财物等行政处罚的；

（二）违法对财产采取查封、扣押、冻结等行政强制措施的；

（三）违法征收、征用财产的；

（四）造成财产损害的其他违法行为。

第五条 属于下列情形之一的，国家不承担赔偿责任：

（一）行政机关工作人员与行使职权无关的个人行为；

（二）因公民、法人和其他组织自己的行为致使损害发生的；

（三）法律规定的其他情形。

第二节 赔偿请求人和赔偿义务机关

第六条 受害的公民、法人和其他组织有权要求赔偿。

受害的公民死亡，其继承人和其他有扶养关系的亲属有权要求赔偿。

受害的法人或者其他组织终止的，其权利承受人有权要求赔偿。

第七条 行政机关及其工作人员行使行政职权侵犯公民、法人和其他组织的合法权益造成损害的，该行政机关为赔偿义务机关。

两个以上行政机关共同行使行政职权时侵犯公民、法人和其他组织的合法权益造成损害的，共同行使行政职权的行政机关为共同赔偿义务机关。

法律、法规授权的组织在行使授予的行政权力时侵犯公民、法人和其他组织的合法权益造成损害的，被授权的组织为赔偿义务机关。

受行政机关委托的组织或者个人在行使受委托的行政权力时侵犯公民、法人和其他组织的合法权益造成损害的，委托的行政机关为赔偿义务机关。

赔偿义务机关被撤销的，继续行使其职权的行政机关为赔偿义务机关；没有继续行使其职权的行政机关的，撤销该赔偿义务机关的行政机关为赔偿义务机关。

第八条 经复议机关复议的，最初造成侵权行为的行政机关为赔偿义务机关，但复议机关的复议决定加重损害的，复议机关对加重的部分履行赔偿义务。

第三节 赔偿程序

第九条 赔偿义务机关有本法第三条、第四条规定情形之一的，应当给予赔偿。

赔偿请求人要求赔偿，应当先向赔偿义务机关提出，也可以在申请行政复议或者提起行政诉讼时一并提出。

第十条 赔偿请求人可以向共同赔偿义务机关中的任何一个赔偿义务机关要求赔偿，该赔偿义务机关应当先予赔偿。

第十一条 赔偿请求人根据受到的不同损害，可以同时提出数项赔偿要求。

第十二条 要求赔偿应当递交申请书，申请书应当载明下列事项：

（一）受害人的姓名、性别、年龄、工作单位和住所，法人或者其他组织的名称、住所和法定代表人或者主要负责人的姓名、职务；

（二）具体的要求、事实根据和理由；

（三）申请的年、月、日。

赔偿请求人书写申请书确有困难的，可以委托他人代书；也可以口头申请，由赔偿义务机关记入笔录。

赔偿请求人不是受害人本人的，应当说明与受害人的关系，并提供相应证明。

赔偿请求人当面递交申请书的，赔偿义务机关应当当场出具加盖本行政机关专用印章并注明收讫日期的书面凭证。申请材料不齐全的，赔偿义务机关应当当场或者在五日内一次性告知赔偿请求人需要补正的全部内容。

第十三条 赔偿义务机关应当自收到申请之日起两个月内，作出是否赔偿的决定。赔偿义务机关作出赔偿决定，应当充分听取赔偿请求人的意见，并可以与赔偿请求人就赔偿方式、赔偿项目和赔偿数额依照本法第四章的规定进行协商。

赔偿义务机关决定赔偿的，应当制作赔偿决定书,并自作出决定之日起十日内送达赔偿请求人。

赔偿义务机关决定不予赔偿的,应当自作出决定之日起十日内书面通知赔偿请求人,并说明不予赔偿的理由。

第十四条 赔偿义务机关在规定期限内未作出是否赔偿的决定,赔偿请求人可以自期限届满之日起三个月内,向人民法院提起诉讼。

赔偿请求人对赔偿的方式、项目、数额有异议的,或者赔偿义务机关作出不予赔偿决定的,赔偿请求人可以自赔偿义务机关作出赔偿或者不予赔偿决定之日起三个月内,向人民法院提起诉讼。

第十五条 人民法院审理行政赔偿案件,赔偿请求人和赔偿义务机关对自己提出的主张,应当提供证据。

赔偿义务机关采取行政拘留或者限制人身自由的强制措施期间,被限制人身自由的人死亡或者丧失行为能力的,赔偿义务机关的行为与被限制人身自由的人的死亡或者丧失行为能力是否存在因果关系,赔偿义务机关应当提供证据。

第十六条 赔偿义务机关赔偿损失后,应当责令有故意或者重大过失的工作人员或者受委托的组织或者个人承担部分或者全部赔偿费用。

对有故意或者重大过失的责任人员,有关机关应当依法给予处分;构成犯罪的,应当依法追究刑事责任。

第三章 刑事赔偿

第一节 赔偿范围

第十七条 行使侦查、检察、审判职权的机关以及看守所、监狱管理机关及其工作人员在行使职权时有下列侵犯人身权情形之一的,受害人有取得赔偿的权利:

(一)违反刑事诉讼法的规定对公民采取拘留措施的,或者依照刑事诉讼法规定的条件和程序对公民采取拘留措施,但是拘留时间超过刑事诉讼法规定的时限,其后决定撤销案件、不起诉或者判决宣告无罪终止追究刑事责任的;

(二)对公民采取逮捕措施后,决定撤销案件、不起诉或者判决宣告无罪终止追究刑事责任的;

(三)依照审判监督程序再审改判无罪,原判刑罚已经执行的;

(四)刑讯逼供或者以殴打、虐待等行为或者唆使、放纵他人以殴打、虐待等行为造成公民身体伤害或者死亡的;

(五)违法使用武器、警械造成公民身体伤害或者死亡的。

第十八条 行使侦查、检察、审判职权的机关以及看守所、监狱管理机关及其工作人员在行使职权时有下列侵犯财产权情形之一的,受害人有取得赔偿的权利:

(一)违法对财产采取查封、扣押、冻结、追缴等措施的;

(二)依照审判监督程序再审改判无罪,原判罚金、没收财产已经执行的。

第十九条 属于下列情形之一的,国家不承担赔偿责任:

(一)因公民自己故意作虚伪供述,或者伪造其他有罪证据被羁押或者被判处刑罚的;

(二)依照刑法第十七条、第十八条规定不负刑事责任的人被羁押的;

(三)依照刑事诉讼法第十五条、第一百四十二条第二款规定不追究刑事责任的人被羁押的;

(四)行使侦查、检察、审判职权的机关以及看守所、监狱管理机关的工作人员与行使职权无关的个人行为;

(五)因公民自伤、自残等故意行为致使损害发生的;

(六)法律规定的其他情形。

第二节 赔偿请求人和赔尝义务机关

第二十条 赔偿请求人的确定依照本法第六条的规定。

第二十一条 行使侦查、检察、审判职权的机关以及看守所、监狱管理机关及其工作人员在行使职权时侵犯公民、法人和其他组织的合法权益造成损害的,该机关为赔偿义务机关。

对公民采取拘留措施,依照本法的规定应当给予国家赔偿的,作出拘留决定的机关为赔偿义务机关。

对公民采取逮捕措施后决定撤销案件、不起诉或者判决宣告无罪的,作出逮捕决定的机关为赔偿义务机关。

再审改判无罪的,作出原生效判决的人民法院为赔偿义务机关。二审改判无罪,以及二审发回重审后作无罪处理的,作出一审有罪判决的人民法院为赔偿义务机关。

第三节　赔偿程序

第二十二条　赔偿义务机关有本法第十七条、第十八条规定情形之一的,应当给予赔偿。

赔偿请求人要求赔偿,应当先向赔偿义务机关提出。

赔偿请求人提出赔偿请求,适用本法第十一条、第十二条的规定。

第二十三条　赔偿义务机关应当自收到申请之日起两个月内,作出是否赔偿的决定。赔偿义务机关作出赔偿决定,应当充分听取赔偿请求人的意见,并可以与赔偿请求人就赔偿方式、赔偿项目和赔偿数额依照本法第四章的规定进行协商。

赔偿义务机关决定赔偿的,应当制作赔偿决定书,并自作出决定之日起十日内送达赔偿请求人。

赔偿义务机关决定不予赔偿的,应当自作出决定之日起十日内书面通知赔偿请求人,并说明不予赔偿的理由。

第二十四条　赔偿义务机关在规定期限内未作出是否赔偿的决定,赔偿请求人可以自期限届满之日起三十日内向赔偿义务机关的上一级机关申请复议。

赔偿请求人对赔偿的方式、项目、数额有异议的,或者赔偿义务机关作出不予赔偿决定的,赔偿请求人可以自赔偿义务机关作出赔偿或者不予赔偿决定之日起三十日内,向赔偿义务机关的上一级机关申请复议。

赔偿义务机关是人民法院的,赔偿请求人可以依照本条规定向其上一级人民法院赔偿委员会申请作出赔偿决定。

第二十五条　复议机关应当自收到申请之日起两个月内作出决定。

赔偿请求人不服复议决定的,可以在收到复议决定之日起三十日内向复议机关所在地的同级人民法院赔偿委员会申请作出赔偿决定;复议机关逾期不作决定的,赔偿请求人可以自期限届满之日起三十日内向复议机关所在地的同级人民法院赔偿委员会申请作出赔偿决定。

第二十六条　人民法院赔偿委员会处理赔偿请求,赔偿请求人和赔偿义务机关对自己提出的主张,应当提供证据。

被羁押人在羁押期间死亡或者丧失行为能力的,赔偿义务机关的行为与被羁押人的死亡或者丧失行为能力是否存在因果关系,赔偿义务机关应当提供证据。

第二十七条　人民法院赔偿委员会处理赔偿请求,采取书面审查的办法。必要时,可以向有关单位和人员调查情况、收集证据。赔偿请求人与赔偿义务机关对损害事实及因果关系有争议的,赔偿委员会可以听取赔偿请求人和赔偿义务机关的陈述和申辩,并可以进行质证。

第二十八条　人民法院赔偿委员会应当自收到赔偿申请之日起三个月内作出决定;属于疑难、复杂、重大案件的,经本院院长批准,可以延长三个月。

第二十九条　中级以上的人民法院设立赔偿委员会,由人民法院三名以上审判员组成,组成人员的人数应当为单数。

赔偿委员会作赔偿决定,实行少数服从多数的原则。

赔偿委员会作出的赔偿决定,是发生法律效力的决定,必须执行。

第三十条　赔偿请求人或者赔偿义务机关对赔偿委员会作出的决定,认为确有错误的,可以向上一级人民法院赔偿委员会提出申诉。

赔偿委员会作出的赔偿决定生效后,如发现赔偿决定违反本法规定的，经本院院长决定或者上级人民法院指令，赔偿委员会应当在两个月内重新审查并依法作出决定，上一级人民法院赔偿委员会也可以直接审查并作出决定。

最高人民检察院对各级人民法院赔偿委员会作出的决定，上级人民检察院对下级人民法院赔偿委员会作出的决定，发现违反本法规定的，应当向同级人民法院赔偿委员会提出意见，同级人民法院赔偿委员会应当在两个月内重新审查并依法作出决定。

第三十一条 赔偿义务机关赔偿后，应当向有下列情形之一的工作人员追偿部分或者全部赔偿费用：

（一）有本法第十七条第四项、第五项规定情形的；

（二）在处理案件中有贪污受贿，徇私舞弊，枉法裁判行为的。

对有前款规定情形的责任人员，有关机关应当依法给予处分；构成犯罪的，应当依法追究刑事责任。

第四章 赔偿方式和计算标准

第三十二条 国家赔偿以支付赔偿金为主要方式。

能够返还财产或者恢复原状的，予以返还财产或者恢复原状。

第三十三条 侵犯公民人身自由的，每日赔偿金按照国家上年度职工日平均工资计算。

第三十四条 侵犯公民生命健康权的，赔偿金按照下列规定计算：

（一）造成身体伤害的，应当支付医疗费、护理费，以及赔偿因误工减少的收入。减少的收入每日的赔偿金按照国家上年度职工日平均工资计算，最高额为国家上年度职工年平均工资的五倍；

（二）造成部分或者全部丧失劳动能力的，应当支付医疗费、护理费、残疾生活辅助具费、康复费等因残疾而增加的必要支出和继续治疗所必需的费用，以及残疾赔偿金。残疾赔偿金根据丧失劳动能力的程度，按照国家规定的伤残等级确定，最高不超过国家上年度职工年平均工资的二十倍。造成全部丧失劳动能力的，对其扶养的无劳动能力的人，还应当支付生活费；

（三）造成死亡的，应当支付死亡赔偿金、丧葬费，总额为国家上年度职工年平均工资的二十倍。对死者生前扶养的无劳动能力的人，还应当支付生活费。

前款第二项、第三项规定的生活费的发放标准，参照当地最低生活保障标准执行。被扶养的人是未成年人的，生活费给付至十八周岁止；其他无劳动能力的人，生活费给付至死亡时止。

第三十五条 有本法第三条或者第十七条规定情形之一，致人精神损害的，应当在侵权行为影响的范围内，为受害人消除影响，恢复名誉，赔礼道歉；造成严重后果的，应当支付相应的精神损害抚慰金。

第三十六条 侵犯公民、法人和其他组织的财产权造成损害的，按照下列规定处理：

（一）处罚款、罚金、追缴、没收财产或者违法征收、征用财产的，返还财产；

（二）查封、扣押、冻结财产的，解除对财产的查封、扣押、冻结，造成财产损坏或者灭失的，依照本条第三项、第四项的规定赔偿；

（三）应当返还的财产损坏的，能够恢复原状的恢复原状，不能恢复原状的，按照损害程度给付相应的赔偿金；

（四）应当返还的财产灭失的，给付相应的赔偿金；

（五）财产已经拍卖或者变卖的，给付拍卖或者变卖所得的价款；变卖的价款明显低于财产价值的，应当支付相应的赔偿金；

（六）吊销许可证和执照、责令停产停业的，赔偿停产停业期间必要的经常性费用开支；

（七）返还执行的罚款或者罚金、追缴或者没收的金钱，解除冻结的存款或者汇款的，应当支付银行同期存款利息；

（八）对财产权造成其他损害的，按照直接损失给予赔偿。

第三十七条 赔偿费用列入各级财政预算。

赔偿请求人凭生效的判决书、复议决定书、赔偿决定书或者调解书，向赔偿义务机关申请支付赔偿金。

赔偿义务机关应当自收到支付赔偿金申请之日起七日内，依照预算管理权限向有关的财政部门提出支付申请。财政部门应当自收到支付申请之日起十五日内支付赔偿金。

赔偿费用预算与支付管理的具体办法由国务院规定。

第五章 其他规定

第三十八条 人民法院在民事诉讼、行政诉讼过程中，违法采取对妨害诉讼的强制措施、保全措施或者对判决、裁定及其他生效法律文书执行错误，造成损害的，赔偿请求人要求赔偿的程序，适用本法刑事赔偿程序的规定。

第三十九条 赔偿请求人请求国家赔偿的时效为两年，自其知道或者应当知道国家机关及其工作人员行使职权时的行为侵犯其人身权、财产权之日起计算，但被羁押等限制人身自由期间不计算在内。在申请行政复议或者提起行政诉讼时一并提出赔偿请求的，适用行政复议法、行政诉讼法有关时效的规定。

赔偿请求人在赔偿请求时效的最后六个月内，因不可抗力或者其他障碍不能行使请求权的，时效中止。从中止时效的原因消除之日起，赔偿请求时效期间继续计算。

第四十条 外国人、外国企业和组织在中华人民共和国领域内要求中华人民共和国国家赔偿的，适用本法。

外国人、外国企业和组织的所属国对中华人民共和国公民、法人和其他组织要求该国国家赔偿的权利不予保护或者限制的，中华人民共和国与该外国人、外国企业和组织的所属国实行对等原则。

第六章 附 则

第四十一条 赔偿请求人要求国家赔偿的，赔偿义务机关、复议机关和人民法院不得向赔偿请求人收取任何费用。

对赔偿请求人取得的赔偿金不予征税。

第四十二条 本法自 1995 年 1 月 1 日起施行。

中国工程机械工业年鉴2010

记载2009年度发生的工程机械行业的重大事件

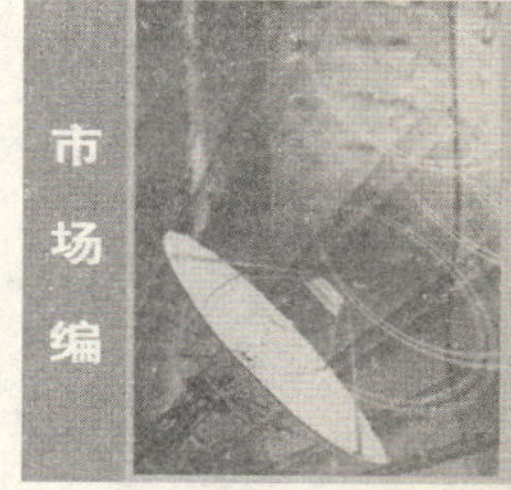

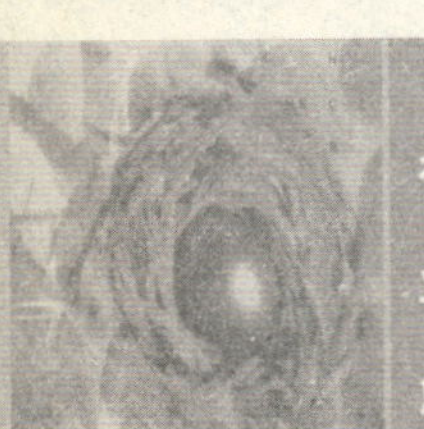

大事记

中国工程机械行业大事记(2009年)

1月

1日 7家工程机械企业入选“影响世界的重工品牌”。

由世界著名品牌大会和世界品牌组织、美中经贸投资总商会、环球城市电视台世界企业研究中心联合推选的2008年度影响世界的中国力量品牌500强排行榜1月1日在韩国首尔向全球公布。中联重科、三一、徐工、柳工、厦工、龙工、山推7家工程机械企业入选“影响世界的重工品牌”,位列该榜的还有大连重工和国机集团。

4日 在召开的铁路发展计划工作会议上获知,2009年我国铁路固定资产投资总规模达到7 007亿元,比2008年铁路固定资产投资额增长了近130%。安排拟新开工项目30项,新增投资规模为1.5万亿元。其中,2009年将完成铁路基建投资6 000亿元。按照土建工程投资55%的份额来计算,2009年,我国铁路土建投资额将达到3 300亿元。其中,拆迁费用约在500亿元左右,路基建设费用约在500亿元左右,桥涵建设费用约在1 100亿元左右,隧道建设费用约在1 100亿元左右。

8日 备受行业关注的宝骊凯傲合资尘埃落定,江苏宝骊集团拿到了江苏省人民政府颁发的台港澳侨投资企业批准证书,将与世界叉车业巨头德国凯傲集团亚太有限公司在资本、技术、市场和人才领域进行全面对接,奋力让合资新品牌“凯傲宝骊”叉车跻身国内市场前三甲。

9日 国务院总理温家宝在江阴召开江苏省企业家座谈会。会上温总理听取了王民董事长等7家企业主要负责人的工作汇报,并作了重要指示。徐工集团王民董事长汇报了徐工应对金融危机的措施和科技创新、市场经营情况,温总理对徐工积极应对市场挑战,不断加快自主创新、扩大产品品种、拓展产业布局、提升市场竞争力的做法给予充分肯定。

19日 北京国际工程机械展览与技术交流会(BICES)暨建国60周年工程机械行业成就展新闻发布会在北京亮马河饭店召开。会议正式公布BICES将与美国设备制造商协会(AEM)合作,AEM作为BICES的国际合作方,于2009年11月3~6日在北京九华国际会展中心召开的第十届北京国际工程机械展览与技术交流会(BICES 2009)开始,共同举办BICES。中国机械工业联合会也同时公布了将在BICES 2009举办同期,与中国工程机械工业协会共同主办建国60周年工程机械行业成就展的消息。

2月

4日 为了振兴我国装备制造业,2009年2月4日国务院审议并原则通过了“装备制造业调整振兴规划”。

24日 由安徽叉车集团有限公司与德国COMAC公司合资组建的安徽宝泰克压实机械有限公司生产的首批五台压路机全部出口德国。

这次出口的产品均是单钢轮全液压振动压路机。该系列产品引进德国最新技术,排放达到欧Ⅲ标准;发动机、液压泵、电动机、轴承和驱动桥等均采用国际知名品牌产品;静压传动,适用范围广。

26日 随着柳工北部工程机械研发制造基地(以下简称天津柳工)正式投产暨推土机、装载机批量下线仪式的举行,天津柳工的旗帜正式飘扬在天津保税区空港物流加工中心的上空。

柳工总裁曾光安介绍,天津

柳工占地面积 26.7 万 m^2，建成后将包括研发商务中心、装载机工厂、推土机工厂和零部件工厂等一系列板块。全部投产后，预计年产各类工程机械 1 万台以上，销售收入将达到 50 亿元。

月内　根据中联塔机北美代理商美国 GE 公司的要求，中联重科建筑起重机械公司为美国市场量身定做的大吨位塔机 US8039 已于近日顺利制造完成并开始组装、立塔、调试。据了解，US8039 塔机为塔头式大吨位塔机，最大额定起重力矩为 400t·m，最大起重量可达 25t，最大幅度为 80m，最大幅度处可以吊起 3.9t 重物，在建筑工地上属于名副其实的“巨无霸”。从接到订单起，中联重科建筑起重机械公司就高度重视这个项目，多次召开专题会议进行讨论、布置，从设计、生产到材料、配件的采购都做了精心安排，对工期、质量、标准提出了更严格的要求。公司设计、生产的相关人员齐心协力克服各种困难，使 US8039 塔机得以顺利制造成功。

月内　海斯特公司推出了新款三轮 J1.5-2.0XNT 和四轮 J1.6-2.0XN 叉车。该公司欧洲公司运营总经理 DavidRowell 说：“新型的海斯特电动叉车旨在满足行业不断增加的需求。新车减少了服务成本，降低了能耗，实现了效率、生产力最大化，整体可靠度及灵活度都得到了很大的提高。”

海斯特新系列叉车产品有不同的电动平衡重模式及配置，符合不同操作环境的要求。标准型号产品提升力介于 1.5～2t 之间，提升高度不等，拥有三个或四个转向轮的配置，采用前轮驱动的模式。

月内　卡特彼勒公司总投资达 2 500 万美元的西部技术支持及再制造中心项目在成都经济开发区签约落户。该项目于当年 3 月动工，预计在 12 个月内建成投产，可实现销售收入 12 亿元以上。

该项目由易初明通投资有限公司投资，主要负责云南、四川、贵州、重庆、西藏、陕西、甘肃、宁夏和青海等西部 9 省、市、地区卡特彼勒工程机械技术支持及维修中心的建设，以及从事工程机械再制造、工程机械零配件加工、装配等业务。

月内　山河智能 SWE470 大型挖掘机正式下线。该型号挖掘机具有高配置、高性能、安全、环保、操作舒适、维护便捷等特点，动力系统采用原装进口涡轮增压中冷六缸柴油发动机，功率强劲、使用寿命长。液压与控制系统采用国际知名供应商专为山河智能研制的主阀功能更强大的产品，作业效率更高、复合操作性更好。

SWE 系列大型挖掘机的成功下线标志着山河智能公司在建立了国内最完善的小型挖掘机制造体系，并在中型挖掘机成功进入市场后，再次进入更为广阔的大型挖掘机领域，产品研发跃上了一个新的台阶。SWE470 大型挖掘机从概念提出到样机下线，不到半年时间。

3 月

15 日　中联重科以“共创——最好的未来”为主题的 2009“绿色北京”新品发布会在北京湖湾酒店举行。来自北京市商品混凝土、租赁等行业的重点客户 400 余人参加了会议。

这是中联重科在全球经济危机尚未消退、市场尚不明朗的情况下，为配合北京市的“人文北京、科技北京、绿色北京”这一环保政策而举办的一次意义深远的市场推广活动。中联重科自成立以来，以超前的环保意识，注重在生产过程中保护环境，并生产高品质的绿色环保产品，加大了对资源节约和循环利用关键技术的攻关力度，实现了企业与环境的和谐共存。

19 日　中国工程机械工业协会理事长韩学松、秘书长俞据会见了土方机械国际标准化组织（ISO/TC 127）主席 Daniel G. Roley 先生一行四人。双方就土方机械标准、合格评定和法规等事项进行了交流。

Daniel G. Roley 先生首先介绍了不久前在日本召开的第十九届 JTLM 合作技术联络会议情况。JTLM 会议每年年初召开，由 CEMA、AEM、CECE、KOCEMA 多国协会代表参加，Daniel

G. Roley 先生邀请中国工程机械工业协会派代表参会或以文件交流方式参与交流。

22 日 中共中央政治局常委,第十一届全国政协主席贾庆林,在广西壮族自治区党委书记郭声琨、柳州市委书记陈刚等领导的陪同下,来到广西柳工机械股份有限公司视察,并发表了重要讲话。

贾庆林对该公司在历史久远的厂房中生产出现代化的工程机械表示赞赏。

27 日 为配合《塔式起重机》国家标准 GB5031—2008 的颁布实施,由中国建筑科学研究院建筑机械化研究分院主办的塔式起重机新标准培训班在河北廊坊举办。

新塔式起重机国家标准针对我国塔式起重机事故多发的情况,参考国际最新标准,除提高了制造、安全的要求外,还增加了“安装与爬升”、“使用检查”两项关键内容。新标准为塔机设计、制造、使用和安全检测提供了技术指导和依据。GB5031—2008《塔式起重机》国家标准替代了原塔式起重机技术条件、性能试验等 5 项标准。

29 日 中联重科渭南工业园开工典礼在渭南高新区隆重举行。陕西省人大常委会副主任杨永茂、副省长吴登昌,湖南省政协副主席、中联重科监事会主席龙国键,中联重科高级总裁张建国、殷正富,中国工程机械工业协会副理事长祁俊,陕西省渭南市领导以及土方机械公司领导和 200 多位员工代表参加了开工典礼。

30 日 中共中央政治局常委、国务院副总理李克强在湖南省委书记、省人大常委会主任张春贤,省领导梅克保、杨泰波、陈润儿等陪同下到中联重科考察调研,了解企业运营情况,现场帮助解决发展中的难题。詹纯新董事长向李克强汇报了中联重工科技发展股份有限公司的基本情况,并陪同参观了工业园区。

30 日 在安徽蚌埠市高新技术产业开发区里,安徽柳工蚌埠起重机研发制造基地开工暨签约仪式隆重举行。

安徽省省长助理梁卫国,蚌埠市委书记陈启涛、市长张学群,以及中国工程机械工业协会副理事长祁俊,机械科学研究总院副院长李亚平,国家工程机械质量监督检验中心主任李建友等嘉宾,与柳工集团领导王晓华、曾光安、朱元虎、郑津,安徽柳工供应商、经销商代表,安徽柳工全体员工共同参加了仪式。

31 日 经行业分中心初审合格并报送“机械工业职业技能鉴定指导中心”审批,工程机械行业在原有的 20 家职业技能鉴定站(点)的基础上,又新增设了 6 家职业技能鉴定站,它们分别是:①洛阳聚科特种工程机械有限公司机械行业职业技能鉴定工程机械(土方机械)洛阳站,②北京市泵普技术培训中心机械行业职业技能鉴定工程机械(混凝土机械)北京站,③福建南方路面机械有限公司机械行业职业技能鉴定工程机械(沥青搅拌设备)泉州站,④镇江华晨华通路面机械有限公司机械行业职业技能鉴定工程机械(沥青搅拌设备)镇江站,⑤吉林省公路机械有限公司机械行业职业技能鉴定工程机械(沥青搅拌设备)吉林站,⑥三一搅拌设备有限公司机械行业职业技能鉴定工程机械(沥青搅拌设备)长沙站。

至此,工程机械行业分中心已在全国 23 个省、市建立了行业特有工种的技能鉴定站(点),为行业职业技能鉴定工作的全面展开奠定了坚实的基础。

月内 一拖洛阳建筑机械有限公司迎来了牛年的首批出口订单,一次性出口非洲压路机 8 台,其中涵盖了机械单钢轮、全液压双钢轮和轮胎三大系列 4 个品种的压路机。

洛建作为专业生产压路机的百年企业,压路机出口非洲屡见不鲜。此次销售的 LSS2102 为机械式单钢轮振动压路机,具有全新振动轮设计、全新振动轮行走机构、油门离合器联动装置、大扭矩制动器驱动桥和配置的林肯集中润滑系统、发动机冷热风隔离系统、可自由调整的转向操纵机构、进口转向器以及可选配的空调及暖风系统、密实度仪、进口振动轴承等“四大专利,六大卖点”,赢得了非洲用户的青睐。

月内 经四川长江工程起重机有限责任公司相关部门对投资近百万元建造的漆雾处理系统进行生产性运行验收，该系统正式投入使用。

此套系统将应用在长起公司的大型部件喷漆车间内，通过屋顶可调节送进新鲜空气；地下抽排污染气体，再经无害化处理后，无公害排放。系统运行后，有毒有害气体被压到操作者正常呼吸之下端，减少了操作者对有害气体的吸入，保护了员工的健康。经过处理排放的气体，符合国家大气排放标准，为公司减排目标的实现打下坚实基础。

月内 山东力士德公司投资建设的新挖掘机涂装线正式投入使用。该涂装线占地面积达 300m^2，是国际上最先进的涂装设备，由腻子打磨室、喷漆室和烘干室三个部分组成，配备有先进的照明系统、通风系统和控制系统，并装备自动升降台、轨道推车。涂装线配备的烘干室温度可达到 80～100℃，改善了生产工艺。该涂装线的投入使用不仅提高了力士德产品的外观质量和生产效率，也改善了职工的工作环境，使力士德挖掘机的整体外观上了一个档次，为公司产品质量的全面提高奠定了基础。

月内 国家高新技术企业认定管理工作网公布，广西玉柴重工有限公司的高新技术企业认定通过了备案，并被赋予了高新技术企业证书。该公司成为继广西玉柴机器股份有限公司后的玉林市第二家获得此殊荣的国家级高新技术企业。玉柴重工的产品属国家重点支持的高新技术领域范畴，公司将享受高新技术企业税收优惠政策。

月内 凭借产品的可靠性和徐工品牌的市场信誉，徐工一举拿下出口伊朗的 ZL50G 装载机。

此次出口的 15 台 ZL50G 装载机是徐工科技独立研发的具有自主知识产权的高配置装载机产品，也是该公司装载机的主打机型，该机以高起点、高技术、高性能、高质量、全配置，连续多年主导中国装载机行业高端市场，出口量全国第一。早在 2004 年，ZL50G 装载机便已经获得加贴 CE 认证标志资格，成为行业内第一个通过 CE 认证的国产装载机品牌，在技术性能和安全指标等方面完全满足了欧共体的相关要求，成功地打开了进入欧盟市场的大门，并且在 2007 年实现了对机械强国德国出口 4 台，创下了国内装载机出口德国的新纪录。

月内 3 台身披“金泰绿”的 SG40A 液压连续墙抓斗、SD28W 多功能钻机从上海港装船，运往埃及塞得港集装箱码头二期工程，这是 2009 年上海金泰工程机械有限公司发往埃及市场的第二批大型工程机械设备。

在金融危机影响下，国内工程机械出口受到很大冲击。在这种严峻形势下，上海金泰沉着应对，广开国外销售渠道，积极参与国际工程竞争。在塞得港集装箱码头二期工程设备选型过程中，公司凭借高工效、低能耗、方便操作的产品赢得了施工方和英国监理公司的肯定，成为该工程的桩工机械供应商。

月内 伊朗知名的大型机械进出口公司 SNA 公司继与宇通重工签订了全权代理宇通重工旋挖钻全系列产品销售协议之后，又与宇通重工签订了总金额达数百万欧元的全资购买宇通重工旋挖钻机的批量销售合同。

月内 由内蒙古一机集团富沃机电进出口有限公司组织出口的货值 183 万美元的 20 台北方巴里巴混凝土搅拌车、5 台牵引车和 1 台垃圾车，经包头检验检疫局检验合格后顺利发往沙特阿拉伯。

4 月

1 日 财政部、国家税务总局日前发布通知，从 2009 年 4 月 1 日起提高纺织品、服装、轻工、电子信息、钢铁、有色金属、石化等商品的出口退税率，部分行业的退税率提高到 17%，这意味着中国已经接近全面退税时代。

截止至 2009 年 4 月 1 日，工程机械大部分整机产品的出口退税率都为 17%，现加上零部件，我国行业的产品出口退税率基本达到了较高档位的全面退税。

10日 柳工第一个海外工厂——印度柳工的首批整机散件从国内发往印度。柳工首批在印度生产的整机为20台装载机。这批整机的散件抵达印度后,6月份将全部装配下线。

目前,印度柳工仅能够生产装载机的前后车架、动臂、摇臂和铲斗,其他部件均由国内发运,未来将逐步在印度开发供应商,实现整机印度生产。

10日 山推租赁有限公司举行了公司开业庆典仪式,中国工程机械工业协会、北京租赁行业协会、代理商代表、银行系统等各界人士纷纷到场祝贺。开业庆典由山推租赁有限公司董事长王强先生主持,中国工程机械工业协会副理事长祁俊先生、北京租赁行业协会会长李鸿增先生、中国建设银行北京市朝阳支行行长马欣先生及山推工程机械股份有限公司董事长董平先生分别致辞并剪彩。

14日 中国工程机械工业协会2009年度统计工作会议于4月14~17日在山东威海召开,与会代表64人。中国工程机械工业协会杨宝德副秘书长主持会议并作了2008年工程机械行业发展报告,报告内容有2008年行业基本情况、行业的进出口情况、行业今年一季度运行状况分析以及对2009年全年的预测,各分会秘书长分别汇报了该行业在金融危机形势下的运行状况。

15日 中国最大的液压挖掘机零部件供货商日本川崎精机株式会社与浙江春晖集团正式签订合作协议,共同投资25亿日元,成立中日合资川崎春晖精密机械(浙江)有限公司,为中国工程机械行业制造高品质的关键液压部件。

这一合资项目是在国家商务部和中国工程机械工业协会挖掘机械分会等单位的推动支持下成功牵手的。

国家商务部机电和科技产业司进口处处长宋先茂表示,这一项目是中日双方加强双边合作的重要内容,对中国工程机械行业的健康发展起到重要的促进作用。

18日 中国工程机械工业协会筑路机械分会在江苏溧阳召开了2009年年会。此次年会由筑路机械分会主办,无锡市利雅路热能技术有限责任公司协办,出席会议的代表共计78人。

筑路机械分会理事长姬光才做了题为"坚持协会服务宗旨,提升行业自律能力"的工作总结,向4家获得"沥青搅拌设备职业鉴定站"资格的企业颁发了证书和铜牌。

19日 国际工程机械行业三大展会之一的INTERMAT2009在法国巴黎正式开幕了。此次展会是在国际金融危机正在向实体经济蔓延中展开的。与会期间,中国工程机械工业协会与美国、欧盟、英国、西班牙等的制造与销售商行业协会组织进行了交流。

22日 2009年中国挖掘机械行业数据申报、反馈与管理工作座谈会在厦门召开。

中国工程机械工业协会挖掘机械分会秘书长陈正利针对挖掘机数据申报工作中的行业分类及吨位划分等问题和与会代表进行了交流;中国挖掘机械网总监王岩涛介绍了CEMA挖掘机销售数据网上申报与反馈系统的发展;中国挖掘机械网技术负责人就申报过程中的技术问题与各企业代表进行了探讨,对系统使用过程中的细节问题进行了详细讲解,并认真听取了与会代表的意见。

小松、日立、现代等企业代表就申报过程中的实际问题为各参会企业代表介绍了各自的经验与心得,各参会代表就企业申报工作中遇到的问题达成一致意见。

月内 徐工科技公司自主研发的装载机电子称重系统取得技术攻关成功,顺利完成设计、试制。该系统的应用,将进一步增强徐工科技装载机产品的市场优势,为该公司产品的市场拓展奠定坚实的技术基础。

该系统是徐工科技针对铁路、港口、煤炭等运输部门防超载的要求设计研发的。该系统可匹配到该公司3~8t装载机,涵盖F、G、K三大系列装载机,同时符合CE认证要求。

该系统通过对装载机动臂油缸的压力采集、放大、运算后,可以很准确的动态测算出装载机铲斗的有效装载重量,为客户节省大量工作时间,降低了驾驶员的劳动强度,提高了工作效率。同时,该系统测量结果可直接用于贸易结算,有利于客户对物料的准确把控。该系统的应用,可大大提升徐工装载机的附加值,进一步提升产品市场竞争力。

月内 由重庆勤牛工程机械有限公司研制的高新技术产品——WLY220E 型轮式挖掘机在重庆下线面市。此举意味着中国工程机械总公司旗下的鼎盛天工工程机械股份有限公司与重庆勤牛工程机械有限公司将联手推进高端化、全系列轮式挖掘机的国际化发展战略。

月内 一种适用于山区及边远地区流动作业的"华通牌"ARC150M 型可移动式沥青混凝土厂拌冷再生设备在镇江华晨华通路面机械有限公司成功下线。这款设备的最大特点是具有完全自主知识产权并拥有多项专利技术和创新成果。

为了满足西南山区及边远地区公路建设改造和沥青材料的综合利用需要,华晨华通研发出的 ARC150M 型可移动式沥青混凝土厂拌冷再生设备新产品在计量技术、冷再生混合料搅拌技术、摊铺碾压技术、后期养生技术等方面较以往产品具有重大突破。

月内 中国龙工控股有限公司在上海召开了以"持续改善·稳步提升·快速发展"为主题的挖掘机营销战略研讨会。研讨会分产品质量研讨和营销战略研讨两大部分。

与会的经销代理商肯定了前一阶段龙工挖掘机产品在市场上的表现并就前期市场上出现的一些质量问题提出了相应的整改建议。龙工(上海)融资租赁有限公司总经理肖顺明在会上通报了融资租赁的新政策。中国龙工控股有限公司执行董事、首席执行官兼总裁邱德波在研讨会上全面分析了工程机械行业面临的形势和今后的发展方向,并类比了行业中一些优秀企业在生产、营销、服务和宣传等方面的先进经验。

月内 由徐州重型机械有限公司主持制定的《全地面起重机》技术标准已上升到国家标准,并已进入草案拟定及讨论进程。

据悉,由于行业中只有徐工重型拥有较长的自主研发经历和成熟的市场经验,《全地面起重机》的技术标准草案是由徐工重型独有技术转化而成。

月内 山推工程机械股份有限公司在跟踪国际先进技术的基础上,推出了 SE60、SE70 小型液压挖掘机。这两款新产品充分吸收了山推既有产品的先进经验,又具有动力性强、舒适性好和维护保养方便的特点。产品配备的发动机动力强劲,性能可靠,噪声低,符合最新的欧Ⅱ排放标准;机体采用更加耐用的工作装置和车架,拥有更可靠的系统;产品同时适合各种不同的应用场合,易于安装不同的附件,有效地提高了适用范围。整机性能达到国际同类产品的先进水平,是交通、能源、水利等基础建设较为理想的挖掘机械。

月内 镇江华晨华通路面机械有限公司同新加坡科技动力有限公司成功合资,正式启用"江苏华通动力重工有限公司"为新的公司名称,原镇江华晨华通路面机械有限公司名称停止使用。

5 月

12 日 "第四届中国可再生能源投融资论坛"在北京召开。会上披露中国新能源振兴规划即将出台,中国在新能源领域的总投资将超过 3 万亿元,预计到 2020 年风电规模将达到 1 亿 kW 以上。

19 日 国际工程机械协会大会(IAC)和国际贸易大会(ITC)在日本东京举行。世界五大行业协会(包括美国 AEM,欧洲 CECE,中国 CCMA,日本 CEMA 以及韩国 KOCEMA)均派代表出席。

在当日举行的 IAC 大会上,与会代表分别就中国、俄罗斯、印度、巴西等新兴市场国家的展会以及数据统计问题展开了讨论。

21 日　QUY650 履带起重机顺利出口哈萨克斯坦，这标志着中联重科超大吨位履带起重机继成功登陆印度后，又顺利打入中亚市场。

28 日　中国工程机械工业协会与大连益利亚工程机械有限公司合作成立“中国工程机械工业协会（大连）培训基地”。培训基地成立揭幕仪式在大连举行。

月内　经过一年多时间的洽谈推进，江苏华通机械集团公司与新加坡淡马锡所属新科动力有限公司终于携手合作。双方正式签署合作协议：新科动力出资 5 000 万美元收购中国一拖所持镇江华晨华通路面机械有限公司股权并进行增资扩股，成为华晨华通公司控股股东，共同创新研发、生产、销售具有国际先进水平的路面建设、维修机械与设备，携手打造国际知名、国内领先的世界级工程机械“航母”。

月内　随着中国工程机械工业协会“关于推进中国工程机械维修企业资质认证工作的通知”文件的下发，工程机械维修企业资质认证工作正式在我国工程机械维修企业间全面展开。

至此，中国工程机械维修企业的资质认证工作正式进入了全面推广阶段。

月内　徐工集团徐州重型机械有限公司获得国家出口免检资格，该资格的获得，标志着徐工重型产品质量达到国际先进水平。

6 月

6 日　住友重机械（唐山）有限公司与住友建机（唐山）有限公司在唐山市现代装备制造工业区的工厂现场举行了开业典礼。

该工厂是由住友重机械工业株式会社投资约 40 亿日元建立的，厂区面积约 10 万 m^2。

8 日　中国工程机械品牌网（WWW.CCM-1.COM）隆重上线。

中国工程机械品牌网由中国工程机械工业协会信息工作委员会主办，是集资讯动态、高端访谈、行业论坛、行家博客为一体的工程机械行业门户网站。网站以“塑造卓越影响力品牌”为宗旨，以传播企业最新动态、探索行业发展趋势、营造畅通的交流平台为目标，通过论坛、博客、访谈、特约稿件等互动形式，指导行业用户认知品牌购买产品、评析业内发生的热点事件、解决施工中遇到的技术难题，从而真正建立工程机械行业施工用户、生产商、著名专家之间交流探讨、共享资源的互动空间。

13 日　中共中央政治局常委、国务院总理温家宝来湖南考察调研，到中联重工科技发展股份有限公司参观考察，看望了公司的干部职工并在麓谷工业园办公大楼大厅发表了重要讲话。

18 日　山东重工集团有限公司揭牌仪式在济南隆重举行。新组建的山东重工集团将为调整振兴山东装备制造业发挥重要的骨干带动作用。

山东重工集团是由潍柴控股集团有限公司、山东工程机械集团有限公司和山东汽车集团有限公司 3 家企业组建的国有独资公司，由山东省国资委履行出资人职责。

22～23 日　全国建筑施工机械与设备标准化技术委员会混凝土机械分技术委员会在长沙召开国家标准审查会，《流动式混凝土泵》等三项混凝土机械国家标准通过了审查。

23 日　徐工集团资产重组上市工作得到中国证券监督管理委员会（证监会）的批准。

27～28 日　中共中央政治局常委、国务院总理温家宝到山东视察工作。期间，温家宝在济南主持召开座谈会，听取了山东省部分重点骨干企业的发展情况汇报。福田雷沃国际重工股份有限公司董事长兼首席执行官王金富参加座谈会并作重点汇报。

温家宝对雷沃重工积极应对金融危机、促进企业持续健康发展的做法给予了充分肯定。他指出，雷沃重工不断创新发展思路和模式，很好地抓住了国家“扩内需、保增长”的政策，尤其是农机购置补贴、汽车摩托车下乡等利好政策，实现了企业逆势发展。

会后，温家宝勉励雷沃重

工：目前，金融危机还远未结束，要把困难估计得更充分一点，措施准备得更有效一点，继续苦练内功，深化企业管理，加快自主创新，提升核心竞争力，努力实现企业又好又快发展。

月内 一款高科技智能型的隧道墙壁清洗设备——中联牌ZLJ5160TXQE3型洗墙车在中联重科环卫机械公司研制成功。这标志着困扰我国多年的隧道内墙清洗的难题将迎刃而解，各类隧道内墙肮脏的“脸面”将能快速、高效地被洗净，还隧道一个清洁、舒适的行车环境。

月内 成都神钢工程机械（集团）有限公司迁扩建工程在成都经开区（龙泉驿）开工。这项投资34亿元的项目建成后，将成为西南地区最大的工程机械基地。开工典礼前，成都神钢工程机械（集团）有限公司配套工业园与成都经开区正式签约，配套工业园总投资5.2亿元。

月内 中联重科汉寿工业园项目签约仪式在湖南常德汉寿清水湖国际会议中心举行。中联重科董事长詹纯新和汉寿县人民政府县长宋云文在新建中联重科汉寿工业园合同文本上正式签字。

中联重科汉寿工业园将作为中联专车公司起重运输车辆、高空作业类车辆等产品的重要加工制造和经营中心。

月内 山河智能SWFD50H叉车从湖南长沙首次起运孟加拉国，这是山河智能销往海外的SWFD系列叉车中的一批，也是继出口印度、意大利等国家后，山河智能再次进军海外市场。

月内 首台95t刚性矿用汽车SRT95在三一集团昆山产业园下线，一举刷新了国产矿用汽车的吨位纪录。SRT95的诞生，填补了国产超大吨位矿车的空白，提升了装备制造业的国产化水平。具有超大载重能力的SRT95，市场前景广阔。

月内 河南省克瑞实业集团无偿援建四川地震灾区塔机交付仪式在四川都江堰市举行，这是国内首家向灾区无偿支援塔式起重机的企业。此次援建灾区塔机将分三次运抵灾区，所有的运输费用都由克瑞集团承担，总价值2 300多万元。

据了解，这批塔机将用于四川省都江堰市、江油、汶川等地区的灾后重建工作。

7月

8日 山推工程机械股份有限公司首台SER22旋挖钻机下线。该产品的研发试制成功，标志着山推在多元化产品的发展过程中迈出新的一步。

SER22旋挖钻采用山推自制可拓展履带底盘、自行起落折叠桅杆、液压先导控制和负荷传感，具有自动检测孔深、垂直自动调整、回转自动定位、触摸屏和监控系统直接显示工作状态参数和防误操作的逻辑控制等多项功能。

8日 广西柳工机械股份有限公司在海外设立的第一个生产基地，在印度中央邦印多尔市举行开业投产庆典。该生产基地从即日起在印度生产装载机，开创了柳工海外制造的里程碑。

10日 由中联重科牵头承担的国家863计划（即国家高技术研究发展计划）重点项目“工程机械远程维护及监控系统”项目启动会在长沙隆重召开。

“工程机械远程维护及监控系统”项目是863计划先进制造与自动化技术领域“十一五”重点项目。该项目针对国家重大工程和基础建设中工程机械装备施工存在的安全问题，以工程机械智能化和企业信息化为切入点，以泵车和起重车为实施对象，通过研究远程维护技术、建立故障分析诊断专家系统、搭建监控预警平台系统，突破制约我国工程机械行业发展的瓶颈，提高行业的技术和服务水平，增加国产工程机械在国际市场上的竞争力。

12日 中共中央政治局常委、全国政协主席贾庆林在湖南省委书记、省人大常委会主任张春贤，省委副书记、省长周强等领导的陪同下，莅临中联重科调研。

贾庆林在调研中分别详细了解了中联重科、湘潭电机集团、南车株洲电力机车有限公司等企业的生产经营、自主创新、外贸出口情况。对这些企业的未来发展寄予了厚望。同时，贾

庆林还就加快发展现代产业体系，振兴装备制造业，提升高新技术产业，不断提高经济增长的质量、效益和水平等作了重要指示。

21～23日 混凝土制品机械分会2009年年会在河北省廊坊市中国建筑科学研究院建筑机械化分院顺利召开。中国工程机械工业协会秘书长俞据针对目前中国工程机械行业及混凝土制品机械行业的发展情况作了重要讲话。

会议选举产生了以刘子金为理事长、曹映辉为副理事长、张声军为秘书长、姚金柯为副秘书长的新一届分会理事会。

参会单位代表认真审议了《中国工程机械工业协会混凝土制品机械分会工作条例》及《中国工程机械工业办会混凝土制品机械分会会费交纳办法》的草案。

会上，新当选理事长作了混凝土制品机械分会工作报告，新当选秘书长作了《混凝土制品机械分会2009～2010工作设想》的报告。

25～27日 中国工程机械工业协会装修与高空作业机械分会组织行业高空作业机械企业对北京建筑机械化研究院主编的《移动式升降工作平台设计计算、安全要求和测试方法》国家标准报批稿进行了讨论。会议由中国工程机械工业协会装修与高空作业机械分会霍玉兰秘书长主持，中国工程机械工业协会装修与高空作业机械分会理事长、北京建筑机械化研究院李守林院长就积极采用国际标准，提高行业技术水平等问题到会作了重要讲话。全国升降平台标准化工作委员会刘子金主任委员到会就开展本次会议的目的和意义做了讲话，参加会议的有科研、管理、生产、检验等31个单位的38名代表。

月内 天津东疆国际工程机械交易市场正式挂牌。这是天津东疆保税港区继东疆国际船舶交易市场、东疆国际航运交易市场、东疆建材交易市场后，开业的第四家国际商品交易市场，也是我国北方首家国际工程机械交易市场。

据了解，该市场将充分发挥天津东疆保税港区的地域及功能优势，打造一个国际性的工程机械行业交易平台，以二手挖掘机为介入契机，形成一个挖掘机、推土机、装载机、叉车、汽车起重机等工程机械的进出口交易和服务平台，为华北、东北、西北等地区提供一站式工程机械专业交易服务。该市场由深圳亦禾集团投资设立，注册资本金人民币3 000万元。

月内 徐工筑路首台XZ680水平定向钻机顺利下线。XZ680水平定向钻采用重庆CUMMINS发动机，可提供250kW输出功率，具备低油耗、低排放、低噪声等功能。

XZ680水平定向钻动力头采用低速大扭矩液压马达直接驱动，紧凑高效，具有高、低双速无级调节功能，可适应不同工况要求；并带缓冲装置，能有效保护钻杆螺纹。封闭式空调驾驶室，为驾驶员提供舒适的操作环境，并配有2t随车起重机，提升和移动钻孔工具，以及满足其常规起重需要。该水平定向钻机广泛应用于电信、燃气、给排水等地下管线的铺设，在大中型非开挖施工领域中也发挥着重要作用。

月内 中国兵器工业集团江麓建设公司P315塔机顺利完成竖塔。P315塔机是江麓公司2009年重点技术攻关项目。该塔机在QTZ315塔机的基础上采用了塔帽、回转塔身连体结构，大幅度降低了塔帽高度；并改起重臂拉杆连接为耳板连接，使整机外观更趋美观，极大方便了塔机的安装与使用。该机型广泛适用于隧道、桥梁、机场、双曲线冷却塔等大、特型工程建设。

月内 由内蒙古一机集团下属的大地工程机械有限公司生产的MD23型推土机，经包头检验检疫局检验合格后顺利发往阿尔及利亚，这是该企业生产的MD23型推土机首次实现出口。

大地工程机械有限公司年生产推土机500余台，去年出口非洲、中东、中亚等地区80余台。今年上半年受金融危机影响，出口上述地区推土机近20台。

8月

1日 由山东力士德机械有限公司自主研发设计、生产的SC80.7挖掘机成功下线并交付客户。这是公司继SC70.7挖掘机批量生产之后又开发设计的小型挖掘机。

据了解，SC80.7挖掘机可根据负荷大小动态调节主泵的输出流量，与发动机输出功率相匹配，其轻载作业时能提供最大输出流量以提高作业效率；该挖掘机主控阀具有分流、合流、直线行走和锁定等功能，保证机械动作协调柔和，性能可靠；高强度底盘及加强型工作装置保证了整机的耐久性和可靠性；机器同时配装0.34m^{3}大容量斗，有效提高了作业效率。

5日 天津鼎盛工程机械有限公司拟向中国工程机械总公司转让7项工程机械专有技术事宜初步达成一致。

拟转让的技术包括WB360稳定土拌和机、WB400稳定土拌和机、ZBL2500型冷再生机、LZ1000沥青砼转运车、LX2000路面铣刨机、LX1300路面铣刨机、LXL1300路面铣刨机七项工程机械专有技术。转让费共计1 067.17万元。

15日 湖南省红十字会启动首轮向中国台湾灾区紧急援助捐赠，共募集爱心款980万元。其中，三一重工捐赠价值350万元的工程机械设备，为本轮最大一笔捐赠。

8月8日，中国台湾南部遭台风“莫拉克”重创。连日暴雨，使其遭受50年来最严重的水灾，造成了中国台湾地区重大人员伤亡和财产损失。8月15日下午，湖南省红十字会发函至三一，希望三一捐助两台设备支援中国台湾。正在外地考察的三一董事长梁稳根第一时间表示坚决支持，决定捐出4台挖掘机。这4台挖掘机近日将随同湖南省首批980万元救灾款物一起，通过绿色通道送达中国台湾灾区，以表达湖南人民对中国台湾灾区同胞的关切之情。

27～31日 中国工程机械工业协会装修与高空作业机械分会二届一次年会暨技术交流会在呼和浩特市召开，出席会议的有171个单位，243名代表。

28日 湖南山河智能机械股份有限公司10周年盛大庆典举行。来自30多个国家的120多名国际经销商代表成为一道亮丽的风景线，让人更加真切地感受到山河智能国际化的气息。

28日 全球工程机械市场形势及信息化建设报告会暨中国工程机械工业协会信息工作委员会2009年年会在湖南省长沙市明城国际大酒店隆重举行。会议吸引了来自全国各地120多家企业代表参会，国家工信部科技司阮汝祥处长、中国工程机械工业协会韩学松理事长、中国工程机械工业协会信息工作委员会龙国键理事长出席会议并作重要讲话。

月内 全球首台四桥底盘六节臂56m泵车在中联重科成功下线。

这款泵车是中联重科继推出国内首台六节臂50m、52m、54m泵车后，所推出的又一款新产品。至此，中联六节臂泵车已涵盖50m、52m、54m和56m，成为全球臂长最齐全的六节臂系列泵车制造商之一。

月内 一种新型多功能光缆、电缆机械化铺设设备在河北宣化工程机械股份有限公司研制成功，并已投入批量生产。

该设备包括一台推土机和由推土机牵引的装有缆线的直埋机机构组成，机构上装有多个可转动的缠绕缆线的支架。该支架可携带多个光缆，并可同时进行多根下线，也可前后下线，从而节约更换光缆的时间。绕线支架通过固定装置的松土器所带的立刀开出沟槽，通过滑动机构导入沟槽内，使用配装的平土装置进行回填平整作业。此产品可使光缆等柔性管线的地下开沟、下线、铺埋和填平工序一次完成。

月内 山东临工的注册商标“SDLG”被国家工商行政管理总局认定为“中国驰名商标”，成为了国内工程机械行业少数中国驰名商标之一。“中国驰名商标”是山东临工继“山东省著名商标”、“中国名牌产品”、“企业信用AAA级”之后赢得的又一殊荣。作为品牌认定的最高标志，中国驰名商标是国际通用的品牌荣誉，在世界范围内都会受到保护。

月内 方圆集团有限公司生产的大流量粗骨料 HBMG40-08-110 煤矿用混凝土泵顺利通过工业性试验。

该泵经地面模拟泵送试验后，于 5～8 月在谢桥矿山 1241 工作面进行了 350m 长距离泵送试验，泵送直径 8mm、15mm 及 30mm 以内的大骨料混凝土充填材料。实验连续充填留巷墙体长度约 30m，泵送充填材料量近 600t。实验证明，HBMG40-08-110 煤矿用混凝土泵整体使用状况良好，能够满足不同材料的需要。

9 月

7 日 徐工集团和韩国斗山集团发动机合资项目签约仪式在徐州举行。这是中国工程机械行业第一个发动机合资项目，标志着工程机械基础零部件产业又获突破性进展，对改变核心零部件同质化竞争的格局、提升徐工主机的竞争力将产生重要而深远的影响。

9 日 现代（江苏）工程机械有限公司、北京现代京城工程机械有限公司在江苏常州联合发布了现代 ROBEX-9 挖掘机系列新产品。

ROBEX－9 系列挖掘机由于风扇离合器等多项节能技术的应用，在燃油经济性和维护成本方面较之前的机型有了明显改善。所有－9 系列挖掘机都配备 7″大屏幕彩色液晶显示器，中文菜单式操作系统，可让驾驶员及时轻松地了解机器的工作状态。其新型远程管理系统支持远程故障诊断和对机器维护保养的监督。由于防滚翻和防落物功能的驾驶室结构，以及多项安全技术的应用，ROBEX—9 系列挖掘机在安全性能上也有了较大提高。

9 日 徐工集团重型机械有限公司自主研发的高端产品、有行业“巨无霸”之称的 QAY500t 全地面起重机在完成各项调试后，运往施工工地。该产品的投入使用及规模化生产，打破了国外巨头在高端起重机产品技术上的垄断，使得大吨位汽车起重机国产化步伐进一步加快。

据介绍，这款 500t 全地面起重机有 8 个车桥，全长 21.5m，机身自重 120t，但却能很好地平衡；8 排车轮中有 6 排可以转向，让这个庞然大物行动起来非常灵活，能够适应复杂路面、施工环境；由于前后安装了三个刹车系统，在时速 30km 的情况下，10m 内即可停稳。

该款产品集多项国际先进技术于一身，采用了徐工 29 项专利技术，这些核心关键技术的突破，实现了徐工起重机向超大吨位跨越的第一步。同时，其安全性能、自动润滑系统等细节质量的提高使得该产品成为国内大吨位起重机的扛鼎之作。

9 日 中国工程机械工业协会施工机械化分会三届五次年会暨机械化施工新技术经验交流会在福州隆重召开，施工机械化分会领导和福建省工程建设质量安全协会建筑机械分会以及来自全国各地的 70 名代表参加了会议。

12 日 柳工牌 QY70 吨起重机在安徽蚌埠成功问世，是由柳工刚成立一年多的起重机事业部自主设计、研发并制造，其最大起吊能力为 70t。整机外形紧凑、美观，采用大量新工艺、新材料。该产品问世刷新了柳工起重机制造纪录，是柳工起重机发展史上吨位最大、技术最新、最先进的产品。

14～18 日 中国汽车工程学会矿用汽车分会暨中国工程机械工业协会工程运输机械分会在山东省济南市隆重召开。

行业各界代表 100 余人出席大会。大家齐集一堂，畅谈在应对国际金融危机冲击的背景下，企业求生存，抓机遇、应挑战、谋发展的战略、企业抓改革、调结构、勇创新、拓市场的办法与措施，总结经验，交流信息，学习先进。

17 日 瑞典高科技工业集团山特维克公司在全球范围内最大规模的一座矿山工程机械装配中心正式在沪落成开业。据介绍，新的装配中心坐落于上海市嘉定工业区内，占地达 12 万 m^2，是 2005 年山特维克矿山工程机械在上海建成的一期工厂的7倍。该装配中心将为山特维克在全球的市场提供产品，成为山特维克全球矿山机械、工程机械的装配和物流枢纽。

22～24日 中国工程机械工业协会工程机械租赁分会2009年年会暨中国工程机械租赁行业发展论坛在杭州召开。来自全国各地的百余名代表出席了会议。

大会总结了2009年租赁分会的工作情况，阐述了2010年租赁分会的工作方向。在理事会议上，理事单位审议通过了《中国工程机械工业协会工程机械租赁分会2009年工作报告》、《中国工程机械工业协会工程机械租赁分会2010年工作计划》、《中国工程机械工业协会工程机械租赁分会2010年年会暨中国工程机械租赁行业发展论坛会议议程》。

21～25日 全国混凝土机械行业年会在沈阳市召开，有71个单位的106名代表出席了这次会议。在建国60周年之际，此次会议以回顾60年混凝土机械行业发展以及展望未来为主题，并对混凝土机械协会理事会进行了换届选举。

26日 由沃得重工有限公司生产的新型履带式液压挖掘机W2420LC-7顺利下线。W2420LC-7型液压挖掘机配备五十铃六缸直列式涡轮增压发动机，动力强劲保证。其配备了德国BoshRexroch液压系统，采用正流量控制方式，电气系统、控制系统由沃得重工与德国Bosch公司联合开发，操纵界面更人性化，也更符合中国市场用户的使用习惯。

28日 由新兴铸管集团新兴重工天津移山工程机械有限公司生产的首台YSR150旋挖钻机成功下线。

该旋挖钻机采用邦立专业底盘、康明斯发动机，最大钻孔直径达1 500mm，最大钻孔深度56m；配备了液压先导控制和负荷传感系统，具有自动检测孔深、垂直自动调整、回转自动定位、触摸屏和监控系统直接显示工作状态参数和防误操作等功能。

28日 常林工业园奠基仪式隆重举行。常林工业园位于常州新北区机电工业园区内，由常林股份有限公司投资建设，项目总投资额为8.65亿元。常林工业园建设项目将为国机集团工程机械装备制造实现跨越式发展奠定良好的基础，对促进国机集团工程机械装备制造生产能力提升、技术装备水平提高和质量保证能力增强具有重大战略意义。

月内 国家科技部发布了《关于授予第四批“国际科技合作基地”的通知》，湖南山河智能机械股份有限公司荣获“国际科技合作基地”称号。

月内 由一拖（洛阳）建筑机械有限公司生产的3台LSD218PH压路机发往非洲市场。

据悉，LSD218PH是洛建传统出口机型，该机是重型凸块振动压路机，主要适合于基础层、次基础层和填方工程中砾石、碎石、砂石混合料、沙性土壤和岩石填方等非粘性材料的压实。

月内 福田雷沃国际重工股份有限公司首款采用电喷发动机的大型挖掘机FR510顺利完成S图设计，样机进入调试阶段。雷沃FR510也成为山东省内最大吨位的挖掘机产品。

该款机型采用国际领先配置，美国康明斯大功率电喷发动机，满足欧Ⅲ排放要求，更节能环保；全封闭空调驾驶室，标配防护装置，不仅驾乘舒适而且能有效保护驾乘人员人身安全；底盘结构设计采用可伸缩结构，方便运输，灵活性强。

该产品主要适用于中大型矿山的开采，大型土建工地的地基开挖以及岩石破碎等工程。

10月

14日 为期3天的2009年中国工程机械配套件行业年会暨理事会换届会议在山东济宁召开，会议重点针对金融危机后市场复苏中不断发生的变化，深入探讨保持工程机械配套件行业稳步回升的对策。中国工程机械工业协会配套件分会理事长郑尚龙、济宁市副市长江成分别致辞，来自全国300多家机械配套件企业代表出席会议并进行了广泛交流。

21日 中国工程机械工业协会在北京召开了第四届会员代表大会。

参加本次大会的有来自工程机械行业107家会员单位的代表及协会所属各专业分支机构负责人、各相关媒体等共201人。

24日 首届沥青搅拌设备行业高峰会在郑州举行。峰会由中国工程机械工业协会筑路机械分会主办,来自全国10个主要沥青搅拌设备制造企业的领导代表参加了会议。

会上,代表们商讨制定行业统一的产品验收标准、售后服务标准,准备实行《沥青搅拌设备装调维修》国家职业持证上岗政策。

月内 由国家标准化管理委员会承办、全国工业机械电气系统标准化技术委员会(SAC/TC231)和北京机床研究所协办的2009年度国际电工委员会机械安全电工方面技术委员会(IEC/TC44)年会在北京召开。作为国家工业机械电气系统标准化技术委员会中唯一的中国工程机械企业,中联重科代表中国代表团向大会提交了《混凝土机械电控系统安全》国际标准提案并获得采纳,这标志着我国工业机械电气系统国际标准化工作取得历史性突破。

月内 国家科技部作出批复,同意依托中联重科组建国家混凝土机械工程技术研究中心,项目建设期3年。这是我国工程机械行业第一个,也将是混凝土机械领域唯一一个国家级工程技术研究中心。

国家工程技术研究中心是国家科技发展计划的重要组成部分,是研究开发条件能力建设的重要内容。

月内 投资总额达5 000万美元的三菱重工叉车(大连)有限公司在大连开发区开业。该公司达产后,将具备年产7 000台叉车的生产能力,年产值将超过10亿元,成为日本三菱重工业株式会社(简称三菱重工)重要的海外叉车及物流相关机械生产基地。

11月

3日 第十届北京国际工程机械展览与技术交流会(BICES 2009)暨成就辉煌——建国六十周年工程机械行业成就展在新落成的北京九华国际会展中心盛大开幕。全国人大副委员长、民建中央主席陈昌智,全国人大原副委员长、中阿友好协会会长铁木尔·达瓦买提,中国机械工业联合会会长王瑞祥等出席开幕式,并参观展会和成就展。

此次展会室内外展览面积逾15万m^2,共有来自20多个国家和地区的900余家展商参加了本届展览。本届BICES展览的主题为"安全、环保、科技创新"。通过实物、图文以及影像等形式,全景展示了我国工程机械行业60年的光辉历程以及在自主创新、品牌建设和国际化发展方面的巨大成就。

建国60周年工程机械行业成就展系列评选颁奖典礼同期举行。揭晓了中国工程机械60年"十大典型应用工程(事件)"、"十大标志事件"、"杰出品牌"、"十大知名品牌"、"十大专业品牌"、"十大外资品牌"以及"产业促进奖"。

3日 由北京市昌平区人民政府和中国工程机械工业协会主办的"2009北京昌平投资环境说明会"上,昌平区副区长洪波透露,根据北京市政府的总体规划,北京市经信委、北京市发改委、北京市科委三家政府职能部门批准设立了"北京工程机械产业基地"。

该基地选址昌平区南口镇,现有规划面积276.98公顷(4 154.7亩),拟计划拓展到6 000亩。目前,基地各项配套设施建设工作正在稳步进行,其他配套的市政设施也都按计划推进。

4日 中共中央政治局常委、全国政协主席贾庆林亲临北京九华国际会展中心,参观与BICES 2009同期举行的"成就辉煌——建国六十周年工程机械行业成就展"。

贾庆林主席饶有兴致地参观了各个展馆,并不时询问我国工程机械技术和市场发展情况。

10日 "中国中铁委内瑞拉铁路工程建设项目"设备采购签约仪式在中国中铁股份有限公

司总部举行。徐工机械与中国中铁工程总公司成功签订了中国中铁委内瑞拉铁路工程建设项目设备采购合同,标志着徐工再次叩开了国际市场的大门,为公司进一步开发国际市场将产生重大而深远的影响。

10~13日 中国工程机械工业协会挖掘机械分会第十三届年会暨理事会换届大会在广西桂林召开。此次会议选出了新一届分会组织机构:柳工集团总裁曾光安当选为分会会长,黄晓敏、朱文彪当选为常务副会长,原分会秘书长陈正利当选为名誉秘书长、高级顾问,李宏宝当选为代秘书长,刘达明当选为副秘书长。此外,会议还选举产生了新一届理事会副会长、理事单位、常务理事单位,并设立理事会常设机构秘书处等。

11日 从山推进出口北京分公司传来捷报,中国中铁股份有限公司在委内瑞拉北部铁路项目中的推土机产品采购招标项目中,"山推牌"推土机独揽推土机招标项目全局,共中标43台推土机,中标产品为SD13推土机13台、SD22推土机30台。此次中标,对山推品牌建设、形象提升有着深远的国际影响意义。

月内 山河智能机械股份有限公司中标委内瑞拉一铁路项目全部共计9台旋挖钻机,设备合同金额达4 500多万元。山河智能称,这是当时我国旋挖钻机国内采购至国外施工最大的一笔订单,也是继中标中铁安哥拉项目后,该公司旋挖钻机在国际工程项目中的又一重大斩获。

月内 由中国工程机械工业协会筑路机械分会主办、河南陆德筑机股份有限公司承办的"首届沥青搅拌设备行业高峰会议"在郑州召开,来自全国沥青混合料搅拌站领域十余家骨干企业代表参加了会议。

月内 由中联重科专用车公司研制的新产品75t越野轮胎起重机在中联重科麓谷工业园亮相。这是继9月份成功试制55t越野轮胎起重机以来,中联重科推出的又一科技成果,也是我国最大吨位的轮胎起重机。

月内 中国机械工业联合会在徐州主持召开了由江苏徐州工程机械研究院承建的"机械工业工程机械智能控制工程研究中心"建设项目验收会。与会专家认真听取了研究院的汇报,现场考察了工程中心建设完成情况,并就相关的建设情况及科研开发项目进行了质询,最终以较高的评分通过验收。

12月

2日 三一重工新一代S机型多功能摊铺机下线。该产品在核心技术上取得了重大突破,拉近了国内路机产品与国外标杆产品的差距,是拓展国际市场的重量级产品。

该多功能摊铺机最快行驶速度为3km/h。其设计最大摊铺宽度为9.5m,最大摊铺厚度达350mm,S机型摊铺机在作业过程中不仅"跑得快,还跑得非常平稳"。

另外,新一代S机型摊铺机可根据各个国家和地区的不同需求进行适应性改进,适应了产品国际化的需求。据了解,继S机型摊铺机之后,该系列的压路机、平地机产品将陆续下线,S机型产品于2010年初投入市场。

2日 投资2 600万美元,建筑面积1万m^2的卡特彼勒无锡技术研发中心一期工程建成投运。

卡特彼勒无锡研发中心注册资本2 100万美元,建筑面积2万m^2,建成后将成为卡特彼勒中国研发中心的总部,也将是该集团内仅次于在美国本土的第二大研发机构。

3日 中联重工科技发展股份有限公司与戴姆勒梅赛德斯-奔驰公司签下工程机械底盘采购全球最大单,中联重科用近3亿元采购360台梅赛德斯-奔驰Actros底盘,首批产品交车仪式同时在中联麓谷工业园举行。

9日 中国工程机械工业协会铲土运输机械分会第五届会员代表大会在春城昆明召开,大会选举产生了以李鹤鹏为会长、尚海波为秘书长的新一届理事会。来自全国40余家成员企业的代表出席会议并进行了广泛交流。

10~11日 2009年路面与压实机械行业年度会议暨创新应用研讨会在湖北武汉圣淘沙

酒店隆重召开，此届年会由中国工程机械工业协会路面与压实机械分会主办，湖北公路学会筑路机械专业委员会协办。来自全国各地的压实机械、路面机械制造和配套企业、公路建设管理和施工单位、相关科研院所及行业媒体61家单位近90名代表参加了此次年度会议。

16日 中交西安筑路机械有限公司在西安泾渭工业园举行盛大的西筑建厂50年庆典暨新基地落成典礼，中国交通运输部、中国公路学会、中国工程机械工业协会均发贺信表示祝贺，同时中国工程机械工业协会会长祁俊亲临西筑参加了庆典。

17日 商务部机电和科技产业司召开了"十二五"出口规划专题座谈会。会议由周士杰副司长主持，中国机械工业联合会陆仁琪执行副会长和中国工程机械工业协会苏子孟秘书长、江琳副秘书长等参加了会议。会上，周士杰副司长首先对2009年全国机电产品进出口情况和2010年出口形势进行了分析，然后对编制"十二五"出口规划工作提出了安排意见。苏子孟秘书长应邀在会上做了"关于我国工程机械行业运行情况的汇报"、"对工程机械行业'十二五'出口规划的建议"的重点发言。

18日 山推在特殊机械事业部进行了首台SE2R22旋挖钻机合同签字暨发车仪式。此举标志着公司SE2R22旋挖钻机开始步入市场。

20日 由中国建筑科学研究院建筑机械化研究分院和上海谷登建筑机械制造有限公司完成的"GD2800型水平定向钻机技术"项目验收会在江苏省大丰市召开。来自科研、设计、检测、施工、行业协会等多方专家及课题组代表共30余人出席了会议，专家组听取了课题研究工作汇报，考察了生产现场，观看了产品演示，对提供的项目资料进行了认真审查。

经过质疑、答辩和讨论，专家组一致认为：该项目研制出的GD2800-L型水平定向钻机总体技术水平达到了同类产品的国际先进水平。

会议认为GD2800-L型水平定向钻机为非开挖穿越施工提供了重大装备新机种，可替代进口；具有较大的推广应用价值，有较好的经济效益和社会效益。

23日 成都神钢集团"创百亿"迁扩建工程挖掘机项目竣工典礼在国家级成都经济技术开发区（龙泉驿区）举行。

29日 2009年中国工程机械年度产品TOP50评选颁奖典礼在北京举行，包括中国工程机械工业协会领导、企业嘉宾、行业专家及同行媒体约150多人出席了会议，此次活动评选出了2009年中国工程机械市场各方面表现优异的50个产品，无论在技术创新、市场表现或应用贡献方面，这些获奖产品均在各自领域有着极高的市场地位，受到专家、用户及媒体代表的高度认可。

月内 年生产规模达20亿元以上、中国最大的筑养路机械研发生产基地，在西安经济技术开发区泾渭新城建成并投产。项目占地340亩，一期投资3亿元，总建筑面积约13万m^2，新增金属切削机床、试验检测装置、起重机等工艺设备仪器167台（套），年生产规模达20亿元以上，成为中国最大的筑养路机械研发生产基地。

月内 由中国工程机械工业协会主办、工程机械与维修杂志和慧聪工程机械网等7家行业媒体联合承办的"中国工程机械十大新闻"评选活动举行，该活动至今已逾13届（1996~2008）。

月内 成都南车隧道装备有限公司为兰渝铁路西秦岭隧道生产的两台直径10.23m的全断面硬岩掘进机竣工下线。这是我国目前生产直径最大的此类设备，其成功下线，结束了国内全断面大直径硬岩掘进机长期依赖进口的历史，标志着我国隧道施工装备现代化战略实施取得最新成果。

这两台设备全长172m、重1 500t，是针对西秦岭大埋身隧道高应力、高水压、高地温、易岩爆的地质特点研制的。投入使用后，将专门用于兰渝铁路西秦岭左、右两条各28.3km的超长隧道挖掘。

〔供稿人：中国工程机械工业协会王金星〕

参展报名
已全面展开

BICES 2011

第十一届中国（北京）国际工程机械、建材机械及矿山机械展览与技术交流会

绿色 变革 擎起未来

2011年10月18~21日
北京九华国际会展中心

- 展示多元机械产品、技术与解决方案，全面涵盖工程、建筑、矿山、商用车等领域；
- 拓展新领域，实现新价值；树立新形象，展现新品质；
- 立足中国，面向世界打造一流国际展会，共享新兴市场无限商机；
- 行业自主办展，凝聚行业智慧，展现专业展会价值；
- 1200家展商， 8万优质观众面对面交流的平台。

同期举办：

中国国际商用车博览会

IVEX 2011

IVEX 2011主办方：
中国机械工业联合会
中国工程机械工业协会
中工工程机械成套有限公司
中国国际贸易促进委员会机械行业分会

BICES创办于1989年，之前称为北京国际工程机械展览与技术交流会。
BICES主办方为中国工程机械工业协会、中工工程机械成套有限公司、中国国际贸易促进委员会机械行业分会。
国际合作方为美国设备制造商协会(AEM)。
更多详情，请联络展览办公室：电话：010–52220922 传真：010–52220900 Email: info@e-bices.org Website: www.e-bices.org

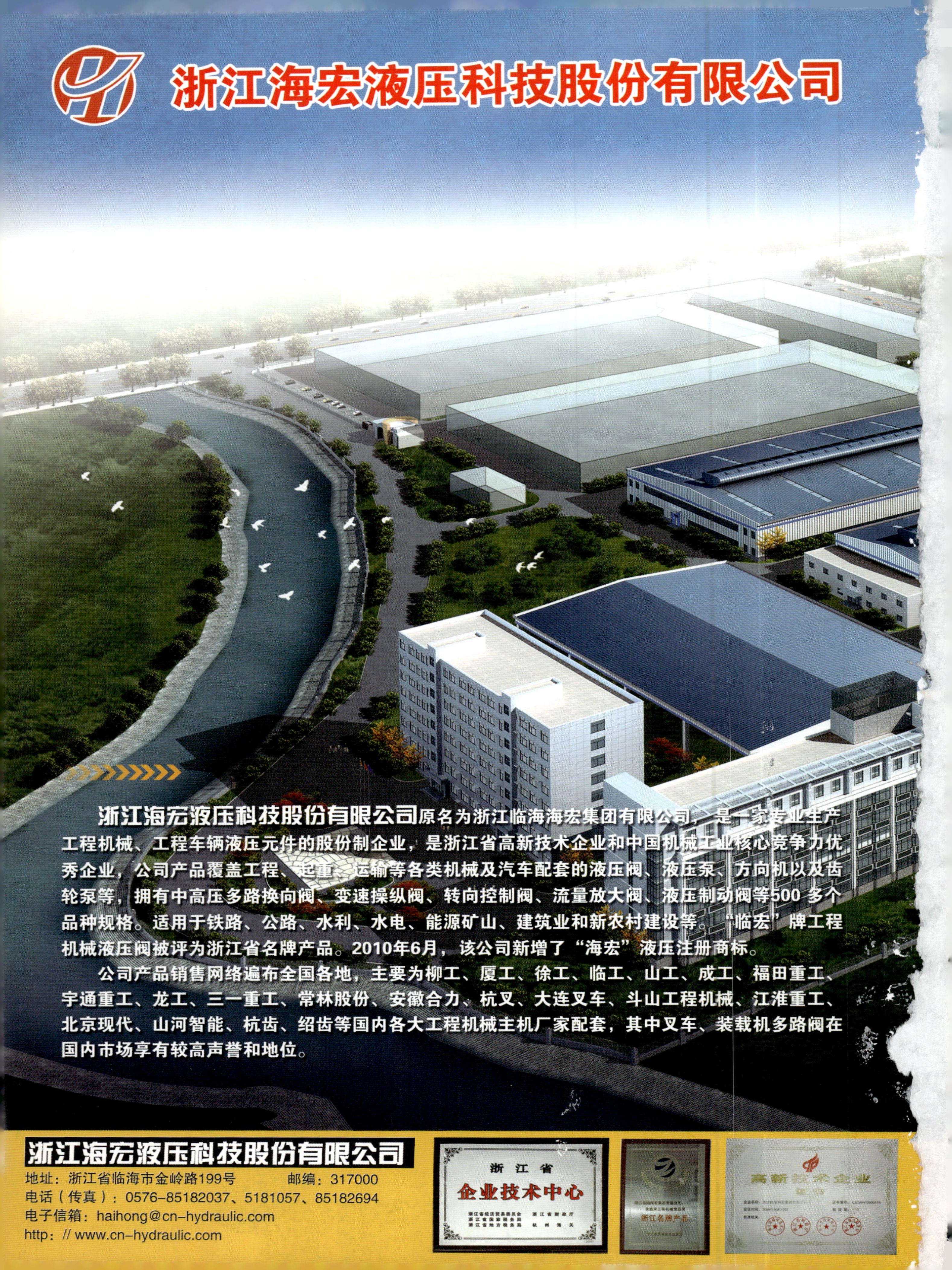

浙江海宏液压科技股份有限公司

浙江海宏液压科技股份有限公司原名为浙江临海海宏集团有限公司，是一家专业生产工程机械、工程车辆液压元件的股份制企业，是浙江省高新技术企业和中国机械工业核心竞争力优秀企业，公司产品覆盖工程、起重、运输等各类机械及汽车配套的液压阀、液压泵、方向机以及齿轮泵等，拥有中高压多路换向阀、变速操纵阀、转向控制阀、流量放大阀、液压制动阀等500 多个品种规格。适用于铁路、公路、水利、水电、能源矿山、建筑业和新农村建设等。“临宏”牌工程机械液压阀被评为浙江省名牌产品。2010年6月，该公司新增了“海宏”液压注册商标。

公司产品销售网络遍布全国各地，主要为柳工、厦工、徐工、临工、山工、成工、福田重工、宇通重工、龙工、三一重工、常林股份、安徽合力、杭叉、大连叉车、斗山工程机械、江淮重工、北京现代、山河智能、杭齿、绍齿等国内各大工程机械主机厂家配套，其中叉车、装载机多路阀在国内市场享有较高声誉和地位。

浙江海宏液压科技股份有限公司

地址：浙江省临海市金岭路199号　　邮编：317000

电话（传真）：0576-85182037、5181057、85182694

电子信箱：haihong@cn-hydraulic.com

http：//www.cn-hydraulic.com